suhrkamp taschenbuch 2550

John R. Searle, der international führende Kritiker der Computergläubigkeit der Künstlichen-Intelligenz-Forschung, stellt erstmals ausführlich den Hintergrund seiner Kritik dar: Er präsentiert die eigene Theorie, die die Subjektivität des Geistes mit der Objektivität der Wissenschaft vereinbart. Vehement greift er auch die Kognitionswissenschaft an, die interdisziplinäre Erforschung des Problems der Erkenntnis, derzufolge Geist und Gehirn sich im Prinzip verhalten wie Software und Hardware. Dagegen bringt Searle neue und noch schärfere Argumente vor: Der Computer ist für sich genommen kein Rechner, keine »syntaktische Maschine«; ohne einen geistbegabten Benutzer ist ein Computer nicht einmal ein Computer. Bewußtsein und Intentionalität – die Tatsache, daß wir unsere geistigen Aktivitäten auf Gegenstände und Sachverhalte der Wirklichkeit richten – resultieren für ihn aus der Biochemie des menschlichen Hirns, die im kognitionswissenschaftlichen Ansatz völlig unberücksichtigt bleibt. *Die Wiederentdeckung des Geistes* ist eine hochinteressante Auseinandersetzung mit der herrschenden materialistischen Lehre in der Philosophie des Geistes und eine brillante Analyse des menschlichen Bewußtseins.

John R. Searle, 1932 in Denver/Colorado geboren, studierte in Oxford Philosophie, Politik und Wirtschaftswissenschaft. Nach der Promotion kehrte er in die USA zurück. Seit 1959 ist er Professor für Philosophie an der University of California in Berkeley. Seine Werke liegen im Suhrkamp Verlag vor: *Sprechakte*; *Ausdruck und Bedeutung*; *Geist, Hirn und Wissenschaft*; *Intentionalität. Eine Abhandlung zur Philosophie des Geistes*.

# John R. Searle
# Die Wiederentdeckung des Geistes

Aus dem Amerikanischen
von Harvey P. Gavagai

Suhrkamp

Titel der amerikanischen Originalausgabe:
*The Rediscovery of the Mind.*
© 1992 Massachusetts Institute of Technology
Umschlagfoto: Henrik Kam

*Für Dagmar*

suhrkamp taschenbuch 2550
Erste Auflage 1996
© der deutschen Ausgabe:
1993 Artemis Verlags GmbH, München
Lizenzausgabe mit freundlicher Genehmigung
des Artemis & Winkler Verlags
Suhrkamp Taschenbuch Verlag
Alle Rechte vorbehalten, insbesondere das
des öffentlichen Vortrags, der Übertragung
durch Rundfunk und Fernsehen
sowie der Übersetzung, auch einzelner Teile.
Druck: Nomos Verlagsgesellschaft, Baden-Baden
Printed in Germany
Umschlag nach Entwürfen von
Willy Fleckhaus und Rolf Staudt

1 2 3 4 5 6 – 01 00 99 98 97 96

# Inhalt

# Anhang

# Einführung

Dieses Buch hat mehrere Ziele. Einige davon lassen eine rasche Zusammenfassung nicht zu, sie werden erst allmählich im Laufe der Lektüre hervortreten. Am leichtesten lassen sich folgende Ziele angeben: Ich möchte die bei der Untersuchung des Geistes vorherrschenden Traditionen kritisieren – und zwar sowohl die »materialistische« als auch die »dualistische«. Bewußtsein ist meines Erachtens das zentrale geistige Phänomen; deshalb möchte ich eine Untersuchung in Gang setzen, die das Bewußtsein aus sich heraus – als das, was es selbst ist – begreift. In den Sarg der Theorie vom Geist als einem Computerprogramm möchte ich den letzten Nagel schlagen. Und ich möchte einige Vorschläge dazu machen, wie unsere Untersuchung geistiger Phänomene so reformiert werden kann, daß man berechtigte Hoffnung auf eine Wiederentdeckung des Geistes haben dürfte.

Vor fast zwei Jahrzehnten habe ich meine Arbeit über Probleme in der Philosophie des Geistes begonnen. Ich brauchte eine Theorie der Intentionalität, um meiner Sprechakttheorie eine Grundlage zu geben und um sie zu vervollständigen. Meiner Auffassung nach ist die Sprachphilosophie ein Zweig der Philosophie des Geistes; deshalb ist keine Sprachtheorie vollständig, solange eine Theorie darüber fehlt, welche Beziehungen zwischen Geist und Sprache bestehen und wie Bedeutung – die abgeleitete Intentionalität sprachlicher Elemente – auf der biologisch grundlegenderen intrinsischen Intentionalität des Geists/Hirns basiert.

Als ich die Standardautoren las und versuchte, meinen Studenten ihre Auffassungen zu erläutern, stellte ich mit Entsetzen fest, daß diese Autoren – von wenigen Ausnahmen abgesehen – ganz routinemäßig viele Feststellungen über den Geist bestritten, die ich für einfache und offenkundige Wahrheiten hielt. Es war damals durchaus üblich – und das ist es heute noch –, Behauptungen wie die folgenden implizit oder explizit zu bestreiten: Wir alle haben innere, subjektive, qualitative Bewußtseinszustände; und wir haben Geisteszustände mit intrinsischer Intentionalität – Geisteszustände wie Überzeugungen, Wünsche, Absichten und

Wahrnehmungen. Sowohl beim Bewußtsein als auch bei der Intentionalität handelt es sich um biologische Vorgänge, die von niedrigerstufigen neuronalen Vorgängen im Hirn verursacht sind, und beides ist nicht auf etwas anderes reduzibel. Zudem sind Bewußtsein und Intentionalität wesentlich miteinander verknüpft, insofern wir den Begriff eines unbewußten intentionalen Zustands nur dadurch verstehen können, daß ein solcher Zustand dem Bewußtsein zugänglich ist.

Damals wie heute wurde und wird all dies und mehr in den vorherrschenden Lehren bestritten. Die landläufige Orthodoxie besteht aus unterschiedlichen Spielarten des »Materialismus«. Um nichts besser sind üblicherweise die Opponenten des Materialismus; sie hängen zumeist einer Lehre vom »Eigenschaftsdualismus« an und akzeptieren somit den cartesianischen Apparat, den ich für seit langem ausrangiert hielt. Damals (Searle 1984b) vertrat ich folgende Auffassung, an der ich auch hier festhalte: Die offensichtlichen Fakten der Physik – wonach die Welt aus physikalischen Teilchen in Kraftfeldern besteht – lassen sich akzeptieren, ohne in Abrede stellen zu müssen, daß sich unter den physikalischen Phänomenen der Welt auch biologische Phänomene, wie z. B. innere qualitative Bewußtseinszustände und intrinsische Intentionalität, befinden.

Etwa zur selben Zeit, als mein Interesse an Problemen des Geistes erwachte, entstand auch eine neue Disziplin: die Kognitionswissenschaft. Die Kognitionswissenschaft verhieß einen Bruch mit der Tradition des Behaviorismus in der Psychologie, denn sie wollte – so wurde behauptet – in die Black Box des Geistes hineingelangen und dessen innere Funktionsweisen untersuchen. Doch unglücklicherweise wiederholten die meisten Standard-Kognitionswissenschaftler einfach den schlimmsten Fehler der Behavioristen: Sie bestanden darauf, nur objektiv beobachtbare Phänomene zu untersuchen, und ließen somit die wesentlichen Merkmale des Geistes außer acht. Als sie die große schwarze Schachtel öffneten, fanden sie deshalb nur lauter kleine schwarze Schachteln darin.

Bei meinen Untersuchungen halfen mir die landläufige Philosophie des Geistes und Kognitionswissenschaft also nicht viel weiter. Und so versuchte ich, meine eigene Theorie über Intentionalität und ihre Beziehung zur Sprache zu entwickeln (Searle 1983). Dabei blieben allerdings viele schwerwiegende Probleme unerortert, und – schlimmer noch – es fehlte eine Antwort auf die Fehler, die mir am gravierendsten und folgenreichsten erschienen. Dieses Buch ist der Versuch, zumindest einige dieser Lücken zu füllen.

Eine der schwierigsten – und wichtigsten – Aufgaben der Philosophie ist es, die Unterscheidung zwischen solchen Merkmalen der Welt zu klären, die *intrinsisch* sind (soll heißen: sie existieren unabhängig von jedwedem Beobachter), und solchen Merkmalen, die *beobachter-relativ* sind (d. h. nur relativ zu einem externen Beobachter oder Verwender existieren). So ist es zum Beispiel ein intrinsisches Merkmal eines Gegenstands, daß er eine bestimmte Masse hat. Wenn wir alle sterben würden, hätte er immer noch dieselbe Masse. Daß derselbe Gegenstand eine Badewanne ist, ist hingegen kein intrinsisches Merkmal; es existiert nur relativ zu Verwendern und Beobachtern, die dem Gegenstand die Funktion einer Badewanne zuordnen. Masse zu haben ist intrinsisch, aber eine Badewanne zu sein ist beobachter-relativ, obgleich der Gegenstand sowohl Masse hat als auch eine Badewanne ist. Und aus diesem Grund gibt es eine Naturwissenschaft, in der es um Masse geht, aber keine Naturwissenschaft, in der es um Badewannen geht.

Eines der Themen, die sich durch dieses Buch ziehen, ist der Versuch zu klären, welche Prädikate in der Philosophie des Geistes intrinsische Merkmale bezeichnen und welche beobachter-relative. In der Philosophie des Geistes und der Kognitionswissenschaft spielt die Annahme eine herausragende Rolle, daß Computation* ein intrinsisches Merkmal der Welt sei und daß Bewußtsein und Intentionalität sich irgendwie eliminieren lassen (entweder zugunsten von etwas anderem oder weil sie beobachter-relativ seien) oder auf etwas Grundlegenderes (wie z. B. Computation) zurückführbar seien. In diesem Buch vertrete ich die Auffassung, daß es sich genau umgekehrt verhält: Bewußtsein und Intentionalität sind intrinsisch und lassen sich nicht eliminieren, und Computation ist – abgesehen von den wenigen Fällen, in denen sie tatsächlich von einem Geist bewußt ausgeführt wird – beobachter-relativ.

Nun also eine knappe Karte, als Hilfe bei der Orientierung in diesem Buch. Die ersten drei Kapitel enthalten Kritiken der vorherrschenden Auffassungen in der Philosophie des Geistes. In ihnen wird der Versuch unternommen, sowohl den Dualismus als auch den Materialismus zu überwinden, wobei dem Materialismus mehr Aufmerksamkeit gewidmet wird. Ich hatte zunächst daran gedacht, das gesamte Buch zu nennen: *What's Wrong with the Philosophy of Mind (Was mit der Philosophie des Geistes nicht stimmt)*; am Schluß ergab sich aber, daß dies nur das Thema der ersten drei Kapitel – und der Titel des ersten – geworden ist. Die folgenden fünf Kapitel (bis einschließlich 8) enthalten eine Reihe von Versuchen, eine Charakterisierung des Bewußtseins zu geben. Wo ist Bewußtsein in Beziehung zur übrigen Welt anzusiedeln, wenn wir Materialismus und Dualismus hinter uns gelassen haben (4. Kapitel)? Wie können wir den Anschein von Irreduzibilität erklären, den Bewußtsein im Lichte der Standardmuster wissenschaftlicher Reduktion hat (5. Kapitel)? Ganz wichtig: Was sind die Strukturmerkmale von Bewußtsein (6. Kapitel)? Wie läßt sich das Unbewußte und seine Beziehung zum Bewußten erklären (7. Kapitel)? Und welche Beziehungen bestehen zwischen Bewußtsein, Intentionalität und denjenigen Hintergrundfähigkeiten, dank denen wir fähig sind, als bewußte Lebewesen in der Welt zurecht zu kommen (8. Kapitel)? Im Verlauf dieser Erörterungen versuche ich, eine Reihe von cartesianischen Schibboleths zu überwinden, so z. B. den Eigenschaftsdualismus, den Introspektionismus und die Lehre von der Unkorrigierbarkeit; dennoch geht es mir in diesen Kapiteln nicht vornehmlich um Kritik. Ich möchte den Ort bestimmen, den das Bewußtsein innerhalb unserer allgemeinen Weltkonzeption und unseres übrigen geistigen Lebens einnimmt.

Im vorliegenden Buch habe ich mehr über die Ansichten anderer Autoren zu sagen als in meinen anderen Büchern – vielleicht sogar mehr als in allen zusammengenommen. Das macht mich außerordentlich nervös, denn es ist ja keineswegs ausgeschlossen, daß ich sie genau so kraß mißverstehe wie sie mich. Kapitel 2 hat mir in dieser Hinsicht die meisten Kopfschmerzen bereitet, und ich kann nur sagen, daß ich mich nach Kräften bemüht habe, eine Übersicht über eine ganze Familie von Ansichten zu geben, die mir nicht zusagen. Was die Verweise angeht: Die Bücher, die ich in meiner philosophischen Kindheit gelesen habe – Bücher von Wittgenstein, Austin, Strawson, Ryle, Hare usw. –, enthalten nur wenige oder gar keine Verweise auf andere Autoren. Vermutlich bin ich unbewußt zu der Überzeugung gelangt, daß philosophische Qualität zur Anzahl der Literaturverweise umgekehrt proportional ist und daß kein großes philosophisches Werk jemals sehr viele Fußnoten enthalten hat. (Was auch immer an Ryles *Concept of Mind* auszusetzen sein mag, in dieser Hinsicht ist es beispielhaft: es enthält überhaupt keine.) Im vorliegenden Fall lassen sich Literaturverweise nun aber nicht vermeiden, und vermutlich wird man eher daran Anstoß nehmen, daß ich etwas ausgelassen habe, als daran, daß ich etwas aufgenommen habe.

Der Titel ist natürlich eine Hommage an Bruno Snells Klassiker *Die Entdeckung des Geistes*. Auf daß wir bei der Wiederentdeckung des Bewußtseins – der Sache selbst, nicht ihres cartesianischen Ersatzes oder ihres behavioristischen Doppelgängers – auch den Geist wiederentdecken!

## I. Kapitel

# Was mit der Philosophie des Geistes nicht stimmt

## 1. Die Lösung des Körper/Geist-Problems und warum vielen mehr am Problem liegt als an der Lösung

Das berühmte Körper/Geist-Problem, die Quelle so vieler Kontroversen in den vergangenen zwei Jahrtausenden, hat eine einfache Lösung. Vor etwa einem Jahrhundert begann eine ernstzunehmende Erforschung des Hirns, und seitdem ist diese Lösung jedem gebildeten Menschen zugänglich. In einem gewissen Sinne wissen wir alle, daß sie stimmt. Und das ist sie: Geistige Phänomene werden von neurophysiologischen Vorgängen im Hirn verursacht und sind selbst Merkmale des Hirns. Um diese Auffassung von den vielen anderen zu unterscheiden, die im Umlauf sind, nenne ich sie »biologischen Naturalismus«. Geistige Ereignisse und Vorgänge gehören genauso zu unserer biologischen Naturgeschichte wie Verdauung, Mitose, Meiose oder Enzymsekretion.

Der biologische Naturalismus wirft selbst wiederum jede Menge Fragen auf. Von welcher Art genau sind die neurophysiologischen Vorgänge? Auf welche Weise erzeugen die neuroanatomischen Elemente – die Neuronen, Synapsen, synaptischen Spalten, die Rezeptoren, Mitochondrien, Gliazellen, die Transmittersubstanzen usw. – geistige Phänomene? Und was ist mit der großen Vielfalt unseres geistigen Lebens: mit den Schmerzen, Wünschen, Reizen, Gedanken, visuellen Erlebnissen, Überzeugungen, Geschmacksempfindungen, Geruchswahrnehmungen, Besorgnissen, mit der Angst, der Liebe und dem Haß, mit der Niedergeschlagenheit und der Hochstimmung? Welche Erklärungen hat die Neurophysiologie für den gesamten Bereich unserer geistigen Phänomene – sowohl der bewußten als auch der unbewußten? Solche Fragen sind Gegenstand der Neurowissenschaften, und während ich dies schreibe, sind buchstäblich Tausende von Menschen mit der Untersuchung dieser Fragen beschäftigt.[1]

Doch nicht all diese Fragen gehören in die Neurobiologie. Einige darunter sind Fragen der Philosophie, oder der Psychologie, oder der Kognitionswissenschaft im allgemeinen. Zu den philosophischen Fragen gehören zum Beispiel die folgenden: Was genau ist Bewußtsein, und welche Beziehung besteht zwischen bewußten und unbewußten geistigen Phänomenen? Welches sind die besonderen Merkmale des »Geistigen« – Merkmale wie Bewußtsein, Intentionalität, Subjektivität, geistige Verursachung –, und wie funktionieren sie im einzelnen? Was für Kausalbeziehungen bestehen zwischen »geistigen« und »körperlichen« Phänomenen? Und können wir bei der Charakterisierung dieser Kausalbeziehungen dem Epiphänomenalismus entgehen?

Zu einigen dieser Fragen möchte ich später etwas sagen, an dieser Stelle möchte ich jedoch auf eine bemerkenswerte Tatsache hinweisen. Ich habe gerade gesagt, daß die Lösung des Körper/Geist-Problems für jeden gebildeten Menschen eigentlich auf der Hand liegt; doch derzeit behaupten viele – vielleicht sogar die meisten – Experten in der Philosophie und der Kognitionswissenschaft, daß für sie die Lösung überhaupt nicht offenkundig sei. Ja, sie halten die von mir vorgeschlagene Lösung nicht einmal für zutreffend. Blickt man darauf zurück, was sich auf dem Gebiet der Philosophie des Geistes in den letzten paar Jahrzehnten getan hat, so wird man folgendes finden: Einerseits gibt es eine kleine Minderheit, die mit Entschiedenheit behauptet, daß Bewußtsein und Intentionalität etwas Wirkliches und Irreduzibles sind; die meisten davon halten sich selbst gerne für Eigenschaftsdualisten. Andererseits gibt es die viel größere Mainstream-Gruppe; diese Leute halten sich für Materialisten der einen oder anderen Art. Die Eigenschaftsdualisten halten das Körper/Geist-Problem für furchtbar schwierig, für möglicherweise völlig unlösbar.[2] Die Materialisten pflichten dem insofern bei, als sie der Auffassung sind, daß es in der Tat ein schwieriges Körper/Geist-Problem gäbe, wenn Intentionalität und Bewußtsein wirklich existierten und nicht auf körperliche Phänomene zurückführbar wären; sie hoffen aber, Intentionalität und vielleicht auch Bewußtsein »naturalisieren« zu können. Mit der »Naturalisierung« eines geistigen Phänomens meinen sie dessen Zurückführung auf körperliche Phänomene. Ihres Erachtens legt man sich auf irgendeine Form von Cartesianismus fest, wenn man die Wirklichkeit und Irreduzibilität von Bewußtsein und anderen geistigen Phänomenen einräumt, und den Cartesianismus halten sie für unvereinbar mit unserem wissenschaftlichen Weltbild.

Ich glaube, daß beide Seiten sich in einem schweren Irrtum befinden. Beide akzeptieren ein gewisses Vokabular und damit auch eine Reihe von Annahmen. Ich möchte zeigen, daß das Vokabular überholt ist und die Annahmen falsch sind. Es ist entscheidend zu zeigen, daß beide Seiten falsch liegen – sowohl der Dualismus als auch der Monismus –, denn es wird allgemein unterstellt, damit seien die Möglichkeiten erschöpft, andere gebe es nicht. Vornehmlich werde ich mich gegen die verschiedenen Formen des Materialismus wenden, denn das ist die vorherrschende Auffassung. Jedweder Dualismus wird heutzutage gemeinhin von vornherein abgelehnt, denn man hält ihn für unvereinbar mit dem wissenschaftlichen Weltbild. In diesem und dem nächsten Kapitel möchte ich somit folgende Frage aufwerfen: An welchen Aspekten unserer Geistesgeschichte und unserer intellektuellen Umgebung liegt es denn eigentlich, daß es so schwierig ist, diese ganz simplen Dinge einzusehen, die ich über das »Körper/Geist-Problem« gesagt habe? Wie kam es dazu, daß »der Materialismus« als die einzige rationale Zugangsweise zur Philosophie des Geistes erscheint? In diesem und dem nächsten Kapitel geht es um die gegenwärtige Lage in der Philosophie des Geistes, und das vorliegende Kapitel hätte auch den Titel haben können »Was mit der materialistischen Tradition in der Philosophie des Geistes nicht stimmt«.

Betrachtet man die letzten fünfzig Jahre, so bieten die Philosophie des Geistes, die Kognitionswissenschaft und gewisse Zweige der Psychologie ein sehr sonderbares Spektakel. Am meisten fällt auf, wie vieles an der landläufigen Philosophie des Geistes der letzten fünfzig Jahre allem Anschein nach falsch ist. Meines Erachtens gibt es kein Gebiet innerhalb der zeitgenössischen analytischen Philosophie, wo so vieles gesagt wird, das so wenig Plausibilität hat. In der Sprachphilosophie beispielsweise ist es überhaupt nicht üblich, die Existenz von Sätzen und Sprechakten zu bestreiten. In der Philosophie des Geistes hingegen bestreiten viele – vielleicht sogar die meisten – der auf diesem Gebiet führenden Denker ganz routinemäßig die offenkundigsten Tatsachen: zum Beispiel, daß wir subjektive, bewußte Geisteszustände wirklich haben und daß sie sich nicht zugunsten von irgend etwas anderem eliminieren lassen.

Wie kommt es, daß so viele Philosophen und Kognitionswissenschaftler so vieles sagen können, was einem – mir zumindest – offensichtlich falsch vorkommt? Extreme Ansichten in der Philosophie sind so gut wie nie das Produkt mangelnder Intelligenz; im allgemeinen gibt es sehr tiefe, gewichtige Gründe dafür, daß jemand eine solche Ansicht hat. Eine der stillschweigenden Annahmen, die hinter den gegenwärtig verbreiteten Auffassungen stehen, ist (wie ich glaube) die Annahme, jene Auffassungen seien die einzigen wissenschaftlich akzeptablen Alternativen zu der Wissenschaftsfeindlichkeit, die mit dem traditionellen Dualismus einherging, mit dem Glauben an die Unsterblichkeit der Seele, dem Spiritualismus, und so weiter. Die derzeit verbreiteten Ansichten werden nicht so sehr deshalb geglaubt, weil man aus unabhängigen Gründen von ihrer Wahrheit überzeugt wäre, sondern weil man vor dem zurückschrickt, was man für die einzigen Alternativen hält. Das heißt, die Wahl, vor die wir stillschweigend gestellt werden, ist die zwischen einem »wissenschaftlichen« Zugang (wie er von irgendeiner der im Umlauf befindlichen Varianten des »Materialismus« repräsentiert wird) und einem »antiwissenschaftlichen« Zugang (wie er vom Cartesianismus oder irgendeiner anderen traditionellen religiösen Konzeption des Geistes repräsentiert wird). Eine weitere seltsame Sache hängt damit eng zusammen: Die meisten Standard-Autoren sind dem traditionellen Vokabular und den traditionellen Kategorien zutiefst verpflichtet. Sie glauben tatsächlich, daß diese archaischen Vokabeln (»Dualismus«, »Monismus«, »Materialismus«, »Physikalismus« usw.) eine einigermaßen klare Bedeutung haben und daß die Fragen, um die es geht, in jener Terminologie formuliert und gelöst werden müssen. Wenn sie diese Wörter verwenden, dann meinen sie das nicht ironisch, und es ist ihnen auch nicht peinlich. Eines der vielen Ziele, die ich in diesem Buch verfolge, ist zu zeigen, daß diese beiden Annahmen falsch sind. Viele der derzeit modischen Auffassungen vertragen sich – bei Lichte besehen – nicht damit, was wir sowohl durch unser eigenes Erleben, als auch durch die Einzelwissenschaften über die Welt wissen. Wenn wir das formulieren wollen, wovon wir alle wissen, daß es wahr ist, dann werden wir die Annahmen angreifen müssen, die hinter dem traditionellen Vokabular stehen.

Bevor ich einige dieser unglaublichen Theorien genauer beschreibe, möchte ich etwas über den Stil anmerken, in dem sie vorgestellt werden. Ein Autor, der im Begriff ist, etwas zu sagen, das albern klingt, geht selten einfach hin und sagt es. Gewöhnlich werden dann einige rhetorische oder stilistische Mittel bemüht, um es nicht in schlichten Worten sagen zu müssen. Das naheliegendste Hilfsmittel dieser Art ist das Drumherumreden mit viel ausweichender Prosa. Meines Erachtens wird in den Arbeiten einiger Autoren ganz deutlich, daß sie beispielsweise der Ansicht sind, daß wir in Wirklichkeit keine Geisteszustände (wie z..B. Überzeugungen, Wünsche, Ängste usw.) haben. Aber man tut sich schwer, wenn man Textstellen sucht, wo sie das tatsächlich geradeheraus sagen. Häufig möchten sie gerne das Alltagsvokabular beibehalten, zugleich aber in Abrede stellen, daß es irgend etwas in der wirklichen Welt bezeichnet. Ein weiteres rhetorisches Mittel zur Verkleidung des Fehlens von Plausibilität besteht darin, einer ganz normalen Auffassung des gesunden Menschenverstands einen Namen zu geben und sie dann mit Rückgriff auf diesen Namen – und nicht auf ihren Inhalt – zu bestreiten. Selbst heute stellt sich niemand gerne hin und sagt: »Kein Mensch hat jemals Bewußtsein von irgend etwas«. Der gewitzte Philosoph[*] geht statt dessen folgendermaßen vor: Er gibt der Auffassung, daß Menschen manchmal von etwas Bewußtsein haben, zunächst einmal einen Namen, er nennt sie etwa »die cartesianische Intuition«; und dann macht er sich daran, etwas zu attackieren, in Frage zu stellen oder zu bestreiten, das als »die cartesianische Intuition« bezeichnet wird. Noch ein Beispiel: Es fällt schwer, sich hinzustellen und zu sagen, niemand in der ganzen Weltgeschichte habe je getrunken, weil er Durst hatte, oder gegessen, weil er hungrig war; hingegen fällt es leicht, etwas anzugreifen, das im vorhinein einfach als »Alltagspsychologie«[**] etikettiert werden konnte. Und damit dieses Manöver einen Namen hat, werde ich es das »Verpaß-ihm-einen-Namen«-Manöver nennen. – Ein anderes Manöver ist noch beliebter; ich nenne es »das Manöver mit der Heldenzeit der Wissenschaft«. Wenn ein Autor in große Not gerät, dann versucht er, seine eigene Auffassung in Analogie zu einer großen Entdeckung der Vergangenheit zu setzen. (»Sieht meine Auffassung albern aus? Nun, die großen wissenschaftlichen Genies der Vergangenheit kamen ihren unwissenden, dogmatischen und vorurteilsbehafteten Zeitgenossen ebenfalls albern vor.«) Die bevorzugte Figur der Geschichte für eine derartige Analogie ist Galileo. Rhetorisch gesehen läuft es darauf hinaus, daß Sie, der skeptische Leser, folgenden Eindruck haben sollen: Wenn Sie dem Autor die vorgeführte Auffassung nicht abnehmen, dann sind Sie Kardinal Bellarmin und der Autor ist Galileo.[3] Andere Lieblingsvergleiche sind das Phlogiston und die Lebensgeister; wiederum soll der Leser in die Ecke gedrängt werden, wo er sich seinen Zweifel (z. B. daran, daß Computer wirklich denken) dann nur damit erklären kann, daß er an etwas so Unwissenschaftliches wie Phlogiston oder die Lebensgeister glaubt.

## II. Sechs unwahrscheinliche Theorien des Geistes

Ich möchte nicht versuchen, einen vollständigen Katalog aller modischen materialistischen Auffassungen in der zeitgenössischen Philosophie und Kognitionswissenschaft vorzulegen, sondern werde nur ein halbes Dutzend zusammenstellen, damit man einen Eindruck davon erhält. Eine Gemeinsamkeit dieser Auffassungen ist ihre Feindseligkeit gegenüber der Existenz und dem geistigen Charakter unseres gewöhnlichen Geisteslebens. Sie alle versuchen auf die eine oder die andere Weise, gewöhnliche geistige Phänomene wie Überzeugungen, Wünsche und Absichten herabzusetzen und die Existenz von so allgemeinen Merkmalen des Geistigen wie Bewußtsein und Subjektivität zweifelhaft erscheinen zu lassen.[4]

Als erstes die vielleicht extremste Version dieser Auffassungen, und zwar ist das die Idee, daß es Geisteszustände als solche gar nicht gibt. Alle, die sich selbst als »eliminative Materialisten« bezeichnen, vertreten diese Auffassung. Die Idee ist, daß es – entgegen einer weit verbreiteten Meinung – so etwas wie Überzeugungen, Wünsche, Hoffnungen, Befürchtungen usw. gar nicht gibt. Frühe Varianten dieser Auffassung wurden von Feyerabend (1963) und Rorty (1965) vorgelegt.

Eine zweite Auffassung, die oft zur Stützung des eliminativen Materialismus herangezogen wird, ist die Behauptung, daß die Alltagspsychologie – aller Wahrscheinlichkeit nach – einfach und zur Gänze falsch ist. Diese Auffassung wurde von P. M. Churchland (1981) und S. P. Stich (1983) vertreten. Zur Alltagspsychologie gehören Behauptungen wie: »Manchmal trinken Menschen, weil sie durstig sind«, »Menschen haben Wünsche und

Überzeugungen«, »Einige dieser Überzeugungen sind wahr (oder wenigstens falsch)«, »Manche Überzeugungen sind besser gestützt als andere«, »Menschen tun manchmal etwas, weil sie es wollen«, »Manchmal haben Menschen Schmerzen«, »Schmerzen sind oft unangenehm« und so (ohne absehbares Ende) weiter. Zwischen der Alltagspsychologie und dem eliminativen Materialismus besteht folgender Zusammenhang: Die Alltagspsychologie ist angeblich eine empirische Theorie, und die von ihr »postulierten« Entitäten – Schmerz, Kitzel, Juckreiz usw. – sind angeblich theoretische Entitäten, die ontologisch gesehen genau denselben Status haben wie Quarks und Myonen. Abschied von der Theorie ist zugleich Abschied von den theoretischen Entitäten: Der Nachweis, daß die Alltagspsychologie falsch ist, wäre zugleich die Beseitigung jedweder Rechtfertigung für die Annahme, daß die alltagspsychologischen Entitäten existieren. – Ich hoffe sehr, daß ich nicht unfair bin, wenn ich diese Auffassungen so darstelle, als fehle ihnen jede Plausibilität, aber ich muß bekennen: genau so kommen sie mir vor. Ich fahre mit der Auflistung fort.

Eine dritte Auffassung derselben Art besagt, daß an den sogenannten Geisteszuständen nichts spezifisch *Geistiges* ist. Geisteszustände bestehen ausschließlich aus den Kausalbeziehungen, die sie untereinander und zu den Inputs und Outputs des Systems haben, dem sie angehören. Jedes System mit den richtigen Kausaleigenschaften könnte über ein Duplikat dieser Kausalbeziehungen verfügen. Mithin müßte ein System, das zwar aus Steinen und Bierdosen besteht, aber die richtigen Kausalbeziehungen hat, dieselben Überzeugungen, Wünsche usw. haben wie wir – weil am Überzeugungen-Haben und Wünsche-Haben einfach nicht mehr dran ist. Die einflußreichste Version dieser Auffassung heißt »Funktionalismus«, und sie ist derart weit verbreitet, daß sie heutzutage eine orthodoxe Lehre darstellt.

Eine vierte Auffassung ohne Plausibilität – und das ist in der Tat die berühmteste und am weitesten verbreitete Auffassung im vorliegenden Katalog – besagt, daß ein Computer Gedanken, Gefühle und Verständnis haben könnte – ja, sogar haben müßte –, und zwar allein schon aufgrund des Umstands, daß er ein passendes Computerprogramm mit den passenden Inputs und Outputs ausführt. Dieser Auffassung habe ich an anderer Stelle den Namen »starke Künstliche Intelligenz« gegeben, man nennt sie aber auch »Computer-Funktionalismus«.

Eine fünfte und nicht weniger unglaubliche Behauptung lautet: Man solle nicht denken, daß unser Vokabular des Geistigen (»Überzeugung« und »Wunsch«, »Furcht« und »Hoffnung« usw.) tatsächlich für intrinsisch geistige Phänomene stehe; vielmehr solle man jede solche Vokabel als eine bloße Redeweise betrachten. Es handle sich dabei bloß um ein Vokabular, das sich zur Vorhersage und Erklärung von Verhalten eignet; man dürfe diese Ausdrücke allerdings nicht wörtlich nehmen, als Ausdrücke, mit denen über wirkliche, intrinsische, subjektive, psychische Phänomene gesprochen wird. Anhänger dieser Auffassung glauben, daß wir, wenn wir das gewöhnliche Vokabular verwenden, gegenüber einem System eine »intentionale Haltung« einnehmen.[5]

Als sechstes ist eine weitere extreme Auffassung zu nennen, gemäß welcher es Bewußtsein, *consciousness*, wie wir es uns normalerweise denken – als innere, private, subjektive, qualitative Phänomene der Sinnesempfindung oder der Bewußtheit [*awareness*] – überhaupt nicht gibt. Diese Auffassung wird nur selten explizit vertreten.[6] Kaum jemand ist willens, sich hinzustellen und zu sagen, daß es Bewußtsein überhaupt nicht gibt. Doch es ist neuerdings üblich geworden, daß Autoren den Begriff des Bewußtseins so umdefinieren, daß er sich nicht länger auf wirklich bewußte Zustände – d. h. auf innere, subjektive, qualitative, erstpersönliche Geisteszustände – bezieht, sondern statt dessen auf öffentlich beobachtbare drittpersönliche Phänomene. Solche Autoren geben vor, an die Existenz des Bewußtseins zu glauben, in Wirklichkeit bestreiten sie aber letztlich seine Existenz.[7]

Gelegentlich ziehen Fehler in der Philosophie des Geistes Fehler in der Sprachphilosophie nach sich. Eine (meines Erachtens unglaubliche) These in der Sprachphilosophie ist derselben Herkunft wie die Beispiele, die wir gerade in Erwägung gezogen haben. Und zwar handelt es sich um die Auffassung, daß es – wenn es darum geht, was sprachliche Zeichen bedeuten – keinerlei Tatsachen gibt, die über die Sprachverhaltensmuster hinausgehen. Quine (1960) ist der berühmteste Vertreter dieser Auffassung, gemäß welcher es überhaupt keine Tatsachenfrage ist, ob jemand – z. B. Sie oder ich –, der »Hase« sagt, damit einen Hasen oder einen unabgetrennten Teil eines Hasen oder einen Abschnitt in der Lebensgeschichte eines Hasen meint.[8]

Was soll man angesichts all dessen nun tun? Es reicht mir nicht zu sagen, daß das alles keine Plausibilität zu haben scheint. Ich bin vielmehr der Auffassung, daß ein Philosoph mit genug Geduld und Zeit sich hinsetzen und diese gesamte Tradition Punkt für Punkt und Zeile für Zeile widerlegen sollte. Genau das habe ich mit einer ganz bestimmten These, die zu dieser Tradition gehört, versucht – und zwar mit der These, daß Computer allein schon deshalb denken, fühlen und verstehen, weil sie ein Computerprogramm (das »richtige« Computerprogramm mit den »richtigen« Inputs und Outputs) realisieren (Searle 1980a). Diese Auffassung – die »starke Künstliche Intelligenz« – ist eine attraktive Zielscheibe, denn sie ist einigermaßen klar, es gibt eine einfache und schlagende Widerlegung, und diese Widerlegung läßt sich auch noch auf andere Versionen des Funktionalismus anwenden. Quines These von der Übersetzungsunbestimmtheit habe ich ebenfalls zu widerlegen versucht (Searle 1987), denn auch sie eignet sich meines Erachtens für einen Frontalangriff. Bei einigen anderen der genannten Auffassungen ist die Lage hingegen verworrener. Wie könnte man daran gehen, die Auffassung von der Nichtexistenz von Bewußtsein zu widerlegen? Sollte ich die Anhänger dieser These vielleicht irgendwohin kneifen, um sie daran zu erinnern, daß sie Bewußtsein haben? Sollte ich mich vielleicht selbst kneifen und das Resultat im *Journal of Philosophy* veröffentlichen?

Für eine Argumentation im traditionellen Sinn ist es wesentlich, daß eine gemeinsame Grundlage nicht völlig fehlt. Bei Uneinigkeit über die Prämissen ist es witzlos, sich zu bemühen, eine Schlußfolgerung herzuleiten. Wenn nun aber jemand die Existenz von Bewußtsein von Anfang an bestreitet, dann ist es schwierig auszumachen, worin die gemeinsame Grundlage bei der Untersuchung des Geistes noch bestehen könnte. Wenn aus einer Theorie die Nichtexistenz von Bewußtsein folgt, dann ist dies meines Erachtens eine schlichte reductio ad absurdum der Theorie; und Entsprechendes gilt für viele andere Auffassungen, die heutzutage in der Philosophie des Geistes vertreten werden.

Nach einigen Jahren Diskussion über diese Themen – sowohl in öffentlichen Veranstaltungen als auch in schriftlichen Publikationen – bin ich davon überzeugt, daß die grundlegenden Streitpunkte oft gar nicht an die Oberfläche gelangen. Wenn man beispielsweise mit Leuten über »starke Künstliche Intelligenz« oder Übersetzungsunbestimmtheit debattiert, dann wird der Umstand, daß diesen Thesen jegliche Plausibilität fehlt, dadurch kaschiert, daß die Argumente, die hin- und hergespielt werden, anscheinend so technisch sind. Noch schlimmer ist, daß es schwierig ist, die Annahmen ans Licht zu bringen, die diesen Theorien zugrunde liegen. Wenn einer sich beispielsweise mit der Idee wohlfühlt, ein Computer hätte – allein deshalb, weil er ein bestimmtes Programm realisiert – plötzlich und wundersamerweise Geisteszustände, dann werden die zugrundeliegenden Annahmen, die eine solche Auffassung als möglich erscheinen lassen, selten explizit formuliert. Mithin möchte ich in den nachfolgenden Erörterungen einen anderen Weg als den der direkten Widerlegung einschlagen. Ich werde also nicht noch eine »Widerlegung des Funktionalismus« vorstellen; vielmehr möchte ich eine andere Aufgabe in Angriff nehmen: die Darlegung und gleichzeitige Unterminierung der Grundlagen, auf denen diese ganze Tradition beruht. Wer sich zum Funktionalismus hingezogen fühlt, braucht keine Widerlegung, er braucht Hilfe.

Die materialistische Tradition ist gewaltig, komplex, allgegenwärtig – und dennoch entzieht sie sich dem Zugriff. Ihre verschiedenen Bestandteile – ihre Einstellung zum Bewußtsein, ihre Konzeption von wissenschaftlicher Verifikation, ihre Metaphysik und Erkenntnistheorie – stützen einander gegenseitig, so daß die Verteidiger bei einem Angriff gegen einen Teil ohne weiteres auf einen anderen Teil zurückgreifen können, dessen Gewißheit für selbstverständlich genommen wird. Ich spreche hier aus persönlicher Erfahrung. Wenn man eine Widerlegung der starken KI, der These von der Übersetzungsunbestimmtheit oder des Funktionalismus vorbringt, dann halten die Verteidiger es gar nicht für nötig, sich auf die tatsächlich vorgebrachte Argumentation einzulassen, denn sie wissen ja schon im vorhinein, daß man unrecht haben muß. Sie wissen, daß die materialistische Tradition – die sie oft irrtümlich »Wissenschaft« nennen – auf ihrer Seite ist. Und diese Tradition ist nicht einfach nur ein Teil der akademischen Philosophie. Wer sich Vorlesungen in der Kognitionswissenschaft anhört oder populäre Artikel über Künstliche Intelligenz liest, wird darin derselben Tradition begegnen. Sie ist zu umfassend, um sie in einem Absatz oder auch einem Kapitel zusammenzufassen, aber dennoch glaube ich, daß der Leser sie ohne weiteres erkennen wird, wenn ich sie im folgenden sich weiter entfalten lasse.

Bevor ich mit meinem Angriff auf die Grundlagen beginne, muß ich gewisse Bestandteile des Baus ein wenig genauer beschreiben und etwas über seine Geschichte sagen.

## III. Die Grundlagen des modernen Materialismus

Wenn ich »die Tradition« sage, so meine ich damit in erster Linie das Bündel von Auffassungen und methodologischen Voraussetzungen, das um die folgenden (oft unformulierten) Annahmen und Thesen kreist:

1. Wenn es um die wissenschaftliche Untersuchung des Geistes geht, dann sind das Bewußtsein und seine besonderen Merkmale von ziemlich geringer Wichtigkeit. Es ist durchaus möglich – ja sogar wünschenswert –, Sprache, Kognition und Geisteszustände im allgemeinen zu erklären, ohne dabei Bewußtsein und Subjektivität zu berücksichtigen.[9]

2. Wissenschaft ist objektiv. Sie ist nicht nur insofern objektiv, als sie Ergebnisse anstrebt, die von persönlichen Vorurteilen und Standpunkten unabhängig sind, sondern – und das ist wichtiger – sie handelt auch von einer Realität, die objektiv ist. Wissenschaft ist objektiv, weil die Realität selbst objektiv ist.

3. Wegen der Objektivität der Realität besteht die beste Methode bei der Untersuchung des Geistes darin, den objektiven Standpunkt (den Standpunkt der dritten Person) einzunehmen. Die Objektivität der Wissenschaft verlangt eine durch und durch objektive Untersuchung der Phänomene. Angewandt auf den Fall der Kognitionswissenschaft bedeutet das: Was untersucht werden muß, das ist objektiv beobachtbares *Verhalten*. Wenn es um reife Kognitionswissenschaft geht, dann ist die Untersuchung des Geistes und die Untersuchung intelligenten Verhaltens (einschließlich seiner kausalen Grundlagen) ziemlich dasselbe.

4. Vom objektiven Standpunkt der dritten Person aus betrachtet gibt es auf die erkenntnistheoretische Frage »Woher könnten wir zu Wissen über die geistigen Phänomene eines anderen Systems gelangen?« nur eine Antwort: Durch die Beobachtung seines *Verhaltens*. Dies ist die einzige Lösung, die es für das »Problem des Fremdpsychischen« gibt.

Erkenntnistheorie spielt in der Kognitionswissenschaft eine besondere Rolle, denn eine objektive Wissenschaft der Kognition muß in der Lage sein, *Kognition, intelligentes Verhalten, Informationsverarbeitung* und weitere Dinge solcher Art von anderen Naturphänomenen zu unterscheiden. Eine grundlegende Frage – vielleicht die grundlegende Frage überhaupt – bei der Untersuchung des Geistes ist die erkenntnistheoretische Frage: Woher wüßten wir, ob irgendein anderes »System« die-und-die mentalen Eigenschaften hat oder nicht? Und die einzige wissenschaftliche Antwort lautet: Durch sein Verhalten.

5. Intelligentes Verhalten und die Kausalbeziehungen, in denen intelligentes Verhalten steht, sind in gewisser Weise das Wesen des Geistigen. Die Auffassung, es gebe eine wesentliche Verknüpfung zwischen Geist und Verhalten, gibt es in verschiedenen Versionen, die von der behavioristischen Extremposition (wonach Geisteszustände nichts anderes sind als Verhaltensdispositionen), über funktionalistische Versuche einer Definition geistiger Begriffe durch innere und äußere Kausalbeziehungen, bis hin zu Wittgensteins rätselhafter Behauptung reichen: »Ein ›innerer Vorgang‹ bedarf äußerer Kriterien«[10] (1953, § 580).

6. Jede Tatsache im Universum kann von menschlichen Forschern im Prinzip erkannt und verstanden werden. Weil die Realität physisch ist und weil es in der Wissenschaft um die Untersuchung der physischen Realität geht und weil unserer Befähigung zur Kenntnis der physischen Realität keine Grenzen gesetzt sind, deshalb ergibt sich: Wir können alle Tatsachen im Universum erkennen und verstehen.

7. Die einzigen Dinge, die existieren, sind letztlich physisch, und das heißt (*in einem traditionellen Verständnis davon, was das Physische ist*): physisch im Gegensatz zu geistig. Daraus ergibt sich, daß bei den traditionellen Gegensatzpaaren – Dualismus/Monismus, Mentalismus/Materialismus – jeweils das zweite Glied die richtige Auffassung bezeichnet; das erste Glied bezeichnet die falsche Auffassung.

Es sollte schon jetzt klar sein, daß diese Auffassungen zusammenhängen; weil die Realität *objektiv* ist (Punkt 2), muß sie letztlich *physisch* sein (Punkt 7). Und die objektivistische Ontologie der Punkte 2 und 7 führt ganz zwanglos zur objektivistischen Methodologie der Punkte 3 und 4. Wenn jedoch der Geist wirklich existiert und eine objektive Ontologie hat, dann muß seine Ontologie wohl irgendwie mit dem Verhalten und der Kausalität zu tun haben (Punkt 5). Dadurch wird aber die Erkenntnistheorie in den Vordergrund gerückt (Punkt 4), denn es kommt nun ganz entscheidend darauf an, zwischen dem Verhalten solcher Systeme, die keine Geisteszustände haben, und dem solcher, die wirklich welche haben, unterscheiden zu können. Daraus, daß Realität letztlich physisch ist (Punkt 7), und daraus, daß sie durch und durch objektiv ist (Punkt 2), läßt sich zwanglos die Annahme gewinnen, daß alles, was es in der Realität gibt, von uns gewußt werden kann (Punkt 6). Und schließlich, eines liegt auf der Hand: Für Bewußtsein ist in diesem Gesamtbild kein Platz – oder höchstens nur ganz wenig Platz (Punkt 1).

Im Verlauf dieses Buchs hoffe ich zu zeigen, daß jeder dieser Punkte – bestenfalls – falsch ist und daß das aus ihnen resultierende Gesamtbild nicht nur völlig unwissenschaftlich ist: es ist inkohärent.

## IV. Die historischen Ursprünge der Grundlagen

Wie sind wir, historisch gesehen, in diese Lage geraten? Wie konnten wir in eine Lage geraten, wo Leute Sachen sagen können, die sich mit offensichtlichen Tatsachen ihres eigenen Erlebens nicht vertragen?

Folgendes würde man gerne wissen: Was an der Vorgeschichte der heutigen Diskussion in der Philosophie des Geistes, Psychologie, Kognitionswissenschaft und Künstlichen Intelligenz hat es ermöglicht, daß solche Auffassungen entwickelt und sogar für völlig respektabel und akzeptabel gehalten werden? Zu jedem Zeitpunkt der Geistesgeschichte arbeiten wir alle innerhalb gewisser Traditionen, die gewisse Fragen als die richtigen Fragen und gewisse Antworten als die einzig möglichen Antworten erscheinen lassen. In der zeitgenössischen Philosophie des Geistes macht uns die historische Tradition blind für die offensichtlichen Tatsachen unseres Erlebens; sie versieht uns mit einer Methodologie und einem Vokabular, in deren Licht offensichtlich falsche Hypothesen akzeptabel erscheinen. Die Tradition hat von frühen, unbeholfenen Anfängen im Behaviorismus, die mehr als ein halbes Jahrhundert zurückliegen, ihren Aufstieg genommen, der über »Typ-Typ«- und »Token-Token«-Varianten der Identitätstheorie*** hinführte zu den jetzigen, ausgefeilten Computer-Modellen der Kognition. Was an dieser Tradition verleiht ihr denn, wider alle

Intuition, solche Macht? Ich wünschte, ich verstünde diese Dinge gut genug, um eine vollständige historische Analyse vorzulegen, doch ich fürchte, ich kann nur ein paar Vermutungen und Andeutungen über die Natur der Symptome machen. Meiner Einschätzung nach sind hier zumindest vier Faktoren wirksam.

Erstens einmal haben wir panische Angst vor einem Absturz in den cartesianischen Dualismus. Der Bankrott der cartesianischen Tradition und die Absurdität der Annahme, es gebe zwei Arten von Substanzen bzw. Eigenschaften in der Welt, »geistige« und »physische«, haben eine derart unerquickliche Geschichte und wirken derart abschreckend auf uns, daß es uns widerstrebt, irgend etwas zuzugestehen, das nach Cartesianismus schmecken könnte. Es widerstrebt uns, auch nur irgendeine Tatsache des gesunden Menschenverstands zuzugestehen, die »cartesianisch« klingt, weil es scheint, wir müßten die gesamte cartesianische Metaphysik akzeptieren, wenn wir eine solche Tatsache akzeptieren. Jede Art von Mentalismus, die die offensichtlichen Tatsachen unserer Existenz anerkennt, wird als unweigerlich verdächtig betrachtet. Als äußerstes Extrem gibt es da die Weigerung mancher Philosophen, die Existenz des Bewußtseins einzuräumen, weil sie nicht einsehen, daß der *geistige* Zustand des Bewußtseins einfach ein gewöhnliches biologisches – und das heißt: *physisches* – Merkmal des Hirns ist. Noch entrüstender ist es vielleicht, daß solche Philosophen in ihrem Irrtum von anderen bestärkt werden, die munter die Existenz von Bewußtsein anerkennen und dabei unterstellen, es müsse etwas Nichtphysisches sein, dessen Existenz sie behaupten.

Die Auffassung, daß Bewußtsein, Geisteszustände usw. im naivsten und naheliegendsten Sinn existieren und eine kausale Rolle in unserem Verhalten spielen, hat mit dem cartesianischen Dualismus nichts Besonderes zu tun. Schließlich muß man ja nicht die *Meditationen* lesen, um sich dessen bewußt zu werden, daß man Bewußtsein hat oder daß die eigenen Wünsche – als geistige Phänomene, ob bewußt oder unbewußt – wirkliche Kausalphänomene sind. Wenn man jedoch Philosophen an diese »cartesianischen Intuitionen« erinnert, dann wird man sofort des Cartesianismus beschuldigt. Mir wurde – das ist jetzt eine persönliche Bemerkung – vorgeworfen, ich verträte irgendeine verrückte Lehre des »Eigenschaftsdualismus« und des »privilegierten Zugangs«, ich glaubte an »Introspektion«, an den »Neovitalismus« oder sogar an den »Mystizismus«, obwohl ich niemals – weder implizit, noch explizit – irgend etwas dergleichen verfochten habe. Wie kommt es also zu solchen Vorwürfen? Zum Teil liegt das zweifelsohne nur daran, daß diese Kommentatoren nicht genug intellektuelle Sorgfalt walten ließen (oder nicht einmal walten lassen wollten); doch es ist hier auch noch etwas Tiefergehendes im Spiel. Es fällt ihnen nämlich schwer zu sehen, daß jemand die offensichtlichen Tatsachen über Geisteszustände akzeptieren könnte, ohne zugleich den cartesianischen Apparat zu akzeptieren, der traditionell mit der Anerkennung dieser Tatsachen einherging. Sie glauben, daß man eigentlich nur die Wahl hat zwischen irgendeiner Form von Materialismus und irgendeiner Form von Dualismus. Eines der vielen Ziele, die ich mit der Abfassung dieses Buchs verfolge, ist zu zeigen, daß diese Konzeption verfehlt ist, daß sich eine kohärente Erklärung der den Geist betreffenden Tatsachen geben läßt, ohne daß in ihr der abgewirtschaftete cartesianische Apparat auf irgendeine Weise in Anspruch genommen wird.

Zweitens haben wir zusammen mit der cartesianischen Tradition ein Vokabular geerbt und mit diesem Vokabular gewisse Kategorien. Und wir sind historisch darauf ab gerichtet, in diesen Kategorien über die hier zur Diskussion stehenden Probleme nachzudenken. Das Vokabular ist nicht harmlos, denn es enthält implizit überraschend viele theoretische Behauptungen, deren Falschheit fast gewiß ist. Das Vokabular umfaßt eine Reihe von scheinbaren Gegensätzen: »physisch« im Gegensatz zu »geistig«, »Körper« im Gegensatz zu »Geist«, »Materialismus« im Gegensatz zu »Mentalismus«, »Materie« im Gegensatz zu »Seele«. In diesen Gegensätzen ist implizit die These enthalten, daß ein und dasselbe Phänomen unter denselben Aspekten strenggenommen nicht beiden Gliedern eines solchen Gegensatzpaars genügen kann. Manchmal scheint die Semantik und sogar schon die Morphologie diesen Gegensatz explizit zu machen, wie bei dem scheinbaren Gegensatz zwischen »Materialismus« und »Immaterialismus«. Mithin sollen wir glauben, daß etwas Geistiges nicht physisch sein könne; daß es – wenn es um die Seele geht – nicht um die Materie gehen könne; daß wenn etwas immateriell ist, es nicht materiell sein könne. Doch all diese Auffassungen scheinen mir angesichts all dessen, was wir über die Neurobiologie wissen, offensichtlich falsch zu sein. Das Hirn verursacht gewisse »geistige« Phänomene, wie z. B. bewußte Geisteszustände, und diese bewußten Zustände sind einfach höherstufige Merkmale des Hirns. Bewußtsein ist eine höherstufige oder emergente Eigenschaft des Hirns – und zwar in dem völlig harmlosen Sinn von »höherstufig« bzw. »emergent«, in dem Festigkeit eine höherstufige, emergente Eigenschaft von $H_2O$-Molekülen ist, wenn sie in einer Gitterstruktur angeordnet sind (Eis), und in dem Flüssigkeit ebenso eine höherstufige, emergente Eigenschaft von $H_2O$-Molekülen ist, wenn sie, grob gesagt, übereinander herumrollen (Wasser). Bewußtsein ist eine geistige – und folglich physische – Eigenschaft des Hirns in dem Sinne, in dem Flüssigkeit eine Eigenschaft eines Systems von Molekülen ist. Es liegt mir daran, daß zumindest eines dem Leser an dieser Stelle ganz klar wird: Daraus, daß etwas ein geistiges Merkmal ist, folgt nicht, daß es nicht physisch ist; daraus, daß etwas ein physisches Merkmal ist, folgt nicht, daß es nicht geistig ist. Wenn wir für diesen Zusammenhang Descartes zurechtrücken wollten, dann könnten wir nicht nur sagen »Ich denke, also bin ich« und »Ich bin etwas Denkendes«, sondern auch: *Ich bin etwas Denkendes, also bin ich etwas Physisches.*

Man beachte allerdings, wie das Vokabular es erschwert (wenn nicht sogar unmöglich macht), das, was ich meine, unter Verwendung der traditionellen Terminologie zu sagen. Wenn ich sage, daß Bewußtsein ein höherstufiges physisches Merkmal des Hirns ist, dann besteht die Versuchung, dies aufzufassen, als sei damit gesagt: physisch-im-Gegensatz-zu-geistig, als wolle man zum Ausdruck bringen, Bewußtsein lasse sich *nur* objektiv verhaltensbezogen oder neurophysiologisch beschreiben. Was ich hingegen tatsächlich meine, ist folgendes: Bewußtsein *als* Bewußtsein, *als* etwas Geistiges, *als* etwas Subjektives, *als* etwas Qualitatives ist *etwas Physisches*, und es ist etwas Physisches, *weil* es etwas Geistiges ist. Und all das zeigt, so meine ich, die Unangemessenheit des traditionellen Vokabulars.

Neben den scheinbaren Gegensätzen gibt es Bezeichnungen, die scheinbar die möglichen Positionen erschöpfen, die man einnehmen kann: Da gibt es den Monismus im Gegensatz zum Dualismus; Materialismus und Physikalismus im Gegensatz zum Mentalismus und Idealismus. Aus dem Eifer, an den traditionellen Kategorien festzuhalten, erwächst manch seltsame Terminologie, wie z. B. »Eigenschaftsdualismus«, »anomaler Monismus«,

»Token-Identität« und so weiter. Meine eigenen Auffassungen passen zu keinem der traditionellen Etiketten, doch für viele Philosophen scheint es einfach jenseits ihres Fassungsvermögens zu sein, daß jemand eine Auffassung haben könnte, die nicht unter diese Kategorien fällt.[11] Am schlimmsten ist aber vielleicht, daß es hier eine Reihe von Substantiven und Verben gibt, die dem Anschein nach eine klare Bedeutung haben und für wohldefinierte Gegenstände und Tätigkeiten stehen – »der Geist«, »das Ich« und »die Introspektion« sind naheliegende Beispiele. Um das Vokabular der zeitgenössischen Kognitionswissenschaft ist es nicht besser bestellt. Wir nehmen mit Vorliebe ganz arglos an, Ausdrücke wie »Kognition«, »Intelligenz« und »Informationsverarbeitung« hätten klare Definitionen und stünden tatsächlich für irgendwelche natürlichen Arten. Meines Erachtens sind derlei Annahmen falsch. Es lohnt sich, dies hervorzuheben: »Intelligenz«, »intelligentes Verhalten«, »Kognition« und »Informationsverarbeitung« sind beispielsweise keine präzise definierten Begriffe. Noch mehr verblüfft es, daß eine Reihe von sehr technisch klingenden Begriffen armselig definiert sind – zum Beispiel solche Begriffe wie »Computer«, »Computation«, »Programm« und »Symbol«. Was die meisten Zwecke angeht, die in der Computerwissenschaft verfolgt werden, so macht es nichts, daß diese Begriffe nur schlecht definiert sind (genauso wenig macht es Möbelherstellern aus, daß sie keine philosophisch präzise Definition von »Stuhl« und »Tisch« haben); aber wenn Kognitionswissenschaftler so etwas wie »Hirne sind Computer«, »Der Geist ist ein Programm« und dergleichen sagen – dann wird es allerdings entscheidend, wie diese Begriffe definiert sind.

Drittens gibt es eine hartnäckige Objektivierungstendenz in der zeitgenössischen Philosophie, in der Wissenschaft und überhaupt im Geistesleben. Wir sind der festen Überzeugung, daß etwas, das wirklich ist, allen kompetenten Beobachtern gleichermaßen zugänglich sein muß. Seit dem 17. Jahrhundert akzeptieren die Gebildeten der westlichen Welt eine absolut grundlegende metaphysische Voraussetzung: *Realität ist objektiv.* Diese Annahme hat sich in vielerlei Hinsicht als nützlich erwiesen, aber sie ist offenkundig falsch. Man braucht ja nur an die eigenen subjektiven Zustände zu denken, um dies sofort einzusehen. Vielleicht war es unvermeidlich, daß diese Annahme zu der Auffassung geführt hat, die Erforschung des Geistes sei nur dann »wissenschaftlich«, wenn es sich dabei um die Erforschung objektiver Phänomene handelt. Sobald wir die Annahme akzeptieren, daß alles Objektive jedwedem Beobachter gleichermaßen zugänglich sein muß, verschieben sich die Fragen ganz von selbst; es geht dann nicht mehr um die Subjektivität von Geisteszuständen, sondern um die Objektivität äußeren Verhaltens. Und das führt dazu, daß nicht mehr gefragt wird »Was ist das: eine Überzeugung haben?«, »Was ist das: einen Wunsch haben?«, »Wie ist es, sich in den-und-den Bewußtseinszuständen zu befinden?«; statt dessen stellen wir Fragen, die vom Standpunkt der dritten Person formuliert sind: »Unter welchen Bedingungen würden wir einem *andern* System von außen Überzeugungen, Wünsche usw. *zuschreiben?*« Das kommt uns ganz natürlich vor, denn selbstverständlich geht es in den meisten Fragen, die wir über geistige Phänomene haben, um andere Menschen und nicht bloß um uns selbst.

Aber der Umstand, daß für die Erkenntnistheorie der Standpunkt der dritten Person charakteristisch ist, sollte uns nicht blind machen gegen die Tatsache, daß die tatsächliche Ontologie der Geisteszustände eine Ontologie der ersten Person ist. Die Art und Weise, wie der Standpunkt der dritten Person in der Praxis angewandt wird, macht es uns schwer, den Unterschied zu sehen zwischen etwas, das wirklich einen Geist hat (ein Mensch zum Beispiel), und etwas, das sich so verhält, *als ob* es einen Geist hätte (ein Computer zum Beispiel). Und wenn die Unterscheidung zwischen einem System mit wirklichen Geisteszuständen und einem mit bloßem Als-ob-Verhalten erst einmal aus dem Blickfeld geraten ist, dann entgeht einem auch ein wesentliches Merkmal des Geistigen: daß nämlich die Ontologie des Geistigen wesentlich eine Ontologie der ersten Person ist. Überzeugungen, Wünsche usw. sind immer *jemandes* Überzeugungen und Wünsche, und sie sind immer potentiell bewußt, auch dann, wenn sie de facto unbewußt sind.

Argumente für diesen letzten Punkt werde ich im 7. Kapitel vorstellen. Hier möchte ich versuchen, eine Diagnose des historisch bedingten Forschungsmusters zu geben, durch welches der Standpunkt der dritten Person bei der Erforschung des Geistes als der einzige wissenschaftlich akzeptable Standpunkt erscheint. Nur ein Fachmann für Geistesgeschichte könnte zum Beispiel sagen, seit wann sich der Eindruck durchgesetzt hat, die Frage »Unter welchen Bedingungen würden wir Geisteszustände zuschreiben?« sei die richtige Frage. Aber die intellektuellen Auswirkungen des hartnäckigen Andauerns der Objektivierungstendenz sind wohl klar. Ein Vergleich mit den Folgen der Kantschen Unterscheidung zwischen Erscheinung und Ding an sich sei erlaubt. Dies war eine Unterscheidung des gesunden Menschenverstandes, aber sie führte schließlich in die Extreme des absoluten Idealismus. Auch die Frage »Unter welchen Bedingungen würden wir Geisteszustände zuschreiben?« entstammt dem gesunden Menschenverstand; doch die Beharrlichkeit, mit der diese Frage gestellt wurde und wird, hat uns zum Behaviorismus, zum Funktionalismus, zur starken KI, zum eliminativen Materialismus, zur sog. intentionalen Haltung und gewiß zu noch ein paar Verwirrungen geführt, die nur den Experten geläufig sind.

Viertens leiden wir aufgrund unserer Konzeption von der Geschichte des Wissenswachstums unter etwas, das Austin die »ivresse des grands profondeurs« genannt hat. Irgendwie erscheint es uns nicht genug zu sein, bescheidene und offenkundige Wahrheiten über den Geist zu formulieren – wir möchten etwas Tieferes. Wir wollen eine theoretische Entdeckung. Und natürlich kommt unser Modell einer großen wissenschaftlichen Entdeckung aus der Geschichte der Physik. Wir träumen von einem großen »Durchbruch« bei der Erforschung des Geistes, wir hoffen auf eine »ausgereifte« Kognitionswissenschaft. So spricht es dann nicht gegen die betreffenden Auffassungen, daß ihnen jede Plausibilität fehlt, daß sie unseren Intuitionen zuwiderlaufen. Im Gegenteil, es mag sogar als großes Verdienst des zeitgenössischen Funktionalismus und der Künstlichen Intelligenz erscheinen, daß sie unseren Intuitionen völlig zuwiderlaufen. Denn ist es nicht gerade das, was den Naturwissenschaften ihren Glanz verleiht? Unsere gewöhnlichen intuitiven Vorstellungen von Raum und Zeit oder auch von der Festigkeit des Tischs, der vor uns steht, wurden ja als bloße Täuschungen erwiesen und durch ein sehr viel tieferes Wissen über die inneren Funktionsweisen des Universums ersetzt. Könnte da nicht ein großer Durchbruch bei der Erforschung des Geistes in ähnlicher Weise zeigen, daß unsere festesten Überzeugungen über unsere Geisteszustände gleichermaßen illusorisch sind? Dürfen wir nicht mit gutem Recht große Entdeckungen erwarten, die unsere alltäglichen Annahmen des gesunden Menschenverstandes umstoßen werden? Und wer weiß, vielleicht machen ja einige von uns einige dieser großen Entdeckungen?

# V. Die Unterminierung der Grundlagen

Einige Hauptpunkte meiner nachfolgenden Argumentation lassen sich als Gegenthesen zu den sieben genannten Prinzipien formulieren. Dazu muß ich zunächst einmal die Unterscheidungen zwischen *Ontologie*, *Erkenntnistheorie* und *Kausalität* darlegen. Es macht einen Unterschied, welche der drei folgenden Fragen beantwortet werden soll: »Was ist es?« (Ontologie), »Wie können wir etwas darüber herausfinden?« (Erkenntnistheorie) bzw. »Was macht es?« (Kausalität). Beim Herzen beispielsweise ist die Ontologie, daß es ein großes Stück Muskelgewebe in der Brusthöhle ist; die Erkenntnistheorie ist, daß wir mit Hilfe von Stethoskopen und EKGs etwas darüber herausfinden (außerdem können wir im Nu die Brust öffnen und hineinschauen); und die Kausalität ist, daß das Herz Blut durch den Körper pumpt. Mit diesen Unterscheidungen im Kopf können wir uns an die Arbeit machen.

   *1. Bewußtsein ist wichtig.* Ich werde die Ansicht vertreten, daß die Phänomene des Geistes sich überhaupt nicht untersuchen lassen, ohne dabei implizit oder explizit das Bewußtsein zu untersuchen. Dies hat vornehmlich folgenden Grund: Wir haben in Wirklichkeit gar keinen Begriff des Geistigen, der unabhängig wäre von unserem Begriff des Bewußtseins. Natürlich sind einer Person zu jedem Zeitpunkt ihres Lebens die meisten ihrer geistigen Phänomene nicht bewußt. In formaler Redeweise gefaßt: Die meisten geistigen Prädikate, die auf mich zu einem gegebenen Zeitpunkt zutreffen, haben Anwendungsbedingungen, die unabhängig davon sind, in welchen Bewußtseinszuständen ich mich zu diesem Zeitpunkt befinde. Aber auch wenn unser geistiges Leben zu jedem einzelnen Zeitpunkt weitestgehend unbewußt ist, haben wir dennoch – wie ich ausführen werde – keine Konzeption eines unbewußten Geisteszustands, die nicht abgeleitet wäre von bewußten geistigen Zuständen. Und wenn das stimmt, dann ist das gesamte derzeitige Gerede über Geisteszustände, die prinzipiell dem Bewußtsein unzugänglich seien, in Wirklichkeit inkohärent. (Mehr dazu im 7. Kapitel.)

   *2. Nicht die gesamte Wirklichkeit ist objektiv; manches von ihr ist subjektiv.* Zwei Behauptungen werden beständig durcheinandergebracht: zum einen die Behauptung, wir sollten persönliche Vorurteile bei der Suche nach Wahrheit möglichst heraushalten,

und zum andern die Behauptung, die Welt enthalte keine irreduzibel subjektiven Bestandteile. Und diese Verwirrung beruht wiederum darauf, daß der erkenntnistheoretische und der ontologische Sinn der subjektiv/objektiv-Unterscheidung durcheinandergebracht werden. Wird diese Unterscheidung erkenntnistheoretisch verstanden, dann geht es darum, daß Behauptungen in
unterschiedlichem Ausmaß von solchen Faktoren wie besonderen
Wertvorstellungen, persönlichen Vorurteilen, Standpunkten und
Gefühlen beeinflußt sein können; die Unterscheidung markiert
dann unterschiedliche Grade der Unabhängigkeit von solchen
Faktoren. Ontologisch verstanden markiert die Unterscheidung
unterschiedliche Kategorien der empirischen Wirklichkeit (mehr
über diese Unterscheidungen im 4. Kapitel). Das erkenntnistheoretische Ideal der Objektivität ist ein lohnendes, wenn auch uner-
reichbares Ziel. Die ontologische Behauptung hingegen, die gesamte Wirklichkeit sei objektiv, ist – neurobiologisch gesehen –
einfach falsch. Im allgemeinen haben Geisteszustände eine subjektive Ontologie; wir werden später Gelegenheit haben, dies etwas näher zu betrachten.

Wenn es – wie ich denke – stimmt, daß Bewußtsein und Subjektivität dem Geist wesentlich sind, dann ist die in der Tradition verwendete Konzeption des Geistigen von Hause aus verfehlt, denn sie ist wesentlich eine objektive, Dritte-Person-Konzeption. In der Tradition wird versucht, den Geist so zu erforschen, als bestehe er aus neutralen Phänomenen, die von Bewußtsein und Subjektivität unabhängig sind. Doch ein solcher
Zugang übergeht die entscheidenden Merkmale, durch die geistige sich von nichtgeistigen Phänomenen unterscheiden. Daraus
erklärt sich besser als aus jedem anderen Grund die mangelnde
Plausibilität der von mir am Anfang des Kapitels erwähnten
Auffassungen. Wenn man beispielsweise versucht, Überzeugungen als Phänomene zu betrachten, die keine wesentliche Verbindung mit dem Bewußtsein haben, dann wird man wahrscheinlich bei der Idee enden, Überzeugungen könnten durch Verhalten allein definiert werden (Behaviorismus) oder durch Ursache/
Wirkungs-Beziehungen (Funktionalismus), oder bei der Idee,
daß sie in Wirklichkeit gar nicht existieren (eliminativer Materialismus) oder daß unsere Rede von Überzeugungen und
Wünschen bloß als eine gewisse Art zu reden aufgefaßt werden
muß (die intentionale Haltung). Die Höhe der Absurdität wird

mit dem Versuch erreicht, Bewußtsein selbst unabhängig von Bewußtsein zu behandeln, d. h. es ausschließlich von einem Standpunkt der dritten Person aus zu behandeln; und das führt dann zu der Auffassung, Bewußtsein als solches – als »innere«, »private« phänomenale Ereignisse – existiere in Wirklichkeit nicht.

Manchmal wird die Spannung zwischen der Methodologie und der Absurdität der Resultate sichtbar. In der Fachliteratur der letzten Jahre gibt es einen Disput um etwas, das dort »Qualia« genannt wird,\*\*\* und das vermeintliche Problem ist: »Kann der Funktionalismus Qualia erklären?« Aus der Diskussion wird ganz deutlich, daß der Geist sozusagen bis in die letzte Ecke hinein aus Qualia besteht. Der Funktionalismus kann für Qualia keine Erklärung geben, weil er auf einen ganz anderen Themenbereich zugeschnitten ist, wo es um Zuschreibungen von Intentionalität aufgrund von Belegen aus der Perspektive der dritten Person geht; die tatsächlichen Geistesphänomene hingegen haben gar nichts mit Zuschreibungen zu tun, sondern mit der Existenz bewußter und unbewußter Geisteszustände, und das sind subjektive Erste-Person-Phänome.

3. *Weil die Annahme falsch ist, die Ontologie des Geistigen sei objektiv, ist auch die Annahme falsch, die Methodologie einer Wissenschaft vom Geist müsse sich nur mit objektiv beobachtbarem Verhalten befassen.* Geistige Phänomene sind wesentlich mit Bewußtsein verknüpft, und Bewußtsein ist wesentlich subjektiv; daraus folgt, daß die Ontologie des Geistigen wesentlich eine Ontologie der ersten Person ist. Geisteszustände sind immer jemandes Geisteszustände. Es gibt immer eine »erste Person«, ein »ich«, das diese Geisteszustände hat. Für die gegenwärtige Diskussion ergibt sich daraus, daß der Standpunkt der ersten Person primär ist. Im Verlauf der tatsächlichen Forschungen werden wir natürlich andere Leute untersuchen, weil wir meistens nicht über uns selbst Forschungen anstellen. Aber es ist wichtig hervorzuheben, daß das, worauf wir bei der Erforschung anderer Leute gerade abzielen, eben genau dieser Standpunkt der ersten Person ist. Wenn wir Forschungen über *ihn* oder *sie* anstellen, dann erforschen wir das *ich,* das er bzw. sie ist. Und das hat nichts mit Erkenntnistheorie zu tun.

Wollte man die Krise der Tradition im Lichte der Unterscheidungen zwischen Ontologie, Erkenntnistheorie und Kausalität in einem Absatz zusammenfassen, dann sähe das so aus:

Die subjektivistische Ontologie des Geistigen erscheint als etwas, das nicht toleriert werden kann. Es erscheint metaphysisch intolerabel, daß es irreduzibel subjektive, »private« Entitäten in der Welt geben sollte; und es erscheint erkenntnistheoretisch intolerabel, daß es eine Asymmetrie geben sollte zwischen der Kenntnis, die jede Person von ihren inneren geistigen Phänomenen hat, und der Kenntnis, die andere von außerhalb davon haben. Aus dieser Krise resultiert eine Flucht vor der Subjektivität. Die Fluchtrichtung ist: Neuschreibung der *Ontologie* mittels der *Erkenntnistheorie* und der *Kausalität*. Als erstes werden wir die Subjektivität los, indem wir Ontologie neu definieren; wir greifen in der Definition auf die erkenntnistheoretische Dritte-Person-Grundlage zurück – auf das Verhalten. Wir sagen »Geisteszustände sind nichts weiter als Verhaltensdispositionen«, und wenn wir die Absurdität dieser Behauptung nicht mehr ertragen, dann greifen wir auf die Kausalität zurück. Wir sagen: »Geisteszustände sind durch ihre kausalen Rollen definiert« (Funktionalismus), oder: »Geisteszustände sind computationale Zustände« (starke KI).

In der Tradition wird meines Erachtens fälschlicherweise angenommen, man sei bei der Erforschung des Geistes gezwungen, zwischen »Introspektion« und »Verhalten« zu wählen. Bei dieser Annahme sind eine Reihe von Fehlern im Spiel, darunter auch folgender:

4. *Die Annahme ist falsch, wir wüßten von der Existenz geistiger Phänomene bei anderen Menschen nur durch Beobachtung ihres Verhaltens.* Ich glaube, daß die traditionelle »Lösung« des »Problems mit dem Fremdpsychischen«, auch wenn wir sie seit Jahrhunderten beibehalten haben, nicht einen einzigen Augenblick ernsthaftem Nachdenken standhält. Später (im 3. Kapitel) werde ich zu diesen Themen mehr sagen, vorerst nur dies: Wenn man sich einen Augenblick lang überlegt, woher wir wissen, daß Hunde und Katzen Bewußtsein haben und daß Computer und Autos keines haben (und es besteht ja, nebenbei gesagt, nicht der mindeste Zweifel daran, daß der Leser und ich dies wissen), dann wird man einsehen, daß die Grundlage unserer Gewißheit nicht das »Verhalten« ist, sondern vielmehr eine gewisse Kausalkonzeption davon, wie die Welt funktioniert. Man kann sehen, daß Hunde und Katzen in gewisser Hinsicht eine erhebliche Ähnlich-

keit mit uns haben. Das da sind Augen, dies ist Haut, das dort sind Ohren, und so weiter. Das »Verhalten« läßt sich nur deshalb als der Ausdruck oder die Manifestation einer zugrundeliegenden geistigen Wirklichkeit begreifen, weil wir die kausale Grundlage des Geistigen sehen können und dadurch auch das Verhalten als eine Manifestation des Geistigen sehen. Das Prinzip, mit dem wir das Problem des Vorhandenseins eines anderen als unseres eigenen Geists »lösen«, ist, wie ich darlegen werde, nicht: dasselbe-Verhalten-ergo-dieselben-Geistesphänomene. Das ist der alte Fehler, der auch im Turing-Test steckt. Stimmte dieses Prinzip, dann müßten wir alle auch zu dem Schluß gelangen, daß Radios Bewußtsein haben, denn sie legen intelligentes Sprachverhalten an den Tag. Aber wir ziehen keinen solchen Schluß, denn wir haben eine »Theorie« darüber, wie Radios funktionieren. Das Prinzip, mit dem wir »das Problem des Fremdpsychischen lösen«, lautet so: dieselben-Ursachen-dieselben-Wirkungen und relevantermaßen-ähnliche-Ursachen-relevantermaßen-ähnliche-Wirkungen. Wenn es um unser Wissen von der Existenz eines anderen Geistes geht, dann ist Verhalten *für sich selbst genommen* von keinerlei Interesse für uns; vielmehr ist es *Verhalten in Verbindung mit dem Wissen von den kausalen Grundlagen des Verhaltens*, das die Grundlage unseres Wissens ausmacht.

Doch selbst mit dem eben Gesagten, scheint mir, wird der Tradition noch zu viel zugestanden, denn es wird ja der Eindruck erweckt, als hätten wir eine erkenntnistheoretische Grundeinstellung gegenüber Hunden, Katzen, Radios und anderen Menschen; es wird der Eindruck erweckt, wir wären bei unseren alltäglichen Verrichtungen damit beschäftigt, »das Problem des Fremdpsychischen zu lösen«, wobei Hunde und Katzen dann den Test bestehen, während Radios und Autos durchfallen. Doch dieser Eindruck trügt. Normalerweise lösen wir das Problem des Fremdpsychischen nicht, denn es stellt sich uns ja nur in sehr ausgefallenen Situationen. Unsere Hintergrundfähigkeiten für den Umgang mit der Welt versetzen uns in die Lage, mit Menschen auf die eine Weise umzugehen und mit Autos auf eine andere; doch wir entwickeln nicht noch zusätzlich eine Hypothese, die besagt, daß diese Person Bewußtsein hat und jenes Auto nicht – außer in ungewöhnlichen Fällen. Später (im 3. und 8. Kapitel) werde ich mich eingehender darüber äußern.

In den Wissenschaften stellen sich natürlich erkenntnistheoretische Fragen, aber solche Fragen sind für ein Verständnis der Natur des Geistes nicht wesentlicher als für ein Verständnis der Natur derjenigen Phänomene, die in irgendeiner anderen Disziplin untersucht werden. Warum sollten sie auch? Es gibt interessante erkenntnistheoretische Fragen, die das Wissen über die Vergangenheit in der Geschichtswissenschaft oder die Kenntnis von unbeobachteten Entitäten in der Physik betreffen. Jedoch sollte die Frage »Wie ist die Existenz der Phänomene zu verifizieren?« nicht mit der Frage verwechselt werden »Was ist die Natur der Phänomene, deren Existenz verifiziert ist?« Die entscheidende Frage ist nicht: »Unter welchen Bedingungen würden wir anderen Menschen Geisteszustände *zuschreiben*?«, sondern vielmehr: »Was *haben* Menschen denn *tatsächlich*, wenn sie Geisteszustände haben?« Es kommt auf den Unterschied an zwischen »Was sind geistige Phänomene?« einerseits und andererseits: »Wie finden wir heraus, ob sie vorliegen, und welche kausale Rolle spielen sie im Leben des Organismus?«

Ich möchte in diesem Punkt nicht mißverstanden werden: Ich sage damit nicht, es sei leicht, zu Wissen über Geisteszustände zu gelangen, und auch nicht, daß wir uns um erkenntnistheoretische Fragen keine Sorgen machen müßten. Darum geht es überhaupt nicht. Meines Erachtens ist es äußerst schwierig, geistige Phänomene zu untersuchen, und als methodologische Anleitung gibt es einzig und allein die universale Maxime: Verwende jedes beliebige Werkzeug, das dir in die Hände fällt, und behalte jedes Werkzeug bei, das funktioniert. Worum es mir hier geht, ist etwas anderes: Die Erkenntnistheorie der Erforschung des Geistigen bestimmt ihre Ontologie um nichts mehr, als die Erkenntnistheorie irgendeiner anderen Disziplin deren Ontologie bestimmt. Im Gegenteil, bei der Erforschung des Geistes verhält es sich wie anderswo auch: Der ganze Witz der Erkenntnistheorie ist es, an die bereits existierende Ontologie heranzukommen.

*5. Verhalten oder Kausalbeziehungen zu Verhalten sind der Existenz geistiger Phänomene nicht wesentlich.* Meines Erachtens ist die Beziehung von Geisteszuständen zu Verhalten rein kontingent. Dies läßt sich leicht einsehen, wenn wir betrachten, wie es sein kann, daß man die Geisteszustände ohne das Verhalten hat und das Verhalten ohne die Geisteszustände (im 3. Kapitel werde ich einige Beispiele anführen). Hinsichtlich der Kausalität wissen wir, daß Hirnvorgänge für einen Geisteszustand hinreichend sind und daß die Verbindung zwischen solchen Hirnvorgängen und dem motorischen Nervensystem eine kontingente neurophysiologische Verbindung ist wie jede andere auch.

6. *Die Annahme, daß alles von uns erkannt werden kann, verträgt sich nicht damit, was wir über das Universum und unseren Platz darin tatsächlich wissen.* Unsere Hirne sind die Produkte gewisser evolutionärer Vorgänge und als solche sind sie einfach die am höchsten entwickelten in einer ganzen Reihe von evolutionären Pfaden, zu denen auch die Hirne von Hunden, Pavianen, Delphinen usw. gehören. Niemand nimmt nun beispielsweise an, daß man Hunde dazu bringen könnte, die Quantenmechanik zu verstehen; das Hirn des Hundes ist einfach nicht hinreichend entwickelt. Und es ist leicht, sich ein Lebewesen vorzustellen, das sich auf derselben evolutionären Entwicklungslinie wie wir befindet, aber weiter entwickelt ist, das sich zu uns etwa so verhält wie wir zu den Hunden. Gerade so, wie wir denken, daß Hunde keine Quantenmechanik verstehen können, würde jenes imaginäre Ergebnis der Evolution zu dem Schluß gelangen, daß Menschen zwar Quantenmechanik verstehen können, daß es aber trotzdem sehr vieles gibt, was das menschliche Hirn nicht begreifen kann.[12] Wir sollten uns selbst fragen: Wer glauben wir denn zu sein? Und zur Antwort gehört jedenfalls auch, daß wir biologische Tiere mit einer Eignung für Jäger/Sammler-Umgebungen sind und daß – soweit wir wissen – in den letzten paar tausend Jahren keine bedeutsame Veränderung in unserem Gen-Pool stattgefunden hat. Glücklicherweise (bzw. unglücklicherweise) ist die Natur verschwenderisch; jeder Mann produziert so viel Sperma, daß er die Welt noch einmal bevölkern könnte; und so haben wir denn auch eine Menge mehr Neuronen, als wir für eine Jäger-und-Sammler-Existenz brauchen. Ich glaube, das Phänomen der überschüssigen Neuronen – im Gegensatz etwa zu dem der entgegengesetzten Daumen – ist der Schlüssel zum Verständnis dessen, wie wir aus dem Jäger-und-Sammler-Dasein hinausgelangt sind und so etwas wie Philosophie, Wissenschaft, Technik, Neurosen, Werbung usw. hervorgebracht haben. Wir sollten jedoch niemals vergessen, wer wir sind; und für unseresgleichen ist es ein Fehler anzunehmen, daß alles, was existiert, unserem Gehirn begreiflich ist. Natürlich müssen wir methodologisch so tun, als könnten wir al-

les wissen, denn es gibt ja keine Möglichkeit zu wissen, was wir nicht wissen können: um die Grenzen des Wissens zu kennen, müßten wir beide Seiten der Grenze kennen. Potentielle Allwissenheit ist mithin als heuristisches Hilfsmittel akzeptabel, es wäre jedoch Selbstbetrug anzunehmen, sie sei ein Faktum.

Darüber hinaus wissen wir, daß viele Lebewesen auf unserer Erde neurophysiologische Strukturen haben, die sich von den unsrigen so sehr unterscheiden, daß wir vielleicht buchstäblich nicht wissen können, wie die Erlebnisse, die solche Lebewesen haben, wirklich sind. Ein Beispiel dieser Art werde ich im 3. Kapitel erörtern.

7. *Die cartesianische Konzeption des Physischen, die Konzeption der physischen Wirklichkeit als res extensa, ist einfach nicht angemessen, um diejenigen Tatsachen zu beschreiben, die den Feststellungen über die physische Wirklichkeit entsprechen.* Wenn wir uns dem Satz zuwenden, daß die Wirklichkeit physisch ist, dann gelangen wir zu dem, was vielleicht der Kernpunkt der gesamten Diskussion ist. Wer an das »Physische« denkt, der denkt vielleicht an Dinge wie Moleküle, Atome und subatomare Teilchen. Die sind, so denken wir, physisch, und zwar in einem Sinne, der dem Geistigen entgegengesetzt ist, und Zustände wie Schmerzempfindungen sind geistig. Und falls wir in unserer Kultur erzogen wurden, dann denken wir auch, daß diese beiden Kategorien alles Existierende erschöpfen. Doch die Armseligkeit dieser Kategorien wird unmittelbar deutlich, wenn man einmal anfängt, an all die verschiedenen Arten von Dingen zu denken, die es in der Welt gibt – d. h. sobald man einmal daran denkt, welche Tatsachen den verschiedenen Arten von empirischen Feststellungen entsprechen. Man denke einmal an Zahlungsbilanzprobleme, an ungrammatische Sätze, an Gründe für Mißtrauen gegenüber der Modallogik, an meine Fähigkeit, Ski zu fahren, an die kalifornische Staatsregierung und an in Fußballspielen erzielte Tore. Dann ist man weniger leicht geneigt zu denken, alles müsse sich entweder als geistig oder als körperlich kategorisieren lassen. Was ist in meiner Liste geistig und was physisch?

An unserer traditionellen Konzeption von der Realität als etwas Physischem ist wenigstens dreierlei falsch. Erstens ist die Terminologie, wie ich angemerkt habe, um einen falschen Gegensatz zwischen dem »Physischen« und dem »Geistigen« herumkonstruiert, und das ist, wie ich schon gesagt habe, ein Fehler. Zweitens: Wenn wir in cartesianischer Manier uns das Physische als die res extensa denken, dann ist es sogar im Lichte der Physik überholt anzunehmen, daß die physische Wirklichkeit im Sinne dieser Definition physisch ist. Seit der Relativitätstheorie stellen wir uns z. B. Elektronen als Masse/Energie-Punkte vor. Gemäß der cartesianischen Definition von »physisch« würden Elektronen mithin nicht als physisch gelten. Drittens (und das ist für unsere gegenwärtige Erörterung am wichtigsten) ist es ein sehr schwerer Fehler anzunehmen, daß die ontologisch entscheidende Frage lautet »Was für Arten von Sachen gibt es in der Welt?« im Gegensatz zu »Was muß in der Welt der Fall sein, damit unsere empirischen Feststellungen wahr sind?«

Noam Chomsky hat einmal im Gespräch gesagt, daß wir alles »physisch« nennen, sobald wir es verstehen. Dieser Auffassung zufolge ist dann alles, trivialermaßen, entweder physisch oder unverständlich. Wenn es um die Frage geht, woraus die Welt gemacht ist, dann ist natürlich alles in der Welt aus Teilchen gemacht, und Teilchen gehören zu den Paradigmen des Physischen. Und wenn wir alles physisch nennen, was aus physischen Teilchen gemacht ist, dann ist trivialermaßen alles in der Welt physisch. Aber wer das sagt, bestreitet nicht, daß die Welt auch in Fußballspielen erzielte Tore, Zinsen, Regierungen und Schmerzen enthält. All dies hat eine eigene Existenzweise – sportlich, wirtschaftlich, politisch, geistig und so weiter.

Das Ergebnis ist dies: Sobald man die Inkohärenz des Dualismus einsieht, kann man auch einsehen, daß Monismus und Materialismus gleichermaßen verfehlt sind. Dualisten haben gefragt: »Wie viele Arten von Dingen und Eigenschaften gibt es?«, und sie haben bis zwei gezählt. Monisten sind, angesichts derselben Frage, nur bis eins gekommen. Der wirkliche Fehler war jedoch, überhaupt das Zählen anzufangen. Monismus und Materialismus sind durch Dualismus und Mentalismus definiert, und weil die Definitionen des Dualismus und des Mentalismus inkohärent sind, vererbt sich diese Inkohärenz auf Monismus und Materialismus. Gewöhnlich unterscheidet man beim Dualismus zwei Geschmacksrichtungen: Substanzdualismus und Eigenschaftsdualismus; ich möchte nun aber eine dritte hinzufügen, die ich »Begriffsdualismus« nenne. Diese Auffassung besteht darin, daß sie die dualistischen Begriffe sehr ernstnimmt, d. h., sie besteht in der Auffassung, daß »physisch« in irgendeinem wichtigen Sinn

»nichtgeistig« impliziert und »geistig« umgekehrt »nichtphysisch«. Sowohl der traditionelle Dualismus als auch der Materialismus setzen den so definierten Begriffsdualismus voraus. Ich habe diese Definition eingeführt, um klarzumachen, weshalb es meines Erachtens am besten ist, sich den Materialismus als etwas zu denken, das in Wirklichkeit eine Form des Dualismus ist. Es ist ein Dualismus insofern, als er zumindest einmal die cartesianischen Kategorien ernstnimmt. Wenn man diese Kategorien ernstnimmt – die Kategorien des Geistigen und des Physischen –, dann wird man als konsequenter Dualist meines Erachtens über kurz oder lang zum Materialismus gedrängt. Der Materialismus ist somit in gewissem Sinn das Spitzengewächs des Dualismus, und ich wende mich nun einer Erörterung seiner Schwierigkeiten und seiner jüngsten Geschichte zu.

## 2. Kapitel

# Die jüngste Geschichte des Materialismus: Immer wieder derselbe Fehler

## I. Das Geheimnis des Materialismus

Was genau soll die als »Materialismus« bekannte Lehre denn eigentlich besagen? Man könnte vielleicht denken, sie bestünde in der Auffassung, daß sich die Mikrostruktur der Welt gänzlich aus materiellen Teilchen zusammensetzt. Die Schwierigkeit liegt jedoch darin, daß diese Auffassung sich mit beinahe jeder Philosophie des Geistes verträgt, außer vielleicht der cartesianischen Auffassung, gemäß welcher es ja zusätzlich zu den physischen Teilchen auch nicht »immaterielle« Seelen oder geistige Substanzen gibt, welche die Zerstörung unseres Körpers überleben und ewig weiterleben. Heute glaubt jedoch, soweit ich das beurteilen kann, niemand an die Existenz unsterblicher geistiger Substanzen – es sei denn aus religiösen Gründen. Meines Wissens gibt es keine rein philosophischen oder wissenschaftlichen Motive dafür, die Existenz unsterblicher geistiger Substanzen anzunehmen. Wenn wir einmal außer Betracht lassen, daß der Materialismus im Gegensatz zu dem religiös motivierten Glauben an unsterbliche Seelen steht, so bleibt doch die Frage: Was genau soll der Materialismus in der Philosophie des Geistes eigentlich besagen? Welchen Auffassungen soll er denn eigentlich widersprechen?

Wenn man sich die frühen Schriften unserer Zeitgenossen anschaut, die sich selbst als Materialisten bezeichnen – zum Beispiel J. J. C. Smart (1959), U. T. Place (1956) und D. M. Armstrong (1968) –, dann scheint klar, daß sie mit ihrer These von der Identität des Geistigen mit dem Körperlichen nicht bloß den cartesianischen Substanzdualismus bestreiten, sondern etwas mehr behaupten wollen. Mir scheint, daß sie die Existenz jedes irreduzibel geistigen Phänomens in der Welt bestreiten wollen. Sie möchten bestreiten, daß es irgendwelche irreduzibel phänomenalen Eigenschaften – wie z. B. Bewußtsein oder »Qualia« – gibt. Warum sind sie aber so erpicht darauf, die Existenz irreduzibler, intrinsischer Geistesphänomene zu bestreiten? Warum räumen sie nicht einfach ein, daß solche Eigenschaften gewöhnliche höherstufige biologische Eigenschaften von neurophysiologischen Systemen sind, wie z. B. menschlichen Hirnen?

Die Antwort darauf ist meines Erachtens außerordentlich vielschichtig, aber es müßte jedenfalls auch erwähnt werden, daß diese Materialisten die traditionellen cartesianischen Kategorien – und damit einhergehend das Begleitvokabular mitsamt seinen Implikationen – akzeptieren. Nimmt man diesen Standpunkt ein und wollte nun die Existenz und Irreduzibilität geistiger Phänomene anerkennen, dann wäre dies meines Erachtens gleichbedeutend mit einer gewissen Art von Cartesianismus. Sie würden das wohl nicht als »Substanzdualismus«, sondern lieber als »Eigenschaftsdualismus« bezeichnen, aber von ihrem Standpunkt aus betrachtet würde sich der Eigenschaftsdualismus genausowenig mit dem Materialismus wie der Substanzdualismus vertragen. Inzwischen wird ja deutlich sein, daß ich gegen die Annahmen bin, die dieser Auffassung zugrunde liegen. Worauf ich unablässig insistieren möchte, ist dies: Man kann die offenkundigen Tatsachen der Physik akzeptieren – so zum Beispiel, daß die Welt gänzlich aus physischen Teilchen besteht, die sich in Kraftfeldern befinden –, ohne zugleich die offenkundigen Tatsachen leugnen zu müssen, die unsere eigenen Erlebnisse betreffen – so zum Beispiel, daß wir alle Bewußtsein haben und daß unsere Bewußtseinszustände ganz bestimmte *irreduzible* phänomenale Eigenschaften haben. Der Fehler liegt darin anzunehmen, daß diese beiden Thesen unvereinbar seien, und dieser Fehler rührt daher, daß die Voraussetzungen akzeptiert werden, die hinter dem traditionellen Vokabular stecken. Was ich vertrete, das ist ganz nachdrücklich keinerlei Dualismus. Ich verwerfe sowohl den Eigenschaftsdualismus als auch den Substanzdualismus. Doch aus genau denselben Gründen, deretwegen ich den Dualismus verwerfe, verwerfe ich auch den Materialismus und den Monismus. Der große Fehler liegt in der Annahme, man müsse zwischen diesen Auffassungen eine Entscheidung treffen.

Weil die Verträglichkeit von naivem Mentalismus und naivem Physikalismus nicht gesehen wurde, kam es damals zu jenen sehr rätselhaften Diskussionen, in denen die Autoren versuchten, ein »themenneutrales« Vokabular zu finden oder die sog. nomologischen Anhängsel zu vermeiden (Smart 1959). Man beachte, daß niemand den Eindruck hat, Verdauung z. B. müsse in einem »the-

43

menneutralen« Vokabular beschrieben werden. Niemand verspürt das Bedürfnis zu sagen: »In mir geht etwas vor, das dem gleicht, was in mir vorgeht, wenn ich eine Pizza verdaue.« Aber jene Autoren verspüren das Bedürfnis zu sagen: »In mir geht etwas vor, das dem gleicht, was in mir vorgeht, wenn ich eine Apfelsine sehe.« Man hat das Bedürfnis, eine Beschreibung der Phänomene zu finden, in der kein mentalistisches Vokabular verwendet wird. Doch wozu soll das gut sein? Die Tatsachen bleiben dieselben. Tatsache ist, daß die geistigen Phänomene geistige Eigenschaften haben; genau so hat das, was sich in meinem Magen abspielt, Verdauungseigenschaften. Diese Eigenschaften werden wir nicht dadurch los, daß wir einfach ein anderes Vokabular finden. Materialistische Philosophen wollen die Existenz geistiger Eigenschaften bestreiten, sie wollen aber nicht bestreiten, daß es *irgendwelche* Phänomene wirklich gibt, die dem Gebrauch unseres mentalistischen Vokabulars zugrunde liegen. Mithin müssen sie ein anderes Vokabular zur Beschreibung der Phänomene finden.[1] Doch meinem Ansatz zufolge ist das alles Zeitverschwendung. Man sollte zunächst einmal einfach die geistigen (und mithin physischen) Phänomene genau in der Weise anerkennen, wie man die Verdauungsphänomene im Magen anerkennt.

In diesem Kapitel möchte ich, in aller Kürze, die Geschichte des Materialismus in den letzten fünfzig Jahren untersuchen. Sie weist meines Erachtens ein ziemlich verwirrendes, aber höchst bezeichnendes Muster von Argument und Gegenargument auf, das seit dem Positivismus der dreißiger Jahre in der Philosophie des Geistes anzutreffen ist. Dieses Muster ist nicht immer an der Oberfläche sichtbar. An der Oberfläche ist nicht einmal sichtbar, daß über dieselben Themen gesprochen wird. Und doch glaube ich, daß es – entgegen dem Anschein, den die Oberfläche vermittelt – in der Philosophie des Geistes etwa der letzten fünfzig Jahre eigentlich nur ein wichtiges Diskussionsthema gegeben hat, und zwar das Körper/Geist-Problem. Oft hat es den Anschein, als sprächen Philosophen über etwas anderes – z. B. über die Analyse des Eine-Überzeugung-Habens oder die Natur des Bewußtseins –, aber fast immer stellt sich dann heraus, daß sie an den besonderen Merkmalen des Glaubens oder des Bewußtseins eigentlich gar nicht interessiert sind. Es interessiert sie nicht, welche Unterschiede zwischen dem Eine-Überzeugung-Haben und dem Eine-Annahme-Machen oder Eine-Hypothese-Aufstellen bestehen;

vielmehr geht es ihnen darum, ihre Auffassungen zum Körper/ Geist-Problem am *Beispiel* des Eine-Überzeugung-Habens zu überprüfen. Ganz entsprechend verhält es sich mit dem Bewußtsein: Es wird verblüffend wenig über das Bewußtsein als solches diskutiert; für die Materialisten ist das Bewußtsein vielmehr ein spezielles »Problem«, das sich einer materialistischen Theorie des Geistes stellt, das heißt, sie möchten im Rahmen ihres Materialismus einen Weg finden, wie sie mit dem Bewußtsein »zu Rande kommen«.[2]

Diese Diskussionen laufen anscheinend fast immer nach folgendem Muster ab. Ein Philosoph stellt eine materialistische Theorie des Geistes vor. Er geht dabei von der Annahme aus, daß irgendeine Version der materialistischen Theorie des Geistes richtig sein muß – denn letzten Endes (so unterstellt er) wissen wir doch dank der wissenschaftlichen Entdeckungen, daß es im Universum wirklich nichts gibt außer physischen Teilchen und Kraftfeldern, die auf physische Teilchen einwirken. Und gewiß muß es möglich sein, eine Theorie des Menschen zu entwickeln, die mit unserer Theorie der Natur im allgemeinen zusammenpaßt. Und wie sollte denn daraus nicht folgen, daß unsere Theorie des Menschen durch und durch materialistisch sein muß? So macht sich der Philosoph daran, eine materialistische Theorie des Geistes zu entwickeln. Dann trifft er auf Schwierigkeiten. Irgend etwas scheint er immer auszulassen. Es gehört zwar zum allgemeinen Muster der Diskussion, daß eine Kritik an der materialistischen Theorie gewöhnlich ziemlich technisch ausschaut, aber in Wirklichkeit liegt den technischen Einwänden ein viel tieferer Einwand zugrunde, und der lautet ganz einfach: Die betreffende Theorie hat den Geist ausgelassen; sie hat irgendein wesentliches Merkmal des Geistes ausgelassen (z.B. das Bewußtsein oder »Qualia« oder den semantischen Gehalt). Dieses Muster begegnet einem immer wieder. Eine materialistische These wird aufgestellt. Aber sie trifft auf Schwierigkeiten; die Schwierigkeiten sehen unterschiedlich aus, aber sie sind immer Manifestationen einer zugrundeliegenden, tieferen Schwierigkeit – und zwar der, daß die betreffende These offensichtliche Tatsachen in Abrede stellt, die wir alle über unseren Geist wissen. Und das führt zu immer wahnsinnigeren Versuchen, an der materialistischen These festzuhalten und die Argumente derer zurückzuweisen, die darauf bestehen, daß die Tatsachen Tatsachen bleiben. Nach ein paar Jahren verzweifelter Manöver, mit den Schwierigkeiten fertig zu werden, wird eine Neuentwicklung vorgestellt, die angeblich die Schwierigkeiten löst, doch dann stellt sich heraus, daß sie auf neue Schwierigkeiten trifft. Nur sind die neuen Schwierigkeiten gar nicht so neu – in Wirklichkeit sind es genau dieselben alten Schwierigkeiten.

Wenn wir uns die Philosophie des Geistes der letzten fünfzig Jahre als eine Person vorstellten, dann würden wir von ihr sagen, daß sie ein Zwangsneurotiker ist; ihre Neurose äußert sich darin, daß dasselbe Verhaltensmuster immer wieder wiederholt wird. Nach meiner Erfahrung kann die Neurose nicht mit Hilfe eines Frontalangriffs geheilt werden. Es reicht nicht, bloß auf die logischen Fehler hinzuweisen, die gemacht werden. Eine direkte Widerlegung führt einfach zu einer Wiederholung des neurotischen Verhaltensmusters. Wir müssen hinter die Symptome gelangen und die unbewußten Annahmen herausfinden, die überhaupt zu dem Verhalten geführt haben. Nach einigen Jahren der Diskussion zu diesen Themen bin ich jetzt davon überzeugt, daß (mit sehr wenigen Ausnahmen) alle, die an den Disputen um die gegenwärtigen Themen in der Philosophie des Geistes teilnehmen, von bestimmten sprachlichen Kategorien gefangengehalten werden. Sie sind die Gefangenen einer bestimmten Terminologie, die wenigstens bis zu Descartes (wenn nicht noch weiter) zurückreicht; und um das zwanghafte Verhalten zu überwinden, werden wir den unbewußten Ursprung der einzelnen Dispute untersuchen müssen. Wir werden versuchen müssen, dasjenige freizulegen, was jedermann als selbstverständlich voraussetzt, um den Disput in Gang zu bringen und am Laufen zu halten.

Meine Verwendung einer therapeutischen Analogie möge bitte nicht so verstanden werden, als wolle ich damit ganz allgemein psychoanalytische Erklärungsformen bei intellektuellen Themen gutheißen. Deshalb wandle ich die therapeutische Metapher folgendermaßen ab: Ich möchte auf eine gewisse Ähnlichkeit hinweisen, die zwischen meinem gegenwärtigen Vorhaben und dem eines Anthropologen besteht, der das exotische Verhalten eines fernen Stammes beschreiben möchte. Der Stamm hat gewisse Verhaltensmuster und eine Metaphysik, die wir freilegen und verstehen wollen. Es ist leicht, sich über die Schrullen dieses Stamms (d. h. über diejenigen, die Philosophie des Geistes betreiben) lustig zu machen, und ich muß gestehen, daß es mir nicht immer gelungen ist, dieser Versuchung zu widerstehen. Aber zumindest am Anfang muß ich mit allem Nachdruck darauf hinweisen, daß wir dieser Stamm sind – unsere metaphysischen Annahmen sind es, die das Verhalten des Stamms ermöglichen. Und deshalb möchte ich – bevor ich mich dann tatsächlich der Analyse und Kritik des Stammesverhaltens zuwende – eine Idee vorstellen, die wir wohl alle akzeptabel finden, weil sie in der Tat unserer zeitgenössischen Wissenschaftskultur angehört. Und dennoch ist diese Idee, wie ich später darlegen werde inkohärent; sie ist einfach nur ein weiteres Symptom desselben neurotischen Musters.

Hier ist die Idee. Wir denken, die folgende Frage müsse sinnvoll sein: Wie ist es intelligenzlosen Materieteilchen möglich, Intelligenz zu erzeugen? Wie ist es den intelligenzlosen Materieteilchen in unseren Hirnen möglich, das intelligente Verhalten zu erzeugen, das wir alle an den Tag legen? Das kommt uns wie eine vollkommen verständliche Frage vor. Ja, das wirkt sogar wie ein sehr wertvolles Forschungsprojekt, und es ist auch in der Tat ein Forschungsprojekt, an dem sehr viele Leute arbeiten[3] und das übrigens auch mit beträchtlichen Forschungsmitteln unterstützt wird.

Weil wir die Frage verständlich finden, finden wir folgende Antwort plausibel: Intelligenzlose Materieteilchen können aufgrund ihrer *Organisation* Intelligenz erzeugen. Die intelligenzlosen Materieteilchen sind in bestimmter dynamischer Weise *organisiert*, und es ist die dynamische Organisation, die Intelligenz ausmacht. Ja, wir können tatsächlich die Form der dynamischen Organisation, die Intelligenz ermöglicht, künstlich reproduzieren. Die dieser Organisation zugrundeliegende Struktur nennt man »einen Computer«, das Projekt der Programmierung des Computers heißt »Künstliche Intelligenz«; und wenn der Computer funktioniert, dann erzeugt er Intelligenz, weil er das richtige Computerprogramm mit den richtigen Eingaben und Ausgaben ausführt.

Klingt diese Geschichte nicht einigermaßen plausibel? Ich muß gestehen, daß sie so erzählt werden kann, daß sie für mich sehr plausibel klingt; und ich bin sogar der Meinung, daß jemand, für den sie nicht die mindeste Plausibilität besitzt, vermutlich kein völlig sozialisiertes Mitglied unserer zeitgenössischen intellektuellen Kultur ist. Später möchte ich zeigen, daß sowohl die Frage als auch die Antwort inkohärent ist. Wenn wir auf diese Weise die Frage stellen und jene Antwort geben, dann haben wir in Wirklichkeit nicht die blasseste Idee, wovon wir eigentlich reden. Hier habe ich dieses Beispiel nur vorgestellt, weil ich möchte, daß es als Forschungsprojekt naheliegend, ja sogar verheißungsvoll, erscheint.

Vorher habe ich gesagt, daß die Geschichte des philosophischen Materialismus im 20. Jahrhundert ein kurioses Muster aufweist – ein Muster, in dem es eine beständig wiederkehrende Spannung zwischen zweierlei gibt: einerseits dem Drang des Materialisten, eine Theorie der geistigen Phänomene zu entwickeln, die nicht auf irgend etwas zurückgreift, was intrinsisch oder irreduzibel geistig ist, und andererseits dem allgemeinen intellektuellen Erfordernis, nichts offenkundig Falsches zu sagen. In der nun folgenden, sehr kurzgefaßten Skizze soll dieses Muster sich selbst zeigen; ich werde – so neutral und objektiv, wie es mir möglich ist – versuchen, das Muster der Thesen und Erwiderungen zu skizzieren, das die Materialisten exemplifiziert haben. Das Ziel dabei ist es, Belege für die im 1. Kapitel aufgestellten Behauptungen zu liefern, indem ich reale Beispiele für die von mir charakterisierten Tendenzen vorstelle.

## II. Der Behaviorismus

Am Anfang war der Behaviorismus. Es gab ihn in zwei Varianten: den »methodologischen Behaviorismus« und den »logischen Behaviorismus«. Der methodologische Behaviorismus ist eine Forschungsstrategie in der Psychologie, der zufolge es in einer wissenschaftlichen Psychologie um nichts anderes gehen sollte als darum, die Korrelationen zwischen Reiz-Eingaben und Verhaltens-Ausgaben zu entdecken (Watson 1925). Eine strenge empirische Wissenschaft greift gemäß dieser Auffassung nicht auf irgendwelche mysteriösen introspektiven oder mentalistischen Elemente zurück.

Der logische Behaviorismus geht sogar noch einen Schritt weiter und behauptet, daß es gar keine derartigen Elemente gibt, auf die sich zurückgreifen ließe – außer insofern, als sie in der Form von Verhalten existieren. Gemäß dem logischen Behaviorismus ist es eine Sache der Definition, der logischen Analyse, daß Ausdrücke, die Geistiges bezeichnen, durch Ausdrücke, die Verhalten bezeichnen, definiert werden können, daß Sätze über den Geist sich ohne jedweden Rest in Sätze über Verhalten übersetzen lassen (Hempel 1949; Ryle 1949). Dem logischen Behaviorismus zufolge handelt es sich bei vielen Sätzen, wenn sie übersetzt worden sind, um Konditionalsätze, weil die betreffenden geistigen Phänomene nicht aus tatsächlich auftretenden Verhaltensmustern bestehen, sondern vielmehr aus Verhaltensdispositionen. Wird beispielsweise gesagt, daß John glaubt, es werde bald regnen, dann heißt das – gemäß einer üblichen behavioristischen Auffassung – einfach, daß John disponiert ist, die Fenster zu schließen, die Gartenwerkzeuge wegzuräumen und einen Schirm mitzunehmen, falls er ausgeht. In der inhaltlichen Redeweise gesprochen, besagt der Behaviorismus, daß der Geist nichts als Verhalten und Verhaltensdisposition ist. In der formalen Redeweise ausgedrückt, besagt er, daß Sätze über geistige Phänomene sich in Sätze über tatsächliches und mögliches Verhalten übersetzen lassen.

Einwände gegen den Behaviorismus lassen sich in zwei Arten unterteilen: Einwände des gesunden Menschenverstandes und mehr oder weniger technische Einwände. Wer über gesunden Menschenverstand verfügt, wird naheliegenderweise einwenden, daß der Behaviorist anscheinend die betreffenden geistigen Phänomene übergeht. Für das subjektive Erlebnis des Denkens oder Fühlens scheint in der behavioristischen Darstellung gar kein Platz zu sein; es gibt da bloß Muster objektiv beschreibbaren Verhaltens.

Gegen den logischen Behaviorismus sind eine Reihe mehr oder weniger technischer Einwände vorgebracht worden. Erstens ist es den Behavioristen niemals gelungen, den Begriff einer »Disposition« völlig klarzumachen. Niemand hat je in befriedigender Weise dargestellt, was für Antecedenssätze in den Konditionalaussagen vorkommen müßten, damit tatsächlich eine adäquate dispositionale Analyse mentalistischer Redeweisen durch verhaltensbezogene Redeweisen vorliegt (Hampshire 1950; Geach 1957). Zweitens schien die Analyse ein Problem mit einer gewissen Art von Zirkularität zu haben: Wenn man das Glauben durch Verhalten analysieren will, dann muß man offenbar auch auf das Wünschen Bezug nehmen; wenn man das Wünschen durch Verhalten analysieren will, dann muß man offenbar auch auf das

Glauben Bezug nehmen (Chisholm 1957). Betrachten wir unser früheres Beispiel; wir versuchen also den Sachverhalt, daß John glaubt, es werde bald regnen, durch Hypothesen wie die folgende zu analysieren: falls die Fenster offen sind, wird John sie schließen, und dergleichen. Wir wollen die kategorische Aussage, daß John glaubt, es werde bald regnen, durch gewisse Konditionalaussagen analysieren, die davon handeln, wie sich John unter gewissen Umständen verhalten wird. Nun wird sich Johns Überzeugung, daß es bald regnen wird, nur dann in Fensterschließverhalten manifestieren, wenn weitere Zusatzannahmen erfüllt sind, wie z. B.: John möchte nicht, daß Regenwasser ins Haus kommt, und John glaubt, daß bei offenen Fenstern Regenwasser ins Haus kommt. Wenn ihm nichts lieber ist, als daß der Regen ins Haus prasselt, dann wird er keine Disposition haben, die Fenster zu schließen. Ohne solche Annahmen über Johns Wünsche (und seine weiteren Überzeugungen) könnten wir offenbar eine Analyse eines Satzes über seine ursprünglichen Überzeugungen gar nicht in Angriff nehmen. Entsprechendes gilt für die Analyse von Wünschen; in einer derartigen Analyse muß offenbar auf Überzeugungen Bezug genommen werden.

Ein dritter technischer Einwand gegen den Behaviorismus war, daß er die Kausalbeziehungen zwischen ·Geisteszuständen und Verhalten nicht berücksichtige (Lewis 1966). Mit seiner Gleichsetzung von, beispielsweise, Schmerz und der Disposition zu Schmerzverhalten übergeht der Behaviorismus die Tatsache, daß Schmerzen Verhalten *verursachen*.

Obgleich die Diskussionen in der philosophischen Fachliteratur sich wohl meistens um die »technischen« Einwände drehen, sind die Einwände des gesunden Menschenverstandes letztlich am peinlichsten. Die Absurdität des Behaviorismus liegt in seiner Leugnung der Existenz aller inneren Geisteszustände, die noch zum äußeren Verhalten hinzukommen (Ogden und Richards 1926). Und dies läuft bekanntlich unseren gewöhnlichen Erfahrungen davon, wie es ist, ein Mensch zu sein, total entgegen. Aus diesem Grund wurde gegen die Behavioristen der sarkastische Vorwurf erhoben, sie »täuschten Betäubung vor«[4], und sie waren die Zielscheibe von vielen schlechten Witzen (ein Beispiel: Behaviorist zu Behavioristin, nachdem sie gerade miteinander geschlafen haben: »Für dich war's toll, wie war's für mich?«). Dieser Einwand des gesunden Menschenverstandes gegen den Behaviorismus wurde gelegentlich in die Form von Argumenten gebracht, die an unsere Intuitionen appellieren, z. B. das Argument mit dem Superschauspieler/Superspartaner (Putnam 1963). Man kann sich mühelos einen begnadeten Schauspieler vorstellen, der das Verhalten einer Person, die Schmerzen hat, perfekt imitieren könnte, obwohl er selbst keine Schmerzen hat; und man kann sich ebenfalls einen Superspartaner vorstellen, der in der Lage wäre, Schmerzen zu ertragen, ohne irgendein Anzeichen von Schmerz aufzuweisen.

## III. Theorien der Typ-Identität

Der logische Behaviorismus war als analytische Wahrheit gedacht. Mit ihm wurde ja behauptet, daß zwischen der Begrifflichkeit des Geistigen und der des Verhaltens eine Definitionsverknüpfung besteht. In der jüngsten Geschichte materialistischer Philosophien des Geistes trat an dessen Stelle die »Identitätstheorie«, eine Lehre, gemäß welcher es ein kontingentes, synthetisches, empirisches Faktum ist, daß Geisteszustände mit Zuständen des Hirns und des Zentralnervensystems identisch sind (Place 1956; Smart 1965). Nach Ansicht der Identitätstheoretiker lag keine logische Absurdität in der Annahme, daß es separate Geistesphänomene geben könnte, die unabhängig von jeder materiellen Realität wären; nur hat es sich nach Lage der Dinge herausgestellt, daß unsere Geisteszustände (wie z. B. Schmerzen) mit Zuständen des Zentralnervensystems identisch sind. Im Hinblick auf unser Beispiel wurde behauptet, Schmerzen seien identisch mit Reizungen der C-Fasern.[5] Descartes *hätte womöglich* recht haben können mit seinem Gedanken, daß geistige Phänomene separat existieren; nur hat es sich *nach Lage der Dinge* herausgestellt, daß er unrecht hatte. Geistesphänomene entpuppten sich als nichts anderes denn Zustände des Hirns und des Zentralnervensystems. Die Identität von Geist und Hirn sei, so nahm man an, eine empirische Identität – die Art Identität, die (wie man annahm) auch zwischen Blitz und elektrischer Entladung (Smart 1959) oder zwischen Wasser und $H_2O$-Molekülen (Feigl 1958; Shaffer 1961) besteht: empirische und kontingente Identität. Durch wissenschaftliche Entdeckungen hat sich einfach herausgestellt, daß ein Blitzstrahl nichts als ein Strom von Elektronen und daß Wasser in all seinen verschiedenen Formen nichts als eine Ansammlung von $H_2O$-Molekülen ist.

Wie beim Behaviorismus können wir auch bei der Identitätstheorie die Einwände unterteilen in die »technischen« und die des gesunden Menschenverstandes. Der gesunde Menschenverstand stellt die Identitätstheorie vor folgendes Dilemma: Angenommen, die Theorie ist tatsächlich, wie von ihren Vertretern behauptet wird, empirisch wahr. Dann muß es bei jedem betreffenden Phänomen logisch voneinander unabhängige Merkmale geben, die dieses selbe Phänomen auf zwei unterschiedliche Weisen eindeutig charakterisieren: zum einen so, wie es auf der linken Seite der Identitätsaussage identifiziert wird, zum andern so, wie es auf der rechten Seite der Identitätsaussage identifiziert wird (Stevenson 1960). Wenn Schmerzen beispielsweise mit neurophysiologischen Ereignissen identisch sind, dann muß es zweierlei Merkmale geben: Schmerzmerkmale und neurophysiologische Merkmale; und diese beiden Merkmalsgruppen erlauben es uns, beide Seiten der synthetischen Identitätsaussage dingfest zu machen. Angenommen, wir haben beispielsweise eine Aussage der Form:

Schmerzereignis x ist identisch mit dem neurophysiologischen Ereignis y.

Eine solche Aussage verstehen wir, weil wir sie folgendermaßen verstehen: Ein und dasselbe Ereignis ist mit Hilfe zweierlei Arten von Eigenschaften identifiziert worden, und zwar mit Hilfe von Schmerzeigenschaften und von neurophysiologischen Eigenschaften. Doch dann stehen wir anscheinend vor einem Dilemma: Entweder die Schmerzmerkmale sind subjektive, geistige, introspektive Merkmale – oder sie sind es nicht. Wenn sie es sind, dann sind wir den Geist eigentlich noch nicht losgeworden. Wir haben es dann immer noch mit einer Spielart des Dualismus zu tun: sei's auch mit dem Eigenschaftsdualismus und nicht mit dem Substanzdualismus. Wir haben es immer noch mit geistigen Eigenschaften zu tun, auch wenn wir die geistigen Substanzen losgeworden sind. Andernfalls, wenn wir versuchen, das Wort »Schmerz« so zu verstehen, als bezeichne es kein subjektives geistiges Merkmal gewisser neurophysiologischer Ereignisse, dann bleibt die Bedeutung dieses Wortes vollständig geheimnisvoll und unerklärt. Wie beim Behaviorismus wird auch hier wiederum der

Geist übergangen. Denn es gibt ja keinen Weg, auf dem sich diese subjektiven geistigen Merkmale unseres Erlebens angeben lassen.

Es ist hoffentlich klar, daß hier bloß der Einwand des gesunden Menschenverstandes wiederholt wird, der schon gegen den Behaviorismus geltend gemacht worden ist. Hier haben wir ihn jetzt als Dilemma präsentiert: Entweder übergeht der identitätstheoretische Materialismus den Geist, oder er übergeht ihn nicht; wenn er ihn übergeht, ist er falsch; übergeht er ihn nicht, ist er kein Materialismus.

Die australischen Identitätstheoretiker dachten, sie hätten eine Antwort auf diesen Einwand. Sie versuchten, die sogenannten geistigen Merkmale in einem »themaneutralen« Vokabular zu beschreiben. Die Idee dabei war, daß man zu einer Beschreibung der geistigen Merkmale gelangen könnte, die das Faktum ihrer Geistigkeit unerwähnt ließ (Smart 1959). Das läßt sich sicherlich bewerkstelligen: Man kann Schmerzen erwähnen, ohne zu erwähnen, daß sie Schmerzen sind – das ist nichts anderes, als daß man über Flugzeuge reden kann, ohne dabei zu erwähnen, daß es sich um Flugzeuge handelt. Das heißt: Man kann über ein Flugzeug reden, indem man sagt: »ein gewisser Gegenstand, der der Lufthansa gehört«, und man kann über ein helloranges Nachbild reden, indem man sagt: »ein gewisses Ereignis in mir, das dem Ereignis gleicht, das sich in mir abspielt, wenn ich eine Apfelsine sehe«. Doch daß man über ein Phänomen reden kann, ohne seine wesentlichen Merkmale zu nennen, bedeutet nicht, daß dieses Phänomen nicht existiert oder nicht diese wesentlichen Charakteristika hat. Es handelt sich trotzdem um einen Schmerz, um ein Nachbild, oder auch um ein Flugzeug – auch dann, wenn wir in unseren Beschreibungen versäumen, dies zu erwähnen.

Ein weiterer eher »technischer« Einwand gegen die Identitätstheorie ist folgender: Es scheint unwahrscheinlich, daß es zu jedem Typ eines Geisteszustands einen und nur einen Typ eines neurophysiologischen Zustands gibt, mit dem er identisch ist. Selbst wenn meine Überzeugung, daß Denver die Hauptstadt von Colorado ist, mit einem gewissen Zustand meines Hirns identisch ist, so scheint es dennoch zuviel verlangt, daß jedermann, der glaubt, daß Denver die Hauptstadt von Colorado ist, eine neurophysiologisch gesehen identische Konfiguration in seinem Hirn hat (Block und Fodor 1972; Putnam 1967). Und selbst wenn es wahr ist, daß Schmerz bei allen Menschen mit entsprechenden neurophysiologischen Ereignissen identisch ist, so wollen wir doch nicht die Möglichkeit ausschließen, daß bei einer anderen Spezies Schmerz vielleicht mit irgendeiner andersartigen neurophysiologischen Konfiguration identisch ist. Kurz, es scheint zuviel verlangt, daß jeder *Typ* von Geisteszustand mit einem *Typ* von neurophysiologischem Zustand identisch ist. In der Tat wirkt es wie »neuronaler Chauvinismus« (Block 1978), wenn angenommen wird, daß nur solche Entitäten Geisteszustände haben können, die Neuronen haben wie wir.

Ein dritter »technischer« Einwand gegen die Identitätstheorie leitet sich von Leibnizens Gesetz her. Falls zwei Ereignisse nur dann identisch sind, wenn sie alle ihre Eigenschaften gemein haben, dann können Geisteszustände ja offenbar nicht mit physischen Zuständen identisch sein, denn Geisteszustände haben gewisse Eigenschaften, die physische Zustände nicht haben (Smart 1959; Shaffer 1961). Beispielsweise ist mein Schmerz im Zeh, während mein entsprechender neurophysiologischer Zustand vom Zeh bis zum Thalamus und noch weiter reicht. Wo ist der Schmerz also wirklich? Die Identitätstheoretiker hatten mit diesem Einwand kein großes Problem. Sie legten dar, daß die Analyseeinheit in Wirklichkeit das *Erlebnis* des Schmerzhabens ist und daß dieses Erlebnis (mitsamt dem Erlebnis des gesamten Körperbilds) vermutlich im Zentralnervensystem stattfindet (Smart 1959). Und in diesem Punkt, so scheint mir, haben die Materialisten völlig recht.

Ein radikalerer technischer Einwand gegen die Identitätstheorie wurde von Saul Kripke (1971) vorgebracht und zwar mit folgender Modalargumentation: Wenn es wirklich wahr wäre, daß Schmerz mit C-Faser-Reizung identisch ist, dann müßte es sich dabei um eine notwendige Wahrheit handeln, genau wie bei der Identitätsaussage »Wärme ist identisch mit Molekülbewegung«, die ja auch eine notwendige Wahrheit ist. Und zwar liegt dies daran, daß in diesen Aussagen jeweils auf beiden Seiten des Identitätsprädikats »starre Designatoren« vorkommen. Unter einem starren Designator versteht Kripke einen Ausdruck, der sein Bezugsobjekt durch dessen wesentliche Eigenschaften identifiziert. Diese Schmerzempfindung, die ich jetzt habe, ist *wesentlich* eine Schmerzempfindung, weil alles, was mit ihr identisch ist, ebenfalls eine Schmerzempfindung sein müßte; und dieser Hirnzustand ist *wesentlich* ein Hirnzustand, weil alles, was mit ihm identisch ist, ebenfalls ein Hirnzustand sein müßte. Der Identitätstheoretiker behauptet, daß Schmerzen Hirnzustände bestimmter Art sind und daß dieser einzelne Schmerz identisch ist mit diesem einzelnen Hirnzustand. Demnach sieht es so aus, als sei er gezwungen, diese beiden Thesen als notwendige Wahrheit zu verfechten; mithin wäre es eine notwendige Wahrheit, daß Schmerzen im allgemeinen mit Hirnzuständen identisch sind, und es wäre eine notwendige Wahrheit, daß dieser einzelne Schmerz ein Hirnzustand ist. Doch keine dieser beiden Notwendigkeitsbehauptungen scheint zuzutreffen. Es scheint nicht richtig zu sein, wenn man sagt, daß Schmerzen im allgemeinen notwendigerweise Hirnzustände sind, und auch nicht, daß mein momentaner Schmerz notwendigerweise ein Hirnzustand ist; denn es scheint ja leicht vorstellbar, daß irgendein Lebewesen solcherlei Hirnzustände haben könnte, ohne Schmerzen zu haben, und auch solcherlei Schmerzen haben könnte, ohne sich in derartigen Hirnzuständen zu befinden. Es ist sogar möglich, sich eine Situation vorzustellen, in der ich gerade diesen Schmerz, aber nicht gerade diesen Hirnzustand hätte, und auch eine, in der ich gerade diesen Hirnzustand hätte, ohne Schmerz zu empfinden.

Es gab über einige Jahre hinweg eine Debatte um diese Modalargumentation, und sie ist noch nicht beendet (Lycan 1971, 1987; Sher 1977). Im Hinblick auf das, was uns hier interessiert, möchte ich darauf aufmerksam machen, daß diese Argumentation im wesentlichen der Einwand des gesunden Menschenverstandes ist. Er besagt gegen jede Identitätstheorie: Nichts Geistiges läßt sich mit etwas Ungeistigem gleichsetzen, ohne daß dabei das Geistige übergangen wird. Kripkes Modalargumentation besagt, daß die Identität von Geisteszuständen mit physischen Zuständen notwendig sein müßte, daß sie aber nicht notwendig sein kann, weil das Geistige nicht mit Notwendigkeit physisch sein könne. Wie Kripke mit einem Butler-Zitat sagt: »Jedes Ding ist, was es ist, und kein ander Ding.«[6]

Jedenfalls war die Idee, daß jeder Typ von Geisteszustand mit irgendeinem Typ von neurophysiologischem Zustand identisch sei, offenbar wirklich viel zu stark. Doch schien es, als könne die zugrundeliegende philosophische Motivation des Materialismus auch mit einer viel schwächeren These aufrechterhalten werden, und zwar mit der These, daß es zu jedem Vorkommnis-Einzelfall eines Geisteszustands irgendein Vorkommnis eines neurophysiologischen Ereignisses gebe, so daß diese Vorkommnisse identisch sind. Solche Auffassungen wurden »Token-Token-Identitätstheorien« genannt, und sie ersetzten alsbald die Typ-Typ-Identitätstheorien. Einige Autoren hatten tatsächlich den Eindruck, daß eine Token-Token-Identitätstheorie sich der Macht der Kripkeschen Modalargumente entziehen könnte.[7]

## IV. Token-Token-Identitätstheorien

Auch die Anhänger dieses Theorietyps zogen wiederum den Einwand des gesunden Menschenverstandes, der gegen Typ-Identitätstheorien erhoben worden war, auf sich – d. h. den Einwand, daß hier offenbar immer noch eine gewisse Form des Eigenschaftsdualismus gegeben sei. Es gab aber noch zusätzliche Schwierigkeiten.

Dazu gehört folgende: Wenn zwei Personen, die sich im selben Geisteszustand befinden, sich in unterschiedlichen neurophysiologischen Zuständen befinden, was an diesen unterschiedlichen neurophysiologischen Zuständen ist es dann, das sie zum selben Geisteszustand macht: Wenn der Leser und ich glauben, daß Denver die Hauptstadt von Colorado ist, welche Gemeinsamkeit zwischen uns beiden ist es dann, die unsere verschiedenen neurophysiologischen Schnörkel zur selben Überzeugung macht? Man beachte, daß der Anhänger der Token-Identitätstheorie darauf nicht die Antwort des gesunden Menschenverstandes geben kann. Er kann nicht sagen, daß das, was zwei neurophysiologische Ereignisse zu einem geistigen Ereignis desselben Typs macht, einfach der Umstand ist, daß sie geistige Eigenschaften desselben Typs haben. Er kann dies nicht als Antwort geben, weil der Materialismus ja gerade darauf abzielt, diese geistigen Eigenschaften zu eliminieren bzw. auf physische zurückzuführen. Auf die Frage »Was macht zwei unterschiedliche neurophysiologische Zustände zu Vorkommnissen desselben Geisteszustandstyps?« muß er irgendeine nichtmentalistische Antwort finden. Angesichts der gesamten Tradition, in welcher der Identitätstheoretiker arbeitet, konnte ihm nur eine behavioristisch gehaltene Antwort als plausibel erscheinen. Die Antwort war dann, daß ein neurophysiologischer Zustand kraft seiner Funktion ein bestimmter Geisteszustand ist, und das erlaubt uns einen zwanglosen Übergang zur nächsten Auffassung.

## V. Black-Box-Funktionalismus

Was zwei neurophysiologische Zustände zu Vorkommnissen desselben Geisteszustandstyps macht, ist, daß sie dieselbe Funktion im Gesamtleben des Organismus ausüben. Der Begriff der Funktion ist ein wenig vage, aber die Anhänger der Token-Identitätstheorie haben ihn folgendermaßen ausgefüllt. Zwei verschiedene Hirnzustandsvorkommnisse sollten genau dann Vorkommnisse desselben Geisteszustandstyps sein, wenn die beiden Hirnzustände zu den folgenden drei Dingen in denselben Kausalbeziehungen stehen: erstens zu dem Reiz, den der Organismus als Input empfängt, zweitens zu den verschiedenen anderen »Geistes«-Zuständen und drittens zu dem Verhalten, das der Organismus als Output produziert (Lewis 1972, Grice 1975). So ist dann beispielsweise meine Überzeugung, daß es gleich regnen wird, ein Zustand in mir, der verursacht wird durch meine Wahrnehmung der sich zusammenziehenden Wolken und des lauter werdenden Donners; und gemeinsam mit meinem Wunsch, daß es nicht in die Wohnung regne, wird er selbst wiederum verursachen, daß ich die Fenster schließe. Man beachte, daß durch die Identifikation von Geisteszuständen mit Hilfe von Kausalbeziehungen – und zwar Kausalbeziehungen nicht nur zu Reiz-Inputs und Verhaltens-Outputs, sondern auch zu anderen Geisteszuständen – unmittelbar zwei Einwände vermieden werden, die gegen den Behaviorismus vorgebracht worden waren. Der eine besagte, daß der Behaviorismus die Kausalbeziehungen von Geisteszuständen vernachlässigt, der andere besagte, daß im Behaviorismus insofern eine Zirkularität enthalten sei, als Überzeugungen mit Rückgriff auf Wünsche und Wünsche mit Rückgriff auf Überzeugungen analysiert werden mußten. Der Anhänger der Token-Identitätstheorie funktionalistischer Ausprägung kann diese Zirkularität frohen Muts akzeptieren, indem er darauf hinweist, daß dem Begriffssystem in seiner Gesamtheit mit Hilfe des Systems der Kausalbeziehungen Rechnung getragen werden kann.

Der Funktionalismus hatte ein schönes technisches Mittel, mit dem sich dieses System von Beziehungen klarmachen ließ, ohne daß dabei irgendwelche »geheimnisvollen geistigen Entitäten« bemüht werden mußten. Dieses Mittel heißt »ein Ramsey-Satz«[8], es funktioniert folgendermaßen: Angenommen, John hat die Überzeugung, daß $p$, und diese Überzeugung ist verursacht durch seine Wahrnehmung, daß $p$; Johns Überzeugung, daß $p$, verursacht zusammen mit seinem Wunsch, daß $q$, seine Handlung $h$. Weil wir Überzeugungen durch ihre Kausalbeziehungen definieren, können wir das Wort »Überzeugung« im vorigen Satz eliminieren und einfach sagen, daß es da ein *Irgend etwas* gibt, das in den-und-den Kausalbeziehungen steht. Formal gesprochen tun wir bei unserer Beseitigung expliziter Bezeichnungen von Johns Überzeugung folgendes: Wir setzen einfach eine Variable, »$x$«, an jede Stelle, an der ein Ausdruck steht, der sich auf Johns Überzeugung, daß $p$, bezieht; und vor den ganzen Satz setzen wir dann einen Existenzquantor (Lewis 1972). Die ganze Geschichte mit Johns Überzeugung läßt sich dann so wiedergeben:

(V$x$) (John hat $x$ & $x$ ist durch die Wahrnehmung, daß $p$, verursacht & $x$ verursacht zusammen mit einem Wunsch, daß $q$, die Handlung $h$)

Mit weiteren Ramsey-Sätzen soll man die verbleibenden psychologischen Ausdrücke wie »Wunsch« und »Wahrnehmung« loswerden. Sind die Ramsey-Sätze erst einmal in dieser Weise hingeschrieben, dann stellt sich heraus, daß der Funktionalismus folgenden entscheidenden Vorteil hat: er zeigt, daß an Geisteszuständen nichts speziell Geistiges ist. Über Geisteszustände reden, das heißt einfach: über neutrale Kausalbeziehungen reden; und der offensichtliche »Chauvinismus« von Typ-Identitätstheorien – der Chauvinismus, der in der Unterstellung liegt, daß nur derartige Systeme Geisteszustände haben können, die solche Hirne haben wie wir – wird durch diese viel »liberalere« Auffassung nun vermieden.[9] Jedes x-beliebige System, woraus auch immer es gemacht sein mag, könnte Geisteszustände haben – vorausgesetzt nur, es hat die richtigen Kausalbeziehungen zwischen seinen Inputs, seiner inneren Funktionsweise und seinen Outputs. Der Funktionalismus dieser Spielart sagt nichts darüber aus, wie die Überzeugung es schafft, die Kausalbeziehungen zu haben, die sie hat. Der Geist wird hier als eine Art schwarze Schachtel behandelt, in der diese verschiedenen Kausalbeziehungen auftreten, und aus diesem Grund wurde dieser Auffassung gelegentlich das Etikett »Black-Box-Funktionalismus« angehängt.

Die Einwände gegen den Black-Box-Funktionalismus wiesen die gleiche Mischung von gesundem Menschenverstand und technischer Raffinesse auf, die wir schon zuvor kennengelernt haben. Der Einwand des gesunden Menschenverstandes besagte, daß der Funktionalist offenbar das qualitative subjektive Gefühl übergeht, das zumindest zu einigen unserer Geisteszustände gehört. Sieht man einen roten Gegenstand oder hat man einen Schmerz im Rücken, so gibt es dabei gewisse sehr spezifische qualitative Erlebnisse, und wenn man diese Erlebnisse nur mit Hilfe ihrer Kausalbeziehungen beschreibt, dann werden jene speziellen *Qualia* gar nicht erfaßt. Dafür wurde folgender Beweis geführt: Angenommen, einige Menschen hätten vertauschte Farbspektren, so daß beispielsweise dasjenige Erlebnis, das sie »Rot-Sehen« nennen, von einem normalen Menschen als »Grün-Sehen« bezeichnet würde; und was sie als »Grün-Sehen« bezeichnen, das würde von einem normalen Menschen als »Rot-Sehen« bezeichnet (Block und Fodor 1972). Nun könnten wir annehmen, daß diese »Spektrumsvertauschung« durch keinen der gewöhnlichen Farbblindheitstests nachweisbar ist, weil die abweichende Gruppe genau dieselben Farbunterscheidungen bei genau denselben Reizen macht wie alle anderen auch. Wenn einer von ihnen gebeten wird, die roten Stifte nach links und die grünen Stifte nach rechts zu legen, dann tut er genau das, was wir alle auch täten; innen *sieht es* für ihn anders *aus*, aber dieser Unterschied läßt sich von außen in keiner Weise nachweisen.

Falls nun diese Möglichkeit auch nur verständlich ist – und das ist sie sicherlich –, dann muß der Black-Box-Funktionalismus mit seiner Annahme falsch liegen, daß neutral formulierte Kausalbeziehungen ausreichen, um geistigen Phänomenen gerecht zu werden; denn diese Angaben übergehen ein entscheidendes Merkmal vieler geistiger Phänomene: und zwar das zu ihnen gehörige qualitative Gefühl.

Ein verwandter Einwand besagte, daß eine riesige Gruppe – sagen wir die Bevölkerung Chinas – sich so verhalten könnte, daß sie die funktionale Organisation eines menschlichen Hirns imitiert, jedenfalls was die Input-Output-Beziehungen und das Muster der inneren Ursache-Wirkungs-Beziehungen angeht. Doch trotzdem würde das System, als System, nichts fühlen. Die Gesamtbevölkerung Chinas würde nicht allein deshalb einen Schmerz empfinden, weil sie die funktionale Organisation imitiert, die für Schmerz charakteristisch ist (Block 1978).

Ein weiterer Einwand gegen den Black-Box-Funktionalismus, der sich auch eher technisch ausnimmt, ist gegen den »Black Box«-Teil der Lehre gerichtet: Der in dieser Weise gefaßte Funktionalismus schwieg sich darüber aus, welche materiellen Faktoren bei den physischen Zuständen dafür wichtig sind, daß unterschiedliche materielle Phänomene in denselben Kausalbeziehungen stehen. Wie kommt es dazu, daß diese ganz unterschiedlichen physischen Strukturen kausal äquivalent sind?

## VI. Starke Künstliche Intelligenz

An diesem Punkt fand eine der aufregendsten Entwicklungen in der gesamten zweitausendjährigen Geschichte des Materialismus statt. Die im Entstehen befindliche Wissenschaft der Künstlichen Intelligenz bot eine Antwort auf diese Frage an: Verschiedene materielle Strukturen können geistig äquivalent sein, wenn sie unterschiedliche Hardware-Ausführungen desselben Computerprogramms sind. Ja, mit dieser Antwort läßt sich auch einsehen, daß der Geist einfach ein Computerprogramm ist und das Hirn einfach eine der unbestimmt vielen Computer-Hardwares (oder, wie angesichts der glibberigen Beschaffenheit des Hirns manchmal gesagt wird: »wetwares«), die einen Geist haben können. Der Geist verhält sich zum Hirn wie das Programm zur Hardware (Johnson-Laird 1988). Künstliche Intelligenz und Funktionalismus gingen eine Verbindung ein, und einer der atemberaubendsten Aspekte dieser Vereinigung war, daß sich herausstellte: Man konnte Materialist durch und durch sein und zugleich – wie Descartes – der Auffassung sein, daß das Hirn für den Geist eigentlich nicht wichtig ist. Weil der Geist ein Computerprogramm ist und weil ein Programm auf jeder beliebigen Hardware implementiert werden kann (die stabil genug und anderweitig geeignet ist, um die Programmschritte auszuführen), lassen sich die typisch geistigen Aspekte des Geistes angeben, untersuchen und verstehen, ohne daß man weiß, wie das Hirn funktioniert. Selbst als Materialist braucht man nicht das Hirn zu erforschen, um den Geist zu erforschen.

Aus dieser Idee wurde die neue Disziplin der »Kognitionswissenschaft« geboren. Später werde ich mich eingehender darüber äußern (in den Kapiteln 7, 9 und 10); hier verfolge ich nur die jüngste Geschichte des Materialismus. Die Disziplin der Künstlichen Intelligenz und die philosophische Theorie des Funktionalismus trafen sich darin, daß der Geist bloß ein Computerprogramm sei. Diese Auffassung habe ich »starke Künstliche Intelligenz« getauft (Searle 1980a); von anderen wurde sie auch als »Computer-Funktionalismus« bezeichnet (Dennett 1978).

Auch bei den Einwänden gegen die starke KI finden wir nach meinem Eindruck wiederum dieselbe Mischung von Einwänden des gesunden Menschenverstandes und solchen mehr oder weniger technischer Art. Die technischen Schwierigkeiten und die entsprechenden Einwände, die gegen die starke (und auch gegen die schwache) KI geltend gemacht wurden, sind zahlreich und kompliziert. Ich werde nicht versuchen, einen Überblick zu geben. Im allgemeinen geht es dabei immer um gewisse Schwierigkeiten, die sich ergeben, wenn man versucht, Computer so zu programmieren, daß sie den Turing-Test bestehen könnten. Innerhalb des KI-Lagers selbst gab es immer Schwierigkeiten wie das »frame«-Problem und das Problem, passende Theorien des »nicht-monotonen Schließens« zu finden, die das tatsächliche Verhalten von Menschen widerspiegeln. Außerhalb des KI-Lagers wurden Einwände wie die von Hubert Dreyfus (1972) entwickelt, die darauf hinauslaufen, daß der menschliche Geist ganz anders funktioniert als ein Computer.

Der Einwand des gesunden Menschenverstandes gegen die starke KI war einfach, daß das Computer-Modell des Geistes Entscheidendes am Geist übergeht, wie z.B. Bewußtsein und Intentionalität. Ich nehme an, daß das bekannteste Argument gegen die starke KI mein Argument mit dem Chinesisch-Zimmer war (Searle 1980a); es zeigt, daß ein System ein Programm so realisieren könnte, daß dies System eine perfekte Simulation irgendeiner menschlichen kognitiven Fähigkeit (wie z.B. der Fähigkeit, Chinesisch zu verstehen) abgäbe, ohne daß dieses System jedoch das mindeste Verständnis des Chinesischen besäße. Man stelle sich einfach vor, daß jemand, der kein Chinesisch versteht, in ein Zimmer eingesperrt ist, in dem sich eine Menge chinesischer Symbole und ein Computerprogramm zur Beantwortung von Fragen im Chinesischen befinden. Der Input des Systems besteht aus chinesischen Symbolen (es handelt sich um Fragen); der Output des Systems besteht aus chinesischen Symbolen (es sind Antworten auf die Fragen). Wir können annehmen, daß das Programm so gut ist, daß die Antworten sich nicht von denen unterscheiden würden, die ein chinesischer Muttersprachler auf diese Fragen geben würde. Aber dennoch: weder von dem Menschen im Zimmer noch von irgendeinem anderen Teil des Systems ließe sich im wörtlichen Sinn sagen: er versteht Chinesisch. Und weil der programmierte Computer nichts hat, was dieses System nicht hat, versteht auch der programmierte Computer, als Computer, kein Chinesisch. Weil das Programm rein formal oder syntaktisch ist und weil ein Geist geistigen oder semantischen Inhalt hat, übergeht jeder Versuch, einen Geist allein mit Computerprogrammen zu erzeugen, die wesentlichen Merkmale des Geistes.

Außer dem Behaviorismus, den Typ-Identitätstheorien, den Token-Identitätstheorien, dem Funktionalismus und der starken KI gab es innerhalb der allgemeinen materialistischen Tradition noch andere Theorien in der Philosophie des Geistes. Eine darunter reicht zurück in die frühen sechziger Jahre, wo sie von Paul Feyerabend (1963) und Richard Rorty (1965) vertreten wurde; kürzlich wurde sie in unterschiedlicher Form von Autoren wie P. M. Churchland (1981) und S. Stich (1983) wiederbelebt. Es ist die Auffassung, daß es Geisteszustände überhaupt nicht gibt. Diese Auffassung wird »eliminativer Materialismus« genannt, und ihr wende ich mich nun zu.

## VII. Eliminativer Materialismus

In seiner ausgefeiltesten Spielart argumentiert der eliminative Materialismus folgendermaßen: Die Annahmen, die wir mit unserem gesunden Menschenverstand über den Geist machen, konstituieren eine Art primitiver Theorie, eine »Alltagspsychologie« (oder auch »Volkspsychologie«).** Doch wie bei jeder Theorie lassen sich auch die von der Alltagspsychologie postulierten Entitäten nur in dem Maße rechtfertigen, in dem die Theorie wahr ist. Wie das Scheitern der Phlogistontheorie des Verbrennungsvorgangs jede Rechtfertigung für den Glauben an die Existenz von Phlogiston beseitigt hat, so entzieht das Scheitern der Alltagspsychologie den Entitäten der Alltagspsychologie die Grundlage.

Wenn es sich also herausstellt, daß die Alltagspsychologie falsch ist, dann fehlte unserem Glauben an die Existenz von Überzeugungen, Wünschen, Hoffnungen, Befürchtungen usw. jedwede Rechtfertigung. Die eliminativen Materialisten halten es für sehr wahrscheinlich, daß sich die Alltagspsychologie als falsch herausstellen wird. Ihres Erachtens wird eine »ausgereifte Kognitionswissenschaft« wahrscheinlich ergeben, daß die meisten unserer Alltagsannahmen über Geisteszustände vollständig ungerechtfertigt sind. Dieses Resultat hätte zur Folge, daß die Entitäten, von denen wir immer dachten, daß sie existieren – unsere gewöhnlichen geistigen Entitäten –, in Wirklichkeit nicht existieren. Und deshalb haben wir hier schließlich und endlich eine Theorie des Geistes vor uns, die den Geist einfach eliminiert. Daher der Ausdruck »eliminativer Materialismus«.

Eine verwandte Argumentation für den »eliminativen Materialismus« kommt mir so atemberaubend schlecht vor, daß ich befürchten muß, sie mißzuverstehen. Sie lautet ungefähr so:

Stellen wir uns einmal vor, wir hätten eine perfekte wissenschaftliche Neurobiologie, eine Theorie, die wirklich erklärte, wie das Hirn funktioniert. Eine solche Theorie hätte denselben Gegenstandsbereich wie die Alltagspsychologie, aber sie wäre viel stärker. Zudem scheint es höchst unwahrscheinlich, daß unsere gewöhnlichen alltagspsychologischen Begriffe (wie z. B. Überzeugung und Wunsch, Hoffnung, Befürchtung, Niedergeschlagenheit, Hochstimmung, Schmerz usw.) auch nur entfernt zu der Taxonomie passen würden, die unsere vorgestellte perfekte Neurobiologie bereitstellen würde. Aller Wahrscheinlichkeit nach gäbe es in dieser Neurobiologie keinen Platz für Wörter wie »Überzeugung«, »Befürchtung«, »Hoffnung« und »Wunsch«, und auch eine glatte Zurückführung dieser vermeintlichen Phänomene auf solche der Neurobiologie wäre nicht möglich.

Das war die Prämisse. Und hier kommt die Schlußfolgerung:

Daher gibt es die Entitäten, die dem Anschein nach von den Ausdrücken der Alltagspsychologie bezeichnet werden (Überzeugungen, Hoffnungen, Befürchtungen, Wünsche usw.), in Wirklichkeit nicht.

Um zu sehen, wie schlecht diese Argumentation tatsächlich ist, stelle man sich eine parallele Argumentation für die Physik vor:

> Betrachten wir unsere vorhandene theoretische Physik. Hier haben wir eine Theorie, die erklärt, wie es in der physischen Realität zugeht und die unseren Alltagstheorien gemäß allen üblichen Kriterien haushoch überlegen ist. Die physikalische Theorie hat denselben Gegenstandsbereich wie unsere Alltagstheorie über Golfclubs, Tennisschläger, VW-Kombis und Bauernhäuser. Zudem passen unsere alltagsphysikalischen Begriffe wie z. B. »Golfclub«, »Tennisschläger«, »VW-Kombi« und »Bauernhaus« nicht einmal entfernt zu der Taxonomie der theoretischen Physik. In der theoretischen Physik gibt es für keinen dieser Ausdrücke eine Verwendung, und glatte Typ-Zurückführungen dieser Phänomene sind unmöglich. Eine ideale Physik – ja sogar unsere tatsächliche Physik – teilt die Welt in ganz anderer Weise in Klassen ein, als unsere Alltagsphysik das tut.
> Daher gibt es Bauernhäuser, Tennisschläger, Golfclubs und VW-Kombis in Wirklichkeit nicht.

Dieser Fehler ist, soweit ich sehe, in der Fachliteratur nicht diskutiert worden. Vielleicht ist er zu ungeheuerlich, um Beachtung zu finden. Er beruht auf der offenkundig falschen Prämisse, daß für jede beliebige empirische Theorie mit ihrer dazugehörigen Taxonomie gelte: deren Entitäten existieren nur dann, wenn es eine Typ-Zurückführung auf bessere Theorien der grundlegenden Wissenschaft gibt. Wer im Zweifel darüber ist, ob diese Prämisse wirklich falsch ist, möge sie einfach auf irgend etwas anwenden, was er vor sich sieht – oder auf sich selbst.[10]

Auch bei den Einwänden gegen den eliminativen Materialismus treffen wir wiederum dasselbe Muster von technischem und gesundem Menschenverstand an, das uns schon zuvor aufgefallen war. Die technischen Einwände haben damit zu tun, daß die Alltagspsychologie, falls sie eine Theorie ist, dennoch kein Forschungsprojekt ist. Sie steht nicht in Konkurrenz mit der wissenschaftlichen Forschung, und den eliminativen Materialisten wird von ihren Kritikern oft mangelnde Fairness gegenüber der Alltagspsychologie vorgeworfen. Die Verteidiger der Alltagspsychologie finden sie letztlich gar nicht so schlecht; viele ihrer zentralen Thesen seien wahrscheinlich wahr. Der Einwand des gesunden Menschenverstandes ist einfach, daß der eliminative Materialismus verrückt wirkt. Es wirkt verrückt, wenn gesagt wird, daß ich niemals Durst oder Begierde verspürt habe, daß ich niemals Schmerzen hatte oder daß ich niemals wirklich eine Überzeugung hatte oder daß meine Überzeugungen und Wünsche keine Rolle in meinem Verhalten spielen. Anders als die früheren materialistischen Theorien übergeht der eliminative Materialismus den Geist nicht so sehr, vielmehr bestreitet er die Existenz von allem, was übergangen werden könnte. Wenn die Eliminativisten mit dem Vorwurf konfrontiert werden, daß ihre Lehre zu verrückt ist, als daß sie es verdiente, ernsthaft erwogen zu werden, dann wenden sie fast immer das Manöver mit der Heldenzeit der Wissenschaft an (P. S. Churchland 1981), d. h., sie behaupten, die Preisgabe der Annahme, daß wir Überzeugungen haben, sei vergleichbar der Preisgabe z. B. der Annahme, daß die Erde flach ist oder daß die Sonne sich um die Erde dreht.

Im Hinblick auf diese Diskussion lohnt es sich zu erwähnen, daß eine gewisse paradoxe Asymmetrie in der Geschichte des Materialismus aufgekommen ist. In früheren Typ-Identitätstheorien wurde dargelegt, daß wir geheimnisvolle cartesianische Geisteszustände loswerden könnten, weil solche Zustände *nichts als* physische Zustände (nichts »über physische Zustände Hinausgehendes«) seien. Dem lag die Annahme zugrunde, es könne sich zeigen lassen, daß Geisteszustandstypen mit Typen physischer Zustände identisch sind, daß die Ergebnisse der Neurobiologie sich in Einklang bringen ließen mit unseren gewöhnlichen Begriffen z. B. des Schmerzes und der Überzeugung. Im Falle des Eliminativismus ist es nun exakt die gegenteilige Annahme – nämlich daß keinerlei Einklang dieser Art herstellbar ist –, mit der die Elimination der Geisteszustände zugunsten einer umfassenden Neurobiologie gerechtfertigt werden soll. Materialisten der früheren Zeit begründeten ihre Ansicht, daß es keine separaten geistigen Phänomene gebe, damit, daß geistige Phänomene mit Hirnzuständen *identisch* seien. Materialisten der jüngeren Zeit begründen dieselbe Ansicht damit, daß geistige Phänomene mit Hirnzuständen *nicht identisch* seien. Dieses Muster finde ich sehr bezeichnend; bezeichnend für den Drang, geistige Phänomene um jeden Preis loszuwerden.

## VIII. Naturalisierung des Gehalts

Nach einem halben Jahrhundert dieses wiederkehrenden Musters in Debatten um den Materialismus könnte man vermuten, daß die Materialisten und die Dualisten auf die Idee kommen, daß etwas mit den Voraussetzungen der Debatte nicht in Ordnung ist. Doch bisher scheint dieser Induktivschluß keiner der beiden Seiten in den Sinn gekommen zu sein. Während ich diese Zeilen schreibe, wird dasselbe Muster aufs neue wiederholt, und zwar im Zuge gegenwärtiger Versuche, intentionalen Gehalt zu »naturalisieren«.

Strategisch gesehen liegt dem die Idee zugrunde, das Problem des Bewußtseins von dem der Intentionalität abzutrennen. Vielleicht, so wird eingeräumt, ist das Bewußtsein tatsächlich etwas irreduzibel Geistiges und somit kein Gegenstand einer wissenschaftlichen Behandlung. Doch womöglich spielt das Bewußtsein keine große Rolle, und wir können es außer acht lassen. Nur die Intentionalität müssen wir naturalisieren, wobei »Intentionalität naturalisieren« heißen soll: Intentionalität vollständig durch nichtgeistige, physische Phänomene erklären, Intentionalität auf solche Phänomene zurückführen. Der Funktionalismus war ein derartiger Versuch, intentionalen Gehalt zu naturalisieren, und der erhielt nun dadurch neuen Schwung, daß er mit externalistischen Kausaltheorien der Bezugnahme zusammengefügt wurde. Hinter diesen Theorien steht die Auffassung, daß semantischer Gehalt – d. h. Bedeutung – nicht gänzlich in unseren Köpfen sein kann, weil die Beziehung von Sprache zur Wirklichkeit nicht gänzlich dadurch bestimmt werden kann, was in unseren Köpfen ist. Zusätzlich zu dem, was in unseren Köpfen ist (»enger Gehalt«), bedarf es tatsächlicher physischer Kausalbeziehungen zu Gegenständen in der Welt (»weiter Gehalt«). Diese Auffassungen waren ursprünglich im Umkreis von sprachphilosophischen Problemen entwickelt worden (Putnam 1975b), doch man kann sie leicht auf geistigen Gehalt im allgemeinen ausweiten. Wenn die Bedeutung des Satzes »Wasser ist naß« nicht dadurch erklärt werden kann, was im Kopf von Sprechern des Deutschen ist, dann kann auch die Überzeugung, daß Wasser naß ist, nicht bloß davon abhängen, was in ihrem Kopf ist. Das Ideal einer Theorie des intentionalen Gehalts wäre es, wenn sie einzig und allein mit Rückgriff auf zweierlei Kausalbeziehungen formuliert wäre: einerseits Kausalbeziehungen zwischen Menschen untereinander, andererseits Kausalbeziehungen zwischen Menschen und Gegenständen (bzw. Sachverhalten) in der Welt.

Ein Konkurrent dieses externalistischen Kausalansatzes zur Naturalisierung intentionalen Gehalts ist die meines Erachtens noch weniger plausible Theorie, daß sich intentionale Gehalte durch ihre biologische, teleologische Funktion à la Darwin individuieren lassen. Beispielsweise sollen meine Wünsche genau dann einen Gehalt haben, der sich auf Wasser oder Nahrung bezieht, wenn es ihre Funktion ist, mir dabei zu helfen, zu Wasser bzw. Nahrung zu gelangen (Millikan 1984).

Bislang hat noch kein Ansatz zur Naturalisierung intentionalen Gehalts eine Erklärung (Analyse, Zurückführung) geliefert, die auch nur entfernt plausibel wäre. Betrachten wir die einfachste Art von Überzeugung. Ich glaube beispielsweise, daß Flaubert ein besserer Romancier war als Balzac. Wie sähe nun eine Analyse dieses Gehalts aus, die so gehalten ist, daß in ihr nur von nackter physischer Verursachung oder von natürlicher Auslese à la Darwin die Rede ist und keinerlei mentalistisches Vokabular zur Anwendung kommt? Niemanden sollte es überraschen, daß solche Versuche von Anfang an zum Scheitern verurteilt sind.

Auch gegen solche Naturalisierungskonzeptionen gibt es wiederum technische Einwände und Einwände des gesunden Menschenverstandes. Das berühmteste unter den technischen Problemen ist vermutlich das Disjunktionsproblem (Fodor 1987). Wenn ein bestimmter Begriff durch eine bestimmte Art von Gegenständen verursacht worden ist, welche Erklärung haben wir dann für Fälle, in denen eine Verwechslung vorliegt? Wenn »Pferd« sowohl von Pferden als auch von irrtümlich für Pferde gehaltenen Kühen verursacht wird, müssen wir dann sagen, daß für »Pferd« eine disjunktive Analyse zu geben ist – d. h., daß »Pferd« in einem solchen Fall Pferd-oder-Kuh bedeutet?

Während ich dies schreibe, sind naturalistische (externalistische, Kausal-) Theorien des intentionalen Gehalts der letzte Schrei. Sie alle werden fehlschlagen; warum, das dürfte inzwischen wohl auf der Hand liegen. Sie werden die Subjektivität des geistigen Gehalts übergehen. Technische Einwände werden weitere Gegenbeispiele vom Schlage des Disjunktionsbeispiels bringen; und auf die Gegenbeispiele wird man mit technischen Mätzchen reagieren (ich tippe z. B. auf Gesetzesbeziehungen und kontrafaktische Konditionalaussagen). Doch selbst wenn es gelänge, mit Hilfe dieser Kinkerlitzchen die Gegenbeispiele auszuschalten, man könnte mit ihnen nicht mehr zu erreichen hoffen als ein Unentschieden zwischen technischem Aufwand und unserer Intuition über geistigen Gehalt. An das Wesen des geistigen Gehalts würde man immer noch nicht herankommen.

Ich weiß nicht, ob jemand gegen das Projekt der Naturalisierung des intentionalen Gehalts schon den naheliegenden Einwand des gesunden Menschenverstandes vorgebracht hat, aber aufgrund der gesamten Erörterung ist klar, wie er aussehen wird. Für den Fall also, daß niemand ihn vorgebracht hat, erhebe ich ihn hiermit: Jeder Versuch, Intentionalität auf etwas Nichtgeistiges zurückzuführen, wird immer scheitern, weil die Intentionalität damit übergangen wird. Angenommen, man hätte eine vollkommene externalistische Kausaltheorie für die Überzeugung, daß Wasser naß ist. In dieser Theorie sind Kausalbeziehungen formuliert, in denen das System zu Wasser und zum Naßsein steht, und diese Beziehungen sind in einer Weise angegeben, daß nirgendwo etwas Geistiges beteiligt ist. Das Problem liegt auf der Hand: Ein System könnte sich in all diesen Beziehungen befinden und dennoch nicht glauben, daß Wasser naß ist. Dies ist bloß eine Erweiterung des Arguments mit dem Chinesisch-Zimmer, doch die Moral, auf die dadurch hingewiesen wird, ist allgemein: Man kann intentionalen Gehalt (oder Schmerzen, oder »Qualia«) nicht auf etwas anderes zurückführen, denn wenn man dies könnte, wären diese Sachen etwas anderes, sie sind jedoch nichts anderes. Eine sehr knappe Formulierung der entgegengesetzten Auffassung verdanken wir Fodor: »Wenn intentionaler Bezug wirklich ist, muß er in Wirklichkeit etwas anderes sein« (1987, S. 97). Im Gegenteil: Intentionaler Bezug und Intentionalität sind wirklich, und sie sind nicht etwas anderes.

Ein Symptom dafür, daß mit diesem Projekt etwas ganz grundsätzlich im argen liegt, ist die den intentionalen Begriffen innewohnende Normativität. Sie setzen Standards der Wahrheit, Rationalität, Widerspruchsfreiheit usw., und solche Standards können unmöglich einem System zu eigen sein, das völlig aus nackten, blinden, nichtintentionalen Kausalbeziehungen besteht. Bei der Billardkugel-Verursachung gibt es keinen normativen Bestandteil. Sich auf Darwin berufende biologische Ansätze zur Naturalisierung intentionalen Gehalts versuchen, dieses Problem zu umgehen, indem sie sich auf etwas berufen, was sie für den von sich aus teleologischen, normativen Charakter der biologischen Evolution halten. Doch das ist ein arger Fehler. An darwinistischer Evolution ist nichts Normatives oder Teleologisches. Darwins bedeutendste Leistung bestand ja gerade darin, daß er Zweck und Teleologie aus der Evolution entfernt und an ihre Stelle natürliche Formen der Auslese eingesetzt hat. Darwins Theorie zeigt, daß die scheinbare Teleologie biologischer Abläufe eine Täuschung ist.

Aus dieser Einsicht läßt sich sehr leicht die weitere Erkenntnis gewinnen, daß Begriffe wie »Zweck« und dergleichen niemals biologischen Organismen an sich zukommen (es sei denn, in diesen Organismen selbst gibt es bewußte intentionale Zustände oder Vorgänge). Und selbst Begriffe wie »biologische Funktion« sind immer relativ zu einem Beobachter, der den Kausalvorgängen einen normativen Wert zuordnet. Es gibt keinen *faktischen* Unterschied am Herzen, der dem Unterschied zwischen den beiden folgenden Aussagen entspricht.

1. Das Herz bewirkt, daß Blut gepumpt wird.
2. Es ist die Funktion des Herzens, Blut zu pumpen.

Doch die zweite Aussage ordnet den schieren nackten Kausaltatsachen, die das Herz betreffen, einen normativen Status zu, und das geschieht wegen unseres Interesses an der Beziehung dieser Tatsachen zu einer ganzen Reihe von anderen Tatsachen (z. B. unser Überlebenstrieb). Kurz gesagt, den evolutionären Mechanismen und sogar den biologischen Funktionen selbst fehlt jeder Zweck und alle Teleologie. Alle teleologischen Merkmale sind ganz und gar im Geist des Beobachters.[11]

## IX. Die Moral bis hierher

Bislang habe ich in diesem Kapitel das Ziel verfolgt, ein wiederkehrendes Muster in der Geschichte des Materialismus zu veranschaulichen. In der Tabelle auf Seite 71 findet sich eine graphische Wiedergabe dieses Musters. Es ging mir dabei nicht so sehr darum, den Materialismus zu verteidigen oder zu widerlegen, als darum, die Wandlungen zu untersuchen, die er in der

Konfrontation mit gewissen einfachen Tatsachen durchgemacht hat (wie z. B. der Tatsache, daß die meisten von uns für die meiste Zeit ihres Lebens bei Bewußtsein sind). In der Geschichte des Materialismus treffen wir immer wieder eine Spannung an, die zwischen zweierlei Ansprüchen an die zu entwickelnde Theorie besteht: erstens soll in ihr keinerlei Bezug auf die besonderen Merkmale des Geistigen (wie Bewußtsein und Subjektivität) genommen werden, zweitens soll sie aber zugleich unseren »Intuitionen« über den Geist Rechnung tragen. Natürlich ist es unmöglich, diese beiden Dinge zugleich zu tun. So kommt es dann zu einer Folge von fast schon neurotisch zu nennenden Versuchen, die Tatsache zu überdecken, daß irgendein entscheidender Bestandteil von Geisteszuständen übergangen wird. Und wenn darauf hingewiesen wird, daß die materialistische Philosophie irgendeine offenkundige Wahrheit bestreitet, dann nehmen die Vertreter dieser Auffassung fast unweigerlich Zuflucht zu gewissen rhetorischen Strategien, die darauf angelegt sind zu zeigen, daß der Materialismus wahr sein muß und daß jeder, der Einwände gegen den Materialismus erhebt, irgendeiner Form von Dualismus, Mystizismus, Okkultismus oder allgemeiner Wissenschaftsfeindlichkeit anhängt. Die unbewußte Motivation all dessen – eine Motivation, der es nie gelingt, an die Oberfläche zu gelangen – liegt in der Annahme, daß der Materialismus notwendigerweise unvereinbar ist mit der Wirklichkeit und der kausalen Wirksamkeit von Bewußtsein, Subjektivität und so weiter. Und das heißt: die Grundannahme hinter dem Materialismus ist im wesentlichen die cartesianische Annahme, daß der Materialismus einen Antimentalismus impliziert und der Mentalismus einen Antimaterialismus.

Es ist etwas zutiefst Deprimierendes an dieser ganzen Geschichte, weil das alles so witzlos und überflüssig scheint. All das beruht auf der falschen Annahme, die Betrachtung der Wirklichkeit als etwas gänzlich Physischem sei unverträglich mit der Auffassung, daß die Welt wirklich subjektive (»qualitative«, »private«, »immaterielle«, »nichtphysische«) Bewußtseinszustände wie Gedanken und Gefühle enthält.

Das Abwegige an dieser ganzen Diskussion ist, daß der Materialismus die schlimmste Annahme des Dualismus übernimmt. Wenn der Materialist die Behauptung des Dualisten bestreitet, auf der Welt gebe es zwei Arten von Substanzen oder zwei Arten

| Theorie | Einwände des gesunden Menschenverstandes | Technische Einwände |
|---|---|---|
| Logischer Behaviorismus | Läßt den Geist aus: Einwand mit dem Superspartaner/Einwand mit dem Superschauspieler | 1. Zirkulär; braucht Wünsche, um Überzeugungen zu erklären, und umgekehrt 2. Kommt mit den Konditionalaussagen nicht zurecht 3. Läßt Verursachung aus |
| Theorie der Typ-Identität | Läßt den Geist aus; führt andernfalls zum Eigenschaftsdualismus | 1. Neuronaler Chauvinismus 2. Leibnizens Gesetz 3. Kann geistige Eigenschaften nicht erklären |
| Theorie der Token-Identität | Läßt den Geist aus; führt andernfalls zum Eigenschaftsdualismus | Kann die geistigen Merkmale des geistigen Gehalts nicht identifizieren |
| Black-Box-Funktionalismus | Läßt den Geist aus: fehlende Qualia/vertauschte Spektren | Struktur/Funktion-Beziehung bleibt unerklärt |
| Starke KI (Turingmaschinen-Funktionalismus) | Läßt den Geist aus: Chinesisch-Zimmer | Menschliche Kognition ist nichtrepräsentational und somit nichtcomputational |
| Eliminativer Materialismus (Zurückweisung der Alltagspsychologie) | Leugnet die Existenz des Geistes; ist unfair gegenüber der Alltagspsychologie | Verteidigung der Alltagspsychologie |
| Naturalisierung der Intentionalität | Läßt die Intentionalität aus | Disjunktionsproblem |

von Eigenschaften, dann akzeptiert er ungewollt die Kategorien und das Vokabular des Dualismus. Er akzeptiert die Bedingungen und Ausdrücke, mit denen Descartes die Debatte eröffnet hat. Kurz, er akzeptiert die Idee, das Vokabular von »geistig und körperlich«, von »materiell und immateriell«, von »Körper und Geist« sei in dieser Form vollkommen adäquat. Er akzeptiert die Idee, daß wir zu Dualisten werden, sobald wir denken, daß es Bewußtsein gibt. Wie aus der vorliegenden Erörterung deutlich genug hervorgeht, bin ich hingegen der Ansicht, daß das gesamte Vokabular (und die damit einhergehenden Kategorien) die Quelle unserer größten philosophischen Schwierigkeiten sind. Solange wir Wörter verwenden wie »Materialismus«, werden wir fast unausweichlich zu der Annahme getrieben, diese Wörter implizierten etwas, das sich mit dem naiven Mentalismus nicht verträgt. Mit Entschiedenheit behaupte ich, daß man in diesem Fall beides haben kann; man ist keineswegs gezwungen, sich zu entscheiden. Man kann ein »Materialist durch und durch« sein, ohne in irgendeiner Form die Existenz geistiger Phänomene zu bestreiten, die subjektiv, innerlich, intrinsisch und oftmals bewußt sind. Da meine Verwendung dieser Termini jedoch in krassem Gegensatz zu einer über dreihundertjährigen Tradition steht, wäre es vermutlich besser, dieses Vokabular völlig aufzugeben.

Wenn man den tiefsten Beweggrund des Materialismus bezeichnen wollte, dann könnte man wohl sagen, daß es einfach ein *horror conscientiae* ist. Doch weshalb? Warum sollten sich Materialisten vor dem Bewußtsein fürchten? Warum nehmen sie das Bewußtsein nicht an als eine weitere materielle Eigenschaft unter vielen anderen? Einige unter ihnen – Armstrong und Dennett zum Beispiel – behaupten, genau das täten sie. Aber sie tun es, indem sie für »Bewußtsein« eine neue Definition geben, mit der das zentrale Merkmal von Bewußtsein bestritten wird: seine subjektive Qualität. Der tiefste Grund für die Angst vor dem Bewußtsein ist, daß Bewußtsein das von sich aus furchteinflößende Merkmal der Subjektivität hat. Es widerstrebt Materialisten, dieses Merkmal zu akzeptieren, weil sie glauben, daß die Existenz eines subjektiven Bewußtseins sich nicht verträge mit der Welt, wie sie sich in ihrer Konzeption ausnimmt. Viele denken, daß man angesichts der naturwissenschaftlichen Entdeckungen nur noch eine Konzeption der Wirklichkeit haben kann, in der die Existenz von Subjektivität bestritten wird. Wie beim »Bewußtsein« kann man sich auch hier wiederum damit behelfen, daß man »Subjektivität« so umdefiniert, daß dieses Wort nicht mehr Subjektivität bedeutet, sondern irgend etwas Objektives (siehe dazu beispielsweise Lycan 1987b).

Meines Erachtens ist das alles letztlich ein einziger sehr großer Fehler, und in den Kapiteln 4, 5 und 6 werde ich den Charakter und ontologischen Status des Bewußtseins detaillierter untersuchen.

## X. Die Götzen des Stammes***

Eingangs habe ich gesagt, ich werde erklären, weshalb eine gewisse Frage, die ganz natürlich klingt, in Wirklichkeit inkohärent ist. Die Frage war: Wie erzeugen intelligenzlose Materiestückchen Intelligenz? Zunächst einmal sollten wir die Form der Frage beachten. Warum fragen wir nicht die traditionellere Frage: Wie erzeugen bewußtlose Materiestückchen Bewußtsein? Diese Frage scheint mir vollkommen kohärent zu sein. Es ist die Frage nach den Funktionsweisen des Hirns, wenn es bewußte Geisteszustande bewirkt, obgleich die einzelnen Neuronen (bzw. Synapsen, bzw. Rezeptoren) im Hirn selbst kein Bewußtsein haben. Doch im heutigen Zeitalter widerstrebt es uns, die Frage in dieser Form zu stellen, weil uns »objektive« Kriterien für Bewußtsein fehlen. Bewußtsein hat eine nicht zu beseitigende subjektive Ontologie, und so halten wir es denn für wissenschaftlicher, die Frage so umzuformulieren, daß es in ihr um Intelligenz geht, denn für Intelligenz haben wir – so meinen wir – objektive, unpersönliche Kriterien. Doch nun treffen wir unmittelbar auf eine Schwierigkeit. Wenn wir unter »Intelligenz« all das verstehen, was die objektiven, Dritte-Person-Kriterien für Intelligenz erfüllt, dann enthält die Frage eine falsche Voraussetzung. Denn wenn Intelligenz behavioristisch definiert ist, dann ist es einfach nicht der Fall, daß Neuronen nicht intelligent sind. Neuronen haben – wie auch fast alles sonst auf der Welt – gewisse regelmäßige, vorhersagbare Verhaltensmuster. Zudem vollbringen sie, wenn man das in gewisser Weise betrachtet, eine außerordentlich anspruchsvolle »Informationsverarbeitung«: Sie empfangen an ihren Dendriten-Synapsen sehr viele Signale; sie verarbeiten diese Information in ihren Zellkörpern und senden diese Information von ihren Axonen-Synapsen aus weiter an andere Neuronen. Wenn Intelligenz behavioristisch definiert ist, dann muß wohl jeder einräumen, daß Neuronen ziemlich intelligent sind. Kurz, wenn unsere Kriterien für Intelligenz objektiv und vom Standpunkt der dritten Person aus formuliert sind – und das war ja der ganze Witz hinter dieser Form der Fragestellung: etwas zu bekommen, das solche Bedingungen erfüllt –, dann enthält die Frage eine Voraussetzung, die in ihrem eigenen Licht falsch ist. Mit der Frage wird fälschlicherweise vorausgesetzt, daß die Materiestückchen nicht die Kriterien für Intelligenz erfüllen.

In der Antwort auf die Frage wird – wen wundert's – dieselbe Mehrdeutigkeit übernommen. Es gibt zwei unterschiedliche Klassen von Kriterien für die Anwendung des Ausdrucks »intelligentes Verhalten«. Die eine Klasse umfaßt »objektive« Kriterien (oder: Kriterien der dritten Person), und die sind nicht unbedingt von psychologischem Interesse. Die Kriterien der anderen Klasse sind wesentlich geistig und bringen den Standpunkt der ersten Person ins Spiel. Zu »intelligentem Verhalten« gehört gemäß der zweiten Kriterienklasse Denken, und Denken ist seinem Wesen nach ein geistiger Vorgang. Wenn wir nun aber für intelligentes Verhalten die Kriterien der dritten Person anwenden, dann verhalten sich Computer selbstverständlich intelligent – genau wie Taschenrechner, Autos, Löffelbagger, Thermostaten und eigentlich fast alles auf der Welt. Wenn wir konsequent den Turing-Test oder irgendein anderes »objektives« Kriterium für intelligentes Verhalten anwenden, dann ist die Antwort auf eine Frage wie »Können intelligenzlose Materiestückchen intelligentes Verhalten erzeugen?« – ja, sogar auf die Frage »Wie machen sie das im einzelnen?« – lächerlich einfach. Jeder Thermostat, Taschenrechner oder Wasserfall erzeugt intelligentes Verhalten, und wir wissen in jedem dieser Fälle, wie das funktioniert. Gewisse Artefakte sind dazu gemacht, sich so zu benehmen, als seien sie intelligent, und weil alles den Naturgesetzen folgt, gibt es auch für alles irgendeine Beschreibung, unter der es sich so benimmt, als ob es intelligent sei. Doch dieser Sinn von »intelligentem Verhalten« ist psychologisch völlig unerheblich.

Kurz, wir neigen dazu, sowohl die Frage als auch die Antwort so zu hören, als oszillierten sie zwischen zwei Polen: (a) Wie erzeugen bewußtlose Materiestückchen Bewußtsein? (eine durchaus legitime Frage, deren Antwort lautet: Kraft spezifischer, wiewohl weitgehend unbekannter, neurobiologischer Merkmale des Hirns); und (b) Wie erzeugen »intelligenzlose« (gemäß Kriterien der ersten oder der dritten Person?) Materiestückchen »intelligentes« (gemäß Kriterien der ersten oder der dritten Person?) Verhalten? In dem Maße jedoch, in dem wir Kriterien der dritten Person für Intelligenz anwenden, enthält die Frage eine falsche Voraussetzung, und dies bleibt uns verborgen, weil wir dazu neigen, die Frage im Licht der Interpretation (a) zu hören.

## Appendix: Gibt es ein Problem mit der Alltagspsychologie?

Im 2. Kapitel ging es mir nicht so sehr darum, meine eigenen Auffassungen vorzustellen, vielmehr wollte ich die zeitgenössische Geschichte einer philosophischen Tradition beschreiben. Nun möchte ich einige meiner eigenen Auffassungen über die sog. Alltagspsychologie (AP) formulieren, denn ich glaube nicht, daß sie in der Fachliteratur schon dargestellt sind. Die Standarddiskussionen – Argumentationen sowohl pro als auch contra (Churchland 1981, Stich 1983, Horgan/Woodward 1985 und Fodor 1986) – sind im traditionellen Rahmen geführt worden.

Ich werde die Argumentation schrittweise als eine Abfolge von Thesen und Erwiderungen formulieren.

*These:* Die AP ist eine empirische Theorie wie jede andere auch – und als solche ist sie empirischer Bestätigung und Widerlegung ausgesetzt.

*Antwort:* Die tatsächlichen Fähigkeiten von Menschen, dank denen sie mit sich selbst und anderen zurechtkommen, haben zumeist keine propositionale Form. Sie sind das, was ich als Hintergrundfähigkeiten bezeichne. Wie wir beispielsweise auf einen Gesichtsausdruck reagieren, was für Verhalten wir natürlich finden und sogar unser Verständnis von Äußerungen, das ist größtenteils eine Sache des Könnens, nicht des theoretischen Wissens. Es ist eine Verzerrung, wenn man sich diese Fähigkeiten als Theorien vorstellt. Mehr dazu im 8. Kapitel.

*These:* Man könnte dennoch die theoretischen Entsprechungen oder Prinzipien formulieren, die diesen Fähigkeiten zugrunde liegen. Das wäre dann eine Alltagspsychologie, und sie wäre aller Wahrscheinlichkeit nach falsch, denn Alltagstheorien sind im allgemeinen falsch.

*Antwort:* Man kann, mit einiger Verzerrung, das theoretische Analogon zu einer praktischen Fertigkeit formulieren. Es wäre jedoch wundersam, wenn derartige Analoga im allgemeinen falsch wären. Da, wo es wirklich darauf ankommt, wo es um etwas geht, müssen Alltagstheorien im allgemeinen wahr sein – andernfalls wären wir nicht mehr am Leben. Alltagstheorien können falsch sein, wo es sich um Nebenthemen handelt, wie z. B. um die Bewegung der Himmelssphären und die Entstehung der Erde – denn darauf kommt es nicht sonderlich an. Wenn es aber darum geht, in welche Richtung sich der Körper bewegt, wenn man von einer Klippe springt, oder was passiert, wenn man unter einem fallenden Felsbrocken steht, da sollten Alltagstheorien stimmen, sonst könnten wir nicht überleben.

*These:* Es obliegt nun insbesondere der Kognitionswissenschaft zu entscheiden, welche Thesen der AP wahr und welche ihrer ontologischen Verpflichtungen haltbar sind. Beispielsweise werden in der AP Überzeugungen und Wünsche postuliert, um damit Verhalten zu erklären; wenn sich jedoch herausstellt, daß die kognitionswissenschaftliche Erklärung von Verhalten sich damit nicht verträgt, dann existieren Überzeugungen und Wünsche nicht.

*Antwort:* An dieser Behauptung ist so ziemlich alles verkehrt. Erstens einmal ist es nicht so, daß wir Wünsche und Überzeugungen *postulieren*, um irgend etwas zu erklären. Wir erleben einfach bewußte Überzeugungen und Wünsche. Man denke an Beispiele aus dem wirklichen Leben. Es ist ein heißer Tag, und Sie fahren mit einem kleinen Lastwagen durch die Wüste in Arizona. Keine Klimaanlage. Sie können sich nicht erinnern, je einen solchen Durst gehabt zu haben, Sie könnten schreien vor Durst auf ein kaltes Bier. Wo wird hier ein Wunsch »postuliert«? Bewußte Wünsche werden erlebt. Sie werden genausowenig postuliert wie bewußte Schmerzen.

Zweitens verursachen Wünsche und Überzeugungen zwar manchmal Handlungen, aber es gibt keine wesentliche Verknüpfung. Die meisten Wünsche und Überzeugungen führen niemals zu Handlungen. Beispielsweise glaube ich, daß die Sonne 150 Millionen Kilometer entfernt ist, und ich wäre gerne ein Milliardär. Welche meiner Handlungen werden durch diesen Wunsch und diese Überzeugung erklärt? Daß ich mich vergewissern werde, auch wirklich einen 150-Millionen-Kilometer-Fahrschein ausgehändigt zu bekommen, wenn ich eine Fahrt zur Sonne gebucht habe? Daß ich nicht ablehne, wenn mir das nächste Mal jemand eine Milliarde schenkt?

*These:* Aber trotzdem, ob nun postuliert oder nicht, für die Entitäten der AP wird es aller Wahrscheinlichkeit nach keine glatte Zurückführung auf die grundlegendere neurobiologische Theorie geben, und demnach scheint Elimination die einzige Alternative zu sein.

*Antwort:* Ich habe bereits gesagt, daß diese Argumentation nichts taugt. Für die meisten Arten wirklicher Entitäten – von Bauernhäusern bis zu Cocktail-Parties, von Zinsraten bis zu Fußballspielen – gibt es keine glatten Zurückführungen auf die Entitäten irgendeiner Fundamentaltheorie. Wozu auch? Ich habe vermutlich eine »Theorie« über Cocktail-Parties – wenigstens in dem Maße, in dem ich eine »alltagspsychologische« Theorie habe –, und Cocktail-Parties bestehen gewiß aus Molekülbewegungen; aber meine Theorie über Cocktail-Parties ist als Theorie nicht annähernd so gut wie meine Theorie der Molekularphysik, und es gibt keine Typ-Zurückführung von Cocktail-Parties auf die Taxonomie der Physik. Doch trotz alledem gibt es Cocktail-Parties wirklich. Die Frage nach der Zurückführbarkeit solcher Entitäten ist irrelevant für die Frage nach ihrer Existenz.

Wie kommt jemand darauf, einen derart haarsträubenden Fehler zu machen? Mit anderen Worten: Wie kommt jemand darauf anzunehmen, die »glatte Zurückführung« von Überzeugungen und Wünschen auf die Neurobiologie sei für die Existenz von Überzeugungen und Wünschen überhaupt nur von Belang? Die Antwort ist: Darauf kommt man durch eine falsche Analogie zur Geschichte gewisser Teile der Physik. Churchland denkt, daß »Überzeugung« und »Wunsch« denselben Status in der Theorie der Alltagspsychologie haben, den »Phlogiston« und »kalorische Flüssigkeit« in der Physik hatten. Doch diese Analogie ist in vielerlei Hinsicht mißlungen: Anders als Phlogiston und kalorische Flüssigkeit wurden Überzeugungen und Wünsche nicht als Bestandteile einer speziellen Theorie postuliert, sie werden als Bestandteile unseres Geisteslebens erlebt. Ihre Existenz ist nicht theorieabhängiger als die Existenz von Bauernhäusern, Cocktail-

Parties, Fußballspielen, Zinsraten, Tischen oder Stühlen. Man kann die Common-sense-Überzeugungen über solche Sachen zwar immer als eine »Theorie« beschreiben, aber die Existenz dieser Phänomene geht der Theorie voraus. Wiederum sollte man immer an tatsächliche Fälle denken. Zu meiner Theorie über Cocktail-Parties würde auch folgendes gehören: Große Cocktail-Parties sind wahrscheinlich lauter als kleine; zu meiner Theorie eingeschossiger Bauernhäuser würde die Behauptung gehören, daß sie eine Tendenz haben, mehr Grundfläche als die meisten anderen Häusertypen einzunehmen. Solche »Theorien« sind ohne Zweifel hoffnungslos inadäquat, und für die Entitäten gibt es keine glatte Zurückführung auf die Physik, die mir viel bessere Theorien zur Beschreibung derselben Phänomene bietet. Aber was hat das alles damit zu tun, ob es eingeschossige Bauernhäuser gibt? Nichts. Entsprechend hat die Inadäquatheit der Alltagspsychologie und das Nicht-zueinander-Passen von alltagspsychologischer und neurophysiologischer Taxonomie (das ist gemeint, wenn vom Scheitern einer »glatten Zurückführung« die Rede ist) nichts damit zu tun, ob es Überzeugungen und Wünsche gibt. Kurzum, Überzeugungen und eingeschossige Bauernhäuser sind dem Phlogiston völlig unähnlich, weil ihre Ontologie nicht von der Wahrheit einer speziellen Theorie abhängt und weil ihre Irreduzibilität auf eine fundamentalere Wissenschaft für ihre Existenz nicht von Belang ist.

*These:* Ja, aber was Sie da sagen, setzt das voraus, was gezeigt werden soll. Sie sagen, Überzeugungen und Wünsche – wie Cocktail-Parties und eingeschossige Bauernhäuser – seien keine theoretischen Entitäten; das, was für und gegen sie spricht – ihre Datenbasis – sei nicht von einer anderen Theorie abgeleitet. Aber ist dies nicht exakt einer von den Punkten, um die es in unserer Diskussion gerade geht?

*Antwort:* Meines Erachtens liegt es auf der Hand, daß Überzeugungen und Wünsche als solche erlebt werden, und ganz gewiß werden sie nicht »postuliert«, um Verhalten zu erklären, weil sie nämlich gar nicht postuliert werden. Wie dem auch sei, »theoretische Entitäten« sind im allgemeinen ohnehin nicht deshalb legitim, weil sie zurückführbar sind. Betrachten wir die Wirtschaftswissenschaften. Zinsraten, effektive Nachfrage, marginale Konsumquote – auf all das nimmt die mathematische Wirtschaftswissenschaft Bezug. Dennoch gibt es für keine der fraglichen Entitäten eine glatte Zurückführung auf die Physik oder die Neurobiologie zum Beispiel. Noch einmal: warum auch?

Zurückführbarkeit ist ohnehin eine seltsame Anforderung an die Ontologie, denn früher galt es ja als ein klassischer Nachweis der Nicht-Existenz einer Entität, wenn man sie auf etwas anderes zurückführte. So hat die Zurückführbarkeit von Sonnenuntergängen auf Planetenbewegungen im Sonnensystem gezeigt, daß Sonnenuntergänge – wie man sie sich traditionell vorgestellt hatte – nicht existieren. Der Anschein, die Sonne gehe unter, wird von etwas anderem hervorgerufen, und zwar von der Drehung der Erde relativ zur Sonne.

*These:* Dennoch, man kann eine Reihe von alltagspsychologischen Behauptungen zusammenstellen, die ersichtlich zweifelhaft sind.

*Antwort:* Wenn man sich die angebotenen Zusammenstellungen anschaut, dann stellt man fest, daß etwas nicht in Ordnung ist. Wenn es darum ginge, ein paar Behauptungen der Alltagspsychologie zusammenzustellen, würde ich folgendes auflisten:

1. Überzeugungen können im allgemeinen wahr oder falsch sein.

2. Menschen bekommen manchmal Hunger, und wenn sie Hunger haben, wollen sie oft etwas zu essen.

3. Schmerzen sind oft unangenehm. Aus diesem Grund versuchen Menschen oft, Schmerzen zu vermeiden.

Es ist kaum vorstellbar, welche empirischen Belege diese Behauptungen widerlegen könnten. Das kommt daher, daß sie – wenn man sie ganz normal versteht – keine empirischen oder jedenfalls nicht *bloß* empirische Hypothesen sind. Eher sind sie so etwas wie grundlegende Prinzipien der fraglichen Phänomene. Behauptung 1 beispielsweise gleicht eher der »Hypothese«, daß ein Sieg in einem Bundesligafußballspiel zwei Punkte zählt. Erzählte uns einer von einer wissenschaftlichen Untersuchung, in der nachgewiesen worden sei, daß ein Bundesligasieg in Wirklichkeit nur 1,99999999 Punkte zählt, dann wüßten wir, daß irgend jemand irgend etwas völlig durcheinandergebracht hat. Es gehört zur gegenwärtigen Definition eines Siegs in einem Bundesligaspiel, daß er zwei Punkte zählt. Die Definition können wir ändern, wir können aber nicht die Entdeckung machen, daß die Tatsachen anders aussehen. Entsprechend gehört es zur Definition von »Überzeugung«, daß Überzeugungen wahr bzw. falsch sein können. Wir könnten nicht die Entdeckung machen, daß Überzeugungen für Wahrheit und Falschheit unempfänglich sind.

Wenn man sich anschaut, was alles als »Gesetze« der Alltagspsychologie ausgegeben worden ist, dann ergibt sich vorzugsweise folgendes: Entweder sind sie schon auf den ersten Blick erkennbar falsch oder es handelt sich um Konstitutionsprinzipien. Churchland (1981; vgl. Lycan 1990, S.209) zum Beispiel führt das Prinzip auf, daß (»abgesehen von Verwechslung, Ablenkung usw.«) jeder, der glaubt, daß p, und daß q, wenn p, auch glaubt, daß q. Als Vorschlag für ein alltagspsychologisches Gesetz, das jeder Mensch mit gesundem Menschenverstand akzeptiert, ist dies buchstäblich unglaublich. Wenn das nämlich stimmte, dann wäre (»abgesehen von Verwechslung, Ablenkung usw.«) das Beweisen von Theoremen nicht schwieriger als das Durchmustern der eigenen Überzeugungen. Es ist sehr einfach, die Alltagspsychologie zu widerlegen, wenn ihr von Anfang an derartig falsche Prinzipien zugeschrieben werden.

Ein Konstitutionsprinzip liefert Churchlands Beispiel, wonach jeder, der p fürchtet, möchte, daß nicht-p. Wonach würde man Ausschau halten, wenn man empirische Belege für die Falschheit dieses Beispiels suchte? Das gehört zur Definition von »Furcht«. Das tieferliegende Mißverständnis liegt also nicht in der Annahme, daß die Alltagspsychologie eine Theorie ist, sondern in der, daß alle Behauptungen dieser Theorie empirische Hypothesen sind.

Weil diese Behauptungen nicht empirisch, sondern konstitutiv sind, ließen sie sich nur dadurch als falsch erweisen, daß man ihre Unanwendbarkeit aufzeigte. Beispielsweise sind die »Konstitutionsprinzipien« der Hexerei auf nichts anwendbar, weil es keine Hexen gibt. Hingegen ließe sich die Nichtexistenz von bewußten Wünschen und Schmerzen nicht in der Weise aufzeigen wie die Nichtexistenz von Hexen, weil es sich bei ihnen um bewußte Erlebnisse handelt. Und für bewußte Erlebnisse läßt sich die übliche Unterscheidung zwischen Schein und Wirklichkeit nicht machen. (Mehr darüber im 3. Kapitel.)

Viele alltagspsychologische Annahmen des gesunden Menschenverstands haben sich als falsch erwiesen, und es gibt keinen Zweifel: weitere werden es ebenfalls. Nehmen wir ein spektakuläres Beispiel: Der gesunde Menschenverstand sagt uns, daß unsere Schmerzen sich im physikalischen Raum innerhalb unseres

Körpers befinden (daß ein Schmerz im Fuß z. B. buchstäblich innerhalb des Fuß-Gebiets ist). Doch wissen wir nun, daß dies falsch ist. Das Hirn bildet ein Körperbild, und Schmerzen – wie alle körperlichen Empfindungen – gehören zum Körperbild. Der Schmerz-im-Fuß ist buchstäblich im physikalischen Raum des Hirns.

Der gesunde Menschenverstand lag also, was gewisse Aspekte der Lokalisierung von Schmerz im physikalischen Raum angeht, sehr weit daneben. Doch selbst ein derart krasser Irrtum zeigt nicht – und könnte gar nicht zeigen –, daß es keine Schmerzen gibt. Vermutlich wird folgendes geschehen (und tatsächlich geschieht es ja auch): Der gesunde Menschenverstand wird durch hinzukommende wissenschaftliche Kenntnisse ergänzt. Beispielsweise erkennen wir inzwischen Unterscheidungen wie die zwischen Langzeit- und Kurzzeitgedächtnis an, oder auch die zwischen diesen Formen des Gedächtnisses und ikonischem Gedächtnis, und diese Unterscheidungen sind das Ergebnis neurobiologischer Forschungen.

## 3. Kapitel

# Der Bann wird gebrochen:
# Siliziumhirne, Roboter mit Bewußtsein
# und fremde Geister

Daß die Welt vollständig objektiv sei, ist eine Auffassung, die uns mit großer Macht gefangen hält, obwohl sie mit den offenkundigsten Tatsachen unseres Erlebens unvereinbar ist. Dies Bild ist falsch, und darum sollte es uns möglich sein, seinen Bann zu brechen. Ich kenne keinen einfachen Weg, der dahin führt. Jedoch ist es eines der vielen Ziele dieses Buchs, diese Aufgabe in Angriff zu nehmen. In diesem Kapitel möchte ich einige Gedankenexperimente vorstellen, die dagegen sprechen, daß dies ein akkurates Bild ist. Anfangs wird es in den Gedankenexperimenten darum gehen, diejenige Konzeption des Geistigen in Frage zu stellen, derzufolge es in einer wichtigen inneren Beziehung zum Verhalten steht.

Zu Beginn der Unterminierung der Grundlagen dieser gesamten Denkweise möchte ich einige Beziehungen zwischen Bewußtsein, Verhalten und dem Hirn betrachten. Bei dieser Erörterung wird es zumeist um bewußte geistige Phänomene gehen, aber die Außerachtlassung des Unbewußten an dieser Stelle ist keine so große Beschränkung, denn wir haben – wie ich im 7. Kapitel ausführen werde – keine Vorstellung von einem unbewußten Geisteszustand, der nicht von bewußten Zuständen abgeleitet wäre. Zur Eröffnung der Argumentation möchte ich ein früheres Gedankenexperiment verwenden (Searle 1982). Dieses Gedankenexperiment ist so etwas wie eine olle Kamelle in der Philosophie, und ich weiß nicht, wer es als erster angestellt hat. In meinen Vorlesungen habe ich seit Jahren davon Gebrauch gemacht, und vermutlich kann man es beim Nachdenken über diese Themen kaum vermeiden, daß man schließlich auf solche Ideen kommt.

# I. Siliziumhirne

Das geht folgendermaßen. Man stelle sich vor, daß das eigene Hirn sich in einer Weise zu verändern beginnt, die zu einer allmählichen Erblindung führt. Die auf Linderung bedachten Ärzte versuchen alles, um die Sehkraft wiederherzustellen. Als äußerste Maßnahme versuchen sie es damit, Silizium-Chips in den visuellen Cortex einzupflanzen. Man stelle sich nun vor, daß dies zur allgemeinen Verwunderung auch gelingt: die Silizium-Chips stellen die Sehkraft wieder im normalen Maße her. Nun stelle man sich des weiteren vor, daß der Zustand des eigenen Hirns sich betrüblicherweise immer weiter verschlechtert und daß die Ärzte weitere Silizium-Chips implantieren. Man kann schon jetzt sehen, worauf das Gedankenexperiment hinausläuft: Am Ende – so stellen wir uns vor – ist das gesamte eigene Hirn durch Silizium-Chips ersetzt; wenn man den Kopf schüttelt, kann man die Chips im eigenen Schädel rappeln hören. In einer derartigen Situation gäbe es verschiedene Möglichkeiten. Eine logische Möglichkeit, die sich mit apriorischen Gründen allein nicht ausschließen läßt, ist sicherlich folgende: Man hat auch weiterhin all die Arten von Gedanken, Erlebnissen, Erinnerungen usw., die man zuvor hatte; der Ablauf des eigenen geistigen Lebens bleibt derselbe. In diesem Fall stellen wir uns also vor, daß die Silizium-Chips nicht nur ein Duplikat der Input-Output-Funktionen eines Menschen herstellen können, sondern auch eines derjenigen geistigen Phänomene (ob nun bewußt oder nicht), die normalerweise für die Input-Output-Bedingungen verantwortlich sind.

Ich möchte sofort hinzufügen, daß ich keine Sekunde lang glaube, so etwas sei auch nur im entferntesten empirisch möglich. Meines Erachtens ist die Annahme empirisch absurd, wir könnten ein Duplikat der Kausalkräfte von Neuronen vollständig mit Silizium herstellen. Doch das ist eine empirische Behauptung, die ich aufstelle. Das ließe sich nicht a priori beweisen. Mithin bleibt das Gedankenexperiment – als eine Feststellung darüber, was logisch oder begrifflich möglich ist – gültig.

Doch stellen wir uns nun ein paar Variationen des Gedankenexperiments vor. Eine zweite Möglichkeit, die sich ebenfalls nicht mit apriorischen Gründen ausschließen läßt, ist folgende: Während immer mehr Silizium in Ihr schwindendes Hirn implantiert wird, bemerken Sie, daß der Bereich Ihres bewußten Erlebens immer kleiner wird, daß dies aber keinen Einfluß auf Ihr äußeres Verhalten hat. Zu Ihrer totalen Verblüffung merken Sie, daß Sie in der Tat die Kontrolle über Ihr äußeres Verhalten verlieren. Sie merken beispielsweise, wie die Ärzte bei einem Sehtest zu Ihnen sagen: »Wir halten jetzt vor Ihnen einen roten Gegenstand hoch; sagen Sie uns bitte, was Sie sehen.« Sie möchten schreien: »Ich kann überhaupt nichts sehen; ich bin total blind.« Aber Sie hören Ihre Stimme sagen, ohne daß Sie auch nur Einfluß auf die Tonlage nehmen könnten: »Ich sehe vor mir einen roten Gegenstand.« Wenn wir dieses Gedankenexperiment auf die Spitze treiben, kommen wir zu einem noch traurigeren Ergebnis als beim vorigen Mal. Wir stellen uns dann vor, daß unser bewußtes Erleben allmählich zu nichts zusammenschrumpft, während unser äußerlich beobachtbares Verhalten gleich bleibt.

Bei diesen Gedankenexperimenten ist wichtig, daß man sie sich immer vom Standpunkt der ersten Person durchdenkt. Man sollte sich fragen: »Wie wäre das für mich?« und man wird sehen, daß man es sich durchaus vorstellen kann, wie das eigene äußere Verhalten gleich bleibt, obwohl die bewußten Gedankenvorgänge, die sich in einem selbst innerlich abspielen, allmählich auf Null schrumpfen. Von außen scheint es den Beobachtern so, als ginge es einem prima, aber von innen stirbt man allmählich ab. In diesem Fall stellen wir uns also eine Situation vor, in der man selbst überhaupt kein bewußtes geistiges Leben hat, obwohl das eigene äußerlich beobachtbare Verhalten gleich bleibt.

Bei diesen Gedankenexperimenten ist ebenfalls wichtig, unsere Festsetzung im Auge zu behalten, daß man zwar das Bewußtsein verliert, aber dennoch dasselbe Verhalten beibehält. Wer sich verwundert fragt, wie so etwas möglich sei, der sei an folgendes erinnert: Soweit wir wissen, befindet sich die Basis des Bewußtseins in gewissen genau angebbaren Bereichen des Hirns (z. B. vielleicht in der Formatio reticularis). Und wir können in diesem Fall annehmen, daß es mit diesen Hirnbereichen allmählich bis zu dem Punkt abwärts geht, an dem dann gar kein Bewußtsein mehr im System ist. Doch wir nehmen des weiteren an, daß die Silizium-Chips ein Duplikat der Input-Output-Funktionen des gesamten Zentralnervensystems sein können, obwohl in den Überresten des Systems kein Bewußtsein mehr ist.

Betrachten wir nun eine dritte Variation. In diesem Fall stellen wir uns vor, daß die fortschreitende Implantierung der Silizium-

Chips zwar keine Veränderung in Ihrem geistigen Leben verursacht, daß Sie aber zunehmend unfähiger werden, Ihre Gedanken, Gefühle und Absichten in Handlungen umzusetzen. In diesem Fall – so stellen wir uns vor – bleiben Ihre Gedanken, Gefühle, Erlebnisse, Erinnerungen intakt, während an die Stelle Ihres beobachtbaren äußeren Verhaltens allmählich eine vollständige Lähmung tritt. Am Ende leiden Sie an einer Totalparalyse, obwohl Ihr geistiges Leben unverändert ist. In diesem Fall könnten Sie die Ärzte sagen hören:

> Die Silizium-Chips sind in der Lage, den Herzschlag, die Atmung und andere Lebensvorgänge in Gang zu halten, aber der Patient ist offensichtlich hirntot. Wir könnten ruhig die Versorgung des Systems abbrechen, denn der Patient hat ja überhaupt kein geistiges Leben mehr.

In diesem Fall wüßten Sie, daß die Ärzte sich völlig irren. Das heißt, Sie würden am liebsten laut schreien:

> Nein, ich bin immer noch bei Bewußtsein! Ich nehme alles wahr, was um mich herum geschieht. Ich kann mich nur nicht bewegen. Ich bin völlig gelähmt.

Der Witz dieser drei Variationen des Gedankenexperiments ist es, die *kausalen* Beziehungen zu veranschaulichen, die zwischen Hirnvorgängen, geistigen Vorgängen und äußerlich wahrnehmbarem Verhalten bestehen. Im ersten Fall haben wir uns vorgestellt, daß die Silizium-Chips Kausalkräfte hätten, die denen des Hirns gleichwertig sind, und somit diejenigen Geisteszustände und Verhaltensweisen verursachen würden, die normalerweise von Hirnvorgängen verursacht werden. Im Normalfall vermitteln solche Geisteszustände die Beziehung zwischen Reizen auf der Eingabeseite und Verhalten auf der Ausgabeseite.

Im zweiten Fall haben wir uns vorgestellt, daß die Vermittlung zwischen dem Geist und den Verhaltensmustern unterbrochen wäre. In diesem Fall wären die Silizium-Chips keine Duplikate der Kausalkräfte des Hirns, dank welchen es bewußte Geisteszustände erzeugt; sie wären nur Duplikate gewisser Input-Output-Funktionen des Hirns. Das zugrundeliegende geistige Leben war ausgelassen worden.

Im dritten Fall haben wir uns eine Situation vorgestellt, in der die betreffende Person zwar dasselbe geistige Leben hätte wie zuvor, die geistigen Phänomene aber keinen Ausdruck im Verhalten mehr hätten. Eigentlich hätten wir uns in diesem Fall die Silizium-Chips ersparen können. Es wäre ganz leicht gewesen, sich eine Person vorzustellen, deren motorische Nerven so beschädigt wurden, daß sie völlig gelähmt ist, obwohl das Bewußtsein und andere geistige Phänomene davon unberührt geblieben sind. In der klinischen Wirklichkeit gibt es Fälle wie diese. Patienten mit dem Guillain/Barré-Syndrom sind völlig gelähmt, aber zugleich völlig bei Bewußtsein.

Welche philosophische Bedeutung haben diese drei Gedankenexperimente? Mir scheint, daß wir daraus einiges lernen können. Am wichtigsten ist, daß sie etwas über die Beziehung zwischen Geist und Verhalten veranschaulichen. Was genau ist die Wichtigkeit des Verhaltens für den Begriff des Geistes? *Ontologisch gesehen sind Verhalten, funktionale Rolle und Kausalbeziehungen irrelevant für die Existenz bewußter geistiger Phänomene. Erkenntnistheoretisch gesehen* erfahren wir tatsächlich *zum Teil* aus dem Verhalten der Menschen etwas über ihre bewußten Geisteszustände. *Was die Kausalität angeht*, so dient das Bewußtsein zur Vermittlung der Kausalbeziehungen zwischen Reizen auf der Inputseite und Verhalten auf der Outputseite; und von einem *evolutionären* Standpunkt betrachtet ist es die Kausalfunktion des bewußten Geistes, Verhalten zu steuern. Aber *ontologisch gesehen* können die in Frage stehenden Phänomene mitsamt all ihren wesentlichen Eigenschaften in vollständiger Unabhängigkeit von jedwedem Verhalten auf der Outputseite existieren.

Die meisten Philosophen, die ich kritisiert habe, würden die beiden folgenden Aussagen akzeptieren:

1. Das Hirn verursacht bewußte geistige Phänomene.
2. Es gibt irgendeine Art logischer oder begrifflicher Verknüpfung zwischen bewußten Geistesphänomenen und äußerem Verhalten.

Die Gedankenexperimente verdeutlichen jedoch, daß diese beiden sich nicht mit der folgenden Aussage vertragen:

3. Das Vermögen des Hirns, Bewußtsein zu verursachen, ist begrifflich unterschieden von seinem Vermögen, motorisches Verhalten zu verursachen. Ein System könnte Bewußtsein ohne Verhalten und Verhalten ohne Bewußtsein haben.

Doch angesichts der Wahrheit von 1 und 3 müssen wir 2 aufgeben. Das erste, was wir demnach aus unseren Gedankenexperimenten ableiten können, ist etwas, das wir vielleicht »das Prinzip der Unabhängigkeit von Bewußtsein und Verhalten« nennen könnten. Im zweiten Gedankenexperiment hatten wir uns die Lage vorgestellt, in der das Verhalten gleich blieb, obwohl die geistigen Phänomene verschwunden waren – mithin ist Verhalten keine hinreichende Bedingung für geistige Phänomene. Und schließlich hatten wir uns Umstände vorgestellt, in denen zwar geistige Phänomene gegeben waren, das Verhalten hingegen verschwunden war – mithin ist Verhalten auch keine notwendige Bedingung für das Vorhandensein des Geistigen.

Zweierlei wird außerdem noch durch die Gedankenexperimente veranschaulicht. Erstens, die Ontologie des Geistigen ist wesentlich eine Ontologie der ersten Person. Das ist nichts weiter als eine geschwollene Formulierung dafür, daß jeder Geisteszustand *jemandes* Geisteszustand sein muß. Geisteszustände existieren nur als subjektive Erste-Person-Phänomene. Der zweite Punkt hängt mit dem ersten zusammen und besagt: Der Standpunkt der ersten Person ist, erkenntnistheoretisch gesehen, etwas völlig anderes als der Standpunkt der dritten Person. Es bereitet nicht die geringsten Schwierigkeiten, sich Fälle vorzustellen, in denen jemand vom Standpunkt der dritten Person aus nicht in der Lage sein könnte zu beurteilen, ob ich überhaupt irgendwelche Geisteszustände habe. Er könnte sogar denken, daß ich nicht bei Bewußtsein bin, obwohl ich völlig bei Bewußtsein bin. Vom Standpunkt der ersten Person aus steht es außer Frage, daß ich bei Bewußtsein bin, selbst wenn es sich herausstellte, daß keine Dritte-Person-Tests anwendbar sind.

## II. Roboter mit Bewußtsein

Ich möchte die Ergebnisse des ersten Gedankenexperiments mit Hilfe eines zweiten stützen. Wiederum ist es das Ziel, mit Hilfe unserer Intuitionen einen Keil zwischen Geisteszustände und Verhalten zu treiben. Stellen wir uns vor, wir entwürfen Roboter, die am Fließband arbeiten sollen. Unsere Roboter wären ziemlich primitiv und würden bei den etwas differenzierteren Aufgaben meist ein Durcheinander veranstalten. Aber stellen wir uns weiterhin vor, wir wüßten genug über die elektrochemischen Eigenschaften des menschlichen Bewußtseins, um zu wissen, wie man Roboter bauen kann, die ein ziemlich niedriges Bewußtseinsniveau haben, und so könnten wir Roboter mit Bewußtsein entwerfen und herstellen. Und nun stellen wir uns auch noch vor, diese Roboter mit Bewußtsein könnten Dinge voneinander unterscheiden, die von Robotern ohne Bewußtsein nicht unterschieden werden könnten; deshalb wären sie als Arbeiter am Fließband besser. Ist daran irgend etwas inkohärent? Ich muß sagen, daß dies im Lichte meiner »Intuitionen« vollkommen kohärent ist. Gewiß, das ist Science fiction, aber das trifft dann auf viele der wichtigsten Gedankenexperimente in der Philosophie und der Wissenschaft zu.

Doch nun stelle man sich vor, daß unsere Roboter mit Bewußtsein unglücklicherweise eine weitere Eigenschaft haben: Sie fühlen sich hundeelend. Wir können wiederum annehmen, unsere Neurophysiologie sei inzwischen weit genug entwickelt, um nachzuweisen, daß sie extrem unglücklich sind. Stellen wir uns nun vor, wir stellten unserer Roboter-Forschungsgruppe folgende Aufgabe: Entwerfen Sie einen Roboter ganz ohne Bewußtsein mit derselben Diskriminationsfähigkeit wie die Roboter mit Bewußtsein. Wir können dann die unglücklichen Roboter in einen lustvolleren Lebensabend entlassen. Dies scheint mir ein wohlumrissenes Forschungsprojekt zu sein, und wir können uns die Vorgehensweise unserer Wissenschaftler vielleicht folgendermaßen vorstellen: Sie versuchen einen Roboter mit einer »Hardware« zu entwerfen, von der sie wissen, daß sie kein Bewußtsein bewirkt oder aufrechterhält, wobei der fertige Roboter dann allerdings trotzdem dieselben Input-Output-Funktionen hat wie der Roboter, dessen »Hardware« Bewußtsein verursacht und erhält. Wir könnten annehmen, daß ihnen das gelingt, daß sie einen

Roboter ganz ohne Bewußtsein bauen, der Verhaltensfähigkeiten und -fertigkeiten hat, die mit denen desjenigen Roboters absolut identisch sind, der Bewußtsein hat.

Der Witz dieses Gedankenexperiments ist es zu zeigen, daß Verhalten unerheblich ist, wenn es um die Ontologie des Bewußtseins geht. Wir könnten zwei Systeme mit *identischem Verhalten* haben, von denen eines Bewußtsein hat und das andere nicht.

## III. Der Empirismus und das »Problem des Fremdpsychischen«

Vielen Philosophen mit einem Hang zum Empirischen werden diese beiden Gedankenexperimente nicht behagen, insbesondere das erste. Ihnen wird es so vorkommen, als unterstellte ich hinsichtlich der Geisteszustände eines Systems die Existenz empirischer Tatsachen, die sich aber nicht durch irgendwelche empirischen Mittel nachweisen lassen. Ihre Konzeption vom empirischen Nachweis der Existenz geistiger Tatsachen beruht völlig auf der Voraussetzung, es müsse sich um Verhaltensbelege handeln. Sie glauben, das Verhalten eines anderen Systems sei der einzige Anhaltspunkt, den wir haben, um diesem System Geisteszustände zuzuschreiben.

In diesem Abschnitt möchte ich damit fortfahren, das Problem des Fremdpsychischen zu erörtern, dem wir schon im ersten Kapitel begegnet sind. Eines meiner Ziele ist es zu zeigen, daß die beiden soeben geschilderten Gedankenexperimente keinerlei inkohärente oder anstößige erkenntnistheoretische Implikationen haben. Vornehmlich kommt es mir jedoch darauf an zu entwickeln, welche »empirische« Basis wir für die Annahme haben, daß andere Menschen und höhere Tiere bewußte geistige Phänomene etwa so wie wir haben.

Zu Beginn dieser Erörterung muß hervorgehoben werden, daß es in der Geschichte der empiristischen Philosophie und der Philosophie des Geistes eine systematische Mehrdeutigkeit im Gebrauch des Wortes »empirisch« gibt. Denn es gibt einen ontologischen und einen erkenntnistheoretischen Sinn dieses Worts. Wird von empirischen Tatsachen gesprochen, dann sind damit manchmal kontingente Tatsachen in der Welt gemeint im Gegensatz beispielsweise zu Tatsachen der Mathematik oder Tatsachen der

Logik. Doch manchmal, wenn von empirischen Tatsachen gesprochen wird, dann sind damit Tatsachen gemeint, die sich vom Standpunkt der dritten Person nachweisen lassen. Anders gesagt: mit »empirischen Tatsachen« oder »empirischen Methoden« sind Tatsachen bzw. Methoden gemeint, die allen kompetenten Beobachtern zugänglich sind. Diese systematische Mehrdeutigkeit im Gebrauch des Wortes »empirisch« legt nun allerdings etwas nahe, das sicherlich falsch ist: Alle empirischen Tatsachen (im ontologischen Sinn von »Tatsache-in-der-Welt«) seien – was ihre Erkennbarkeit angeht – allen kompetenten Beobachtern gleichermaßen zugänglich. Wir wissen aber, daß dies nicht stimmt. Es gibt jede Menge empirische Tatsachen, die nicht allen kompetenten Beobachtern gleichermaßen zugänglich sind. Der vorige Abschnitt enthielt einige Gedankenexperimente, die dies zeigen sollten, aber wir haben sogar empirische Daten, aus denen sich genau dasselbe ergibt.

Betrachten wir folgendes Beispiel.[1] Mit einiger Mühe können wir uns vorstellen, wie es wäre, ein fliegender Vogel zu sein. Ich sage »mit einiger Mühe«, weil man natürlich immer versucht ist, sich vorzustellen, wie es *für uns* wäre, wenn wir flögen, und nicht eigentlich, wie es für *einen Vogel* ist, zu fliegen. Nun wissen wir aber dank neuerer Forschungen, daß manche Vögel durch Wahrnehmung des Magnetfelds der Erde navigieren. Nehmen wir einmal an, daß der Vogel ein bewußtes Erlebnis davon hat, wie der Magnetismus durch seinen Körper wogt, genau so, wie er ja auch seinen Flügelschlag und den gegen seinen Körper wehenden Wind bewußt erlebt. Nun, wie ist es, eine Woge von Magnetismus zu fühlen? In diesem Fall muß ich sagen, daß ich nicht die blasseste Ahnung habe, wie es sich für einen Vogel (oder auch für einen Menschen) anfühlt, eine Woge von Erdmagnetismus zu spüren. Es ist, so unterstelle ich, eine Frage der empirischen Tatsachen, ob Vögel, die mittels ihrer Wahrnehmung des Magnetfelds navigieren, wirklich ein bewußtes Erlebnis der Wahrnehmung des Magnetfelds haben oder nicht. Doch der genaue qualitative Charakter dieser empirischen Tatsache ist den Standardformen empirischer Tests nicht zugänglich. Und warum sollte er das eigentlich sein? Warum sollten wir annehmen, daß alle Tatsachen in der Welt objektiven Tests aus der Perspektive der dritten Person gleichermaßen zugänglich sind? Wenn man darüber nachdenkt, erweist sich diese Annahme als offenkundig falsch.

Ich hatte gesagt, daß dieses Ergebnis nicht so betrüblich ist, wie es vielleicht scheint. Und der Grund dafür ist einfach. Obwohl wir in einigen Fällen zu gewissen empirischen Tatsachen ihrer intrinsischen Subjektivität wegen nicht den gleichen Zugang haben, so haben wir doch im allgemeinen indirekte Methoden, um zu denselben empirischen Tatsachen zu gelangen. Betrachten wir folgendes Beispiel. Ich bin völlig überzeugt, daß mein Hund – wie auch andere höhere Lebewesen – bewußte Geisteszustände hat, so z. B. visuelle Erlebnisse, Schmerzempfindungen, Empfindungen des Dursts und Hungers, von Kälte und Wärme. Warum bin ich denn so fest davon überzeugt? Die Standardantwort besagt: Aus dem Verhalten des Hundes (bzw. aus meiner Beobachtung seines Verhaltens) ziehe ich den Schluß, daß er Geisteszustände hat so wie ich. Diese Antwort ist meines Erachtens falsch. Den Schluß ziehe ich nicht nur, weil der Hund sich so benimmt, wie es passend ist, wenn er bewußte Geisteszustände hat; ich ziehe ihn auch deshalb, weil ich sehen kann, daß die kausale Basis des Verhaltens in der Physiologie des Hundes der meinigen erheblich gleicht. Es liegt also nicht allein daran, daß der Hund eine ähnliche Struktur hat wie ich und daß sein Verhalten sich so interpretieren läßt, daß Analogien dazu bestehen, wie ich mein eigenes Verhalten interpretiere. Vielmehr liegt es an der Kombination dieser beiden Tatsachen: ich kann sehen, daß das Verhalten passend ist und daß es in der zugrundeliegenden Physiologie passend *verursacht* ist. Ich kann z. B. sehen, daß dies die Ohren des Hundes sind, daß dies sein Fell ist, daß dies seine Augen sind; daß sich – wenn man sein Fell streichelt – Verhalten einstellt, das zum Streicheln von Fell paßt; daß sich – wenn man ihm ins Ohr brüllt – Verhalten einstellt, das dazu paßt, daß in ein Ohr gebrüllt wurde.

Es ist wichtig zu betonen, daß ich keine tolle oder hochentwickelte anatomische und physiologische Theorie der Hundestruktur zu haben brauche, sondern nur sozusagen »Alltagsanatomie« und »Alltagsphysiologie«, d. h. die Fähigkeit, die Struktur von Haut, Augen, Zähnen, Haar, Nase usw. zu erkennen, und die Fähigkeit, die Annahme zu machen, daß all dies in seinen Erlebnissen eine kausale Rolle spielt, die der kausalen Rolle dieser Sachen in den eigenen Erlebnissen relevantermaßen gleicht. Allein der Umstand, daß gewisse Strukturen als »Augen« oder »Ohren« beschrieben werden, impliziert, daß wir ihnen Funktionen und

Kausalkräfte zuschreiben, die denen unserer eigenen Augen und Ohren ähneln. Kurz, obwohl ich zum Bewußtsein des Hundes keinen direkten Zugang habe, scheint es mir dennoch eine wohlbestätigte empirische Tatsache zu sein, daß Hunde Bewußtsein haben, und sie scheint mir durch Anhaltspunkte bestätigt zu sein, die völlig zwingend sind. Wenn es sich um Lebewesen handelt, die auf der phylogenetischen Stufenleiter viel weiter unten angesiedelt sind, dann ist meine Sicherheit nicht annähernd so groß. Ich habe keine Ahnung, ob Fliegen, Grashüpfer, Krebse oder Schnecken Bewußtsein haben. Mir scheint, solche Fragen kann ich vernünftigerweise den Neurophysiologen überlassen. Aber nach was für Anhaltspunkten würde der Neurophysiologe denn Ausschau halten? Hier hilft uns, so scheint mir, ein anderes Gedankenexperiment weiter, das wir uns gut vorstellen können.

Angenommen, wir hätten eine Theorie über die neurophysiologische Grundlage des Bewußtseins bei Menschen. Angenommen, es gäbe ganz präzise, neurophysiologisch isolierbare Ursachen des Bewußtseins in Menschen, und zwar in der Weise, daß das Vorliegen der relevanten neurophysiologischen Phänomene sowohl notwendig als auch hinreichend für Bewußtsein wäre. Wer die hätte, hätte Bewußtsein; wer sie nicht mehr hätte, hätte sein Bewußtsein verloren. Stellen wir uns nun vor, daß einige Lebewesen diese Phänomene – die wir der Kürze halber zusammengenommen als $x$ bezeichnen wollen – haben und andere nicht. Angenommen, es stellte sich heraus, daß $x$ bei all den Lebewesen (z. B. bei uns selbst, den Affen, Hunden usw.) auftritt, bei denen wir uns schon aufgrund ihrer Grob-Physiologie ziemlich sicher waren, daß sie Bewußtsein haben, und daß $x$ bei solchen Lebewesen (Amöben z. B.) völlig fehlt, denen wir nicht geneigt waren, Bewußtsein zuzuschreiben. Des weiteren wollen wir annehmen, daß der Wegfall von $x$ bei jedem den Verlust des Bewußtseins hervorriefe und daß der Wiedergewinn von $x$ auch wieder zu Bewußtsein führte. In einem derartigen Fall, so scheint mir, könnte man vernünftigerweise annehmen, daß das Vorhandensein von $x$ eine entscheidende kausale Rolle bei der Hervorbringung von Bewußtsein spielt, und diese Entdeckung würde uns in die Lage versetzen, Zweifelsfälle zu entscheiden (hat dieses Lebewesen Bewußtsein oder nicht?). Wenn Schnecken $x$ hätten, Milben hingegen nicht, dann könnten wir vernünftigerweise den Schluß ziehen, daß Milben mit einfachen Tropismen funktionieren und daß

Schnecken Bewußtsein haben genau wie wir, wie die Hunde und die Paviane.

Nicht einen Augenblick lang nehme ich an, daß die Neurophysiologie des Bewußtseins sich als derartig einfach erweisen wird. Es scheint mir entschieden wahrscheinlicher zu sein, daß wir eine große Vielfalt an Neurophysiologien des Bewußtseins finden werden und daß wir in jeder tatsächlichen Experiment-Situation unabhängige Anhaltspunkte dafür suchen müßten, daß quasi-mechanische Tropismen vorliegen, mit denen sich das anscheinend zielorientierte Verhalten von Organismen ohne Bewußtsein erklären ließe. In diesem Beispiel kommt es einfach nur darauf an zu zeigen, daß wir über indirekte Mittel objektiver, empirischer Art verfügen können, um zu empirischen Phänomenen zu gelangen, die intrinsisch subjektiv und deshalb direkten Dritte-Person-Tests unzugänglich sind.

Dennoch sollte man die empirischen Dritte-Person-Methoden zur Entdeckung jener subjektiven, empirischen Erste-Person-Tatsachen nicht für irgendwie zweitklassig oder unvollkommen halten. Diese Methoden beruhen auf einem über den Daumen gepeilten Prinzip, das wir auch sonst in Wissenschaft und Alltagsleben verwenden: *dieselben Ursachen – dieselben Wirkungen* und *ähnliche Ursachen – ähnliche Wirkungen*. Im Falle anderer Menschen können wir leicht sehen, daß die kausalen Grundlagen ihrer Erlebnisse so gut wie identisch sind mit denen unserer eigenen Erlebnisse. Aus genau diesem Grund gibt es im wirklichen Leben kein »Problem des Fremdpsychischen«. Tiere liefern einen guten Testfall für dieses Prinzip, denn sie sind zwar natürlich nicht physiologisch identisch mit uns, aber sie gleichen uns doch in gewissen wichtigen Hinsichten. Sie haben Augen, Ohren, Nase, Mund und so weiter. Aus diesem Grunde bezweifeln wir in Wirklichkeit nicht, daß sie auch die Erlebnisse haben, die mit solcherlei Art von Ausstattung einhergehen. Bis hierhin sind all unsere Betrachtungen vorwissenschaftlich. Doch nehmen wir an, wir könnten für den Fall des Menschen genaue Ursachen des Bewußtseins eindeutig ausmachen und exakt dieselben Ursachen in anderen Lebewesen entdecken. Dann, so scheint mir, hätten wir ziemlich schlüssig nachgewiesen, daß bei einer (oder mehreren) anderen Spezies genau dieselbe Art von Bewußtsein gegeben ist wie bei uns, denn wir können annehmen, daß dieselben Ursachen dieselben Wirkungen hervorrufen. Das wäre nicht einfach eine wilde

Spekulation, denn wir hätten ja sehr guten Grund zu der Annahme, daß jene Ursachen in anderen Spezies dieselben Wirkungen hervorrufen.

Genauso verfährt man in der Praxis. Lehrbücher der Neurophysiologie berichten ohne jedes Aufheben zum Beispiel darüber, wie die Farbwahrnehmung der Katze derjenigen des Menschen – *und sogar der anderer Tiere* – gleicht bzw. wie sie sich von ihr unterscheidet. Was für eine atemberaubende Unverantwortlichkeit! Wie können die Verfasser vorgeben, sie hätten das Problem der fremden Katzenpsyche so mir nichts, dir nichts gelöst? Die Antwort lautet: Das Problem ist im Hinblick auf die Gesichtswahrnehmung der Katze in dem Moment gelöst, in dem wir wissen, inwiefern die visuelle Ausstattung der Katze unserer eigenen und der anderer Spezies gleicht bzw. sich von ihnen unterscheidet.[2]

Wenn wir erst einmal verstehen, auf welche kausale Grundlage wir uns berufen dürfen, wenn wir anderen Lebewesen Geisteszustände zuschreiben, dann gibt es für verschiedene traditionelle Skepsis-Probleme mit »dem Fremdpsychischen« eine einfache Lösung. Betrachten wir das berühmte Problem mit den vertauschten Spektren, das ich im 2. Kapitel erwähnt habe. Man behauptet, es könnte sehr wohl möglich sein, daß bei einem Teil der Menschheit eine Rot/Grün-Vertauschung vorliege; jeder dieser Menschen mache zwar dieselben Verhaltensdiskriminationen wie wir, aber das tatsächliche Erlebnis, das er beim Grünsehen hat und das er »Grünsehen« nennt, würden wir – wenn wir es hätten – als »Rotsehen« bezeichnen, und umgekehrt. Doch nun bedenke man dies: Angenommen, wir fänden heraus, daß bei einigen Menschen die Rot- und die Grün-Rezeptoren tatsächlich in einer derartigen Weise vertauscht und mit dem restlichen Gesichtswahrnehmungssystem verknüpft sind, daß wir damit überwältigende neurophysiologische Beweise dafür hätten, daß sie – trotz gleicher Verhaltensdiskriminationen wie wir – andere zugrundeliegende Erlebnisse haben. Das wäre kein philosophisches Problem, das zum Thema »Skeptizismus« gehört, sondern eine wohldefinierte neurophysiologische Hypothese. Wenn es jedoch andererseits keine solchen Menschen gibt, wenn also alle Menschen, die nicht farbenblind sind, dieselben Rot/Grün-Wahrnehmungspfade haben, dann haben wir einen handfesten empirischen Grund für die Annahme, daß Gegenstände für die anderen Menschen so aussehen, wie sie das für uns tun. Eine ganze Wolke skeptizistischer Philosophie kondensiert zu einem Tröpfchen Neurowissenschaft.

Man beachte, daß diese Lösung des »Problems des Fremdpsychischen«, die wir in Wissenschaft und Alltagsleben verwenden, uns zwar hinreichende, aber keine notwendigen Bedingungen dafür gibt, wann es korrekt ist, anderen Lebewesen geistige Phänomene zuzuschreiben. Wie ich schon an früherer Stelle in diesem Kapitel anklingen ließ, bedürfte es einer neurobiologischen Theorie, die viel reicher ist als alles, was wir uns derzeit vorstellen können, um überhaupt nur zu der Annahme zu gelangen, wir könnten Bedingungen isolieren, die für Bewußtsein notwendig sind. Ich bin ziemlich zuversichtlich, daß der Tisch hier vor mir, der täglich benutzte Computer, der Füller, mit dem ich schreibe, und das Tonbandgerät, in das ich diktiere, völlig ohne Bewußtsein sind, aber natürlich kann ich das nicht *beweisen* – und das kann auch niemand anders.

## IV. Zusammenfassung

Bislang habe ich in diesem Kapitel zwei Ziele verfolgt. Erstens habe ich versucht zu zeigen, daß Verhalten einfach unerheblich ist, wenn es um die Ontologie des Geistes geht. Natürlich ist im wirklichen Leben unser Verhalten entscheidend für unsere Existenz; wenn wir jedoch die Existenz unserer Geisteszustände als Geisteszustände untersuchen, dann ist das korrelierte Verhalten weder notwendig noch hinreichend für deren Existenz. Zweitens habe ich versucht, damit anzufangen, den Bann erkenntnistheoretischer Diskussionen zum »Problem des Fremdpsychischen« zu brechen, die seit 300 Jahren geführt werden und denen zufolge Verhalten die alleinige Grundlage unseres Wissens von der Existenz des Fremdpsychischen (d. h. eines anderen Geistes als unseres eigenen) ist. Das halte ich für offenkundig falsch. Verhalten ist nur deswegen relevant für die Entdeckung von Geisteszuständen anderer Lebewesen, weil es eine *Verbindung* zwischen Verhalten und der Kausalstruktur anderer Organismen gibt.

Ein letzter Punkt ist genauso wichtig. Außer beim Philosophieren gibt es eigentlich kein »Problem« des Fremdpsychischen, denn wir haben ja nicht die »Hypothese«, »Überzeugung« oder »Annahme«, daß andere Menschen Bewußtsein haben und daß

Stühle, Tische, Computer und Autos keines haben. Vielmehr haben wir gewisse Hintergrundsverhaltensweisen – gewisse Hintergrundfähigkeiten –, und diese konstituieren unsere Beziehungen zum Bewußtsein anderer Menschen. Es ist typisch für die Philosophie, daß oftmals Skepsis-Probleme dann entstehen, wenn Bestandteile des Hintergrunds so behandelt werden, als seien sie Hypothesen, die gerechtfertigt werden müssen. Ich stelle nicht die »Hypothese« auf, daß mein Hund oder der Dekan meiner Fakultät Bewußtsein haben, und mithin stellt sich die Frage nicht – es sei denn, in der philosophischen Auseinandersetzung.

## V. Intrinsische Intentionalität, Als-ob-Intentionalität und abgeleitete Intentionalität

Für das Folgende muß ich ein paar einfache Unterscheidungen vorbringen, die in dem, was ich bislang gesagt habe, implizit enthalten waren. Zu diesem Zwecke wollen wir die Ähnlichkeiten und Unterschiede betrachten, die zwischen den verschiedenartigen Wahrheitsbedingungen von Sätzen bestehen, mit denen wir intentionale Geistesphänomene zuschreiben. Vergleichen wir einmal die folgenden:

1. Ich habe jetzt Durst, richtigen Durst, weil ich heute den ganzen Tag noch nichts getrunken habe.
2. Mein Rasen hat Durst, richtigen Durst, weil er seit einer Woche nicht gewässert worden ist.
3. Im Französischen bedeutet »J'ai grand soif«: »Ich habe großen Durst.«

Der erste Satz wird wörtlich verwendet, um sich selbst einen wirklichen intentionalen Geisteszustand zuzuschreiben. Wenn ich diesen Satz äußere und damit eine wahre Feststellung mache, dann gibt es in mir ein bewußtes Durstgefühl, das diese Feststellung wahr macht. Dieses Gefühl hat Intentionalität, denn zu ihm gehört der Wunsch zu trinken. Mit dem zweiten Satz verhält es sich ganz anders. Satz 2 wird nur metaphorisch (oder figurativ) verwendet, um meinem Rasen Durst zuzuschreiben. Wenn mein Rasen Wasser braucht, dann ist er in einer Lage, in der ich Durst hätte, und so beschreibe ich ihn figurativ, *als ob* er Durst hätte.

Auch wenn ich nicht einmal für einen Moment annehme, daß mein Rasen buchstäblich Durst hat, ist es völlig harmlos, wenn ich ihn – in einer Analogie – durstig nenne. Der dritte Satz gleicht dem ersten insofern, als er in wörtlicher Verwendung Intentionalität zuschreibt: jedoch gleicht er dem zweiten (und unterscheidet sich vom ersten), insofern die zugeschriebene Intentionalität dem System nicht intrinsisch ist.

Mit der ersten Art von Zuschreibung wird *intrinsische* Intentionalität zugeschrieben. Wenn eine derartige Feststellung wahr ist, dann muß es wirklich einen *intentionalen Zustand im Zuschreibungsobjekt* geben. Mit dem zweiten Satz wird überhaupt keine Intentionalität zugeschrieben; er wird nur dazu verwendet, figurativ oder metaphorisch zu reden. Deshalb sage ich, daß die »Intentionalität« in der Zuschreibung nur *als ob* und nicht intrinsisch ist. Damit hier keine Verwirrung entsteht, ist es wichtig hervorzuheben, daß Als-ob-Intentionalität keine Intentionalität einer besonderen oder überhaupt irgendeiner Art ist; vielmehr gilt: Ein System, das Als-ob-Intentionalität hat, ist so, als ob es Intentionalität hätte. Mit dem dritten Beispiel schreibe ich buchstäblich einem französischen Satz Intentionalität zu, das heißt, der französische Satz bedeutet buchstäblich, was ich ihm als seine Bedeutung zuschreibe. Die Intentionalität des französischen Satzes ist diesem bestimmten Satz – wenn wir ihn als einen syntaktischen Gegenstand auffassen – jedoch nicht intrinsisch. Genau dieser syntaktische Gegenstand hätte etwas ganz anderes oder auch gar nichts bedeuten können. *Menschen*, die Französisch sprechen, können ihn dazu verwenden, *ihre* Intentionalität zum Ausdruck zu bringen. Sprachliche Bedeutung ist wirkliche Intentionalität, aber keine intrinsische Intentionalität. Sie ist von der intrinsischen Intentionalität der Sprachverwender abgeleitet.

Dies läßt sich folgendermaßen zusammenfassen: Intrinsische Intentionalität ist ein Phänomen, das zur biologischen Beschaffenheit von Menschen und gewissen anderen Lebewesen gehört. Wie sie verwendet werden oder was sie über sich selbst denken oder auf welche Weisen der Selbstbeschreibung sie verfallen – daran liegt es nicht, ob sie Intentionalität haben. Es ist einfach eine klare Tatsache, daß Tiere beispielsweise manchmal *Hunger* oder *Durst* bekommen, daß sie Dinge *sehen, fürchten* und so weiter. Die kursiv gedruckten Ausdrücke im vorangegangenen Satz bezeichnen allesamt intrinsische intentionale Zustände. Es ist sehr bequem, im Jargon der Intentionalität über Systeme zu reden, die gar keine haben, aber den Anschein erwecken, als hätten sie welche. Von meinem Thermostaten sage ich, er *nehme* einen Temperaturwechsel *wahr*; von meinem Vergaser sage ich, er *wisse*, wann das Gemisch angereichert werden muß; und von meinem Computer sage ich, daß er schneller *rechne* als der Computer, den ich im letzten Jahr hatte. All diese Zuschreibungen sind vollkommen harmlos, und ohne Zweifel werden sich aus ihnen schließlich neue wörtliche Bedeutungen ergeben, sobald aus den Metaphern tote Metaphern geworden sein werden. Doch es ist wichtig hervorzuheben, daß diese Zuschreibungen nichts mit Psychologie zu tun haben, denn sie implizieren ja nicht das Vorhandensein irgendeines geistigen Phänomens. In all diesen Fällen geht es um pure *Als-ob*-Intentionalität.

Fälle vom dritten Typ werden dadurch interessant, daß wir häufig nicht-geistige Phänomene in einem wörtlichen Sinn mit intentionalen Eigenschaften versehen. Wenn wir sagen, daß gewisse Sätze gewisse Sachen *bedeuten* oder daß gewisse Karten den Staat Kalifornien korrekt *darstellen* oder daß gewisse Bilder *Bilder von* Winston Churchill sind, dann ist daran nichts metaphorisch oder *als ob*. Diese Formen der Intentionalität sind wirklich, aber sie sind von der Intentionalität handelnder Menschen abgeleitet.

Seit mehr als einem Jahrzehnt verwende ich den Ausdruck »intrinsisch« (vgl. Searle 1980b), aber es gibt da immer noch gewisse Mißverständnisse. Im üblichen Sprachgebrauch wird »intrinsisch« oft als Gegensatz zu »relational« verwendet. So hat der Mond intrinsischerweise eine Masse, er ist aber nicht intrinsischerweise ein Satellit. Ein Satellit ist er nur relativ zur Erde. In diesem Sinne von »intrinsisch« wäre jedermann, der an intentionale Zustände mit »weitem Inhalt« glaubt (d. h. Inhalt, der Beziehungen zu außergeistigen Gegenständen wesentlich umfaßt), gezwungen zu bestreiten, daß solche intentionalen Zustände intrinsisch sind, weil sie ja relational sind. Ich glaube nicht an die Existenz weiten Inhalts (vgl. Searle 1983, Kap. 7), deshalb stellt sich mir dieses Problem nicht. Die Unterscheidungen, die ich hier mache, sind vom Disput über weiten und engen Inhalt unabhängig. Ich setze hier also einfach fest, daß ich mit »intrinsische Intentionalität« echte Intentionalität meine – und zwar im Gegensatz zum bloßen Anschein von Intentionalität (»Als-ob-Intentionalität«) und im Gegensatz zu abgeleiteten Formen von Intentionalität wie z. B. Sätzen, Bildern und so weiter. Man muß meine Einwände gegen weiten Inhalt nicht akzeptieren, wenn man die Unterscheidungen akzeptiert, die ich hier zu machen versuche.

Ein weiteres (für mich erstaunliches) Mißverständnis ist die Annahme, daß ich – indem ich Fälle echter Intentionalität »intrinsisch« nenne – damit nahelege, sie seien irgendwie geheimnisvoll, unaussprechlich und außerhalb des Bereichs philosophischer Erklärung oder wissenschaftlicher Untersuchung. Doch das ist Unsinn. Gerade in diesem Augenblick habe ich viele intrinsische intentionale Zustände, so z. B. den Drang, ins Badezimmer zu gehen, den starken Wunsch, ein kaltes Bier zu trinken, und ein visuelles Erlebnis vieler Boote auf dem See. Dies alles sind *intrinsische* intentionale Zustände (in meinem Sinn dieses Ausdrucks), und das bedeutet einfach, daß sie echte Intentionalität haben und nicht bloß etwas, das echter Intentionalität mehr oder weniger gleicht *(als ob)*, bzw. nicht bloß etwas, das daraus resultiert, daß jemand anders etwas in gewisser Weise verwendet oder zu etwas bestimmte Einstellungen hat *(abgeleitet)*.[3]

Man hat versucht, diese Unterscheidungen in Abrede zu stellen, aber es fällt sehr schwer, dergleichen ernstzunehmen. Wer denkt, daß es da keine grundsätzlichen Unterschiede gibt, möge folgende Passage aus der Fachzeitschrift *Pharmacology* sorgfältig ansehen:

Hat die Nahrung erst einmal den Musculus cricopharyngeus passiert, ist ihre Bewegung fast völlig unwillkürlich, außer bei der endgültigen Ausscheidung der Faeces während der Defäkation. *Der Gastrointestinaltrakt ist ein höchst intelligentes Organ*, das nicht nur die Anwesenheit von Nahrung im Lumen, sondern auch ihre chemische Zusammensetzung, Quantität und Viskosität *wahrnimmt* und durch geeignete Kontraktionen eine passende Geschwindigkeit des Propulsions- und Mischvorgangs bewirkt. *Wegen ihrer hochentwickelten Entscheidungsfähigkeit* wird die Darmwand, die aus den glatten Muskelschichten, den Nervenstrukturen und parakrin-endokrinen Zellen besteht, auch oft *das Darmhirn* genannt (Sarna und Otterson 1988, Hervorhebungen von mir).[4]

Das ist ganz deutlich ein Fall von Als-ob-Intentionalität im »Darmhirn«. Glaubt irgend jemand, es gebe keinen grundsätzlichen Unterschied zwischen dem »Darmhirn« und dem »Hirnhirn«? Ich habe gehört, wie jemand sagte, daß es sich beide Male um Fälle derselben Art handle, es hänge nur davon ab, ob man einem System gegenüber eine »intentionale Haltung« einnehme oder nicht. Doch Gott bewahre uns davor, im wirklichen Leben anzunehmen, daß die »Wahrnehmungen« und »Entscheidungen« des »Darmhirns« sich nicht von denen des wirklichen Hirns unterscheiden!

Aus diesem Beispiel geht unter anderem hervor, daß jeder Versuch, die Unterscheidung zwischen intrinsischer und Als-ob-Intentionalität zu bestreiten, vor einer allgemeinen Reductio ad absurdum steht. Wird die Unterscheidung geleugnet, dann ergibt sich, daß alles im Universum Intentionalität hat. Alles im Universum folgt den Naturgesetzen, mithin verhält sich alles mit einem gewissen Maß an Regelmäßigkeit, und mithin verhält sich alles im Universum so, *als ob* es einer Regel folge, ein gewisses Vorhaben auszuführen trachte, im Einklang mit gewissen Wünschen agiere, und so weiter. Angenommen zum Beispiel, ich lasse einen Stein fallen. Der Stein *versucht*, zum Erdmittelpunkt zu gelangen, weil er dorthin gelangen *will*, und dabei *folgt er der Regel* $S = \frac{1}{2}gt^2$. Kurz gesagt, der Preis für die Leugnung der Unterscheidung zwischen intrinsischer und *Als-ob*-Intentionalität ist eine Absurdität, denn dann wird alles im Universum geistig.

Zweifelsohne gibt es Grenzfälle. Es kann sein, daß wir beispielsweise bei Grashüpfern und Flöhen nicht so genau wissen, was wir sagen sollen. Und zweifelsohne gibt es sogar Fälle, in denen wir einem Menschen zwar Intentionalität zuschreiben, uns aber nicht im klaren darüber sind, ob wir diese Zuschreibung wörtlich oder metaphorisch nehmen sollten. Doch Grenzfälle ändern nichts an der Unterscheidung zwischen Tatsachen, die den Zuschreibungen intrinsischer Intentionalität entsprechen, und solchen Tatsachen, die metaphorischen *Als-ob*-Zuschreibungen von Intentionalität entsprechen. Metaphorische *Als-ob*-Zuschreibungen sind weder schädlich noch irreführend, und sie sind auch nicht philosophisch fehlerhaft. Der einzige Fehler besteht darin, sie wörtlich zu nehmen.

Ich hoffe, daß die von mir gemachten Unterscheidungen einleuchtend sind. Dennoch muß ich, sozusagen von der Kriegsfront, berichten, daß die Mißachtung dieser simplen Unterscheidungen die Grundlage einiger der größten Fehler im Geistesleben unserer Zeit sind. Ein verbreiteter Fehler besteht in der Annahme, wir hätten die Natur der Intentionalität auf die eine oder andere Weise schon damit entdeckt, daß wir Systemen, die keine intrinsische Intentionalität haben, mit Hilfe von *Als-ob*-Zuschreibungen Intentionalität zuschreiben können.

## 4. Kapitel

# Das Bewußtsein und sein Platz in der Natur

## I. Bewußtsein und das »wissenschaftliche« Weltbild

Wie bei den meisten Wörtern läßt sich auch für »Bewußtsein« keine Definition mit Hilfe notwendiger und hinreichender Bedingungen angeben, und es ist auch nicht möglich, dieses Wort in aristotelischer Manier durch Angabe von Genus und Differentia specifica zu definieren. Obwohl eine nichtzirkuläre sprachliche Definition also ausgeschlossen ist, kommt es für mich dennoch ganz entscheidend darauf an zu sagen, was ich mit diesem Begriff meine, denn er wird oft mit anderen verwechselt. So wird »consciousness« zum Beispiel gerne – teils aus Gründen der Etymologie, teils aus Gründen, die im Wortgebrauch liegen – mit »conscience« (Gewissen), »self-consciousness« (Gehemmtsein/Selbst-Bewußtsein*) und »cognition« (Kognition) verwechselt.

Was ich unter »Bewußtsein« verstehe, läßt sich am besten mit Hilfe von Beispielen veranschaulichen. Wenn ich aus einem traumlosen Schlaf erwache, dann gelange ich in einen Zustand des Bewußtseins – ein Zustand, der so lange anhält, wie ich wach bin. Wenn ich einschlafe oder eine Vollnarkose bekomme oder sterbe, dann hören meine Bewußtseinszustände auf. Wenn ich im Schlaf träume, dann bin ich in einem Bewußtseinszustand, obwohl Traumformen von Bewußtsein im allgemeinen viel weniger intensiv und lebhaft sind als gewöhnliches Wach-Bewußtsein. Der Grad an Bewußtsein kann sich auch während der Zeit, in der ich wach bin, ändern, zum Beispiel von hellwach und aufnahmebereit zu schläfrig und dösig oder einfach zu gelangweilt und unaufmerksam. Manche Menschen führen ihrem Hirn chemische Substanzen zu, um veränderte Bewußtseinszustände hervorzurufen, doch auch ohne die Unterstützung der Chemie ist es möglich, im gewöhnlichen Leben verschiedene Abstufungen und Formen von Bewußtsein zu unterscheiden. Bewußtsein ist ein An/Aus-Schalter: Ein System ist entweder in einem Zustand des Bewußtseins oder nicht. Doch wenn das System in einem solchen Zustand ist, dann ist es ein Rheostat: es gibt verschiedene Grade von Bewußtsein.

Ein beinahe bedeutungsgleiches Wort für »Bewußtsein«, in meinem Sinn, ist »Gewahrsein« (awareness), aber die beiden Wörter sind meines Erachtens nicht genau bedeutungsgleich, denn »Gewahrsein« steht in einer engeren Verbindung mit Kognition, mit Wissen, als dies beim allgemeinen Begriff des Bewußtseins der Fall ist. Außerdem scheint es möglich zu sein, daß man Fälle zuläßt, in denen man einer Sache unbewußt gewahr ist (vgl. Weiskrantz u. a. 1974). Es sei hier auch hervorgehoben, daß meine Theorie des Bewußtseins bislang nichts enthält, wodurch Selbst-Bewußtsein impliziert wäre. Später (im 6. Kapitel) werde ich die Verbindung zwischen Bewußtsein und Selbst-Bewußtsein erörtern.

Einige Philosophen (z. B. Block »Two Concepts of Consciousness«) behaupten, es gebe einen Sinn des Wortes »Bewußtsein«, der keinerlei Empfindungsvermögen impliziere; in diesem Sinne des Wortes könne ein totaler Zombie »Bewußtsein« haben. Mir ist ein solcher Sinn nicht bekannt, doch wie dem auch sei, es ist jedenfalls nicht der Sinn, in dem ich dieses Wort verwende.

Bewußtseinszustände haben immer einen Inhalt. Man kann niemals einfach bloß Bewußtsein haben, vielmehr muß es – wenn jemand Bewußtsein hat – immer eine Antwort auf die Frage geben »Wovon hat er Bewußtsein? Wessen ist er sich bewußt?« Doch ist das »von« in »Bewußtsein von« nicht immer das »von« der Intentionalität. Wenn ich Bewußtsein von einem Klopfen an der Tür habe, dann ist mein Bewußtseinszustand intentional, weil er sich auf etwas jenseits seiner selbst bezieht: auf das Klopfen an der Tür. Wenn ich Bewußtsein von einem Schmerz habe, dann ist der Schmerz nicht intentional, weil er ja nichts jenseits seiner selbst repräsentiert.[1]

Das Hauptziel dieses Kapitels ist es, den Ort von Bewußtsein innerhalb unseres »wissenschaftlichen« Gesamtweltbilds zu bestimmen. Bewußtsein ist in einer Theorie des Geistes mit gutem Grund hervorzuheben, denn es ist der zentrale geistige Begriff. Auf die eine oder die andere Weise lassen sich alle anderen geistigen Begriffe – wie z. B. Intentionalität, Subjektivität, geistige Verursachung, Intelligenz usw. – nur durch ihre Beziehungen zum Bewußtsein als etwas *Geistiges* verstehen (dazu mehr im 7. Kapitel). Es mag paradox erscheinen, Bewußtsein für den zentralen geistigen Begriff zu halten, wenn man bedenkt, daß wir uns zu jedem einzelnen Zeitpunkt unseres wachen Lebens immer nur eines winzigen Bruchteils unserer Geisteszustände bewußt sind. Diesen Anschein von Paradoxie möchte ich jedoch im Verlauf dieses Buchs beseitigen. Sobald wir den Ort des Bewußtseins in unserem Gesamtweltbild bestimmt haben, können wir sehen, daß die materialistischen Theorien des Geistes, die wir im 2. Kapitel erörtert haben, genauso abgrundtief anti-wissenschaftlich sind wie der Dualismus, den sie anzugreifen meinen.

Es wird sich herausstellen, daß bei dem Versuch, die Tatsachen zu beschreiben, der Druck auf die traditionellen Kategorien und Termini fast unerträglich wird und daß sie unter dieser Belastung anfangen zusammenzubrechen. Was ich sage, wird fast selbstwidersprüchlich klingen: Einerseits werde ich behaupten, daß Bewußtsein einfach ein gewöhnliches biologisches Merkmal der Welt ist, aber ich werde auch zu zeigen versuchen, warum wir es fast buchstäblich unvorstellbar finden, daß dies der Fall sein könnte.

Die Entwicklung unseres zeitgenössischen Weltbilds begann im 17. Jahrhundert, und sie setzt sich im ausgehenden 20. Jahrhundert immer noch fort. Historisch gesehen war der Ausschluß des Bewußtseins aus dem Gegenstandsbereich der Wissenschaft durch Descartes, Galilei und andere im 17. Jahrhundert einer der Schlüssel dieser Entwicklung. Gemäß der cartesianischen Lehre schließen die eigentlichen Naturwissenschaften den »Geist« (die *res cogitans*) aus und beschäftigen sich allein mit der »Materie« (der *res extensa*). Die Trennung zwischen Geist und Körper war im 17. Jahrhundert ein nützliches heuristisches Werkzeug, durch das ein großer Teil des Fortschritts erleichtert wurde, der in den Wissenschaften stattfand. Dennoch ist diese Trennung philosophisch verfehlt und im 20. Jahrhundert war sie zu einem massiven Hindernis für das wissenschaftliche Verständnis von Bewußtsein innerhalb der natürlichen Welt geworden. Eines der Hauptziele dieses Buchs ist es, den Versuch zu unternehmen, dieses Hindernis zu beseitigen, Bewußtsein wieder als ein biologisches Phänomen wie jedes andere in den Gegenstandsbereich der Wissenschaft zurückzuführen. Um das zu tun, müssen wir eine Antwort auf die dualistischen Einwände der zeitgenössischen Cartesianer geben.

Es versteht sich von selbst, daß unser »wissenschaftliches« Weltbild außerordentlich komplex ist und all unsere allgemein anerkannten Theorien darüber umfaßt, was das Universum für ein Ort ist und wie es funktioniert. Es umfaßt, heißt das, Theorien, die von der Quantenmechanik und der Relativitätstheorie bis hin zur Theorie der Plattentektonik aus der Geologie und der DNA-Theorie der Erbübertragung reichen. Gegenwärtig umfaßt es den Glauben an Schwarze Löcher, die Keim-Theorie der Krankheit und die heliozentrische Theorie des Sonnensystems. Einige Bestandteile dieses Weltbilds sind sehr vorläufig, andere sind gut bestätigt. Wenigstens zwei darunter sind derart grundlegend und gut bestätigt, daß es für einen einigermaßen gebildeten Zeitgenossen keine Alternative gibt; ja, diese beiden sind weitgehend konstitutiv für das moderne Weltbild. Und zwar sind dies die Atomtheorie der Materie und die Evolutionstheorie der Biologie. Natürlich könnten sie, wie jede andere Theorie auch, durch weitere Forschung widerlegt werden; aber gegenwärtig spricht so überwältigend vieles für sie, daß sie nicht einfach zur Disposition stehen. Wenn wir Bewußtsein innerhalb unseres Weltverständnisses ansiedeln wollen, dann müssen wir dies im Hinblick auf diese beiden Theorien tun.

Der Atomtheorie der Materie zufolge besteht das Universum vollständig aus außerordentlich kleinen physischen Phänomenen, die wir der Bequemlichkeit halber (wenn auch nicht völlig exakt) als »Teilchen« bezeichnen. Alle großen und mittelgroßen Entitäten in der Welt – wie z. B. Planeten, Milchstraßen, Autos und Mäntel – bestehen aus kleineren Entitäten, die selbst wiederum aus noch kleineren Entitäten bestehen, bis wir schließlich die Stufe der Moleküle erreichen, die sich wiederum aus Atomen zusammensetzen, die sich ihrerseits aus subatomaren Teilchen zusammensetzen. Beispiele für Teilchen sind Elektronen, Wasserstoffatome und Wassermoleküle. Wie diese Beispiele veranschaulichen, bestehen größere Teilchen aus kleineren Teilchen; und hinsichtlich der allerkleinsten Teilchen gibt es noch viel Ungewißheit und Streit. Das Wort »Teilchen« benutzen wir aus mindestens zwei Gründen nur ungern. Erstens scheint es korrekter zu sein, die grundlegenderen Entitäten als Masse/Energie-Punkte zu beschreiben denn als räumlich ausgedehnte Entitäten. Zweitens – und das ist grundlegender – besagt die Quantenmechanik, daß sich »Teilchen« wie z. B. die Elektronen mehr als Wellen denn als Teilchen verhalten, solange sie nicht gemessen oder in irgendeiner Weise gestört werden. Dennoch werde ich der Bequemlichkeit halber bei dem Wort »Teilchen« bleiben.

Teilchen sind, wie unsere obigen Beispiele illustriert haben, in größeren *Systemen* organisiert. Es wäre eine knifflige Aufgabe, den Begriff des Systems zu definieren, doch die einfache intuitive Idee ist, daß Systeme Ansammlungen von Teilchen sind, deren raumzeitliche Begrenzungen durch Kausalbeziehungen bestimmt sind. So ist ein Regentropfen ein System, aber auch ein Gletscher. Säuglinge, Elefanten und Bergketten sind ebenfalls Systeme. Aus diesen Beispielen sollte deutlich geworden sein, daß Systeme Teilsysteme enthalten können.

Für den Erklärungsapparat der Atomtheorie ist nicht nur die Idee wesentlich, daß große Systeme aus kleinen bestehen, sondern auch, daß viele Eigenschaften der großen durch das Verhalten der kleinen *kausal erklärt* werden können. Durch diese Konzeption von Erklärung ist es möglich – ja, sogar erforderlich –, daß viele Arten von Makrophänomenen durch Mikrophänomene expliziert werden können. Und das hat wiederum zur Folge, daß es für ein und dasselbe Phänomen verschiedene Erklärungsebenen gibt, je nachdem, ob wir von links nach rechts (also von Makro zu Makro, bzw. von Mikro zu Mikro) oder ob wir von unten nach oben (also von Mikro zu Makro) gehen. Diese Ebenen lassen sich mit einem einfachen Beispiel veranschaulichen. Angenommen, ich möchte erklären, warum das Wasser in diesem Topf kocht. Eine Erklärung (eine links/rechts Makro/Makro-Erklärung) wäre zum Beispiel, daß ich den Topf auf den Herd gestellt und die Heizplatte unter dem Topf angedreht habe. Ich nenne diese Erklärung »links/rechts«, weil sie ein früheres Ereignis zur Erklärung eines späteren erwähnt[2], und ich nenne sie »Makro/Makro«, weil sowohl das Explanans, als auch das Explanandum sich auf der Makro-Ebene befinden. Eine andere Erklärung (vom Typ unten/oben Mikro/Makro) wäre, daß das Wasser deshalb kocht, weil die kinetische Energie, die den $H_2O$-Molekülen durch die Oxydation des Kohlenwasserstoffs übertragen wurde, bewirkt hat, daß sie sich so schnell bewegen, daß der Innendruck der Molekülbewegungen gleich dem Außendruck der Luft ist, wobei letzterer Druck durch die Bewegung der Moleküle erklärt wird, aus denen die Luft außen zusammengesetzt ist. Ich nenne diese Erklärung »unten/oben Mikro/Makro«, weil sie die Eigenschaften und das Verhalten von Oberflächen- oder Makro-Phänomenen durch Mikro-Phänomene niedrigerer Stufe erklärt.

Das soll nicht heißen, daß dies die einzigen möglichen Erklärungsebenen seien. Auch gibt es links/rechts Mikro/Mikro-Erklärungen, und weitere Unterteilungen lassen sich sowohl auf der Mikro- als auch auf der Makro-Ebene machen.

Dies ist demnach eine der Hauptlehren, die man aus der Atomtheorie ziehen kann: Viele Eigenschaften von großen Dingen werden durch das Verhalten von kleinen Dingen erklärt. Die Keimtheorie der Krankheit und die DNA-Theorie der Erbübertragung halten wir deshalb für so bedeutende Errungenschaften, weil sie zu diesem Modell passen. Wenn jemand Krankheiten mit Rückgriff auf Planetenbewegungen erklären könnte, so würden wir seine Erklärung auch dann nicht als vollständig akzeptieren, wenn sie sogar in der Diagnostik und Therapie erfolgreich wäre, bevor wir nicht verstünden, wie die Makro-Ursachen und Makro-Wirkungen auf der Ebene der Planeten und Krankheitssymptome in unten/ oben Mikro-Makro-Kausalstrukturen verankert sind.

Fügen wir diesen Elementarbegriffen der Atomtheorie nun noch die Prinzipien der Evolutionsbiologie hinzu. Über lange Zeiträume hinweg bilden sich *Typen* von lebenden Systemen auf sehr besondere Weisen heraus. Auf unserer kleinen Erde enthalten die fraglichen Systemtypen ausnahmslos Moleküle auf einer Kohlenstoffbasis, und sie machen ausgiebig von Wasserstoff, Stickstoff und Sauerstoff Gebrauch. Wie sie sich herausbilden, das ist eine komplizierte Angelegenheit, doch das grundlegende Verfahren ist dies: Einzelne Exemplare der Typen bewirken, daß ähnliche Exemplare entstehen. Mithin setzt sich der Typ oder das Muster, das die ursprünglichen Exemplare exemplifiziert, auch nach ihrer Zerstörung in anderen Exemplaren fort und wird auch immer weiter wiederholt, solange nachfolgende Generationen wiederum weitere Exemplare produzieren. Verändern sich Oberflächeneigenschaften (die Phänotypen) der Exemplare, dann steigen oder sinken damit ihre Überlebenschancen – je nachdem, wie die Umgebung beschaffen ist. Diejenigen Exemplare, die relativ zu ihrer Umgebung eine größere Überlebenswahrscheinlichkeit haben, können also mit größerer Wahrscheinlichkeit weitere Exemplare produzieren, die so sind, wie sie selbst: Exemplare mit demselben Genotyp. So geht die Evolution des Typs vonstatten.

Zum intellektuellen Reiz der durch Mendelsche Gesetze und DNA-Genetik gestützten Evolutionstheorie gehört auch, daß sie so gut mit dem Erklärungsmodell zusammenpaßt, das wir aus der Atomtheorie abgeleitet haben. Insbesondere erlaubt uns die Verankerung der genetischen Mechanismen in der Molekularbiologie, bei der Erklärung biologischer Phänomene unterschiedliche Ebenen zu unterscheiden, die den Erklärungsebenen entsprechen, die wir für physikalische Phänomene haben. In der Evolutionsbiologie gibt es bezeichnenderweise zwei Erklärungsebenen: eine »funktionale« Ebene, auf der wir das Überleben von Arten durch »die Gesamteignung« erklären, die von den phänotypischen Eigenschaften der Exemplare der jeweiligen Art abhängt, und eine »kausale« Ebene, auf der wir die Kausalmechanismen erklären, durch die jene Eigenschaften den Organismus zu seiner Umgebung in Beziehung setzen. Dies läßt sich mit einem einfachen Beispiel veranschaulichen. Warum drehen Grünpflanzen ihre Blätter in Richtung der Sonne? Die funktionale Antwort lautet[3]: Diese Eigenschaft hat einen Überlebenswert. Sie erhöht die Fähigkeit der Pflanze zur Photosynthese und damit auch zum Überleben und zur Fortpflanzung. Die Pflanze dreht sich nicht zur Sonne, um zu überleben; vielmehr hat sie eine Überlebenstendenz, weil sie ohnehin dazu prädisponiert ist, sich zur Sonne hin zu drehen. Die Kausalerklärung: Die biochemische Struktur der Pflanze, die durch ihre genetische Ausstattung bestimmt ist, bewirkt, daß sie das Wachstumshormon Auxin absondert, und die unterschiedlichen Auxin-Konzentrationen bewirken wiederum, daß die Blätter sich in Richtung auf die Sonne drehen.

Bringt man diese beiden Erklärungsebenen zusammen, kommt man zu folgendem Ergebnis: Weil der Phänotyp, der durch die Interaktion von Genotyp und Umgebung erzeugt wird, relativ zu der Umgebung Überlebenswert hat, überlebt der Genotyp und pflanzt sich fort. Von dieser Art sind – überaus kurz gefaßt – die Mechanismen der natürlichen Auslese.

Die Produkte des Evolutionsprozesses – die Organismen – bestehen aus Subsystemen, »Zellen« genannt, und einige Organismen entwickeln Nervenzellen-Subsysteme, die wir als »Nervensysteme« bezeichnen. Einige außerordentlich komplexe Nervensysteme sind weiterhin – und das ist der springende Punkt – in der Lage, Bewußtseinszustände zu verursachen und aufrechtzuerhalten. Insbesondere gewisse große Ansammlungen von Nervenzellen (nämlich Hirne) verursachen Bewußtseinszustände und erhalten sie aufrecht. Die Details der Verursachung von Bewußtsein durch Hirne kennen wir nicht, doch wissen wir ganz genau, daß dies im menschlichen Hirn stattfindet, und wir haben überwältigende Anhaltspunkte dafür, daß dies auch im Hirn vieler Tiere verschiedener Arten stattfindet (Griffin 1981). Gegenwärtig wissen wir nicht, wie weit das Bewußtsein auf der Stufenleiter der Evolution nach unten reicht.

Unserem Weltbild liegt die Idee zugrunde, daß Menschen und andere höhere Tiere Teil der biologischen Ordnung sind wie jeder andere Organismus auch. Der Mensch ist Teil der Natur. Doch wenn dem so ist, dann sind die besonderen biologischen Charakteristika dieses Lebewesens – wie z. B. sein reiches Bewußtseinssystem, seine größere Intelligenz, seine Sprachfähigkeit, seine Fähigkeit zu außerordentlich feiner Wahrnehmungsdifferenzierung, seine Befähigung zu rationalem Denken, usw. – biologische Phänomene wie alle anderen biologischen Phänomene auch. Außerdem gehören all diese Merkmale zum Phänotyp. Sie sind das Ergebnis der biologischen Evolution genau wie jedes andere Merkmal des Phänotyps. *Bewußtsein ist, kurz gesagt, ein biologisches Merkmal des Menschenhirns und des Hirns gewisser anderer Lebewesen. Es wird durch neurobiologische Vorgänge verursacht und ist ein Bestandteil der natürlichen biologischen Ordnung wie jedes andere biologische Merkmal (Photosynthese, Verdauung, Mitose).* Dieses Prinzip ist der erste Schritt, wenn es darum geht zu verstehen, wo das Bewußtsein innerhalb unseres Weltbild anzusiedeln ist.[4] Die These, die ich bis zu dieser Stelle in diesem Kapitel entwickelt habe, lautet: Sobald man berücksichtigt, daß Atomtheorie und Evolutionstheorie für unser heutiges wissenschaftliches Weltbild zentral sind, begreift man das Bewußtsein ganz selbstverständlich als ein aus der Evolution hervorgegangenes phänotypisches Merkmal von gewissen Organismen mit hochentwickelten Nervensystemen. In diesem Kapitel geht es mir nicht darum, dieses Weltbild zu verteidigen. Tatsächlich gibt es ja eine Reihe von Denkern, deren Ansichten ich respektiere (insbesondere ist hier Wittgenstein zu nennen), die dieses Weltbild abstoßend, erniedrigend und ekelhaft finden. Sie meinen, daß darin kein Platz – oder bestenfalls nur ein untergeordneter Platz – für Religion, Kunst, Mystizismus und die »geistigen« Werte im allgemeinen sei. Doch ob es uns nun gefällt oder nicht, es ist nun einmal das Weltbild, das wir haben. Angesichts dessen, was wir über die Einzelheiten der Welt wissen – über

Dinge wie die Position der Elemente im Periodensystem, die Anzahl der Chromosomen in den Zellen verschiedener Arten und das Wesen der chemischen Verbindung –, haben wir hier gar keine Wahl. Dieses Weltbild ist nicht eines unter vielen, die miteinander in Konkurrenz stehen und von denen man sich nun nach Gusto eines aussuchen könnte. Unser Problem besteht nicht darin, daß es uns irgendwie noch nicht gelungen ist, einen überzeugenden Gottesbeweis zu entwickeln oder daß die Hypothese von einem Leben nach dem Tod noch immer erheblichem Zweifel unterworfen ist. Unser Problem besteht vielmehr darin, daß wir derlei Ansichten gar nicht ernstnehmen können, wenn wir wirklich tief nachdenken. Wenn wir Menschen begegnen, die behaupten, sie glaubten solche Dinge, dann mag es sein, daß wir sie um den Trost und die Sicherheit beneiden, die sie aus diesen Überzeugungen zu gewinnen behaupten. Doch letzten Endes sind wir fest davon überzeugt, daß sie entweder nicht auf dem laufenden oder das Opfer ihres Glaubens sind. Wir sind fest davon überzeugt, daß solche Menschen in ihrem Geist irgendwie zwei getrennte Abteilungen haben müssen, damit sie solche Dinge glauben können. Als ich in Indien Vorlesungen über das Leib/Seele-Problem hielt, versicherten mir einige meiner Zuhörer, daß meine Auffassungen nicht stimmen könnten, weil sie ja persönlich in einem früheren Leben als Frosch oder als Elefant existiert hätten. Daraufhin dachte ich nun nicht: »Aha, das sind Hinweise auf ein alternatives Weltbild« oder: »Wer weiß, vielleicht haben sie ja recht«. Und meine Unempfänglichkeit war weit mehr als bloßer Kulturprovinzialismus: Angesichts dessen, was ich darüber weiß, wie die Welt funktioniert, konnte ich es nicht ernsthaft in Betracht ziehen, daß derartige Auffassungen wahr sind.

Sobald man unser Weltbild akzeptiert, steht der Anerkennung von Bewußtsein als einem biologischen Merkmal von Organismen nur noch ein Hindernis entgegen: die veraltete dualistische/materialistische Annahme, der »geistige« Charakter des Bewußtseins mache es ihm unmöglich, eine »physische« Eigenschaft zu sein.

Ich habe Bewußtsein nur im Hinblick auf Lebewesen mit einer Kohlenstoffbasis erörtert, wie wir sie hier auf unserer Erde haben; aber wir können natürlich die Möglichkeit nicht ausschließen, daß sich auch auf anderen Planeten in anderen Sonnensystemen in anderen Regionen des Universums Bewußtsein herausgebildet hat. Schon allein angesichts der Größe des Universums wäre es statistisch gesehen überraschend, wenn wir darin die einzigen wären, die Bewußtsein haben. Weiterhin möchten wir die Möglichkeit nicht ausschließen, daß sich Bewußtsein auch in Systemen herausgebildet hat, die keine Kohlenstoffbasis haben, sondern denen eine gänzlich andersartige Chemie zugrunde liegt. Nach allem, was wir derzeit wissen, mag der Herausbildung von Bewußtsein in Systemen, die aus anderen Elementen bestehen, theoretisch kein Hindernis entgegenstehen. Zwar sind wir derzeit weit davon entfernt, über eine adäquate Theorie der Neurophysiologie des Bewußtseins zu verfügen, doch müssen wir uns bis dahin für die Möglichkeit anderer chemischer Grundlagen des Bewußtseins offenhalten. Ich persönlich würde übrigens darauf tippen, daß die Neurophysiologie des Bewußtseins sich als wenigstens so eingeschränkt erweisen wird wie z. B. die Biochemie der Verdauung. Es gibt verschiedene Formen von Verdauung, aber nicht alles kann von allem verdaut werden. Und entsprechend, so scheint mir, wird sich vermutlich herausstellen, daß es zwar biochemisch unterschiedliche Formen von Bewußtsein geben mag, daß aber trotzdem nicht alles möglich ist.

Weiterhin wäre es – da Bewußtsein ja zur Gänze durch das Verhalten biologischer Phänomene niedriger Stufe verursacht ist – im Prinzip möglich, Bewußtsein künstlich zu erzeugen, indem man ein Duplikat der Kausalkräfte des Hirns in einer Laborsituation herstellt. Wir wissen, daß viele biologische Phänomene künstlich geschaffen worden sind. Wir können gewisse organische Verbindungen synthetisieren, wir können sogar gewisse biologische Vorgänge (wie die Photosynthese) künstlich herstellen. Wenn wir die Photosynthese künstlich herstellen können, warum sollte das dann mit dem Bewußtsein nicht gehen? Im Falle der Photosynthese hat man die künstliche Form des Phänomens dadurch hergestellt, daß man Duplikate der chemischen Vorgänge tatsächlich im Labor entwickelt hat. Wollte man Bewußtsein künstlich herstellen, dann wäre es dementsprechend das Naheliegendste, den Versuch zu unternehmen, Duplikate der tatsächlichen neurobiologischen Basis zu entwickeln, die das Bewußtsein in Organismen wie uns selbst hat. Weil wir gegenwärtig nicht genau wissen, worin diese neurobiologische Basis besteht, sind die Aussichten für solcherlei »Künstliche Intelligenz« sehr gering. Weiterhin ist es, wie ich schon früher angedeutet habe, vielleicht möglich, Bewußtsein unter Verwendung einer gänzlich anderen Art von Chemie als derjenigen herzustellen, die unser Hirn tatsächlich verwendet. Es gibt allerdings eine Sache, die wir schon vor Beginn einer solchen Untersuchung wissen: *Jedes beliebige System, das dazu in der Lage ist, Bewußtsein zu verursachen, muß dazu in der Lage sein, ein Duplikat der Kausalkräfte des Hirns zu sein.* Wenn es beispielsweise mit Silizium-Chips anstelle der Neuronen gelingt, dann muß dies daran liegen, daß die Chemie der Silizium-Chips dazu taugt, Duplikate der speziellen Kausalkräfte von Neuronen bei der Bewußtseinsverursachung hervorzubringen. Aus der Tatsache, daß Hirne Bewußtsein verursachen, ergibt sich als triviale logische Folgerung, daß jedes andere System, das dazu in der Lage ist, Bewußtsein mittels vollständig anderer Mechanismen zu verursachen, dennoch zumindest über Kräfte verfügen müßte, die denen der Bewußtseinsverursachung des Hirns gleichwertig sind. (Zum Vergleich: Flugzeuge haben keine Federn, um zu fliegen, aber sie müssen mit Vögeln folgende Gemeinsamkeit haben: das Kausalvermögen, die Gravitationskraft in der Erdatmosphäre zu überwinden.)

Ich fasse zusammen: Unser Weltbild, das zwar in seinen Einzelheiten außerordentlich kompliziert ist, stellt für die Existenzweise des Bewußtseins dennoch eine ziemlich einfache Erklärung zur Verfügung. Gemäß der Atomtheorie besteht die Welt aus Teilchen. Diese Teilchen sind in Systemen organisiert. Einige dieser Systeme leben, und Systeme von dieser Art haben sich über lange Zeiträume hinweg herausgebildet. Unter ihnen befinden sich manche, die Hirne herausgebildet haben, die dazu in der Lage sind, Bewußtsein zu verursachen und aufrechtzuerhalten. Bewußtsein ist mithin ein biologisches Merkmal gewisser Organismen in genau demselben Sinn von »biologisch«, in dem Photosynthese, Mitose, Verdauung und Fortpflanzung biologische Merkmale von Organismen sind.

Ich habe mich bemüht, die Stellung des Bewußtseins in unserem Gesamtweltbild in sehr einfacher Weise zu beschreiben, weil ich möchte, daß meine Darstellung absolut selbstverständlich wirkt. Jeder, der auch nur ein Fünkchen »wissenschaftlicher« Bildung nach ca. 1920 mitbekommen hat, sollte in dem, was ich gerade gesagt habe, nichts finden, was gewagt oder umstritten ist. Es verdient, erwähnt zu werden, daß in dieser Darstellung von den cartesianischen Kategorien keinerlei Gebrauch gemacht wurde. Von Dualismus, Monismus, Materialismus oder sonst irgend etwas dieser Art war nicht die Rede. Genausowenig stellte sich hier die Frage, wie das Bewußtsein sich »naturalisieren« läßt; es ist schon völlig natürlich. Um es zu wiederholen: Bewußtsein ist ein natürliches biologisches Phänomen. Im 17. Jahrhundert war es eine nützliche heuristische Maßnahme, das Bewußtsein aus der natürlichen Welt auszuschließen, denn dadurch waren die Wissenschaftler in der Lage, sich auf Phänomene zu konzentrieren, die meßbar, objektiv und bedeutungslos (d. h. frei von Intentionalität) waren. Doch dieser Ausschluß beruhte auf einer falschen Meinung – und zwar der, daß Bewußtsein der natürlichen Welt nicht angehört. Genau diese falsche Meinung hat uns mehr als irgend etwas sonst – stärker sogar als die schiere Schwierigkeit, Bewußtsein mit dem uns verfügbaren wissenschaftlichen Werkzeug zu untersuchen – daran gehindert, zu einem Verständnis des Bewußtseins zu gelangen.

## II. Subjektivität

Bewußte Geisteszustände und Geistesvorgange haben ein besonderes Merkmal, das andere Naturphänomene nicht besitzen: Subjektivität. Gerade an diesem Merkmal liegt es, daß Bewußtsein sich gegenüber den konventionellen Methoden der biologischen und psychologischen Forschung als so widerspenstig erweist und für die philosophische Analyse als so höchst rätselhaft. »Subjektivität« hat verschiedene Bedeutungen, von denen keine völlig klar ist, und so muß ich wenigstens im Ansatz verdeutlichen, in welchem Sinn Bewußtsein – wie ich behaupte – subjektiv ist.

Oft sprechen wir davon, ein Urteil sei »subjektiv«, wenn wir damit sagen wollen, daß sich seine Wahrheit bzw. Falschheit nicht »objektiv« entscheiden läßt, weil die Wahrheit bzw. Falschheit keine einfache Tatsachenfrage ist, sondern von gewissen Einstellungen, Gefühlen und Standpunkten des Urteilenden und seiner Hörer abhängt. Ein Beispiel für ein solches Urteil ist vielleicht: »Van Gogh ist ein größerer Künstler als Matisse.« In diesem Sinn von »Subjektivität« stellen wir solcherlei subjektive Urteile in Kontrast zu völlig objektiven Urteilen wie »Matisse lebte 1917 in Nizza«. Bei derlei objektiven Urteilen können wir ermitteln, was für Tatsachen in der Welt sie wahr oder falsch machen – unabhängig davon, welche Einstellungen oder Gefühle irgendwer ihnen gegenüber hat.

Dieser Sinn, in dem wir von »subjektiven« und »objektiven« Urteilen sprechen, ist nicht der Sinn, in dem ich davon spreche, daß das Bewußtsein subjektiv ist. In dem Sinn, in dem ich diesen Ausdruck hier verwende, bezieht sich »subjektiv« auf eine ontologische Kategorie, nicht auf einen erkenntnistheoretischen Modus. Betrachten wir beispielsweise die Feststellung »Ich habe jetzt einen Schmerz im unteren Rücken«. Diese Feststellung ist vollständig objektiv in dem Sinn, daß sie durch die Existenz einer wirklichen Tatsache wahr gemacht wird, die nicht von dem Standpunkt, den Einstellungen oder Meinungen irgendwelcher Beobachter abhängt. Dennoch hat das Phänomen selbst – der tatsächliche Schmerz selbst – eine subjektive Existenzweise, und genau dies ist der Sinn, in dem ich davon spreche, daß das Bewußtsein subjektiv ist.

Was können wir außerdem noch über diese subjektive Existenzweise sagen? Nun, zunächst einmal ist es wesentlich, daß der Schmerz aufgrund seiner Subjektivität nicht jedem Beobachter gleichermaßen zugänglich ist. Seine Existenz, so könnten wir sagen, ist eine Erste-Person-Existenz. Damit es ein Schmerz ist, muß es *jemandes* Schmerz sein; und dies in einem viel stärkeren Sinn als dem, in dem beispielsweise ein Bein jemandes Bein sein muß. Beintransplantationen sind möglich; Schmerztransplantationen sind es, in diesem Sinn, nicht. Und das gilt auch für Bewußtseinszustände im allgemeinen. Jeder Bewußtseinszustand ist *jemandes* Bewußtseinszustand. Und gerade so, wie ich in einer besonderen Beziehung zu meinen Bewußtseinszuständen stehe, die nicht so ist wie meine Beziehung zu den Bewußtseinszuständen anderer Menschen, so stehen auch die anderen Menschen wiederum in einer Beziehung zu ihren Bewußtseinszuständen, die nicht so ist wie meine Beziehung zu ihren Bewußtseinszuständen.[5] Subjektivität hat die weitere Konsequenz, daß alle Formen meiner bewußten Intentionalität, die mir Information über die von mir unabhängige Welt geben, immer von einem besonderen Standpunkt aus stattfinden. Die Welt selbst hat keinen Standpunkt, doch mein Zugang zur Welt mittels meiner Bewußtseinszustände ist immer perspektivisch, geschieht immer von meinem Standpunkt.

Man kann nicht genug betonen, wie verheerend es sich auf die Philosophie und Psychologie des vergangenen halben Jahrhunderts ausgewirkt hat, daß man mit der Subjektivität des Bewußtseins nicht zurechtkam. Die Tatsache, daß die Ontologie des Geistes eine Ontologie der ersten Person ist, wurde beständig übersehen; und dies trug – in einer Weise, die sich oberflächlicher Betrachtung nicht erschließt – ganz erheblich zu dem Bankrott der meisten Arbeit im Bereich der Philosophie des Geistes und zu der Sterilität der akademischen Psychologie der vergangenen fünfzig Jahre, während meines gesamten intellektuellen Lebens, bei. Es hat sehr tiefe Gründe (und viele darunter sind in unsere unbewußte Geschichte eingebettet), daß es uns so schwerfällt (ja, vielleicht sogar unmöglich ist), die Idee zu akzeptieren, daß die wirkliche Welt – die Welt, die in der Physik, der Chemie und der Biologie beschrieben wird – ein unbeseitigbar subjektives Element enthält. Wie könnte das zugehen? Wie sollte es uns möglich sein, zu einem kohärenten Weltbild zu gelangen, wenn die Welt diese geheimnisvollen bewußten Entitäten enthält? Und doch wissen wir alle, daß wir über den größten Teil unseres Lebens hinweg bei Bewußtsein sind und daß dies auch für die anderen Menschen in unserer Umgebung gilt. Und in Wirklichkeit haben wir keinerlei Zweifel daran, daß Hunde, Katzen, Affen und kleine Kinder Bewußtsein haben und daß ihr Bewußtsein gerade so subjektiv ist wie unser eigenes – solchen Zweifel hegen wir höchstens dann, wenn wir durch schlechte Philosophie oder gewisse Formen der akademischen Psychologie verdorben sind.

Versuchen wir also, etwas detaillierter das Weltbild zu beschreiben, das Subjektivität als einen Felsgrund-Bestandteil enthält; und versuchen wir dann, einige von den Schwierigkeiten zu beschreiben, die wir mit diesem Weltbild haben. Wenn wir uns die Welt als aus Teilchen bestehend denken, und diese Teilchen als in Systemen organisiert, und einige dieser Systeme als biologische Systeme, und einige dieser biologischen Systeme als solche mit Bewußtsein, und Bewußtsein als etwas wesentlich Subjektives – was sollen wir uns dann eigentlich vorstellen, wenn man uns auffordert, uns die Subjektivität des Bewußtseins vorzustellen? Schließlich waren doch all die anderen Dinge, die wir uns vorgestellt haben – Teilchen, Systeme, Organismen usw. –, vollständig objektiv. Folglich sind sie allen kompetenten Beobachtern gleichermaßen zugänglich. Was also sollen wir uns vorstellen, wenn nun in diesen metaphysischen Topf etwas irreduzibel Subjektives geworfen wird?

Tatsächlich ist das, was wir uns da »vorstellen« sollen, einfach die Welt, um deren Existenz wir wissen. Ich weiß beispielsweise, daß ich jetzt bei Bewußtsein bin und daß mein gegenwärtiger Bewußtseinszustand die Subjektivität hat, von der ich gerade gesprochen habe, und ich weiß, daß sehr viele andere Organismen wie ich in ähnlicher Weise bei Bewußtsein sind und ähnliche subjektive Zustände haben. Weshalb sieht es dann aber so aus, als ob ich meine Leser aufforderte, sich etwas Schwieriges oder irgendwie Kontraintuitives vorzustellen – während ich doch nichts anderes tue, als an Tatsachen zu erinnern, die sich die ganze Zeit unmittelbar vor unseren Augen abspielen. Die Antwort hat zum Teil – aber nur zum Teil – damit zu tun, daß ich im vorigen Absatz das Wort »Beobachter« in ziemlich naiver Weise ins Spiel gebracht habe. Wenn wir aufgefordert werden, uns ein Welt-Bild *zu machen oder eine Welt-Sicht* zu entwerfen, dann tun wir dies nach dem Vorbild der Gesichtswahrnehmung. Wir neigen dann dazu, uns buchstäblich ein Vorstellungsbild der Realität zu machen, in dem sehr kleine Materiestückchen, »die Teilchen«, zu sehen sind, die wir uns dann in Systemen organisiert vorstellen, und auch die haben wiederum sichtbare Merkmale. Doch wenn wir uns mit diesem inneren Auge die Welt bildlich vorstellen, dann können wir kein Bewußtsein sehen. In der Tat, nichts anderes als die Subjektivität des Bewußtseins selbst macht es in der entscheidenden Weise unsichtbar. *Wenn wir versuchen, ein Bild des Bewußtseins einer anderen Person zu zeichnen, dann zeichnen wir schließlich die andere Person* (vielleicht mit einem Ballon, der aus ihrem Kopf herauswächst). *Wenn wir versuchen, unser eigenes Bewußtsein zu zeichnen, dann zeichnen wir schließlich das, dessen wir uns bewußt sind*. Wenn Bewußtsein die Felsgrundlage unseres Erkenntniszugangs zur Realität ist, dann können wir auf diesem Weg nicht zur Realität des Bewußtseins gelangen. (Anders gesagt: An die Realität des Bewußtseins kommen wir nicht auf dem Weg heran, auf dem wir – mit Hilfe des Bewußtseins – an die Realität anderer Phänomene herankommen.)

Es ist wichtig, hier sehr langsam vorzugehen und nicht in der üblichen Art voranzueilen, deshalb möchte ich das jetzt Schritt für Schritt im Schneckentempo durchgehen. Wenn ich versuche, das Bewußtsein von jemand anderem zu beobachten, dann beobachte ich nicht seine Subjektivität, sondern einfach sein bewußtes Verhalten, seine Struktur und die Kausalbeziehungen zwischen Verhalten und Struktur. Weiterhin beobachte ich die Kausalbeziehungen zwischen der Struktur und dem Verhalten einerseits und der Umgebung, die ihn beeinflußt und die er beeinflußt, andererseits. Es gibt somit keine Möglichkeit für mich, jemandes andern Bewußtsein als solches zu beobachten. Was ich vielmehr beobachte, das ist er und sein Verhalten sowie die Beziehungen zwischen ihm, dem Verhalten, der Struktur und der Umgebung. Nun, wie steht es mit meinen eigenen inneren Vorgängen? Kann ich sie denn nicht beobachten? Die Tatsache der Subjektivität selbst, die wir zu beobachten versuchten, macht eine solche Beobachtung unmöglich. Warum? Weil es – wo es um bewußte Subjektivität geht – keinen Unterschied gibt zwischen Beobachtung und Beobachtetem, zwischen Wahrnehmung und Wahrgenommenem. Das Modell der Gesichtswahrnehmung funktioniert unter der Voraussetzung, daß es eine Unterscheidung gibt zwischen dem Gesehenen und dem Sehen. Doch bei der »Introspektion« gibt es einfach keine Möglichkeit, diese Trennung vorzunehmen. Jede Introspektion meines Bewußtseinszustands ist selbst dieser Bewußtseinsvorgang. Das heißt nicht, daß meine bewußten geistigen Phänomene nicht viele Stufungen und Erscheinungsformen aufweisen – später werden wir Gelegenheit haben, einige davon zu untersuchen –, es heißt einfach, daß das Standardmodell der Beobachtung auf bewußte Subjektivität einfach nicht paßt. Es paßt nicht auf den Fall des Bewußtseins anderer Menschen, und es paßt auch nicht auf den eigenen Fall. Aus diesem Grund war die Idee von Anfang an zum Scheitern verurteilt, es könne eine Sondermethode zur Untersuchung des Bewußtseins geben (die »Introspektion«), die eine Art innerer Beobachtung sein sollte; und so überrascht es nicht, daß die Introspektionspsychologie sich als bankrott erwiesen hat.

Es fällt uns nicht bloß deshalb schwer, mit Subjektivität zurechtzukommen, weil wir in einer Ideologie erzogen worden sind, derzufolge die Realität letztlich völlig objektiv sein muß, sondern auch deshalb, weil unsere Idee einer objektiv beobachtbaren Realität den Begriff der Beobachtung voraussetzt – Beobachtung ist jedoch selbst unbeseitigbar subjektiv und kann nicht in der Weise zum Gegenstand der Beobachtung gemacht werden, wie dies mit objektiv existierenden Gegenständen und Sachverhalten in der

Welt geht. Es gibt für uns, kurz gesagt, keine Möglichkeit, Subjektivität als Bestandteil unseres Weltbilds abzubilden, weil die Subjektivität, um die es geht, sozusagen das Abbilden ist. Die Lösung besteht nicht darin, daß man nun versucht, eine besondere Weise des Abbildens zu entwickeln (eine Art Super-Introspektion); vielmehr besteht sie darin, daß man an diesem Punkt das Abbilden selbst abbricht und einfach die Tatsachen anerkennt. Es ist eine Tatsache, daß biologische Vorgänge bewußte Geistesphänomene erzeugen und daß diese irreduzibel subjektiv sind.

Philosophen haben eine weitere Metapher zur Beschreibung gewisser Subjektivitätsmerkmale erfunden, die mir noch verwirrter vorkommt als die gewöhnliche Introspektionsmetapher, und zwar die des »privilegierten Zugangs«. Anstelle der *visuellen* Introspektionsmetapher wird uns die *räumliche* Metapher des privilegierten Zugangs angeboten, ein Modell, durch das nahegelegt wird, das Bewußtsein sei wie ein privates Zimmer, in das einzutreten nur uns selbst gestattet ist. Nur ich kann in den Raum meines eigenen Bewußtseins gehen. Doch diese Metapher funktioniert auch nicht, denn damit es etwas gibt, zu dem ich privilegierten Zugang habe, müßte ich mich von dem Raum unterscheiden, in den ich eintrete. Doch gerade so, wie die Introspektionsmetapher zusammenbrach, weil das einzig Beobachtete das Beobachten selbst war, bricht auch die Metapher eines privaten inneren Raums zusammen, wenn wir einsehen, daß es nichts von der Art eines von mir betretbaren Raumes gibt, weil ich die notwendigen Unterscheidungen zwischen den drei folgenden Bestandteilen nicht machen kann: mir selbst, dem Vorgang des Eintretens und dem Raum, in dem ich eintreten soll.

Diese Beobachtungen könnten wir vielleicht mit der Formulierung zusammenfassen, daß unser modernes Modell der Realität und ihrer Beziehung zur Beobachtung für das Phänomen der Subjektivität keinen Platz hat. In diesem Modell beobachten objektive (»objektiv« im erkenntnistheoretischen Sinn) Beobachter eine (im ontologischen Sinn) objektiv existierende Realität. Es gibt aber in diesem Modell keine Möglichkeit, den Akt des Beobachtens selbst zu beobachten. Denn der Beobachtungsakt ist der (im ontologischen Sinn) subjektive Zugang zur objektiven Realität. Zwar kann ich ohne weiteres eine andere Person beobachten, ich kann aber nicht ihre *Subjektivität* beobachten. Und was noch schlimmer ist: Ich kann meine eigene Subjektivität nicht *beob-*

*achten*, denn jedwede Beobachtung, die ich zu machen mich bemühen mag, ist selbst dasjenige, was beobachtet werden sollte. Die gesamte Idee des Vorhandenseins einer Realitätsbeobachtung ist genau die Idee (ontologisch) subjektiver Repräsentation der Realität. Die Ontologie der Beobachtung ist – im Gegensatz zu ihrer Erkenntnistheorie – genau die Ontologie der Subjektivität. Beobachtung ist immer jemandes Beobachtung; sie ist im allgemeinen bewußt; sie findet immer von einem Standpunkt aus statt; sie hat eine subjektive Empfindungsqualität und so weiter.

Ich möchte deutlich machen, was ich damit sage und was ich damit nicht sage. Ich will hier nicht auf die alte, konfuse Behauptung hinaus, beim Studium der Subjektivität sei ein selbstbezügliches Paradox im Spiel. Derlei Paradoxe beunruhigen mich überhaupt nicht. Wir können das Auge mit Hilfe des Auges erforschen, das Hirn mit Hilfe des Hirns, das Bewußtsein mit Hilfe des Bewußtseins, die Sprache mit Hilfe der Sprache, die Beobachtung mit Hilfe der Beobachtung und die Subjektivität mit Hilfe der Subjektivität. In keinem dieser Fälle gibt es ein Problem. Worauf es mir ankommt, das ist vielmehr folgendes: Unsere Modelle der »Erforschung« sind Modelle, die auf die Unterscheidung zwischen Beobachtung und Beobachtetem vertrauen, und aufgrund der Ontologie der Subjektivität funktionieren sie nicht im Falle der Subjektivität.

Es fällt uns demnach in einem gewissen Sinn tatsächlich schwer, uns Subjektivität vorzustellen. Angesichts unseres Begriffs davon, wie Realität sein muß und wie es wäre, etwas über diese Realität herauszufinden, erscheint es uns unvorstellbar, daß es etwas irreduzibel Subjektives im Universum geben könnte. Trotzdem wissen wir alle, daß Subjektivität existiert.

Ich hoffe, wir können nun ein wenig besser verstehen, was geschieht, wenn wir versuchen, das Universum unter Auslassung der Subjektivität zu beschreiben. Angenommen, wir bestehen darauf, eine Theorie der Welt zu entwickeln, die vollständig objektiv ist, und zwar nicht nur im erkenntnistheoretischen Sinn (so daß dann alle Behauptungen der Theorie unabhängig überprüfbar sind), sondern auch im ontologischen Sinn (so daß die von der Theorie beschriebenen Phänomene eine von jeder Form von Subjektivität unabhängige Existenz haben). Sobald man diese Strategie übernimmt (es ist die Hauptstrategie in der Philosophie des Geistes der letzten fünfzig Jahre), wird die Beschreibung von

Bewußtsein unmöglich, denn es wird buchstäblich unmöglich, die Subjektivität von Bewußtsein anzuerkennen. Dafür gibt es mehr Beispiele, als ich hier erwähnen kann. Zwei Autoren, die sich ausdrücklich dem Problem des Bewußtseins widmen, möchte ich allerdings nennen. Armstrong (1980) eliminiert Subjektivität stillschweigend, indem er Bewußtsein einfach als eine Fähigkeit zur Unterscheidung eigener innerer Zustände behandelt, und Changeux, der französische Neurobiologe, definiert Bewußtsein einfach als ein »umfassendes System zur Regulierung von geistigen Gegenständen und von Computationen, in denen diese Gegenstände verwendet werden« (1985, S. 145). In beiden Theorien wird eine Dritte-Person-Konzeption der Realität vorausgesetzt, eine Realitätskonzeption, die nicht nur erkenntnistheoretisch objektiv, sondern auch ontologisch objektiv ist; und in einer derartigen Realität gibt es für das Bewußtsein keinen Platz, weil es für ontologische Subjektivität keinen gibt.

### III. Bewußtsein und das Körper/Geist-Problem

Ich habe wiederholt gesagt, daß ich glaube, daß das Körper/Geist-Problem – zumindest in groben Umrissen – eine ziemlich einfache Lösung hat und daß einem vollen Verständnis der Körper/Geist-Beziehungen nur zwei Hindernisse im Wege stehen: unsere philosophisch vorurteilsvolle Annahme, bei dem Geistigen und dem Körperlichen handle es sich um zwei getrennte Bereiche, und unsere Unkenntnis über die Funktionsweisen des Hirns. Hätten wir eine angemessene Wissenschaft des Hirns – eine Theorie des Hirns, die uns Kausalerklärungen für das Bewußtsein in all seinen Formen und Spielarten gäbe –, und überwänden wir unsere begrifflichen Irrtümer, dann gäbe es kein Körper/Geist-Problem mehr. Allerdings hat im Laufe der Jahre Thomas Nagel (1974, 1986) in seinen Schriften sehr wirkungsvolle Argumente gegen die Möglichkeit jedweder Lösung des Körper/Geist-Problems vorgelegt. Seine Argumentation lautet: Gegenwärtig haben wir einfach nicht die begrifflichen Mittel, um uns eine Lösung des Körper/Geist-Problems auch nur vorzustellen. Und zwar aus folgendem Grund: Kausalerklärungen in den Naturwissenschaften kommt eine gewisse kausale Notwendigkeit zu. Wir verstehen zum Beispiel, wie das Verhalten von $H_2O$-Molekülen das Flüssigsein von Wasser verursacht, weil wir einsehen, daß das Flüssigsein eine notwendige Folge des molekularen Verhaltens ist. Die Molekulartheorie zeigt nicht nur, daß Systeme von $H_2O$-Molekülen unter gewissen Bedingungen flüssig sein werden; sie leistet mehr, denn sie zeigt auch, *warum* das System in flüssigem Zustand sein *muß*. Wenn wir die fragliche Physik verstehen, dann ist es uns unvorstellbar, daß die Moleküle sich in dieser Weise verhalten könnten, ohne daß das Wasser sich im flüssigen Zustand befindet. Kurz, Nagel argumentiert folgendermaßen: Wissenschaftliche Erklärungen implizieren Notwendigkeit, und Notwendigkeit impliziert die Unvorstellbarkeit des Gegenteils.

Diesen Typ von Notwendigkeit können wir nun aber, sagt Nagel, im Falle des Verhältnisses von Materie und Bewußtsein nicht erreichen. Keine mögliche Theorie des neuronalen Geschehens würde erklären, warum wir bei solchem Geschehen etwa gerade Schmerzen haben *müssen*. Keine Theorie könnte erklären, warum Schmerzen eine notwendige Folge gewisser Arten von neuronalen Feuern wären. Der Beweis dafür, daß die Theorie uns nicht mit kausaler Notwendigkeit versieht, ist, daß wir uns jederzeit das Gegenteil vorstellen können. Wir können uns jederzeit eine Sachlage vorstellen, in der das neurophysiologische Geschehen von irgendeiner ganz speziellen Art ist, in der das System aber dennoch keine Schmerzen hat. Falls angemessene wissenschaftliche Erklärung Notwendigkeit impliziert und Notwendigkeit Unvorstellbarkeit des Gegenteils impliziert, dann folgt durch Kontraposition, daß die Vorstellbarkeit des Gegenteils das Fehlen von Notwendigkeit impliziert, und das wiederum impliziert, daß keine Erklärung vorliegt. Nagel zieht die verzweifelte Schlußfolgerung, daß unsere begriffliche Ausrüstung einer größeren Überholung bedürfte, damit wir jemals in die Lage kommen können, das Körper/Geist-Problem zu lösen.

Diese Argumentation überzeugt mich nicht. Zum einen sollten wir beachten, daß nicht alle Erklärungen in der Wissenschaft die Art von Notwendigkeit an sich haben, die wir bei der Beziehung von Molekularbewegung und Flüssigsein vorfanden. So wird z.B. Gravitation durch das Massenanziehungsgesetz erklärt, aber es wird uns damit nicht gezeigt, warum Körper Gravitationskraft *ausüben müssen*. Zum zweiten könnte es sich bei der scheinbaren »Notwendigkeit« wissenschaftlicher Erklärungen bloß um den Ausfluß dessen handeln, daß wir die Erklärung derart überzeugend finden, daß wir uns z. B. gar nicht vorstellen können, wie sich die Moleküle in bestimmter Weise bewegen, ohne daß $H_2O$ flüssig ist. Ein Mensch der Antike oder des Mittelalters hätte vielleicht nicht gefunden, daß die Erklärung irgendeine »Notwendigkeit« an sich hat. Das heutige »Geheimnis« des Bewußtseins hat etwa dieselben Umrisse wie das Geheimnis des Lebens vor der Entwicklung der Molekularbiologie oder das Geheimnis des Elektromagnetismus vor der Entdeckung der Maxwellschen Gleichungen. Wir haben das Gefühl des Geheimnisvollen, weil wir nicht wissen, wie das Neurophysiologie/Bewußtsein-System funktioniert, doch wenn wir angemessenes Wissen darüber hätten, so wäre das Geheimnis verschwunden. Weiterhin könnte es sein, daß die These, wir könnten uns jederzeit die Möglichkeit vorstellen, daß gewisse Hirnzustände die dazugehörigen Bewußtseinszustände *nicht* hervorrufen, schlicht und einfach auf unserem Unwissen über die Funktionsweisen des Hirns beruht. Wenn wir das Hirn vollständig verstünden, dann – so scheint mir – läge es für uns wahrscheinlich auf der Hand, daß das Hirn Bewußtsein haben muß, wenn es sich in einem gewissen Zustandstyp befindet. Man beachte, daß wir diese Form kausaler Notwendigkeit von Bewußtseinszuständen bei unspezifischen Verhaltensphänomenen bereits akzeptieren. Wenn ich beispielsweise einen schreienden Mann sehe, dessen Fuß in einer Lochmaschine eingeklemmt ist, dann weiß ich, daß er schreckliche Schmerzen haben muß. Es ist mir in einem gewissen Sinn unvorstellbar, daß ein normaler Mensch sich in einer solchen Lage befinden könnte, ohne schreckliche Schmerzen zu haben. Die physischen Ursachen bewirken den Schmerz mit Notwendigkeit.

Wie dem auch sei, lassen wir Nagels Argumentation hier einmal gelten, um zu sehen, wo uns das hinführt. Es folgt nichts aus ihr, was die Frage betrifft, wie die Welt tatsächlich funktioniert. Die Begrenzung, auf die Nagel hinweist, ist nur eine Begrenzung unseres Vorstellungsvermögens. Selbst wenn wir einmal annehmen, er habe recht, so folgt aus seiner Argumentation nur dies: Wenn es um die Beziehungen zwischen materiellen Phänomenen untereinander geht, können wir ein subjektives Bild von beiden Seiten der Relation entwerfen; wenn es jedoch um die Beziehungen zwischen materiellen und geistigen Phänomenen geht, dann ist eine Seite der Beziehung bereits subjektiv, und deshalb können wir von ihrer Beziehung zum materiellen Relatum nicht in der

Weise ein Bild entwerfen, in der wir dies beispielsweise hinsichtlich der Beziehungen zwischen Flüssigsein und Molekularbewegungen zu tun vermögen. Kurz gesagt, Nagels Argumentation zeigt nur, daß wir aus der Subjektivität unseres Bewußtseins nicht hinaus gelangen können, um deren notwendige Beziehung zu ihrer materiellen Grundlage zu erkennen. Wir machen uns von der Notwendigkeit ein Bild, das auf unserer Subjektivität beruht, aber wir können uns nicht in der gleichen Weise ein Bild von der Notwendigkeit der Beziehung zwischen Subjektivität und neurophysiologischen Phänomenen machen, denn wir sind ja schon in der Subjektivität, und die Abbildungsbeziehung würde verlangen, daß wir aus ihr heraustreten. (Wenn die Festigkeit Bewußtsein hätte, dann würde es ihr geheimnisvoll vorkommen, daß sie von vibrierenden Molekül-Bewegungen in Gitterstrukturen verursacht sein soll; aber trotzdem erklären solche Bewegungen Festigkeit.)

Zum besseren Verständnis dieses Einwands gegen Nagel mag man sich einmal vorstellen, auf welche anderen Weisen sich kausal notwendige Beziehungen entdecken lassen. Angenommen, Gott oder irgendeine Maschine könnte kausal notwendige Beziehungen ohne weiteres entdecken; dann gäbe es für Gott bzw. für die Maschine keinen Unterschied zwischen Materie/Materie-Notwendigkeitsformen und Materie/Geist-Notwendigkeitsformen. Und weiterhin: selbst wenn wir einmal einräumen, daß wir uns nicht von beiden Seiten der Beziehung zwischen Bewußtsein und Hirn in der Weise ein Bild machen können, wie wir das im Hinblick auf die Beziehung zwischen Flüssigkeit und Molekül-Bewegungen können, so könnten wir dennoch auf indirektem Weg zu den Kausalbeziehungen, die bei der Erzeugung von Bewußtsein eine Rolle spielen, gelangen. Angenommen, wir hätten tatsächlich eine Theorie derjenigen neurophysiologischen Vorgänge im Hirn, die Bewußtsein hervorrufen. Es ist keineswegs ausgeschlossen, daß eine solche Theorie einmal entwickelt wird, denn die üblichen Überprüfungen für das Vorliegen von Kausalbeziehungen lassen sich auf Geist/Hirn-Beziehungen genauso anwenden wie auf jedes andere Naturphänomen. Die Kenntnis gesetzesartiger Kausalbeziehungen wird uns mit all der kausalen Notwendigkeit versehen, die wir brauchen. In der Tat verfügen wir schon über die Anfänge derartiger gesetzesartiger Beziehungen. Wie ich im 3. Kapitel erwähnt habe, erklären übliche Lehrbücher der Neurophysiologie ganz routinemäßig die Ähnlichkeiten und Unterschiede zwischen der Gegenstandswahrnehmung der Katze und der Gegenstandswahrnehmung des Menschen. Zweifelsohne sind gewisse Arten neurophysiologischer Ähnlichkeit und Verschiedenheit kausal hinreichend für gewisse Arten von Ähnlichkeit und Verschiedenheit visueller Erlebnisse. Weiterhin können und werden wir die große Frage – Wie verursacht das Hirn Bewußtsein? – in eine Vielzahl kleinerer Fragen zerlegen (z. B.: Wie erzeugt Kokain gewisse charakteristische Erlebnisse?). Und die detaillierten Antworten, die wir bereits zu geben beginnen (z. B.: Kokain beeinträchtigt die Fähigkeit gewisser synaptischer Rezeptoren, Noradrenalin zu resorbieren), gestatten es uns schon jetzt, die für kausale Notwendigkeit charakteristischen Schlüsse zu ziehen (z. B.: Erhöhte Kokaindosis führt zur Verstärkung der Wirkung). Ich ziehe den Schluß, daß Nagel nicht die Unlösbarkeit des Körper/Geist-Problems nachgewiesen hat, noch nicht einmal für die Gegebenheiten unseres gegenwärtigen Begriffsapparats und unseres gegenwärtigen Weltbilds.

Colin McGinn (1991) geht noch einen Schritt weiter als Nagel und vertritt die Auffassung, es sei uns *prinzipiell* unmöglich, jemals die Lösung des Körper/Geist-Problems zu verstehen. Seine Argumentation geht über die von Nagel hinaus und bringt Annahmen ins Spiel, die Nagel nicht macht (zumindest nicht ausdrücklich). Weil McGinns Annahmen in der philosophischen Tradition des Dualismus weit verbreitet sind und weil es mir in diesem Buch – unter anderem – auch darum geht, diese Annahmen zu überwinden, werde ich sie explizit formulieren und dann zu zeigen versuchen, daß sie falsch sind. McGinn nimmt an:

1. Das Bewußtsein ist eine Art »Stoff«.[6]
2. Dieser Stoff wird durch das »Vermögen der Introspektion« erkannt. Bewußtsein ist in genau der Weise das »Objekt« des Introspektionsvermögens, wie die physische Welt das Objekt des Wahrnehmungsvermögens ist (S. 14 ff. und S. 61 ff.).

Aus 1 und 2 ergibt sich (obwohl ich nicht sicher bin, daß McGinn dies vertritt), daß das Bewußtsein als solches – wie wir es durch die Introspektion kennen – nicht räumlich ist; und das ist ein Gegensatz zur physischen Welt, die als solche – wie wir sie aus der Wahrnehmung kennen – räumlich ist.

   3. Um ein Verständnis der Körper/Geist-Beziehungen zu haben, müßten wir »die Verbindung« zwischen Bewußtsein und Hirn verstehen (passim).

McGinn bezweifelt nicht, daß es eine solche »Verbindung« gibt; er glaubt jedoch, daß es uns prinzipiell unmöglich sei, sie zu verstehen. Er sagt, unter Verwendung eines Kantschen Terminus, die Beziehung sei für uns »noumenal«. Es ist uns unmöglich, diese Verbindung zu verstehen, und deshalb ist es uns unmöglich, Körper/Geist-Beziehungen zu verstehen. McGinn vermutet, daß die Verbindung durch die eine verborgene Bewußtseinsstruktur bereitgestellt wird, die der Introspektion nicht zugänglich ist.

   Die drei erwähnten Annahmen sind cartesianisch, und die vorgeschlagene »Lösung« ist ebenfalls eine Lösung im cartesianischen Stil (sie hat allerdings den zusätzlichen Nachteil, daß die verborgene Bewußtseinsstruktur prinzipiell nicht erkennbar ist. Zur Zirbeldrüse hatte man immerhin noch Zugang.) Wie dem auch sei, wie die Geschichte mit der Zirbeldrüse ist auch diese Lösung keine Lösung. Wenn es einer Verbindung zwischen Bewußtsein und dem Hirn bedarf, dann bedarf es auch einer Verbindung zwischen der verborgenen Bewußtseinsstruktur und dem Hirn. Dadurch, daß eine verborgene Struktur postuliert wird, kommen wir keinen Schritt weiter (selbst dann nicht, wenn ein solches Postulat nicht von vornherein sinnlos wäre).

   Das wirkliche Problem liegt in diesen drei Annahmen; ich glaube sogar, daß in ihnen die meisten Fehler des traditionellen Dualismus der letzten dreihundert Jahre enthalten sind. Im einzelnen:

   1. Das Bewußtsein ist kein »Stoff«, es ist ein *Merkmal* oder eine *Eigenschaft* des Hirns in dem Sinne, in dem (beispielsweise) Flüssigsein ein Merkmal von Wasser ist.
   2. Das Bewußtsein wird nicht durch Introspektion erkannt, jedenfalls nicht in einer Weise, die sich damit vergleichen ließe, wie Gegenstände in der Welt durch Wahrnehmung erkannt werden. Weil ich diesen Punkt in diesem Kapitel schon angesprochen habe und ihn im nächsten Kapitel weiterentwickeln werde, möchte ich hier ganz kurz und einfach sagen: Das Mo-

dell des »Intro-Spizierens«, d. h. das Modell einer inneren Inspektion, macht es erforderlich, daß zwischen dem Akt des Inspizierens und dem inspizierten Gegenstand unterschieden werden kann; und im Falle des Bewußtseins ist uns eine solche Unterscheidung unmöglich. Die Lehre von der Introspektion ist ein gutes Beispiel dafür, was Wittgenstein die Verhexung unseres Verstandes durch die Mittel unserer Sprache nennt.

Weiterhin: wenn man erst einmal die Idee losgeworden ist, das Bewußtsein sei ein Stoff, der das »Objekt« der Introspektion ist, dann sieht man auch ohne Schwierigkeiten ein, daß es räumlich ist, denn es befindet sich im Hirn. Beim bewußten Erleben sind wir weder der räumlichen Lage noch der Dimensionen unseres bewußten Erlebens gewahr – doch wozu auch? Es ist eine außerordentlich knifflige neurophysiologische Frage, deren Lösung noch in weiter Ferne liegt, wo genau im Hirn der Ort des bewußten Erlebens ist. Nach allem, was wir wissen, könnte es gut sein, daß Bewußtsein über weite Teile des Hirns hinweg verteilt ist.

3. Es gibt genausowenig eine »Verbindung« zwischen Bewußtsein und Hirn, wie es eine zwischen dem Flüssigsein von Wasser und den $H_2O$-Molekülen gibt. Wenn Bewußtsein ein höherstufiges Merkmal des Hirns ist, dann kann es eine Frage nach der Existenz einer Verbindung zwischen dem Merkmal und dem System, dessen Merkmal es ist, gar nicht geben.

## IV. Bewußtsein und Auslesevorteil

Mein Ansatz in der Philosophie des Geistes, der biologische Naturalismus, wird manchmal mit folgender Herausforderung konfrontiert: Wenn wir uns vorstellen können, daß dasselbe oder zumindest ähnliches Verhalten von einem Zombie ohne Bewußtsein produziert werden kann, warum hat dann die Evolution überhaupt Bewußtsein erzeugt? Dieser Einwand wird häufig sogar so vorgebracht, als sei dies ein Hinweis darauf, daß es Bewußtsein vielleicht gar nicht gibt. Ich werde natürlich nicht den Versuch unternehmen, die Existenz von Bewußtsein zu beweisen. Einem, der kein Bewußtsein hat, könnte ich die Existenz von Bewußtsein unmöglich beweisen; bei einem, der Bewußtsein hat, ist es ziemlich unvorstellbar, daß er im Ernst daran zweifeln könnte, daß er Bewußtsein hat. Ich sage nicht, daß es niemanden gibt, der philosophisch derart durcheinander ist, daß er *sagt*, er zweifle daran, daß er Bewußtsein hat; es fällt mir jedoch schwer, solche Behauptungen sehr ernst zu nehmen.

Mit meiner Antwort auf die Frage nach der evolutionären Rolle des Bewußtseins möchte ich die stillschweigende Annahme zurückweisen, jede biologisch ererbte Eigenschaft müsse dem Organismus einen Auslesevorteil verschaffen. Das halte ich für übermäßig groben Darwinismus, und dagegen gibt es heutzutage jede Menge guter Gründe. Wenn es stimmte, daß jede angeborene Disposition das Ergebnis irgendeines Auslesedrucks ist, dann müßte ich daraus schließen, daß mein Hund durch das Tennisball-Jagen einen Auslesevorteil hatte. Er jagt nämlich mit großer Leidenschaft Tennisbällen hinterher, und es ist ganz offensichtlich, daß er das nicht erlernt hat. Doch damit haben wir keinen Grund anzunehmen, es müsse irgendeinen biologischen Nutzen haben. Wir brauchen gar nicht in die Ferne zu schweifen, auch die Leidenschaft, die Menschen für alpines Skifahren haben, hat meines Erachtens eine biologische Basis, die nicht das Ergebnis von Übung oder Abrichtung ist. Die Ausbreitung des Skifahrens war einfach phänomenal; und die Opfer im Hinblick auf Geld, Bequemlichkeit und Zeit, die Menschen auf sich nehmen, um ein paar Stunden auf dem Skihang zu verbringen, sind ein ziemlich guter Anhaltspunkt dafür, daß sie daraus eine Befriedigung beziehen, die ihrem biologischen Wesen zugehört. Doch es ist einfach nicht der Fall, daß die Evolution uns wegen unserer Vorliebe für das alpine Skifahren bei der Auslese favorisiert hätte.[7]

Nach diesen Einschränkungen können wir uns immer noch der Frage zuwenden: »Worin besteht der Auslesevorteil des Bewußtseins?« Und die Antwort lautet: Das Bewußtsein macht allerhand verschiedenartige Sachen. Zunächst einmal gibt es all die Bewußtseinsformen wie z. B. Gesichtswahrnehmung, Hören, Schmecken, Riechen, Durst, Schmerz, Kitzel, Jucken und absichtliches Handeln. Zweites kann es innerhalb jedes dieser Bereiche eine Vielfalt von Funktionen geben, denen diese verschiedenen Modalitäten (wenn sie bewußt vorliegen) dienen. Jedenfalls scheint – höchst allgemein gesprochen – klar zu sein, daß das Bewußtsein dazu dient, gewisse Beziehungen zwischen dem Organismus und sowohl seiner Umgebung als auch seinen eigenen

Zuständen zu organisieren. Und die Form der Organisation könnte man – wiederum höchst allgemein gesprochen – als »Repräsentation« beschreiben. Mittels der Sinneswahrnehmungsmodalitäten zum Beispiel erhält der Organismus bewußte Informationen über den Zustand der Welt. Er hört Geräusche in seiner Nähe; er sieht Gegenstände und Sachverhalte in seinem Gesichtsfeld; er riecht die charakteristischen Gerüche verschiedener Merkmale seiner Umgebung und so weiter. Außer seinem bewußten Erleben bei der Sinneswahrnehmung wird der Organismus bezeichnenderweise auch Handlungserlebnisse haben. Er wird z. B. rennen, gehen, essen, kämpfen, und so weiter. Diese Bewußtseinsformen haben nicht vornehmlich den Zweck, Information über die Welt zu erlangen; vielmehr handelt es sich hier um Fälle, in denen das Bewußtsein den Organismus dazu befähigt, auf die Welt einzuwirken. Noch einmal sehr grob gesprochen (später werden wir dies differenzierter erörtern): Bei der bewußten Wahrnehmung hat der Organismus Repräsentationen, die von Sachverhalten in der Welt verursacht werden; beim absichtlichen Handeln verursacht der Organismus mittels seiner bewußten Repräsentationen Sachverhalte in der Welt.

Wenn diese Hypothese zutrifft, können wir zum Thema Auslesevorteil von Bewußtsein folgende allgemeine Behauptung aufstellen: Das Bewußtsein gibt uns viel größere Unterscheidungsfähigkeiten als unbewußte Mechanismen.

Penfields (1975) Falluntersuchungen bestätigen dies. Einige von Penfields Patienten litten an einer Form von Epilepsie, die als »Petit mal« bekannt ist. In manchen dieser Fälle verlor der Patient auf Grund des epileptischen Anfalls zwar völlig das Bewußtsein, zeigte jedoch weiterhin ein Verhalten, das man unter normalen Umständen als zielgerichtet bezeichnen würde. Einige Beispiele:

Ein Patient, den ich A nennen werde, befand sich in der Ausbildung zum Pianisten; er war Automatismen des Typs, der »Petit mal« genannt wird, ausgesetzt. Er neigte beim Üben zu kleinen Unterbrechungen, die seine Mutter als den Beginn einer »Absenz« erkannte. Dann spielte er einige Zeit lang mit beträchtlicher Geschicklichkeit weiter. Patient B litt unter epileptischem Automatismus, der mit pathologischen Aktivitäten im Temporallappen begann. Manchmal wurde er davon überfallen, wenn er auf dem Heimweg von der Arbeit war. Er ging dann weiter und schlängelte sich durch die belebten Straßen. Später wurde ihm dann klar, daß er einen Anfall gehabt hatte, weil er sich an einen gewissen Abschnitt seines Wegs – etwa von der X-Straße zum Y-Platz – nicht erinnern konnte. Beim Patienten C war es so, daß er beim Autofahren nicht anhielt, sondern weiterfuhr, und dann später entdeckte, daß er mehrere rote Ampeln mißachtet hatte. (S. 39)

In all diesen Fällen haben wir es mit komplexen Formen scheinbar zielgerichteten Verhaltens ohne jedwedes Bewußtsein zu tun. Warum könnte nun aber nicht alles Verhalten von dieser Art sein? Was kommt durch das Bewußtsein hinzu? Man beachte, daß die Patienten in den geschilderten Fällen Handlungen vollzogen, die sie sich eingeprägt hatten und somit gewohnheitsmäßig, entsprechend einer Routine vollziehen konnten. Vermutlich gab es im Hirn des Patienten B fest eingerichtete neurale Pfade, die seiner Kenntnis des Heimwegs entsprachen. Und entsprechend war das Wissen des Pianisten darum, wie jenes bestimmte Klavierstück zu spielen ist, vermutlich durch neurale Pfade in seinem Hirn realisiert. Komplexes Verhalten kann in der Hirnstruktur vorprogrammiert sein, zumindest ist dies angesichts dessen, was wir über die Funktionsweise des Hirns in solchen Fällen wissen, zu vermuten. Anscheinend kann die Aktivität, wenn sie erst einmal in das Hirn gekommen ist, ihren Gang nehmen, auch wenn ein Petit-mal-Anfall vorliegt. Das normale, bewußte Verhalten eines Menschen hingegen hat einen Grad an Flexibilität und Kreativität, der dem Fahrer ohne Bewußtsein und dem Pianisten ohne Bewußtsein, die uns Penfield geschildert hat, abgehen. Das Bewußtsein verleiht sogar den durch Einprägung erworbenen Routine-Aktivitäten größere Unterscheidungsfähigkeit und Flexibilität.

Offensichtlich ist es einfach eine biologische Tatsache, daß Organismen, die Bewußtsein haben, im allgemeinen über ein weitaus besseres Unterscheidungsvermögen verfügen als solche, die keines haben. Pflanzliche Tropismen zum Beispiel, die auf Lichtempfindlichkeit beruhen, sind viel weniger dazu in der Lage, feine Unterschiede zu erkennen, und sie sind viel unflexibler als etwa das menschliche System der Gesichtswahrnehmung. Meine Hypothese hier ist also: Einer der evolutionären Vorteile, die wir dem Bewußtsein verdanken, ist die viel größere Flexibilität, Empfindungsfähigkeit und Kreativität, die daher rührt, daß wir Bewußtsein haben.

Für diese Tatsachen haben uns die ererbten behavioristischen und mechanistischen Traditionen blind gemacht. Ja, sie machen es sogar unmöglich, die Fragen angemessen zu stellen, weil sie unentwegt nach Erklärungsformen suchen, die das Verhältnis von Geist und Neurophysiologie so behandeln, als werde da einfach nur ein Input-Output-Mechanismus bereitgestellt – d. h. eine Funktion, die Reiz-Inputs auf Verhaltens-Outputs abbildet. Gerade die Art einer solchen Fragestellung hält uns von den Themen ab, die für ein Verständnis von Bewußtsein entscheidend sind, wie z. B. das Thema Kreativität.

## 5. Kapitel

# Der Reduktionismus und die Irreduzibilität
# des Bewußtseins

Die Auffassung über das Verhältnis zwischen Geist und Körper, die ich hier vertreten habe, wird manchmal »reduktionistisch« genannt, manchmal »antireduktionistisch«. Häufig wird sie »emergentistisch« genannt und im allgemeinen für eine »Supervenienz«-Theorie gehalten. Ich bin nicht sicher, daß irgendeine dieser Charakterisierungen sonderlich klar ist, aber um diese geheimnisvollen Ausdrücke herum haben sich eine Reihe von Themen versammelt, mit denen ich mich in diesem Kapitel beschäftigen möchte.

## I. Emergente Eigenschaften

Angenommen, wir haben ein System, $S$, das aus den Elementen $a$, $b$, $c$, ... besteht. $S$ könnte zum Beispiel ein Stein sein, und die Elemente könnten Moleküle sein. Im allgemeinen wird es dann Merkmale von $S$ geben, die nicht (oder nicht notwendigerweise) Merkmale von $a$, $b$, $c$, ... sind. Beispielsweise könnte $S$ zehn Pfund wiegen, die einzelnen Moleküle hingegen wiegen nicht zehn Pfund. Solche Merkmale wollen wir »Systemmerkmale« nennen. Die Form und das Gewicht des Steins sind Systemmerkmale. Einige Systemmerkmale können aus den Merkmalen von $a$, $b$, $c$, ... hergeleitet, erschlossen oder errechnet werden – es liegt dann einfach daran, wie die Elemente zusammengesetzt und angeordnet sind (und manchmal auch daran, in welcher Beziehung sie zur restlichen Umgebung stehen). Beispiele dafür sind Form, Gewicht und Geschwindigkeit. Einige andere Systemmerkmale hingegen lassen sich nicht aus der Zusammensetzung der Elemente und den Beziehungen zur Umgebung allein erschließen; sie müssen mit Rückgriff auf die kausalen Interaktionen der Elemente untereinander erklärt werden. Hier wollen wir von »kausal emergenten Systemmerkmalen« sprechen. Festigkeit, flüssiger Zustand und Durchsichtigkeit sind Beispiele für kausal emergente Systemmerkmale.

Gemäß diesen Definitionen ist Bewußtsein eine kausal emergente Eigenschaft von Systemen. Bewußtsein ist ein emergentes Merkmal gewisser Neuronensysteme in derselben Weise, in der Festigkeit und flüssiger Zustand emergente Merkmale von Molekülsystemen sind. Das Vorliegen von Bewußtsein kann durch die kausalen Interaktionen zwischen Elementen des Hirns auf der Mikroebene erklärt werden, aber Bewußtsein selbst läßt sich ohne irgendeine hinzukommende Theorie der Kausalbeziehungen zwischen Neuronen untereinander nicht aus ihrer schieren physischen Struktur herleiten oder errechnen.

Die Konzeption kausaler Emergenz – nennen wir sie »Emergenz,« – muß von einer viel abenteuerlicheren Konzeption unterschieden werden, die wir »Emergenz$_2$« nennen wollen. Ein Merkmal F ist emergent$_2$ genau dann, wenn es emergent$_1$, ist und Kausalkräfte hat, die nicht durch die kausalen Interaktionen von $a$, $b$, $c$, ... erklärt werden können. Wenn das Bewußtsein emergent$_2$ wäre, dann könnte das Bewußtsein Dinge verursachen, die nicht durch das Kausalverhalten der Neuronen erklärbar wären. Die naive Idee, die dahintersteckt, ist, daß Bewußtsein zwar aus dem Verhalten der Neuronen im Hirn heraussprudelt, aber dann, wenn es erst einmal da ist, sein Eigenleben hat.

Im vorigen Kapitel sollte deutlich geworden sein, daß das Bewußtsein meiner Auffassung nach emergent$_1$, nicht aber emergent$_2$ ist. Ja, ich kenne überhaupt nichts Emergentes$_2$, und es scheint auch unwahrscheinlich, daß wir jemals etwas Derartiges entdecken werden, weil die Existenz solcher Merkmale doch wohl sogar dem schwächsten Transitivitätsprinzip der Verursachung zuwiderlaufen müßte.

## II. Reduktionismus

Diskussionen über Reduktionismus sind meistens außerordentlich verwirrend. In der positivistischen Wissenschaftsphilosophie galt der Reduktionismus anscheinend als ein Ideal; doch diese Philosophie ist heute in vieler Hinsicht diskreditiert. Dennoch haben Reduktionismusdiskussionen bis auf den heutigen Tag überlebt, und die Grundintuition, die dem Begriff des Reduktionismus zugrunde liegt, scheint die Idee zu sein, daß sich für gewisse

Dinge zeigen läßt, daß sie *nichts als* Dinge von gewisser anderer Art sind. Der Reduktionismus führt dann zu einer eigentümlichen Form von Identitätsbeziehung, die man als die »Nichts-als-Beziehung« bezeichnen könnte; im allgemeinen gilt: *A*s lassen sich genau dann auf *B*s zurückführen, wenn *A*s nichts als *B*s sind.

Doch selbst im Rahmen der Nichts-als-Beziehung verstehen verschiedene Leute so viele verschiedene Dinge unter dem Begriff »Reduktion« oder »Zurückführung«, daß wir zunächst einmal einige Unterscheidungen machen müssen. Als allererstes ist es wichtig, Klarheit darüber herzustellen, wozwischen die Beziehung besteht. Worum soll es gehen: um Gegenstände, um Eigenschaften, um Theorien oder worum sonst? In der theoretischen Literatur finde ich wenigstens fünf verschiedene Bedeutungen von »Reduktion« vor – oder vielleicht sollte ich lieber sagen: fünf verschiedene Arten von Reduktion –, und ich möchte sie alle erwähnen, damit wir sehen können, welche davon für unsere Erörterung des Körper/Geist-Problems relevant sind.

## 1. Ontologische Reduktion

Die wichtigste Form der Zurückführung ist die ontologische Reduktion. Bei einer solchen Zurückführung wird gezeigt, daß Gegenstände gewisser Art in nichts als Gegenständen anderer Art bestehen. Beispielsweise wird gezeigt, daß Stühle nichts als Molekülansammlungen sind. Diese Form der Zurückführung ist in der Wissenschaftsgeschichte offenkundig von Bedeutung. So läßt sich z. B. ganz allgemein zeigen, daß materielle Gegenstände nichts als Molekülansammlungen sind, für Gene läßt sich zeigen, daß sie aus nichts als DNA-Molekülen bestehen. Mir scheint, daß diese Form der Zurückführung das Vorbild ist, dem die anderen Formen nachgebildet sind.

## 2. Ontologische Eigenschaftsreduktion

Dies ist eine Form der ontologischen Reduktion, sie betrifft jedoch Eigenschaften. Beispielsweise ist die Wärme (eines Gases) nichts als die mittlere kinetische Energie der Molekülbewegungen. Eigenschaftsreduktionen solcher Eigenschaften, die theoretischen Begriffen (wie z. B. »Wärme«, »Licht«, usw.) entsprechen, sind oft das Ergebnis theoretischer Reduktionen.

## 3. Theoretische Reduktion

Theoretische Reduktionen erfreuen sich zwar in der Fachliteratur der größten Beliebtheit, ich glaube jedoch, daß sie in der tatsächlichen Wissenschaftspraxis ziemlich selten sind, und so ist es dann vielleicht nicht überraschend, daß sich in den Standardlehrbüchern immer und immer wieder dasselbe halbe Dutzend Beispiele findet. Vom Standpunkt der wissenschaftlichen Erklärung betrachtet sind theoretische Reduktionen dann am interessantesten, wenn sie uns in die Lage versetzen, ontologische Reduktionen vorzunehmen. Jedenfalls ist die theoretische Reduktion vornehmlich eine Beziehung zwischen Theorien, wobei die Gesetze der zurückgeführten Theorie sich (mehr oder weniger) aus den Gesetzen der zurückführenden Theorie herleiten lassen. Damit ist bewiesen, daß die zurückgeführte Theorie nichts anderes als ein Spezialfall der zurückführenden Theorie ist. Das klassische Beispiel, das sich gewöhnlich in den Standardlehrbüchern findet, ist die Zurückführung der Gasgesetze auf die Gesetze der statistischen Thermodynamik.

## 4. Logische oder definitorische Reduktion

Diese Form der Zurückführung war unter Philosophen einst sehr beliebt, ist aber in den letzten Jahrzehnten aus der Mode gekommen. Es handelt sich um eine Beziehung zwischen Wörtern und Sätzen, wobei Wörter und Sätze, die sich auf Entitäten des einen Typs beziehen, ohne jedweden Verlust übersetzt werden können in solche, die sich auf Entitäten eines anderen Typs beziehen. Beispielsweise sind Sätze über den Durchschnittsklempner in Berkeley zurückführbar auf Sätze über ganz bestimmte einzelne Klempner in Berkeley; Sätze über Zahlen können – gemäß einer gewissen Theorie – übersetzt werden in (und sind mithin zurückführbar auf) Sätze über Mengen. Weil die Wörter und Sätze *logisch* oder *definitorisch* zurückführbar sind, sind die entsprechenden Entitäten, die durch die Wörter und Sätze bezeichnet werden, *ontologisch* zurückführbar. Zahlen sind beispielsweise nichts weiter als Mengen von Mengen.

## 5. Kausale Reduktion

Dies ist eine Beziehung zwischen beliebigen Dingen unterschiedlichen Typs, die Kausalkräfte haben können, wobei die Existenz und erst recht die Kausalkräfte der zurückgeführten Entität als vollständig durch die Kausalkräfte der zurückführenden Phänomene erklärbar erwiesen werden. So sind beispielsweise einige Gegenstände Festkörper, und das hat kausale Konsequenzen: Festkörper können von anderen Gegenständen nicht durchdrungen werden; sie widerstehen Druck, und so weiter. Doch diese Kausalkräfte können kausal durch die Kausalkräfte der Vibrationsbewegungen der Moleküle in Gitterstrukturen erklärt werden.

Wenn man den von mir vertretenen Auffassungen also vorwirft, sie seien reduktionistisch – oder, wie gelegentlich, nicht reduktionistisch genug –, welche dieser fünf Bedeutungen ist dann eigentlich gemeint? Die theoretische und die logische Reduktion, so nehme ich an, sind nicht gemeint. Anscheinend geht es darum, ob der kausale Reduktionismus meiner Auffassungen zu einem ontologischen Reduktionismus führt oder vielmehr gerade nicht. Meine Auffassung über die Körper/Geist-Beziehungen ist eine Form der kausalen Reduktion (in dem Sinne, wie ich diesen Begriff definiert habe): Geistige Merkmale werden von neurobiologischen Vorgängen verursacht. Impliziert dies ontologische Reduktion?

In der Wissenschaftsgeschichte haben erfolgreiche kausale Reduktionen im allgemeinen die Tendenz, zu ontologischen Reduktionen zu führen. Denn wenn wir eine erfolgreiche kausale Reduktion haben, dann geben wir einfach eine neue Definition für den Ausdruck, der die zurückgeführten Phänomene bezeichnet, und zwar so, daß diese Phänomene nun mit ihren Ursachen gleichgesetzt werden können. So waren beispielsweise Farbausdrücke einst (stillschweigend) durch das subjektive Erleben von Farbwahrnehmungssubjekten definiert; »rot« z. B. wurde durch Hinweis auf Beispiele definiert, und richtiges Rot war dann als das definiert, was »normalen« Beobachtern unter »normalen« Umständen als rot erschien. Doch durch eine kausale Reduktion von Farbphänomenen auf Lichtreflexionsmerkmale eröffnet sich – nach Auffassung vieler Denker – die Möglichkeit, für Farbausdrücke eine neue Definition (und zwar mit Rückgriff auf Lichtreflexionsmerkmale) zu geben. Auf diese Weise trennen wir das subjektive Farberleben von der »wirklichen« Farbe ab und beseitigen es. Wirkliche Farbe wurde einer ontologischen Eigenschaftszurückführung auf Lichtreflexionsmerkmale unterzogen. Ähnliche Bemerkungen ließen sich im Hinblick auf die Zurückführung von Wärme auf Molekularbewegung, die Zurückführung von Festigkeit auf Molekularbewegungen in Gitterstrukturen und die Zurückführung von Klang auf Luftwellen machen. In jedem einzelnen dieser Fälle führt die kausale Reduktion, mittels einer Neudefinition der Bezeichnung für das zurückgeführte Phänomen, ganz zwanglos zu einer ontologischen Reduktion. Bleiben wir bei unserem Beispiel mit »rot«: Sobald wir wissen, daß die Farberlebnisse von einer gewissen Sorte von Photonenemission verursacht werden, geben wir für das Wort eine neue Definition mit Rückgriff auf die besonderen Merkmale der Photonenemission. Einigen Theoretikern zufolge bezieht sich »rot« nun auf Photonenemissionen von 600 Nanometern. Somit ergibt sich trivialerweise, daß die Farbe Rot nichts ist als Photonenemissionen von 600 Nanometern. Das allgemeine Prinzip scheint in solchen Fällen folgendes zu sein: Sobald erkannt ist, daß eine bestimmte Eigenschaft *emergent*$_1$ ist, ergibt sich von selbst eine kausale Reduktion, und das führt uns dann – wenn nötig, mit Hilfe einer Neudefinition – zu einer ontologischen Reduktion. Diejenigen ontologischen Reduktionen, die eine wissenschaftliche Grundlage haben, tendieren zu größerer Allgemeinheit, Objektivität und Neudefinition mittels zugrundeliegender Verursachung.

So weit, so gut. Doch nun gelangen wir zu einer scheinbar schockierenden Asymmetrie. Denn beim Bewußtsein können wir die ontologische Reduktion nicht vollziehen. Bewußtsein ist eine kausal emergente Eigenschaft des Verhaltens von Neuronen, mithin ist Bewußtsein auf die Hirnvorgänge zurückführbar. Aber – und das ist es, was uns so schockierend vorkommt – auch eine vollkommene Wissenschaft des Hirns würde nicht zu einer ontologischen Reduktion von der Art führen, wie unsere gegenwärtige Wissenschaft sie für Wärme, Festigkeit, Farbe und Klang bereitstellen kann. Für viele Menschen, deren Ansichten ich respektiere, ist die Irreduzibilität des Bewußtseins ein Hauptgrund dafür, daß das Körper/Geist-Problem weiterhin so unauflöslich erscheint. Dualisten behandeln die Irreduzibilität des Bewußtseins als einen unwiderleglichen Beweis für die Wahrheit des

Dualismus. Materialisten bestehen darauf, daß Bewußtsein auf die materielle Realität zurückführbar sein müsse und daß mit der Leugnung der Zurückführbarkeit unser wissenschaftliches Gesamtweltbild preisgegeben werde.

Ich möchte kurz zweierlei erörtern. Erstens möchte ich zeigen, warum Bewußtsein irreduzibel ist, und zweitens, warum diese Irreduzibilität für unser wissenschaftliches Weltbild überhaupt nichts ausmacht. Wir werden dadurch weder in die Arme des Eigenschaftsdualismus getrieben, noch sonst irgend etwas von dieser Art. Diese Irreduzibilität ist eine triviale Folge gewisser allgemeinerer Phänomene.

## III. Warum das Bewußtsein ein irreduzibles Merkmal der physischen Realität ist

Es gibt eine Standardargumentation zum Nachweis dafür, daß Bewußtsein nicht in der Weise zurückführbar ist, wie dies bei Wärme usw. der Fall ist. Diese Argumentation findet sich in unterschiedlicher Form im Werk von Thomas Nagel (1974), Saul Kripke (1971) und Frank Jackson (1982). Ich halte diese Argumentation für zwingend, auch wenn sie häufig als eine bloß erkenntnistheoretische und nicht ontologische Argumentation mißverstanden wird. Manchmal wird sie als eine erkenntnistheoretische Argumentation aufgefaßt, die darauf hinauslaufe, daß beispielsweise alles möglicherweise erlangbare objektive Dritte-Person-Wissen über die Neurophysiologie der Fledermaus nicht das subjektive Erste-Person-Gefühl erfaßt, wie es ist, eine Fledermaus zu sein. Für unsere gegenwärtigen Zwecke kommt es jedoch auf den ontologischen und nicht auf eine erkenntnistheoretische Pointe der Argumentation an. Es geht darum, welche wirklichen Eigenschaften in der Welt existieren, und nicht (bzw. nur indirekt) darum, woher wir um diese Eigenschaften wissen.

Und so lautet die Argumentation: Betrachten wir die Tatsachen in der Welt, denen es sich verdankt, daß Sie sich jetzt in einem gewissen Bewußtseinszustand (wie z. B. Schmerz) befinden. Welche Tatsache in der Welt entspricht Ihrer wahren Feststellung »Ich habe jetzt Schmerzen«? Ganz naiv betrachtet, scheint es zumindest zwei Sorten von solchen Tatsachen zu geben. Am wichtigsten ist zunächst einmal: Es gibt die Tatsache, daß Sie im

Augenblick gewisse unangenehme, bewußte Empfindungen haben und daß Sie diese Empfindungen von Ihrem subjektiven Standpunkt der ersten Person aus erleben. Diese Empfindungen machen Ihren gegenwärtigen Schmerz aus. Aber der Schmerz wird auch von gewissen zugrundeliegenden neurophysiologischen Vorgängen verursacht, die weitgehend aus Mustern neuronalen Feuerns in Ihrem Thalamus und anderen Hirnregionen bestehen. Nun einmal angenommen, wir wollten die subjektive, bewußte Erste-Person-Schmerzempfindung auf die objektiven Dritte-Person-Muster neuronalen Feuerns zurückführen. Angenommen, wir wollten sagen, der Schmerz sei in Wirklichkeit »nichts als« das Muster des neuronalen Feuerns. Nun, wenn wir eine solche ontologische Reduktion machen wollten, dann ließen wir die wesentlichen Merkmale des Schmerzes aus. Keine Beschreibung der objektiven, physiologischen Dritte-Person-Tatsachen würde den subjektiven Erste-Person-Charakter des Schmerzes wiedergeben, und zwar einfach deshalb, weil Erste-Person-Merkmale etwas anderes sind als Dritte-Person-Merkmale. Nagel arbeitet dies dadurch heraus, daß er die Objektivität der Dritte-Person-Merkmale mit den Wie-es-ist-Merkmalen der subjektiven Bewußtseinszustände kontrastiert. Jackson arbeitet genau dasselbe dadurch heraus, daß er unsere Aufmerksamkeit darauf lenkt, daß jemand, der vollständiges Wissen über die Neurophysiologie eines geistigen Phänomens (wie z. B. Schmerz) besäße, immer noch nicht wüßte, was ein Schmerz ist, falls er nicht wüßte, wie es ist, Schmerz zu empfinden. Kripke wiederum formuliert dies so: Schmerzen können mit neurophysiologischen Zuständen (wie neuronales Feuern im Thalamus und andernorts) nicht identisch sein, denn jede solche Identität müßte notwendig sein, weil beide Seiten der Identitätsaussage starre Designatoren sind: wir wissen jedoch, daß die Identität nicht notwendig sein könnte.[1] Diese Tatsache hat offenkundige erkenntnistheoretische Konsequenzen: Mein Wissen, daß ich Schmerzen habe, hat eine andersartige Grundlage als mein Wissen, daß Sie Schmerzen haben. Aber die antireduktionistische Pointe der Argumentation ist eine ontologische und keine erkenntnistheoretische.

So viel zur antireduktionistischen Argumentation. Sie ist äußerst schlicht und völlig zwingend. Bei den Versuchen, diese Argumentation zurückzuweisen, ist schon viel Tinte verspritzt worden, doch das war nichts als verschwendete Tinte. Viele Leute haben jedoch den Eindruck, daß wir uns mit einer solchen Argumentation in eine ausweglose Lage bugsieren. Sie glauben, daß wir unsere wissenschaftliche Weltsicht preisgeben und den Eigenschaftsdualismus akzeptieren, wenn wir diese Argumentation gelten lassen. Was ist denn, so fragen sie, der Eigenschaftsdualismus eigentlich anderes als die Auffassung, daß es irreduzible geistige Eigenschaften gibt? Haben denn nicht aufgrund dieser Argumentation Nagel den Eigenschaftsdualismus akzeptiert und Jackson den Physikalismus abgelehnt? Welchen Zweck hat denn der wissenschaftliche Reduktionismus, wenn er vor der Tür des Geistes stehenbleibt? – Und so wende ich mich nun dem Hauptpunkt dieser Diskussion zu.

## IV. Weshalb sich aus der Irreduzibilität des Bewußtseins nichts Wichtiges ergibt

Um ganz und gar zu verstehen, wieso das Bewußtsein irreduzibel ist, müssen wir ein wenig detaillierter dasjenige Reduktionsschema betrachten, das wir bei wahrnehmbaren Eigenschaften wie Wärme, Klang, Farbe, Festigkeit, flüssiger Zustand usw. antrafen, und wir müssen zeigen, wie sich der Versuch, das Bewußtsein zurückzuführen, von diesen anderen Fällen unterscheidet. In jedem dieser Fälle basierte die ontologische Reduktion auf einer vorausgegangenen kausalen Reduktion. Es lag die Entdeckung vor, daß ein Oberflächenmerkmal eines Phänomens vom Verhalten der Bestandteile einer zugrundeliegenden Mikrostruktur verursacht wird. Dies trifft nicht nur auf die Fälle zu, in denen das zurückgeführte Phänomen das subjektive Erscheinen betrifft (wie bei den »sekundären Qualitäten« der Wärme und der Farbe); es trifft auch auf die Fälle der »primären Qualitäten« (wie z. B. Festigkeit) zu, in denen es sowohl ein Element subjektiven Erscheinens gibt (feste Gegenstände fühlen sich fest an) als auch viele Merkmale, die vom subjektiven Erscheinen unabhängig sind (feste Gegenstände widerstehen beispielsweise Druck und sie können nicht von anderen festen Gegenständen durchdrungen werden). Doch in jedem einzelnen Fall – sowohl bei den primären als auch bei den sekundären Qualitäten – bestand die Pointe der Zurückführung darin, die Oberflächenmerkmale wegzuschneiden und den ursprünglichen Begriff mit Rückgriff auf die Ursachen neu zu definieren, die jene Oberflächenmerkmale hervorrufen.

Wo also das Oberflächenmerkmal eine subjektive Erscheinung ist, definieren wir den ursprünglichen Begriff in der Weise neu, daß die Erscheinung aus der Definition des Merkmals ausgeschlossen ist. Beispielsweise hat unser vortheoretischer Begriff von Wärme etwas mit wahrgenommener Temperatur zu tun: unter gewöhnlichen Umständen ist das warm, was sich für uns warm anfühlt, und das kalt, was sich kalt anfühlt. Entsprechend verhält es sich bei den Farben: Rot ist, was für normale Beobachter unter normalen Umständen rot aussieht. Wenn wir jedoch eine Theorie darüber haben, wodurch diese und andere Phänomene verursacht sind, dann entdecken wir, daß es Molekülbewegungen sind, die Wärme- und Kälteempfindungen (und auch noch andere Phänomene wie Druckanstieg) verursachen, und daß es Lichtreflexionseigenschaften sind, die visuelle Erlebnisse gewisser Art (und auch noch andere Phänomene wie die Zeigerbewegungen von Lichtmessern) verursachen. Wir geben dann eine *neue Definition* für Wärme und Farbe, in der wir auf diejenigen Ursachen zurückgreifen, die sowohl den subjektiven Erlebnissen als auch den anderen Oberflächenmerkmalen zugrunde liegen. Und in dieser Neudefinition beseitigen wir jedwede Bezugnahme auf die subjektiven Erscheinungen und auf die anderen Oberflächenwirkungen der zugrundeliegenden Ursachen. »Wirkliche« Wärme wird nun mit Rückgriff auf die kinetische Energie der Molekülbewegungen definiert, und das subjektive Wärmegefühl, das sich bei uns einstellt, wenn wir einen heißen Gegenstand berühren, wird nun als etwas behandelt, das nur eine von Wärme hervorgerufene subjektive Empfindung ist – d. h. als eine Wirkung von Wärme. Es gehört nicht länger zur wirklichen Wärme dazu. Eine entsprechende Unterscheidung wird zwischen wirklicher Farbe und dem subjektiven Farberlebnis gemacht. Dasselbe Muster funktioniert auch für die primären Qualitäten: Festigkeit wird definiert mit Rückgriff auf die Vibrationsbewegungen von Molekülen in Gitterstrukturen, und objektive, beobachterunabhängige Merkmale (wie die Undurchdringbarkeit für andere Gegenstände) werden nun als Oberflächenwirkungen der zugrundeliegenden Realität gesehen. Derartige Neudefinitionen werden dadurch erreicht, daß alle Oberflächenmerkmale des Phänomens – seien sie subjektiv oder objektiv – aus ihnen entfernt und als Wirkungen der wirklichen Sache selbst behandelt werden.

Doch nun beachte man folgendes. Das tatsächliche Tatsachen-Muster in der Welt, das Feststellungen über bestimmte Formen von Wärme (wie z. B. ganz besondere Temperaturen) entspricht, hat viel Ähnlichkeit mit dem Tatsachen-Muster der Welt, das Feststellungen über bestimmte Bewußtseinsformen (wie z. B. Schmerz) entspricht. Wenn ich jetzt sage: »In diesem Zimmer ist es warm«, um welche Tatsachen geht es da? Nun, zunächst einmal gibt es »physische« Tatsachen, in denen die Molekülbewegungen eine Rolle spielen, und zum zweiten gibt es »geistige« Tatsachen, in denen mein subjektives Wärme-Erlebnis, das vom Aufprall der sich bewegenden Luftmoleküle auf mein Nervensystem verursacht ist, eine Rolle spielt. Aber ganz ähnlich ist es bei den Schmerzen. Wenn ich jetzt sage: »Ich habe Schmerzen«, um welche Tatsachen geht es da? Nun, zunächst einmal gibt es »physische« Tatsachen, in denen mein Thalamus und andere Hirnbereiche eine Rolle spielen, und zum zweiten gibt es »geistige« Tatsachen, in denen mein subjektives Schmerzerlebnis eine Rolle spielt. Weshalb also betrachten wir Wärme als zurückführbar und Schmerzen als irreduzibel? Die Antwort ist: Was uns an Wärme interessiert, das sind nicht die subjektiven Erscheinungen, sondern die zugrundeliegenden physischen Ursachen. Sobald uns eine kausale Reduktion zur Verfügung steht, definieren wir den Begriff einfach neu, um eine ontologische Reduktion machen zu können. Sobald alle Tatsachen über Wärme bekannt sind – Tatsachen über Molekülbewegungen, über den Aufprall auf Enden von Nervenfasern, subjektive Gefühle usw. –, kommt bei der Zurückführung von Wärme auf Molekülbewegungen keine einzige neue *Tatsache* ins Spiel. Die Zurückführung ist einfach eine triviale Konsequenz der Neudefinition. Es ist ja nicht so, daß wir zunächst alle Tatsachen entdecken und dann noch eine neue Tatsache hinzuentdecken – die Tatsache, daß Wärme sich zurückführen läßt. Vielmehr geben wir einfach eine neue Definition für Wärme, aus der dann die Zurückführung folgt. Doch diese Neudefinition eliminiert nicht die subjektiven Wärme- (bzw. Farb-, usw.) Erlebnisse aus der Welt – und war auch gar nicht so gemeint. Die gibt es genau so wie immer.

Es stand uns frei, keine Neudefinition zu geben. Berkeley beispielsweise weigerte sich, derartige Neudefinitionen zu akzeptieren. Doch läßt sich leicht sehen, weshalb es vernünftig ist, solche Neudefinitionen vorzunehmen und ihre Konsequenzen zu akzeptieren: Um die Wirklichkeit besser zu verstehen und zu beeinflussen, wollen wir wissen, wie sie kausal funktioniert, und wir möchten, daß unsere Begriffe sich an die Kausalgelenke der Natur anpassen. Wir definieren Phänomene mit Oberflächenmerkmalen einfach mit Rückgriff auf die zugrundeliegenden Ursachen neu. Es sieht dann wie eine neue Entdeckung aus, daß Wärme *nichts als* mittlere kinetische Energie von Molekülbewegungen ist und daß es immer noch wirkliche Wärme gäbe, auch wenn alle subjektiven Erlebnisse von der Welt verschwänden. Doch das ist keine neue Entdeckung, es ist die triviale Konsequenz einer neuen Definition. Solche Zurückführungen zeigen nicht, daß Wärme, Festigkeit usw. in Wirklichkeit gar nicht existieren – so, wie neue Erkenntnisse gezeigt haben, daß Meerjungfern und Einhörner nicht existieren.

Könnten wir nicht dasselbe über das Bewußtsein sagen? Im Falle des Bewußtseins haben wir doch ebenfalls die Unterscheidung zwischen den »physischen« Vorgängen und den subjektiven »geistigen« Erlebnissen, warum also läßt sich das Bewußtsein nicht mit Rückgriff auf neurophysiologische Vorgänge in der Weise neu definieren, in der wir Wärme mit Rückgriff auf zugrundeliegende physische Vorgänge neu definiert haben? Nun, wenn wir darauf bestünden, die Neudefinition vorzunehmen, dann könnten wir das natürlich machen. Wir könnten beispielsweise »Schmerz« einfach als Muster neuronaler Aktivität definieren, durch die subjektive Schmerzempfindungen verursacht werden. Und mit einer derartigen Neudefinition hätten wir für Schmerz eine Zurückführung derselben Art erreicht, wie wir sie für Wärme haben. Doch mit der Zurückführung von Schmerz auf seine physische Wirklichkeit wird natürlich das subjektive Schmerzerlebnis immer noch nicht zurückgeführt, wie ja auch bei der Zurückführung von Wärme das subjektive Wärmeerlebnis nicht auf irgend etwas zurückgeführt wird. Zur Pointe der Zurückführungen gehörte es, die subjektiven Erlebnisse abzutrennen und sie aus der Definition der wirklichen Phänomene auszuschließen; letztere werden dann mit Rückgriff auf diejenigen Merkmale definiert, die uns am meisten interessieren. Doch wenn die Phänomene, die uns am meisten interessieren, gerade die subjektiven Erlebnisse selbst sind, dann läßt sich da nichts abtrennen. Zur Pointe der Zurückführung von Wärme gehörte es, zwischen der subjektiven Erscheinung einerseits und der zugrundeliegenden physischen Realität andererseits zu unterscheiden. Ja, es ist sogar ein allgemeines Merkmal derartiger Reduktionen, daß das Phänomen mit Rückgriff auf die »Wirklichkeit« und nicht mit Rückgriff auf die »Erscheinung« definiert wird. Doch eine solche Unterscheidung zwischen Erscheinung und Wirklichkeit können wir im Hinblick auf das Bewußtsein nicht machen, denn das Bewußtsein besteht in den Erscheinungen selbst. *Wo es um die Erscheinung geht, können wir keine Unterscheidung zwischen Erscheinung und Wirklichkeit machen, weil die Erscheinung die Wirklichkeit ist.*

Im Hinblick auf unsere gegenwärtigen Zwecke können wir dies so zusammenfassen: Das Bewußtsein ist nicht in der Weise zurückführbar, in der andere Phänomene es sind, aber nicht, weil an dem Tatsachenmuster in der wirklichen Welt irgend etwas Besonderes wäre, sondern, weil die Zurückführung der anderen Phänomene zum Teil davon abhängt, daß zwischen »objektiver physischer Wirklichkeit« einerseits und bloß »subjektiver Erscheinung« andererseits unterschieden wird und daß die Erscheinung aus den zurückgeführten Phänomenen eliminiert wird. Im Falle des Bewußtseins jedoch ist die Wirklichkeit die Erscheinung, mithin ginge die Pointe der Zurückführung verloren, wenn wir die Erscheinung abzutrennen versuchten und Bewußtsein einfach mit Rückgriff auf die zugrundeliegende physische Realität definierten. Im allgemeinen beruht das Muster unserer Zurückführungen darauf, daß die subjektive Basis, dank welcher wir das Vorliegen einer bestimmten Eigenschaft bemerken, nun nicht mehr als zu den Letztbestandteilen dieser Eigenschaft gehörig akzeptiert wird. Zwar gelangen wir durch das Fühlen und Sehen zu unserem Wissen über Wärme und Licht, aber wir definieren das Phänomen dann in einer Weise, die von der Erkenntnistheorie unabhängig ist. Das Bewußtsein bildet aus einem trivialen Grund eine Ausnahme zu diesem Muster. Um es noch einmal zu sagen, der Grund ist der, daß keine Zurückführung, in der die Erkenntnisbasis (die Erscheinungen) ausgelassen wird, für die Erkenntnisbasis selbst funktionieren kann. Denn da ist ja die Erscheinung die Wirklichkeit.

Doch damit zeigt sich, daß die Irreduzibilität des Bewußtseins eine triviale Konsequenz der Pragmatik unserer Definitionspraktiken ist. Ein triviales Ergebnis dieser Art hat nur triviale Konsequenzen. Es hat keine tiefreichenden metaphysischen Konsequenzen für die Einheit unseres umfassenden wissenschaftlichen Weltbilds. Es zeigt nicht etwa, daß das Bewußtsein letztlich kein Bestandteil der Wirklichkeit wäre oder daß es nicht Gegenstand wissenschaftlicher Untersuchung sein könnte oder daß es in unsere physikalische Gesamtkonzeption des Universums nicht hineinpaßte. Es zeigt nur, daß so, wie wir uns entschlossen haben, Reduktionen durchzuführen, das Bewußtsein per definitionem von einem gewissen Muster der Zurückführung ausgeschlossen ist. Bewußtsein ist nicht wegen irgendeines geheimnisvollen Merkmals irreduzibel, sondern einfach deshalb, weil es kraft Definition nicht von dem Reduktionsmuster erfaßt wird, das wir aus pragmatischen Gründen gewählt haben. Vortheoretisch gesehen ist das Bewußtsein – wie auch die Festigkeit – ein Oberflächenmerkmal gewisser physischer Systeme. Doch anders als die Festigkeit läßt sich das Bewußtsein nicht mit Rückgriff auf eine zugrundeliegende Mikrostruktur neu definieren, so daß die Oberflächenmerkmale sich dann als bloße Wirkungen des wirklichen Bewußtseins auffassen ließen – täte man dies, so würde von vornherein die Pointe verspielt, die unser Begriff des Bewußtseins für uns hat.

Bis hierhin habe ich in diesem Kapitel sozusagen vom Standpunkt des Materialisten aus argumentiert. Das, worauf es mir dabei ankam, läßt sich folgendermaßen zusammenfassen: Der Kontrast zwischen der Reduzibilität von Wärme, Farbe, Festigkeit usw. auf der einen Seite und der Irreduzibilität der Bewußtseinszustände auf der anderen Seite spiegelt keinen Unterschied in der Wirklichkeitsstruktur wider, sondern einen Unterschied in unseren Praktiken des Definierens. Vom Standpunkt der Eigenschaftsdualisten ließe sich dies folgendermaßen formulieren: Der Anschein eines Kontrasts zwischen der Irreduzibilität des Bewußtseins und der Reduzibilität von Farbe, Wärme, Festigkeit usw. ist in Wirklichkeit *bloßer Schein*. In Wirklichkeit haben wir die Subjektivität von Rot zum Beispiel gar nicht eliminiert, als wir Rot auf Lichtreflexionsmerkmale zurückgeführt haben; wir haben einfach den subjektiven Anteil nicht mehr »rot« genannt. Mit diesen »Reduktionen« haben wir überhaupt gar kein subjektives Phänomen eliminiert; wir haben nur damit aufgehört, sie mit ihren alten Namen zu benennen. Ob wir die Irreduzibilität nun vom materialistischen oder vom dualistischen Standpunkt betrachten – es bleibt dabei, daß das Universum einen irreduzibel subjektiven, physischen Bestandteil als einen Bestandteil der physischen Wirklichkeit enthält.

Zum Abschluß dieses Teils der Argumentation möchte ich klarmachen, was ich damit sage und was nicht. Ich sage damit nicht, daß das Bewußtsein kein seltsames und wundervolles Phänomen ist. Ganz im Gegenteil, ich denke, wir sollten über die Tatsache staunen, daß evolutionäre Vorgänge Nervensysteme hervorgebracht haben, die in der Lage sind, subjektive Bewußtseinszustände zu verursachen und zu erhalten. Wie ich schon im 4. Kapitel bemerkt habe, ist uns das Bewußtsein heutzutage ein empirisches Geheimnis, wie es der Elektromagnetismus früher war, als die Menschen dachten, das Universum müsse ganz und gar nach Newtonschen Prinzipien funktionieren. Was ich damit jedoch sage, ist dies: Ist die Existenz des (subjektiven, qualitativen) Bewußtseins erst einmal anerkannt (und kein geistig gesunder Mensch kann dessen Existenz leugnen, obwohl viele vorgeben, dies zu tun), dann ist an seiner *Irreduzibilität* nichts Seltsames, Wunderbares oder Mysteriöses. Bei gegebener Existenz des Bewußtseins ist dessen Irreduzibilität eine triviale Konsequenz unserer Praktiken des Definierens. Aus dieser Irreduzibilität ergibt sich überhaupt nichts, was der Wissenschaft abträglich wäre. Weiterhin spreche ich, wenn ich von der Irreduzibilität des Bewußtseins spreche, von dessen *Irreduzibilität relativ zu Standardmustern der Reduktion*. Niemand kann a priori die Möglichkeit einer größeren intellektuellen Revolution ausschließen, die uns eine neue – und derzeit unvorstellbare – Konzeption von Reduktion brächte, gemäß der das Bewußtsein dann zurückführbar wäre.

# V. Supervenienz

In den letzten Jahren hat man sich sehr mit einer Beziehung zwischen Eigenschaften herumgeplagt, die als »Supervenienz« bezeichnet wird (z. B. Kim 1979, 1982; Haugeland 1982). In Diskussionen innerhalb der Philosophie des Geistes wird häufig gesagt, das Geistige sei supervenient gegenüber dem Physischen. Damit ist, intuitiv gesprochen, gemeint, daß Geisteszustände von entsprechenden neurophysiologischen Zuständen vollständig abhängig sind – und zwar in folgendem Sinn: zu einem Unterschied bei den Geisteszuständen würde notwendigerweise ein entsprechender Unterschied bei den neurophysiologischen Zuständen gehören. Wenn ich beispielsweise von einem Zustand des Dursts in einen Zustand des Nicht-mehr-durstig-Seins übergehe, dann muß bei meinen Hirnzuständen eine Veränderung stattgefunden haben, die der Veränderung bei meinen Geisteszuständen entspricht.

Gemäß der von mir hier vertretenen Theorie sind Geisteszustände in folgender Hinsicht supervenient gegenüber neurophysiologischen Zuständen: Neurophysiologische Ursachen desselben Typs hätten geistige Wirkungen desselben Typs. Mit Rückgriff auf das berühmte Beispiel mit dem Hirn im Topf läßt sich also sagen: Wenn da zwei Hirne wären, die bis hin zum letzten Molekül vom selben Typ wären, dann würde die Kausalbasis des Geistigen garantieren, daß sie dieselben geistigen Phänomene hätten. Gemäß dieser Charakterisierung der Supervenienz-Beziehung ist die Supervenienz des Geistigen gegenüber dem Körperlichen durch die Tatsache gekennzeichnet, daß physische Zustände kausal hinreichend, wenn auch nicht unbedingt kausal notwendig für die entsprechenden Geisteszustände sind. Und das heißt (unter dieser Definition der Supervenienz) nichts anderes als dies: Neurophysiologische Gleichheit garantiert geistige Gleichheit, geistige Gleichheit garantiert aber keine neurophysiologische Gleichheit.

Man muß betonen, daß es sich bei dieser Art der Supervenienz um *kausale* Supervenienz handelt. Supervenienz wurde ursprünglich im Zusammenhang der Ethik diskutiert, und dieser ursprüngliche Begriff war kein Kausalbegriff. Die Idee, die sich in den frühen Schriften von Moore (1922) und Hare (1952) findet, war dabei die, daß moralische Eigenschaften gegenüber natürlichen Eigenschaften supervenient sind – so daß sich also zwei Gegenstände nicht nur darin voneinander unterscheiden können, daß z. B. der eine gut ist und der andere nicht. Wenn der eine besser ist als der andere, dann muß es irgendein weiteres Merkmal geben, dank welchem er besser ist als der andere. Jedoch ist dieser Begriff der moralischen Supervenienz kein Kausalbegriff. Das heißt: die Merkmale eines Gegenstands, durch die er gut ist, *verursachen* sein Gutsein nicht, vielmehr *konstituieren* sie es. Im Falle der Geist/Hirn-Supervenienz hingegen verursachen die neuralen Phänomene die geistigen.

Mithin gibt es wenigstens zwei Begriffe der Supervenienz: einen Konstitutionsbegriff und einen Kausalbegriff. Meines Erachtens ist nur der Kausalbegriff für Erörterungen des Körper/Geist-Problems wichtig. In dieser Hinsicht unterscheidet sich meine Theorie von den üblichen Theorien der Supervenienz des Geistigen gegenüber dem Körperlichen. So behauptet Kim (1979, insbesondere S. 45 ff.), wir sollten uns die Beziehung zwischen den neuralen Ereignissen und den ihnen gegenüber supervenienten geistigen Ereignissen nicht als eine Kausalbeziehung vorstellen, und er behauptet sogar, daß die supervenienten geistigen Ereignisse – von ihrer Supervenienz gegenüber den neurophysiologischen Ereignissen abgesehen, die »eine direktere kausale Rolle« spielen – keinen kausalen Status haben. »Wenn das Epiphänomenalismus ist«, so sagt er gutgelaunt (S. 47), »dann laßt uns das Beste daraus machen.«

Mit beiden Behauptungen stimme ich nicht überein. Es scheint mir nach allem, was wir über das Hirn wissen, ganz offenkundig zu sein, daß geistige Makro-Phänomene allesamt von Mikro-Phänomenen niedrigerer Stufe verursacht werden. An solcherlei Aufwärts-Verursachung ist nichts Geheimnisvolles; sie ist ziemlich verbreitet in der physischen Welt. Weiterhin wird die kausale Wirksamkeit geistiger Merkmale in keiner Weise dadurch beeinträchtigt, daß diese Merkmale gegenüber neuronalen Merkmalen supervenient sind. Die Festigkeit des Kolbens ist ja auch kausal supervenient gegenüber seiner Molekularstruktur, doch dadurch wird die Festigkeit nicht epiphänomenal; und entsprechend wird mein momentaner Rückenschmerz nicht dadurch zu einem Epiphänomen, daß er gegenüber Mikro-Ereignissen in meinem Hirn kausal supervenient ist.

Meine Schlußfolgerung ist: Sobald man erkennt, daß es Formen der Verursachung gibt, die von unten nach oben, von Mikro nach Makro verlaufen, gibt es für den Begriff der Supervenienz in der Philosophie des Geistes nichts mehr zu tun. Die formalen Merkmale der Beziehung sind bereits durch das kausale Hinreichen der Mikro-Makro-Verursachungsformen gegeben. Und die Analogie zur Ethik ist einfach nur eine Quelle der Verwirrung. Die Beziehung zwischen geistigen Makro-Merkmalen des Hirns und seinen neuronalen Mikro-Merkmalen ist der Beziehung zwischen dem Gutsein und den Merkmalen, wodurch etwas gut ist, völlig unähnlich, und es verwirrt nur, sie über einen Kamm zu scheren. Wie Wittgenstein sagt: »Wenn du um verschiedenartige Möbelstücke nur genug Papier herumwickelst, kannst du sie alle so aussehen lassen, als hätten sie dieselbe Form.«

## 6. Kapitel

# Die Struktur des Bewußtseins: eine Einführung

Beiläufig habe ich einige Behauptungen über die Natur des Bewußtseins gemacht, und es ist jetzt an der Zeit, eine allgemeinere Theorie zu entwickeln. Ein solches Vorhaben kann zugleich unbewältigbar schwierig und lächerlich einfach erscheinen. Schwierig – denn heißt die Geschichte unseres Bewußtseins erzählen nicht letzten Endes: die Geschichte unseres gesamten Lebens erzählen? Und einfach – denn sind wir dem Bewußtsein nicht näher als allem andern? Der cartesianischen Tradition zufolge ist die Kenntnis, die wir von unseren Geisteszuständen haben, unmittelbar und gewiß; die Sache sollte also einfach sein. Das ist sie jedoch nicht. Beispielsweise fällt es mir leicht, die Gegenstände auf dem Tisch vor mir zu beschreiben; wie aber würde eine gesonderte und noch hinzukommende Beschreibung meiner bewußten Erfahrungen von diesen Gegenständen aussehen?

Zwei Themen sind für das Bewußtsein entscheidend, doch werde ich nur wenig dazu sagen können, weil ich sie noch nicht hinlänglich verstehe. Das erste ist Zeitlichkeit. Seit Kant ist uns deutlich, daß zwischen den Beziehungen des Bewußtseins zum Raum und zur Zeit eine Asymmetrie besteht. Obgleich wir Gegenstände und Ereignisse als räumlich ausgedehnt und als zeitlich andauernd erleben, wird unser Bewußtsein selbst nicht als räumlich, wohl aber als zeitlich ausgedehnt erlebt. Die zeitlichen Metaphern zur Beschreibung der Zeit scheinen auch bei der Beschreibung des Bewußtseins fast unvermeidlich (wo wir z. B. vom »Bewußtseinstrom« sprechen). Die phänomenologische Zeit ist zwar dafür berühmt und berüchtigt, daß sie mit der wirklichen Zeit nicht genau übereinstimmt, ich habe aber keine Erklärung für den systematischen Charakter dieser Disparitäten.[1]

Das zweite Thema, das ich außer acht lasse, ist die Gesellschaft. Ich bin davon überzeugt, daß die Kategorie der »anderen Leute« in der *Struktur* unserer bewußten Erlebnisse eine besondere Rolle spielt, eine Rolle, die der von Gegenständen und Sachverhalten unähnlich ist: und ich glaube, daß diese Fähigkeit, anderen Bewußtseinsträgern einen Sonderstatus zuzuweisen, eine biologische Grundlage hat und auch eine Hintergrund-Voraussetzung aller Formen kollektiver Intentionalität ist (Searle 1990). Aber ich weiß derzeit noch nicht, wie ich diese Behauptungen beweisen könnte, und auch nicht, wie die Struktur des gesellschaftlichen Bestandteils im individuellen Bewußtsein zu analysieren ist.

## I. Ein Dutzend Strukturmerkmale

Im folgenden möchte ich versuchen, grobe Strukturmerkmale des normalen, alltäglichen Bewußtseins zu beschreiben. Dabei werde ich oft die Abwesenheit eines Merkmals in pathologischen Fällen als ein Identifikationsargument verwenden.

### 1. Endlich viele Modalitäten

Menschliches Bewußtsein manifestiert sich in einer streng begrenzten Anzahl von Modalitäten. Zu den fünf Sinnen (Sehen, Tasten, Riechen, Schmecken und Hören) und dem sechsten Sinn (dem »Gleichgewichtssinn«) kommen noch die Körperempfindungen (»Propriozeption«) und der Strom der Gedanken hinzu. Unter Körperempfindung verstehe ich nicht nur die offensichtlichen physischen Empfindungen, wie z. B. die Schmerzen, sondern auch beispielsweise mein sinnliches Gewahrsein der Position meiner Arme und Beine oder das Gefühl in meinem rechten Knie. Der Strom der Gedanken umfaßt nicht nur Wörter und (sowohl visuelle als auch anderweitige) Bilder, sondern auch noch weitere Bestandteile, die weder sprachartig noch bildartig sind. Beispielsweise kommt einem manchmal ein Gedanke ganz plötzlich, »mit einem Schlage«, und zwar weder in sprachartiger noch in bildartiger Form. Zudem umfaßt der Gedankenstrom, so wie ich diesen Ausdruck verwende, Gefühle wie diejenigen, die man gemeinhin als »Emotionen« bezeichnet. Beispielsweise könnte ich innerhalb des Gedankenstroms plötzlich eine Wut in mir aufsteigen spüren oder den Wunsch, jemanden zu schlagen, oder starken Durst nach einem Glas Wasser.

Es gibt keinen apriorischen Grund dafür, daß das Bewußtsein auf diese Formen beschränkt sein müßte. Es scheint einfach nur eine Tatsache der evolutionären Entwicklungsgeschichte des

Menschen zu sein, daß unsere Spezies diese Formen ausgebildet hat. Es gibt gute Anhaltspunkte dafür, daß gewisse andere Spezies andere Sinnesmodalitäten entwickelt haben. Die visuelle Wahrnehmung ist beim Menschen besonders wichtig, und einigen neurophysiologischen Theorien zufolge widmet sich mehr als die Hälfte des Cortex visuellen Funktionen.

Ein weiteres allgemeines Merkmal jeder einzelnen Modalität ist, daß sie unter dem Aspekt des Angenehmen bzw. des Unangenehmen auftreten kann, und die Art, auf welche sie angenehm/unangenehm ist, ist im allgemeinen modalitätsspezifisch. Beispielsweise sind angenehme Gerüche nicht auf die Art angenehm, auf die angenehme Gedanken es sind – nicht einmal dann, wenn es in den angenehmen Gedanken um angenehme Gerüche geht. Der angenehm/unangenehm-Aspekt von Bewußtseinsmodalitäten steht oft, aber nicht immer, mit einer Intentionalitätsform in Zusammenhang. So ist im Falle visueller Erlebnisse im allgemeinen nicht ihr rein sinnlicher Aspekt dasjenige, was angenehm bzw. unangenehm ist, sondern die ihnen innewohnende Intentionalität. Es ist uns unangenehm, etwas Ekelhaftes zu sehen, wie z. B. jemanden, der sich übergibt; und es ist uns angenehm, etwas Beeindruckendes zu sehen, wie z. B. die Sterne in einer klaren Nacht. Doch in jedem dieser Fälle sind die rein visuellen Aspekte der Szene nicht die ganze Quelle des angenehmen bzw. unangenehmen Charakters. Das ist nicht bei allen Körperempfindungen so. Schmerz kann einfach als schmerzhaft erlebt werden, ohne jederlei zugeordnete Intentionalität. Allerdings wird sich das Unangenehmsein des Schmerzes bei gewissen Arten damit in Verbindung gebrachter Intentionalität ändern. Schmerz ist unangenehmer, wenn man glaubt, daß er ungerechtfertigt zugefügt wird, als wenn man glaubt, daß er z. B. im Zuge einer notwendigen ärztlichen Behandlung zugefügt wird. Orgasmen sind in ähnlicher Weise durch Intentionalität gefärbt. Man könnte sich leicht vorstellen, wie ein Orgasmus ohne irgendwelche erotischen Gedanken auftritt – man nehme beispielsweise an, er wäre mittels Elektrizität hervorgerufen worden –, aber das Angenehme an einem Orgasmus steht im allgemeinen in einer internen Beziehung zu seiner Intentionalität, obgleich Orgasmen Körperempfindungen sind. In diesem Abschnitt geht es mir nur um das Angenehme/Unangenehme der einzelnen Modalität; das Angenehme/Unangenehme totaler Bewußtseinszustände werde ich als Merkmal 12 erörtern.

## 2. Einheit

Es ist bezeichnend für nichtpathologische Bewußtseinszustände, daß sie sich uns als Teil einer vereinigten Abfolge darbieten. Ich habe nicht einfach nur ein Zahnschmerzerlebnis und auch noch ein visuelles Erlebnis der Couch, die nicht weit entfernt von mir steht, und der Rosen, die in der Vase rechts von mir stehen – so, wie ich zufällig gleichzeitig ein gestreiftes Hemd und dunkelblaue Socken anhabe. Der entscheidende Unterschied ist folgender: Mein Schmerzerlebnis, mein Erlebnis von den Rosen und das von der Couch habe ich allesamt als Erlebnisse, die Teil ein und desselben Bewußtseinsereignisses sind. Einheit existiert in wenigstens zwei Dimensionen, die ich (unter Fortführung der räumlichen Metaphorik) »horizontal« und »vertikal« nennen werde. Horizontale Einheit ist die Ordnung bewußter Erlebnisse über kurze Zeiträume hinweg. Wenn ich beispielsweise einen Satz – und sei's auch einen langen – spreche oder denke, so bin ich mir auch dann noch des Anfangs dessen, was ich gesagt bzw. gedacht habe, gewahr, wenn dieser Teil gar nicht mehr gesagt oder gedacht wird. Ikonisches Gedächtnis dieser Art ist für die Einheit des Bewußtseins wesentlich, und vielleicht ist sogar Kurzzeitgedächtnis wesentlich. Vertikale Einheit betrifft das gleichzeitige Gewahrsein all der verschiedenen Merkmale eines beliebigen Bewußtseinszustands, wie dies durch das Beispiel mit dem Zahnschmerz, der Couch und den Rosen veranschaulicht worden ist. Wie das Hirn diese Einheit zustande bringt, darüber wissen wir nur wenig. In der Neurophysiologie wird dies das »Verbindungsproblem« genannt; Kant nannte dasselbe Phänomen »die transzendentale Einheit der Apperzeption«.

Ohne diese beiden Merkmale – die horizontale Einheit des in der Erinnerung Gegenwärtigen[2] und die vertikale Einheit der Verbindung der Bestandteile zu einer Einheit – könnten wir mit unseren Erlebnissen keinen normalen Sinn verknüpfen. Dies wird durch die verschiedenen pathologischen Formen wie die sog. Split-brain-Phänomene (Gazzaniga 1970) und Korsakovs Syndrom (Sacks 1985) illustriert.

## 3. Intentionalität

Bewußtsein ist zumeist intentional, aber nicht immer. Ich mag mich beispielsweise einfach in einer depressiven oder wohlgemuten Stimmung befinden, ohne über irgend etwas Spezielles deprimiert oder wohlgemut zu sein. In diesen Fällen ist meine Stimmung, als solche, nicht intentional. Im allgemeinen ist ein Bewußtseinszustand jedoch auf irgend etwas gerichtet, selbst wenn das, worauf er gerichtet ist, nicht existiert – und in diesem Sinn hat er Intentionalität. In vielen Fällen ist Bewußtsein in der Tat Bewußtsein von etwas, und das »von« in »Bewußtsein von« ist das »von« der Intentionalität.

Der Grund dafür, daß es uns schwerfällt, zwischen meiner Beschreibung der Gegenstände auf dem Tisch und meiner Beschreibung meines Erlebnisses von den Gegenständen auf dem Tisch zu unterscheiden, ist, daß die Eigenschaften der Gegenstände genau die Erfüllungsbedingungen meiner bewußten Erlebnisse von ihnen sind. Mithin ist das Vokabular, dessen ich mich bediene, um den Tisch zu beschreiben (»Rechts ist eine Lampe, links eine Vase und in der Mitte steht eine Statuette«), genau dasselbe wie das, dessen ich mich bediene, um meine bewußten Erlebnisse vom Tisch zu beschreiben. Um die zu beschreiben, müßte ich sagen: »Ich habe den visuellen Eindruck, daß rechts eine Lampe ist, links eine Vase und eine Statuette in der Mitte.«

Meine bewußten Erlebnisse sind – anders als ihre Objekte – immer perspektivisch. Sie sind immer von einem Standpunkt aus. Die Gegenstände selbst hingegen haben keinen Standpunkt. Perspektive und Standpunkt sind bei der visuellen Wahrnehmung am augenfälligsten, aber natürlich sind sie auch bei unseren anderen Sinneserlebnissen gegeben. Wenn ich einen Tisch berühre, erlebe ich ihn nur unter gewissen Aspekten und von einer gewissen Stelle im Raum aus. Wenn ich einen Klang höre, höre ich ihn nur aus einer bestimmten Richtung, und ich höre gewisse seiner Aspekte. Und so weiter.

Wenn wir auf den perspektivischen Charakter bewußten Erlebens aufmerksam werden, dann werden wir dadurch daran erinnert, daß *alle Intentionalität aspekthaft ist*. Einen Gegenstand von einem gewissen Standpunkt zu sehen, heißt beispielsweise, ihn unter gewissen Aspekten und nicht unter anderen zu sehen. In diesem Sinne ist alles Sehen ein »Sehen, daß«. Und was für das

Sehen gilt, gilt für alle Formen der Intentionalität, ob bewußt oder unbewußt. Alle Repräsentationen repräsentieren ihre Gegenstände – oder sonstigen Erfüllungsbedingungen – unter gewissen Aspekten. Jeder intentionale Zustand hat eine (von mir so genannte) *Aspektgestalt.*

## 4. Subjektives Gefühl

Von der Erörterung der Intentionalität gelangen wir ganz zwanglos dazu, wie sich unsere Bewußtseinszustände »anfühlen«. In den vorausgegangenen Kapiteln hatte ich Gelegenheit, bereits einiges über Subjektivität zu sagen, deshalb will ich mich hier diesbezüglich kurz fassen. Belassen wir es hier bei der Bemerkung, daß zur Subjektivität notwendigerweise der »Wie-es-gefühlsmäßig-ist«-Aspekt von Bewußtseinszuständen dazugehört. Wenn ich mich also beispielsweise frage, wie es ist, ein Delphin zu sein, den lieben langen Tag herumzuschwimmen und im Ozean umherzutollen, dann ist meine Frage deshalb sinnvoll, weil ich annehme, daß Delphine bewußte Erlebnisse haben. Hingegen kann ich mich in diesem Sinne nicht fragen, wie es (gefühlsmäßig) ist, eine Schindel zu sein, die jahrein, jahraus ans Dach festgenagelt ist, denn in dem Sinn des Ausdrucks, in dem wir ihn hier verwenden, gibt es ja gar nichts, was sich als »wie es ist, eine Schindel zu sein« bezeichnen ließe – denn Schindeln haben kein Bewußtsein.

Wie ich zuvor schon dargelegt habe, ist die philosophische Verwirrung im Hinblick auf das Bewußtsein auf die Subjektivität mehr als auf irgend etwas anderes zurückzuführen.

## 5. Die Verbindung zwischen Bewußtsein und Intentionalität

Ich hoffe, daß das, was ich bislang gesagt habe, einleuchtend ist. Jetzt möchte ich eine sehr starke Behauptung aufstellen – eine Behauptung, die ich erst im nächsten Kapitel vollständig untermauern werde. Sie lautet: Nur ein Lebewesen, das bewußte intentionale Zustände haben könnte, könnte überhaupt intentionale Zustände haben, und jeder unbewußte intentionale Zustand ist zumindest potentiell bewußt. Diese These hat ungeheure Konsequenzen für die Untersuchung des Geistes. Aus ihr ergibt sich beispielsweise, daß jede Erörterung über Intentionalität, bei der die

Frage des Bewußtseins ausgelassen wird, unvollständig ist. Zwar ist es möglich, die logische Struktur intentionaler Phänomene zu beschreiben, ohne dabei über das Bewußtsein zu sprechen – und das habe ich in meinem Buch *Intentionalität* (Searle 1983) sogar weitestgehend so gemacht –, aber zwischen Bewußtsein und Intentionalität gibt es eine begriffliche Verbindung, aus der sich ergibt, daß eine vollständige Theorie der Intentionalität eine Erklärung des Bewußtseins verlangt.

### 6. Die Figur/Hintergrund-Struktur
### bewußten Erlebens

Aus der Gestaltpsychologie ist uns geläufig, daß unsere Wahrnehmungserlebnisse uns als Figur vor einem Hintergrund begegnen. Wenn ich beispielsweise den Pullover auf dem Tisch vor mir sehe, dann sehe ich den Pullover vor dem Hintergrund des Tischs. Wenn ich den Tisch sehe, dann sehe ich ihn vor dem Hintergrund des Fußbodens. Wenn ich den Fußboden sehe, dann sehe ich ihn vor dem Hintergrund des ganzen Zimmers – bis wir schließlich an die Grenzen meines visuellen Felds gelangen. Was aber für die Wahrnehmung charakteristisch ist, scheint für das Bewußtsein allgemein charakteristisch zu sein: worauf auch immer ich meine Aufmerksamkeit richte, es befindet sich vor einem Hintergrund, der nicht im Zentrum der Aufmerksamkeit steht; und je größer der Aufmerksamkeitsbereich, desto näher gelangen wir an die Grenzen meines Bewußtseins, an denen der Hintergrund einfach aus den Randbedingungen besteht, die ich als Merkmal 10 weiter erörtern werde.

Mit der Figur/Hintergrund-Struktur bewußter Erlebnisse hängt die Tatsache zusammen, daß unsere normalen Wahrnehmungen immer strukturiert sind, daß ich nicht einfach undifferenzierte Umrisse wahrnehme, daß meine Wahrnehmungen vielmehr in Gegenstände und Gegenstandsmerkmale geordnet sind. Dies hat zur Folge, daß alles (normale) Sehen ein *Sehen als* ist, alles (normale) Wahrnehmen ein *Wahrnehmen als* und, in der Tat, alles Bewußtsein ein *Bewußtsein von irgend etwas als so-und-so*.

Hier geht es um zwei verschiedene aber zusammenhängende Merkmale. Das eine ist die Figur/Hintergrund-Struktur der Wahrnehmung und des Bewußtseins im allgemeinen; das zweite ist die Ordnung unserer Wahrnehmungen und sonstigen bewußten Erlebnisse. Die Figur/Hintergrund-Struktur ist ein Spezialfall (wenn auch ein sehr verbreiteter) des allgemeineren Merkmals der Strukturiertheit. Ein weiteres damit zusammenhängendes Merkmal, das ich gleich als Merkmal 10 erörtern werde, sind die allgemeinen Randbedingungen, die anscheinend auf jeden Bewußtseinszustand überhaupt anwendbar sind.

## 7. Der Aspekt des Vertrauten

Neben der Zeitlichkeit, Gesellschaftlichkeit, Einheit, Subjektivität und Strukturiertheit des Bewußtseins scheint mir das, was ich »den Aspekt des Vertrauten« nennen möchte, das durchgängigste Merkmal gewöhnlicher, nichtpathologischer Bewußtseinszustände zu sein. Da alle bewußte Intentionalität aspekthaft ist (Merkmal 3) und nichtpathologische Formen des Bewußtseins strukturiert bzw. geordnet sind (Merkmal 6), ist durch den früheren Besitz eines Apparats, der dazu hinreicht, aspekthaftes und geordnetes Bewußtsein zu erzeugen, automatisch garantiert, daß die aspekthaften Merkmale bewußten Erlebens und die auftretenden Bewußtseinsstrukturen und -ordnungen einigermaßen vertraut sein werden. In welcher Weise, das werde ich nun zu erklären versuchen.

Der beste Zugang zum Aspekt des Vertrauten ergibt sich, wenn wir meine Theorie mit der Wittgensteins kontrastieren. Wittgenstein fragt (1953, §§ 602 ff.), ob ich, wenn ich in mein Zimmer komme, einen »Vorgang des Wiedererkennens« erlebe, und er erinnert uns daran, daß es einen solchen Vorgang in Wirklichkeit nicht gibt. Meines Erachtens hat er recht. Dennoch *kommt mir mein Zimmer vertraut vor*, wenn ich hineinkomme. Dies kann man daran sehen, daß man sich vorstellt, es wäre irgend etwas ganz und gar unvertraut – beispielsweise ein großer Elefant mitten im Zimmer, oder die Decke wäre eingestürzt, oder jemand hätte ganz andere Möbel hineingestellt. Im normalen Alltagsfall kommt mir das Zimmer vertraut vor. Ich möchte nun auf folgendes hinaus: Was auf mein Erlebnis des Zimmers zutrifft, das trifft auch mehr oder weniger auf mein ganzes Welt-Erleben zu. Wenn ich die Straße entlanggehe, dann sind mir diese Gegenstände da als Häuser vertraut, und jene anderen dort sind mir als Menschen vertraut. Ich erlebe die Bäume, den Bürgersteig, die Straßen als Teil des Vertrauten. Und selbst wenn ich mich in einer fremden

Stadt aufhalte, in der mich die seltsame Kleidung der Leute und die ausgefallene Bauweise der Häuser beeindruckt, dann gibt es dennoch den Aspekt des Vertrauten. Das da sind immer noch Leute; jenes dort sind immer noch Häuser; ich bin immer noch ein Lebewesen in einem Körper, mit einem bewußten Sinn meines eigenen Gewichts, einem Sinn für die Gravitationskräfte, die auf mich und andere Gegenstände einwirken; ich habe einen inneren Sinn für meine Körperteile und ihre Position. Am wichtigsten von alledem ist vielleicht: Ich habe einen inneren Sinn dafür, wie es ist, ich zu sein – ein Gefühl meiner selbst.[3]

Es bedarf einer intellektuellen Anstrengung, um diesen Aspekt des Vertrauten zu durchbrechen. So malen surrealistische Maler z. B. Landschaften, in denen keinerlei vertraute Gegenstände sind. Doch selbst in solchen Fällen haben wir dennoch das Gefühl von Gegenständen in einer Umgebung, von einem Erdhorizont, von der Erdanziehung, durch die die Gegenstände am Boden gehalten werden, von Licht, das aus einer Quelle kommt, von einem Standpunkt, von dem aus das Bild gemalt ist, von uns selbst, die wir das Bild betrachten – und all diese Gefühle gehören zum Aspekt des Vertrauten unseres Bewußtseins. Die zerfließende Uhr ist immer noch eine Uhr, die Frau mit den drei Köpfen ist immer noch eine Frau. Gerade durch diesen Aspekt des Vertrauten wird – viel eher als beispielsweise durch induktive Vorhersagbarkeit – verhindert, daß Bewußtseinszustände jenes »blühende Gesumme der Verwirrung« sind, das William James beschreibt.

Ich habe mit Absicht den Ausdruck »Aspekt des Vertrauten« gewählt und nicht die üblichere Wendung »Gefühl des Vertrauten«, denn ich möchte hervorheben, daß das Phänomen, das ich hier erörtere, kein separates Gefühl ist. Wenn ich beispielsweise meine Schuhe sehe, dann habe ich nicht sowohl ein visuelles Erlebnis von den Schuhen als auch ein Gefühl des Vertrauten, vielmehr *sehe* ich die Schuhe in einem *als* Schuhe und *als* die meinigen. Der Aspekt des Vertrauten ist kein separates Erlebnis, und daher hat Wittgenstein recht mit seiner Bemerkung, daß es keinen Vorgang des Wiedererkennens gibt, wenn ich mein Zimmer sehe. Dennoch sieht es für mich wie mein Zimmer aus, und unter diesem Aspekt des Vertrauten nehme ich es wahr.

Der Aspekt des Vertrauten tritt in unterschiedlichen Graden auf; er ist ein skalares Phänomen. Ganz am oberen Ende der Vertrautheitsskala befinden sich die Gegenstände, Schauplätze,

Leute und Anblicke meines gewöhnlichen Alltagslebens. Weiter unter kommen dann seltsame Szenerien, in denen ich nicht vieles antreffe, was erkennbar oder kategorisierbar ist. Dies sind Szenerien der Art, wie sie von surrealistischen Malern dargestellt werden. Es ist möglich, sich einen Grenzfall vorzustellen, in dem rein gar nichts als vertraut wahrgenommen würde, in dem nichts erkennbar (nicht einmal als ein Gegenstand kategorisierbar) wäre, in dem nicht einmal der eigene Körper als der eigene oder auch nur als ein Körper kategorisierbar wäre. Ein derartiger Fall wäre im höchsten Maße pathologisch. Nicht ganz so extrem pathologische Formen treten auf, wenn vertraute Szenerien plötzlich ihr Vertrautes verlieren – wenn jemand zum Beispiel in einem Zustand neurotischer Verzweiflung auf die Maserung eines Stücks Holz starrt und völlig darin versinkt, als hätte er so etwas noch nie zuvor gesehen.

Der Aspekt des Vertrauten ist sehr wichtig für die Organisation und Ordnung meines bewußten Erlebens. Selbst wenn ich in meinem Zimmer einen Elefanten oder eine eingestürzte Decke vorfinde, so ist mir der Gegenstand trotzdem immer noch vertraut: als ein Elefant oder als eine eingestürzte Decke, und das Zimmer als mein Zimmer. Psychologen haben viele Belege dafür, daß Wahrnehmung eine Funktion der Erwartung ist (siehe z. B. Postman, Bruner und Walk 1951). Ein natürliches Korollar dieser Behauptung ist, daß die Organisation der Wahrnehmung nur dadurch möglich ist, daß Kategorien vorhanden sind, durch welche Entitäten innerhalb des Vertrauten identifiziert werden.

Das Merkmal des Erlebens, auf das ich hier hindeute, wird wohl jedem erkennbar sein, der darüber nachdenkt; jedoch ist es ziemlich knifflig, die Struktur der damit zusammenhängenden Intentionalität zu beschreiben. Gegenstände und Sachverhalte werden von mir als vertraut erlebt, aber das Vertrautsein ist im allgemeinen keine separate Erfüllungsbedingung. Vielmehr gibt es Bewußtsein nicht ohne Kategorisierung – ich sehe Dinge beispielsweise als Bäume, Leute, Häuser, Autos usw. –, die Kategorien müssen jedoch vor dem Erlebnis existieren, weil sie Bedingungen der Möglichkeit sind, gerade diese Erlebnisse zu haben. Um dies dort als eine Ente oder einen Hasen zu sehen, muß ich vor der Wahrnehmung über die Kategorien »Ente« und »Hase« verfügen. So wird denn die Wahrnehmung deshalb den Aspekt des Vertrauten haben, weil die sie ermöglichenden Kategorien selbst vertraute Kategorien sind. Die Argumentation geht, kurz gefaßt, folgendermaßen vor sich: Alles Wahrnehmen ist Wahrnehmen-als, und allgemeiner gesagt: alles Bewußtsein *von* ist Bewußtsein *als.* Damit man sich einer Sache bewußt ist, muß man sich ihrer als etwas bewußt sein (wobei wir pathologische Fälle und dergleichen wiederum ausklammern); Wahrnehmen-als und die anderen Formen von Bewußtsein-als erfordern jedoch Kategorien. Im vorhinein existierende Kategorien implizieren nun aber frühere Vertrautheit mit den Kategorien, deshalb stehen die Wahrnehmungen unter dem Aspekt des Vertrauten. *Mithin hängen diese Merkmale miteinander zusammen: Strukturiertheit, Wahrnehmung-als, die Aspektgestalt aller Intentionalität, Kategorien und der Aspekt des Vertrauten. Bewußte Erlebnisse bieten sich uns als strukturierte dar; diese Strukturen versetzen uns in die Lage, Dinge unter Aspekten wahrzunehmen; die Aspekte sind jedoch dadurch begrenzt, welche Kategorien wir beherrschen; und jene Kategorien, die uns vertraut sind, versetzen uns (in unterschiedlichem Maße) in die Lage, unsere Erlebnisse, wie neuartig sie auch immer sein mögen, dem Vertrauten anzugleichen.*

Ich begehe hier nicht den Fehlschluß, daraus, daß wir unter vertrauten Aspekten erleben, zu folgern, daß wir einen Aspekt des Vertrauten erleben. Das behaupte ich ganz und gar nicht. Was ich behaupte, ist vielmehr folgendes: Nichtpathologische Bewußtseinsformen haben in der Tat einen Aspekt des Vertrauten; und dies erklärt sich daraus, daß wir neurobiologisch realisierte Hintergrundfähigkeiten haben, die Erlebnisse erzeugen, die sowohl strukturiert als auch aspekthaft sind (wobei die besonderen Strukturen und Aspekte mehr oder weniger vertraut sind). Die fraglichen Fähigkeiten gehören nicht dem Bewußtsein an, sondern dem Hintergrund (mehr zum Hintergrund im 8. Kapitel).

## 8. Überfließen

Bewußtseinszustände haben im allgemeinen einen Bezug, der über ihren unmittelbaren Inhalt hinausreicht. Dieses Phänomen nenne ich »Überfließen«. Betrachten wir einen extremen Fall. Sally schaut Sam an, und plötzlich hat sie einen Gedanken; mit einem Mal ist ihr etwas klar: »Das ist es!« Auf die Bitte, ihren Gedanken zu formulieren, könnte sie vielleicht so anfangen:

»Nun, plötzlich wurde mir klar, daß ich die letzten anderthalb Jahre meine Zeit in einer Beziehung mit jemandem verschwendet habe, der überhaupt nicht zu mir paßt, daß meine Beziehung mit Sam trotz allem, was daran gut gewesen sein mag, von meiner Seite aus auf einer falschen Voraussetzung beruhte. Plötzlich war mir ganz deutlich, daß ich niemals eine dauerhafte Beziehung mit dem Anführer einer Motorradgang wie den Hell's Angels haben könnte, weil…« Und so weiter.

In einem solchen Fall hat der unmittelbare Inhalt eine Tendenz zum Überquellen: er stellt Verbindung zu anderen Gedanken her, die in einem gewissen Sinn zum Inhalt gehören, in einem gewissen Sinn aber auch nicht. Dieses Phänomen läßt sich zwar am besten mit Hilfe eines extremen Falls wie dem gerade geschilderten veranschaulichen, es ist meines Erachtens aber ein allgemeines Phänomen. Würde mich beispielsweise jetzt, wo ich hier sitze und aus dem Fenster auf die Bäume und den See schaue, jemand fragen, was ich sehe, dann könnte meine Antwort unbestimmt ausführlich ausfallen. Ich sehe die Bäume nicht nur als Bäume, sondern auch als Kiefern, als den Kiefern in Kalifornien ähnlich, wiewohl von ihnen verschieden, als in der-und-der Hinsicht ähnlich und in jener-und-jener Hinsicht unähnlich, und so weiter.

## 9. Das Zentrum und die Peripherie

Innerhalb des Bewußtseinsfelds müssen wir zwischen denjenigen Dingen unterscheiden, die im Zentrum der Aufmerksamkeit liegen, und denen, die an der Peripherie liegen. Wir sind uns sehr vieler Dinge bewußt, auf die wir nicht unsere Aufmerksamkeit richten. Beispielsweise habe ich bis eben meine Aufmerksamkeit auf das philosophische Problem der Beschreibung des Bewußtseins gerichtet und dem Gefühl des Stuhls am Rücken keinerlei Aufmerksamkeit geschenkt – genausowenig wie dem Druck meiner engen Schuhe oder dem leichten Kopfschmerz, den ich vom übermäßigen Weingenuß von gestern nacht habe. Dennoch bin ich mir all dieser Phänomene bewußt. Im nichttechnischen Sprachgebrauch bezeichnen wir solche Merkmale unseres bewußten Lebens oft als unbewußt, es ist aber ein Fehler zu sagen, ich sei mir des Gefühls des Hemds auf meiner Haut in dem Sinne unbewußt, in dem ich mir des Wachsens meiner Zehennägel unbewußt bin. Kurz, wir müssen die bewußt/unbewußt-Unterscheidung von der Aufmerksamkeitszentrum/Peripherie-Unterscheidung unterscheiden.

Betrachten wir ein weiteres Beispiel. Als ich heute zur Universität fuhr, war meine Aufmerksamkeit zum größten Teil von philosophischen Gedanken in Beschlag genommen. Dennoch ist es nicht richtig zu sagen, ich sei unbewußt gefahren. Unbewußtes Fahren hätte zu einer Katastrophe geführt. Die ganze Fahrt über war ich bei Bewußtsein, doch das Zentrum dessen, was mich beschäftigte, hatte nichts mit dem Verkehr und meinem Weg zu tun, sondern mit Gedanken zu philosophischen Problemen. Als ich heute morgen zur Universität fuhr, war meine oberste Aufmerksamkeitsebene auf philosophische Probleme gerichtet, die mir zu schaffen machen. Auf einer niedrigeren Aufmerksamkeitsebene – aber immer noch auf einer Ebene, die buchstäblich als *Aufmerksamkeit* bezeichnet werden kann – war meine Aufmerksamkeit auf das Fahren gerichtet. Zweifelsohne hätte ich aufgehört, über Philosophie nachzudenken und all meine Aufmerksamkeit auf die Straße gerichtet, wenn etwas geschehen wäre, das meine *volle Aufmerksamkeit* verlangt hätte. Über diese beiden Aufmerksamkeitsebenen hinaus gab es auch noch eine Reihe von Dingen, deren ich peripher gewahr war, die aber niemals auch nur in die Nähe des Zentrums meiner Aufmerksamkeit gelangten. Dazu würden beispielsweise die Bäume und Häuser, an denen ich vorbeigefahren bin, gehören, das Gefühl des Rücksitzes in meinem Rücken und das des Steuerrads in meinen Händen, die Musik im Autoradio und anderes mehr.

Es ist wichtig, sich zu bemühen, diese Unterscheidungen richtigzustellen, denn oft besteht die Verlockung, Dinge als unbewußt zu bezeichnen, die an der Peripherie unseres Bewußtseins sind. Und das ist falsch. Dreyfus (1991) zitiert wiederholt Heideggers Beispiel mit dem erfahrenen Zimmermann, der Nägel einhämmert. Während er das tut, denkt er vielleicht an seine Freundin oder ans Mittagessen und konzentriert nicht seine gesamte Aufmerksamkeit auf das Hämmern. Dennoch ist es völlig falsch, so zu tun, als sei er sich des Hämmerns nicht bewußt. Solange er kein totaler Zombie oder eine Maschine ohne Bewußtsein ist, ist er sich seines Hämmerns ganz und gar bewußt, auch wenn es sich nicht im Zentrum seiner Aufmerksamkeit befindet.

William James hat ein Gesetz formuliert, das wir nicht außer acht lassen sollten. Seine Formulierung war: »Wo Bewußtsein nicht gebraucht wird, zieht es sich zurück.« Ich denke, die bessere Formulierung ist: »Wo Aufmerksamkeit nicht gebraucht wird, zieht sie sich zurück.« Wenn ich beispielsweise gerade meine Schuhe anziehe, dann sind der Druck und das Gefühl der Schuhe im Zentrum meines Bewußtseins; oder wenn ich mich auf einen Stuhl setze, dann ist das Gefühl des Stuhls im Zentrum meines Bewußtseins. Doch diese Zentrierungen sind eigentlich nicht nötig, damit ich in der Lage bin, mit der Welt zurechtzukommen, und kurz darauf ziehen sich die Schuhe und der Stuhl an die Peripherie des Bewußtseins zurück; sie sind nicht mehr im Zentrum. Wenn ich mir einen Nagel in den Schuh trete oder vom Stuhl falle, dann rücken solche Erlebnisse ins Zentrum meines Bewußtseins. Meines Erachtens geht es bei dem, wovon James spricht, um das Zentrum und die Peripherie des Bewußtseins, nicht um Bewußtsein als solches.

## 10. Randbedingungen

Bei den gerade angestellten Überlegungen habe ich zu keinem Zeitpunkt daran gedacht, wo ich mich befinde, welcher Tag des Monats heute ist, welche Jahreszeit wir haben, wie lange es her ist, daß ich gefrühstückt habe, wie ich heiße, was ich früher getan habe, welche Staatsbürgerschaft ich habe, und so weiter. Dennoch, so scheint mir, gehört all dies zu meiner Situiertheit, zu der raum-zeit-sozio-biologischen Lage meiner gegenwärtigen Bewußtseinszustände. Jeder Bewußtseinszustand hat in dieser Weise eine charakteristische Lage. Doch die Lage selbst muß keineswegs Gegenstand des Bewußtseins sein, nicht einmal am Rande.

Wie allgegenwärtig die Peripherie des Bewußtseins ist, fällt in Fällen auf, in denen sie zusammenbricht. Es gibt beispielsweise ein Gefühl der Desorientierung, das einen überkommt, wenn man sich plötzlich nicht erinnern kann, welcher Monat oder welche Tageszeit es ist oder wo man sich befindet.

## 11. Stimmung

Ich habe schon gesagt, daß wir häufig Stimmungen haben, die zwar selbst nicht intentional, wohl aber bewußt sind. Ich kann in einer Hochstimmung sein oder in einer Stimmung der Niedergeschlagenheit, in einer heiteren oder in einer bedrückten Stimmung, und diese Stimmungen müssen nicht bewußt auf irgendwelche intentionalen Erfüllungsbedingungen gerichtet sein. Eine Stimmung, für sich genommen, macht niemals den ganzen Inhalt eines Bewußtseinszustands aus. Vielmehr liefert die Stimmung die Tönung oder die Farbe, durch die ein Bewußtseinszustand als ganzer bzw. eine Abfolge von Bewußtseinszuständen charakterisiert ist.

Sind wir immer in irgendeiner Stimmung? Die Antwort hängt davon ab, wie weit wir den Begriff der Stimmung fassen wollen. Gewiß sind wir nicht immer in einer Stimmung, für die eine Sprache wie das Deutsche eine Bezeichnung bereithält. Im Moment bin ich weder besonders hochgestimmt noch besonders niedergeschlagen; ich bin weder in Ekstase noch in Verzweiflung; ich bin aber auch nicht einfach apathisch. Dennoch gibt es, wie mir scheint, etwas, das man vielleicht die »Tönung« meiner momentanen Erlebnisse nennen könnte. Und das läßt sich meines Erachtens völlig zu Recht dem allgemeinen Begriff der Stimmung angleichen. Daß meine momentanen Erlebnisse eine etwas neutrale Tönung haben, bedeutet nicht, daß sie gar keine Tönung haben. Es ist für Stimmungen bezeichnend, daß sie all unsere bewußten Erlebnisse durchziehen. Dem hochgestimmten Menschen ist der Anblick eines Baums, der Landschaft und des Himmels eine Quelle großer Freude; dem verzweifelten Menschen bringt genau derselbe Anblick nur weitere Niedergeschlagenheit. Mir scheint es für das normale Bewußtseinsleben des Menschen charakteristisch zu sein, daß wir uns immer in irgendeiner Stimmung befinden und daß diese Stimmung all unsere bewußten Intentionalitätsformen durchzieht, obgleich sie selbst nicht intentional ist bzw. nicht intentional sein muß.

Durch nichts wird man sich dieses von einer Stimmung Durchzogenseins stärker bewußt als durch einen dramatischen Wechsel. Wenn die normale Stimmung einschneidend – sei's nach oben in eine unerwartete Hochstimmung, sei's nach unten in eine unerwartete Niedergeschlagenheit – verändert wird, dann wird einem plötzlich bewußt, daß die Stimmung, in der man ist, die Bewußtseinszustände, in denen man sich befindet, durchzieht. Vielen Menschen ist leider Niedergeschlagenheit viel gewohnter als Hochstimmung.

Ich vermute, daß wir viel leichter zu einer guten neurobiologischen Theorie der Stimmungen gelangen werden als etwa zu einer der Emotionen. Stimmungen ziehen sich durch, sie sind ziemlich einfach, besonders weil sie keine wesentliche Intentionalität haben, und es sieht so aus, als müsse es für einige Stimmungen sogar eine biochemische Theorie geben. Wir haben ja schon Medikamente, die gegen klinische Depressionen eingesetzt werden.

### 12. Die Lust/Unlust-Dimension

Man lasse nicht außer acht, daß wir einen Bewußtseinszustand als ganzen betrachten, d. h. einen Ausschnitt des Bewußtseinsstroms, der groß genug ist, um die Einheit und Kohärenz zu besitzen, die ich gerade zu beschreiben versucht habe. Für einen derartigen Ausschnitt gibt es, so scheint mir, immer eine Dimension der Lust und Unlust. Einige der nachfolgenden Fragen lassen sich immer stellen: »Hat es der betreffenden Person Spaß gemacht oder nicht«?, »Hat es ihr gefallen oder nicht?«, »Hat es ihr wehgetan, hat es sie verärgert, belästigt, amüsiert, gelangweilt, in Ekstase versetzt, geekelt, angewidert, irritiert, bezaubert, glücklich gemacht und so weiter?« Zudem gibt es innerhalb der Lust/Unlust-Dimension viele Unterdimensionen. Es besteht die (sei's auch exzentrische) Möglichkeit, daß man sich langweilt, während man in sexueller Ekstase ist, und im Schmerz Triumph empfindet. Wie bei der Stimmung gilt es auch hier, die irrige Annahme zu vermeiden, die namenlosen Zwischenpositionen auf der Skala lägen gar nicht auf der Skala.

## II. Drei Fehler mit Tradition

Nun wende ich mich drei Thesen über Bewußtseinszustände zu, die mir trotz der weiten Zustimmung, die sie finden, bei einer naheliegenden Interpretation falsch zu sein scheinen.

1. Alle Bewußtseinszustände sind Zustände des Selbst-Bewußtseins.
2. Wissen vom Bewußtsein wird durch ein besonderes Vermögen der Introspektion erlangt.
3. Wissen von unseren eigenen Bewußtseinszuständen ist un-

korrigierbar. Wir können uns über solche Dinge nicht irren.

Betrachten wir alle drei der Reihe nach.

## I. Selbst-Bewußtsein*

Manchmal wird die Auffassung vertreten[4], daß jeder Bewußtseinszustand auch ein Zustand des Selbst-Bewußtseins sei; daß es für bewußte Geisteszustände charakteristisch sei, daß sie sozusagen ihrer selbst bewußt seien. Ich bin nicht ganz sicher, wie das zu verstehen ist, aber ich habe den Verdacht, daß sich diese Behauptung bei näherer Untersuchung entweder als trivialermaßen wahr oder als schlicht falsch erweisen wird.

Zunächst müssen wir den gewöhnlichen Begriff des Selbstbewußtseins von dem technischen Begriff des Philosophen unterscheiden. Im gewöhnlichen Sinn gibt es sicherlich Bewußtseinszustände, in denen ich vielleicht meiner eigenen Person bewußt bin, aber nicht unbedingt meiner eigenen Bewußtseinszustände. Das können wir mit Hilfe von Beispielen veranschaulichen.

Erster Fall. Angenommen, ich sitze im Restaurant und esse ein Steak. In dem gewöhnlichen Sinne, den man im Englischen mit dem Wort »self-conscious« verbindet, träfe dieses Wort überhaupt nicht auf mich zu.** Ich mag mir bewußt sein, daß das Steak gut schmeckt, daß der Wein, mit dem ich es herunterspüle, zu jung ist, daß die Kartoffeln verkocht sind, und so weiter. Aber *self-consciousness* im gewöhnlichen (englischen) Sinn gibt es hier nicht.

Zweiter Fall. Angenommen, ich bemerke plötzlich, daß mich alle im Restaurant anstarren. Ich frage mich vielleicht, warum sie alle so gaffen, bis ich plötzlich entdecke, daß ich in einem Anfall von Geistesabwesenheit meine Hosen anzuziehen vergessen habe. Ich sitze da in der Unterwäsche. Eine solche Lage mag wohl sehr intensive Gefühle von der Art hervorrufen, die man im Englischen normalerweise mit dem Wort »self-consciousness« bezeichnet. Ich bin mir meiner Person und der Wirkung, die ich auf andere habe, bewußt. Doch selbst hier ist mein *self-consciousness* nicht auf meine eigenen Bewußtseinszustände gerichtet.

Dritter Fall. Man stelle sich vor, daß ich diesmal vollständig bekleidet im Restaurant sitze und plötzlich all meine Aufmerksamkeit auf die bewußten Erlebnisse konzentriere, die ich beim

Steakessen und Weintrinken habe. Plötzlich kommt es mir zum Beispiel so vor, daß ich mich unverzeihlicherweise in einer hyperästhetischen Maßlosigkeit gesuhlt habe, um so viel Zeit, Aufwand und Geld auf die Herbeiführung *dieser* gastronomischen Erlebnisse zu verschwenden. Plötzlich kommt mir das alles übertrieben vor.

Dieser dritte Fall scheint mir ebenfalls ein Fall von *self-consciousness* im gewöhnlichen Sinn zu sein, doch er unterscheidet sich vom zweiten darin, daß dieses *self-consciousness* auf die Bewußtseinszustände des Handelnden selbst gerichtet ist und nicht auf seine öffentliche Person.

Im gewöhnlichen Sinn des Wortes »self-conscious« scheint es mir, wie sich an den letzten beiden Fällen zeigt, einfach falsch, daß jeder Fall von Bewußtsein ein Fall von *self-consciousness* ist. *Self-consciousness* im gewöhnlichen Sinn ist eine außerordentlich differenzierte Form der Empfindsamkeit, die vermutlich nur Menschen und einige wenige andere Spezies besitzen.

Demnach muß die Behauptung, daß alles Bewußtsein *self-consciousness* involviere, in einem technischen Sinn gemeint sein. Was für ein Sinn ist das? In unserer Erörterung des Unterschieds zwischen dem Zentrum und der Peripherie haben wir gesehen, daß wir unsere Aufmerksamkeit immer von den Gegenständen im Zentrum auf diejenigen an der Peripherie verschieben können, so daß das, was zuvor peripher war, nun zentral ist. Entsprechend scheint es so zu sein, daß wir unsere Aufmerksamkeit immer vom *Gegenstand* des bewußten Erlebnisses zum *Erlebnis* selbst verschieben können. Wir können beispielsweise immer den Zug machen, den die impressionistischen Maler gemacht haben. Die Impressionisten haben in der Malerei dadurch eine Revolution bewirkt, daß sie ihre Aufmerksamkeit vom Gegenstand zu dem tatsächlichen visuellen Erlebnis verschoben haben, das sie beim Anschauen des Gegenstands hatten. Dies ist ein Fall von Selbst-Bewußtsein hinsichtlich des Charakters von Erlebnissen. Mir kommt es so vor, als könnten wir zu einem Sinn von »Selbst-Bewußtsein« gelangen, in dem es trivialermaßen wahr ist, daß jeder Bewußtseinszustand ein Fall von Selbst-Bewußtsein ist: Bei jedem Bewußtseinszustand können wir unsere Aufmerksamkeit auf den Zustand selbst verschieben. Ich kann meine Aufmerksamkeit beispielsweise statt auf die Szenerie vor mir auf mein Erlebnis des genau-diese-Szenerie-Sehens konzentrieren. Und weil die Möglichkeit dieses Aufmerksamkeitswechsels im Zustand selbst gegenwärtig war, können wir – in diesem besonderen technischen Sinn – sagen, daß jeder Bewußtseinszustand ein Selbst-Bewußtseinszustand ist.

Doch habe ich große Zweifel daran, daß dies der Sinn ist, den jene meinen, die behaupten, daß alles Bewußtsein Selbst-Bewußtsein sei. Außer in diesem besonderen Sinn scheint diese Behauptung allerdings einfach falsch zu sein.

## 2. Introspektion

Weiß man um bewußte Geisteszustände dank einem besonderen Vermögen, dem Vermögen der Introspektion? In früheren Kapiteln habe ich versucht, Zweifel an dieser Auffassung zu erwecken, die in der Philosophie und beim gesunden Menschenverstand vorherrscht. Wie beim Selbst-Bewußtsein gibt es auch hier wieder einen technischen und einen alltäglichen Begriff der Introspektion. Im gewöhnlichen Sinn introspizieren wir häufig unsere Bewußtseinszustände. Angenommen beispielsweise, daß Sally wissen möchte, ob sie Jimmy heiraten soll oder nicht. Nun, etwas, das sie dann vernünftigerweise tun kann, ist, ihre Gefühle sehr genau zu untersuchen. Und das würden wir üblicherweise eine Form der Introspektion nennen. Sie stellt sich dann Fragen wie: »Liebe ich ihn wirklich, und falls ja, wie sehr?«, »Welches sind die tiefsten Gefühle, die ich ihm gegenüber habe?« und so weiter. Das Problem liegt meines Erachtens nicht bei der gewöhnlichen Verwendung des Introspektionsbegriffs, sondern bei dem Drang, den wir als Philosophen verspüren, die Metapher wörtlich zu nehmen. Die Metapher legt nahe, daß wir unsere eigenen Bewußtseinszustände zu untersuchen vermögen, und dieses Vermögen hat als Vorbild die visuelle Wahrnehmung. Doch dieses Modell oder diese Analogie ist gewiß falsch. Im Falle der visuellen Wahrnehmung haben wir eine klare Unterscheidung zwischen dem gesehenen Gegenstand und dem visuellen Erlebnis, das der Wahrnehmende hat, wenn er den Gegenstand wahrnimmt. Diese Unterscheidung können wir jedoch beim Akt der Introspektion eigener bewußter Geisteszustände nicht machen. Wenn Sally ihre Aufmerksamkeit nach innen richtet, um ihre tiefsten Gefühle zu Jimmy zu introspizieren, dann kann sie keinen Schritt zurücktreten, um sie besser zu sehen, und sie kann ihren

Blick nicht auf das unabhängig vorhandene Objekt, nämlich ihre Gefühle für Jimmy, richten. Kurz gesagt, wenn wir unter »Introspektion« einfach das Denken an unsere eigenen Geisteszustände verstehen, dann gibt es gegen Introspektion nichts einzuwenden. Derlei geschieht unentwegt und ist für jede Form der Selbstkenntnis entscheidend. Doch wenn wir unter »Introspektion« ein besonderes Vermögen (des »Hineinschauens«) verstehen – etwa von der Art der visuellen Wahrnehmung, nur ein wenig blasser –, dann gibt es, wie mir scheint, kein solches Vermögen. Es könnte dergleichen auch nicht geben, weil das Modell des Hineinschauens eine Unterscheidung zwischen dem geschauten Gegenstand und dem Schauen des Gegenstands erforderlich macht, und diese Unterscheidung läßt sich für Bewußtseinszustände nicht machen. Wir können einen Geisteszustand auf einen anderen richten; wir können an unsere Gedanken und Gefühle denken, und wir können Gefühle haben, die unsere Gedanken und Gefühle betreffen; doch dazu gehört ein besonderes Vermögen der Introspektion.

### 3. Unkorrigierbarkeit

Oft sagt man, wir könnten uns über den Inhalt unseres Geistes nicht irren. Gemäß der traditionellen cartesianischen Konzeption des Geistes sind Berichte über Geisteszustände, die in der ersten Person abgefaßt sind, irgendwie *unkorrigierbar*. Dieser Auffassung zufolge haben wir bei Berichten über unsere eigenen Geisteszustände eine gewisse *Erste-Person-Autorität*. Es wurde sogar die Ansicht vertreten, diese Unkorrigierbarkeit sei ein sicheres Zeichen dafür, daß es sich um etwas Geistiges handle (Rorty 1970). Doch wenn man einen Moment darüber nachdenkt, dann kommt einem diese Unkorrigierbarkeitsthese offenkundig falsch vor. Betrachten wir Sally und Jimmy. Sally mag später entdecken, daß sie sich einfach geirrt hatte, als sie dachte, sie liebe Jimmy, daß sie sich dieses Gefühl unzutreffenderweise zugeschrieben hatte, daß es sich dabei in Wirklichkeit nur um ein Verknalltsein gehandelt hatte. Und jemand, der sie gut kennt, hätte wohl von Anfang an wissen können, daß sie sich da irrte.

Wie kann angesichts solcher Tatsachen die Idee aufkommen, es sei unmöglich, sich über den Gehalt der eigenen Geisteszustände zu irren? Wieso kann man überhaupt annehmen, Berichte darüber seien »unkorrigierbar«? Vielleicht liegt das daran, daß die subjektive Ontologie des Geistes mit erkenntnistheoretischer Gewißheit verwechselt wird. In der Tat ist es ja so, daß bewußte Geisteszustände eine subjektive Ontologie haben, und das habe ich in diesem Buch schon wiederholt gesagt. Doch aus der Subjektivität der Ontologie folgt nicht, daß man sich über die eigenen Geisteszustände nicht irren kann. Daraus folgt nur, daß die Standardmodelle des Irrtums – Modelle, deren Grundlage die Unterscheidung zwischen Erscheinung und Wirklichkeit ist – bei der Existenz bzw. Charakterisierung von Geisteszuständen nicht funktionieren. Doch dies sind ja nicht die einzig möglichen Formen des Irrtums über ein Phänomen. Wir wissen alle aus eigener Erfahrung, wie oft es vorkommt, daß jemand anders besser als wir selbst beurteilen kann, ob wir beispielsweise wirklich eifersüchtig oder wütend sind oder ob wir uns gerade sehr großzügig vorkommen. Zwar ist es richtig, daß die Art und Weise, in der ich zu meinen Geisteszuständen in Beziehung stehe – und mithin auch die Art und Weise, in der ich zu meinen Berichten über meine Geisteszustände in Beziehung stehe –, sich davon unterscheidet, auf welche Art andere Menschen zu meinen Geisteszuständen in Beziehung stehen; und dies hat Einfluß auf den Status ihrer Berichte über meine Geisteszustände. Aber dennoch können ihre Berichte genauer sein als meine eigenen.

Was genau soll es denn eigentlich heißen, daß ich Erste-Person-Autorität über den Inhalt meines Geistes habe, und welche Gründe gibt es für die Annahme, daß ich so etwas habe? Wittgenstein unternahm in den *Philosophischen Untersuchungen* (1953) den kühnen Versuch, gegen die Idee anzugehen, meine in der ersten Person abgefaßten Äußerungen über Geistiges seien *überhaupt Berichte oder Beschreibungen*. Er legte nahe, solche Äußerungen als Äußerungen in einem expressiven Sinn zu verstehen, so daß sie gar keine Berichte oder Beschreibungen wären und die Frage nach irgendeiner Autorität sich gar nicht stellte. Wenn ich vor Schmerz aufschreie, dann stellt sich keine Frage nach meiner Autorität, denn mein Schmerzverhalten war einfach eine natürliche, vom Schmerz hervorgerufene Reaktion und keine Behauptung irgendeiner Art. Falls nun meine Äußerung »Ich habe Schmerzen« entsprechend als eine Art ritualisierter Aufschrei, eine konventionalisierte Form des Schmerzbenehmens behandelt werden könnte, dann stellte sich auch hier keine Frage nach meiner Autorität. Meines Erachtens ist es nicht unfair, Wittgensteins

Versuch, dieses Problem zu lösen, als gescheitert zu bezeichnen. Zwar gibt es in der Tat einige Fälle, in denen das Sprachverhalten, das man im Hinblick auf eigene Geisteszustände aufweist, sich viel natürlicher als ein Ausdruck des geistigen Phänomens denn als eine Beschreibung dieses Phänomens betrachten läßt (»Aua« z. B.); aber es gibt immer noch viele Fälle, in denen man versucht, den eigenen Geisteszustand möglichst sorgfältig zu beschreiben und ihm nicht einfach bloß Ausdruck zu verleihen. Um was für eine Art von »Autorität« handelt es sich bei der, die man hinsichtlich solcher Äußerungen hat? Woher hat man sie?

Meines Erachtens muß man sich – um herauszubekommen, was das Besondere an Berichten in der ersten Person ist – fragen, weshalb wir dieselbe besondere Autorität nicht im Hinblick auf andere Gegenstände und Sachverhalte in der Welt zu haben meinen, sondern nur im Hinblick auf unsere Geisteszustände. Das hat nämlich folgenden Grund: Bei unseren Berichten über die Welt im allgemeinen gibt es eine Unterscheidung zwischen dem, wie die Dinge uns zu sein scheinen, und dem, wie sie wirklich sind. Es mag mir so scheinen, als sei da draußen vor dem Fenster jemand, der sich in den Büschen versteckt, auch wenn dieser Eindruck einfach durch ein eigentümliches Spiel von Licht und Schatten auf dem Gebüsch entstanden ist. Nun gibt es aber dafür, wie mir etwas scheint, keine Unterscheidung zwischen Erscheinung und Wirklichkeit. Es scheint mir wirklich so, als verstecke sich da jemand in den Büschen. Was intentionale Geisteszustände angeht, so sind die Zustände selbst konstitutiv dafür, wie es zu sein scheint. Kurz, der Ursprung unseres festen Glaubens an eine besondere Erste-Person-Autorität liegt einfach darin, daß wir die gebräuchliche Unterscheidung zwischen Erscheinung und Wirklichkeit auf die Erscheinung selbst nicht anwenden können. Es bleiben zwei Fragen. Erstens, wie ist es möglich, daß wir uns über unsere eigenen Geisteszustände irren können? Was für eine »*Form*« hat der Fehler, den wir da begehen, wenn es ja keiner von den Erscheinung/Wirklichkeits-Fehlern ist, die wir im Hinblick auf die Welt im allgemeinen machen? Und zweitens, warum sollten wir die Unterscheidung zwischen Erscheinung und Wirklichkeit eigentlich nicht auf Erscheinungen anwenden können, wo Erscheinungen ja doch selbst Bestandteile der Wirklichkeit sind? Um auf die erste Frage zu antworten, können wir erkunden, auf welche Art und Weise man sich darüber im Irrtum befinden kann, ob man (beispielsweise) ärgerlich ist oder nicht. Wenn wir rein sprachliche Irrtümer – also solche Fälle wie den, wo jemand denkt, »ärgerlich« bedeute glücklich – unberücksichtigt lassen, dann bleiben zumindest die folgenden typischen Fälle, in denen man eine Fehlbeschreibung der eigenen geistigen Phänomene gibt: Selbsttäuschung, Fehldeutung und Unaufmerksamkeit. Ich werde sie der Reihe nach betrachten.

Zwar scheint es eine leichtere Übung zu sein, die Unmöglichkeit von Selbsttäuschung zu »beweisen«, aber Selbsttäuschung ist ein derart weit verbreitetes psychisches Phänomen, daß mit dem Beweis etwas nicht stimmen kann. Der Beweis geht so: Damit $x$ $y$ täuschen kann, muß $x$ irgendeine Überzeugung – etwa die Überzeugung, daß $p$ – haben und den erfolgreichen Versuch unternehmen, in $y$ die Überzeugung, daß nicht-$p$, hervorzurufen. In dem Fall jedoch, in dem $x$ mit $y$ identisch ist, müßte $x$ demnach (so sieht es jedenfalls aus) in sich selbst die selbstwidersprüchliche Überzeugung, daß $p$ und nicht-$p$, hervorrufen. Und das scheint unmöglich zu sein.

Dennoch wissen wir, daß Selbsttäuschung möglich ist. Zweifellos gibt es viele Formen der Selbsttäuschung, doch in einer sehr geläufigen Form hat der Handelnde ein Motiv oder einen Grund dafür, sich nicht einzugestehen, daß er ärgerlich ist oder daß er eine bestimmte Person oder Personengruppe haßt. In solchen Fällen versucht der Handelnde, an bestimmte eigene psychische Zustände nicht zu denken. Wenn der Gedanke an diese Zustände nun doch auftaucht, dann denkt er unmittelbar an den gegenteiligen Zustand, in dem er sich lieber befände. Angenommen, er haßt die Angehörigen einer Minderheitengruppe, schämt sich aber seines Vorurteils und hat den bewußten Wunsch, daß er diesen Haß nicht hätte. Wird er mit Beweisen für sein Vorurteil konfrontiert, dann weigert er sich einfach, sie anzuerkennen, ja, er streitet sie vehement und ernsthaft ab. Er hat seinen Haß im Verbund mit dem Wunsch, ihn nicht zu haben (d. h. er empfindet zugleich eine gewisse Scham über seinen Haß). Um beides miteinander in Einklang zu bringen, vermeidet er das bewußte Denken an seinen Haß und ist mithin in der Lage, ernsthaft das Vorhandensein seines Hasses abzustreiten, wenn er mit Beweisen für seinen Haß konfrontiert wird. Das ist gewiß eine geläufige Form der Selbsttäuschung.

Eine zweite Art von »Fehler«, die man im Hinblick auf die eigenen geistigen Phänomene begehen kann, ist die Fehldeutung. Jemand mag zum Beispiel, von Leidenschaft erfaßt, ernsthaft glauben, er sei verliebt, später jedoch zu der Einsicht gelangen, daß er seine Gefühle falsch gedeutet hat. Für derartige Fälle ist die Funktionsweise von Netzwerk und Hintergrund entscheidend. So, wie jemand einen Text falsch deuten mag, weil ihm entgeht, in welcher Beziehung die Textbestandteile zueinander stehen und wie die Hintergrund-Umstände der Textkomposition zu verstehen sind, so kann man auch die eigenen intentionalen Zustände falsch deuten, weil man ihre Beziehungen untereinander nicht erkennt und ihre Stellung in bezug zum Hintergrund nichtrepräsentationaler Geistesfähigkeiten nicht korrekt einschätzt. In derlei Fällen haben wir es nicht mit dem traditionellen erkenntnistheoretischen Modell des Ziehens falscher *Schlüsse* aufgrund unzureichender *Anhaltspunkte* zu tun. Hier geht es nicht darum, von der Erscheinung zur Wirklichkeit zu gelangen, sondern die Lage eines Puzzle-Teils bezüglich einer großen Menge anderer Puzzle-Teile herauszufinden.

Eine letzte und wahrhaft offenkundige Art von »Fehler«, den man im Hinblick auf die eigenen Geisteszustände begehen kann, ist die schlichte Unaufmerksamkeit. In der chaotischen Geschäftigkeit des Lebens schenken wir unseren Bewußtseinszuständen oft keine große Aufmerksamkeit. Beispielsweise gab kürzlich eine bekannte Politikerin in der Presse bekannt, sie habe irrtümlich gedacht, sie sympathisiere mit den Demokraten. Ohne es zu merken, hätten sich ihre Sympathien zu den Republikanern verschoben. In diesem Fall hat sich ihr gesamtes Intentionalitätsnetzwerk – z. B. Einstellungen zur Gesetzgebung, Sympathien für gewisse Politikergruppen und Feindseligkeit gegenüber anderen, Reaktionen auf außenpolitische Ereignisse usw. – verschoben, ohne daß sie dessen gewahr war. In solchen Fällen haben unsere Fehler es mit der Konzentration der Aufmerksamkeit zu tun, nicht mit der traditionellen Unterscheidung zwischen Erscheinung und Wirklichkeit.

## III. Schluß

Wenigstens zwei dieser Fehler – vielleicht sogar alle drei – haben meines Erachtens einen gemeinsamen Ursprung im Cartesianismus. Für Philosophen, die in der cartesianischen Tradition der Erkenntnistheorie standen, sollte das Bewußtsein eine Grundlage allen Wissens bereitstellen. Damit jedoch das Bewußtsein eine sichere Wissensgrundlage abgeben kann, müssen wir zunächst einmal sicheres Wissen von den Bewußtseinszuständen haben; folglich die Lehre von der Unkorrigierbarkeit. Um zu sicherem Wissen über das Bewußtsein zu gelangen, muß dieses Wissen sich einem besonderen Vermögen verdanken, das uns direkten Zugang zum Bewußtsein verschafft; folglich die Lehre von der Introspektion. Obgleich ich mir meiner historischen Diagnose nicht ganz sicher bin – wenn das Ich die Quelle allen Wissens und aller Bedeutung sein soll, und wenn Wissen und Bedeutung ihre Grundlage im Bewußtsein des Selbst haben sollen, liegt es nahe zu denken, daß es eine notwendige Verknüpfung zwischen Bewußtsein und Selbst-Bewußtsein gibt; folglich die Lehre vom Selbst-Bewußtsein.

Wie dem auch sei, manche Attacke auf das Bewußtsein aus der jüngsten Zeit, wie z. B. die von Dennett (1991), beruht auf der falschen Annahme, daß wir schon dann zeigen, daß mit dem Bewußtsein irgend etwas nicht stimmt, wenn wir zeigen, daß mit der Lehre von der Unkorrigierbarkeit oder der von der Introspektion etwas nicht stimmt. Nichts jedoch könnte weiter von der Wahrheit entfernt sein. Unkorrigierbarkeit und Introspektion haben mit den wesentlichen Merkmalen des Bewußtseins nichts zu tun. Sie sind einfach Bestandteile irriger philosophischer Theorien über das Bewußtsein.

## 7. Kapitel

# Das Unbewußte und seine Beziehung
# zum Bewußtsein

Das Ziel dieses Kapitels ist es, die Beziehungen zwischen unbewußten Geisteszuständen und dem Bewußtsein zu erklären. Die Erklärungskraft des Begriffs »Unbewußtes« ist zwar so groß, daß wir ohne ihn nicht auskommen, er ist aber alles andere als klar. Diese Unklarheit hatte einige unglückselige Folgen, wie wir sehen werden. Ich werde außerdem etwas über die Freudsche Konzeption der Beziehung zwischen dem Bewußtsein und dem Unbewußten sagen, denn ich glaube, daß sie letztlich inkohärent ist. Die Unterscheidungen zwischen Erkenntnistheorie, Kausalität und Ontologie, die ich im 1. Kapitel erläutert habe, werden hier nachhaltig zum Einsatz gebracht werden.

## I. Das Unbewußte

Früher – grob gesagt, vor dem 20. Jahrhundert – wurde der Begriff des Bewußtseins als unproblematisch empfunden, der Begriff des unbewußten Geistes hingegen als rätselhaft, ja vielleicht sogar als selbstwidersprüchlich. Wir haben diese Rollen vertauscht. Seit Freud berufen wir uns bei der Erklärung von Menschen ganz routinemäßig auf unbewußte Geistesphänomene; den Begriff des Bewußtseins hingegen finden wir rätselhaft und vielleicht sogar unwissenschaftlich. Diese Akzentverschiebung bei der Erklärung manifestierte sich auf unterschiedliche Weisen; die Tendenz der Kognitionswissenschaft zielte jedoch darauf ab, einen Keil zu treiben zwischen die bewußten, subjektiven geistigen Vorgänge, die nicht als ein passender Gegenstand wissenschaftlicher Untersuchung betrachtet wurden, und diejenigen Vorgänge, die als eigentlicher Gegenstand der Kognitionswissenschaft betrachtet wurden – und die, folglich, objektiv sein mußten. Das Leitmotiv dabei ist: Unbewußte geistige Vorgänge sind wichtiger als bewußte. Die stärkste Formulierung finden wir vielleicht in Lashleys Behauptung: »*Keine Tätigkeit des Geistes ist jemals be-*

*wußt«* (die Hervorhebung stammt von Lashley).[1] Eine weitere extreme Version dieses Ansatzes findet sich in Ray Jackendoffs (1987) Behauptung, es gebe in Wirklichkeit zwei »Begriffe des Geistes«, und zwar den Begriff vom »computationalen Geist« und den vom »phänomenologischen Geist«.

Trotz der Selbstzufriedenheit, mit der wir den Begriff des Unbewußten verwenden, haben wir – wie ich glaube – keinen klaren Begriff davon, was unbewußte Geisteszustände sind, und meine erste Klärungsaufgabe ist es nun, die Beziehungen zwischen dem Unbewußten und dem Bewußtsein zu erläutern. Die Behauptung, die ich aufstellen möchte, läßt sich in einem Satz fassen: *Der Begriff des unbewußten Geisteszustands impliziert Bewußtseinszugänglichkeit.* Wir haben keinen Begriff vom Unbewußten außer als von etwas potentiell Bewußtem.

Unser naiver, vortheoretischer Begriff von einem *unbewußten* Geisteszustand ist die Idee von einem bewußten Geisteszustand minus dem Bewußtsein. Doch was soll das genau heißen? Wie könnten wir das Bewußtsein von einem Geisteszustand abziehen und immer noch einen *Geistes*-Zustand übrig behalten? Seit Freud haben wir uns so sehr daran gewöhnt, von unbewußten Geisteszuständen zu reden, daß wir völlig den Blick dafür verloren haben, wie schwierig es ist, diese Frage zu beantworten. Dennoch ist klar, daß wir uns das Unbewußte nach dem Vorbild des Bewußten vorstellen. Unsere Idee von einem unbewußten Zustand ist die Idee eines Geisteszustands, der hier und da zufälligerweise unbewußt ist; doch ist unser Verständnisvorbild dabei immer noch der bewußte Zustand, insofern als wir uns den unbewußten Zustand als einen Zustand vorstellen, der genau wie ein bewußter Zustand ist und in gewissem Sinn auch einer hätte sein können. Offenkundig liegen die Dinge z. B. bei Freud so; denn was Freud als »vorbewußte« bzw. »unbewußte« Zustände bezeichnet, das beruht auf einem ziemlich simplen Modell bewußter Zustände (Freud 1953, insb. 18-24). In seiner naivsten Version sieht unser Bild etwa folgendermaßen aus: Unbewußte Zustände im Geist sind wie Fische tief unten im Meer. Die Fische, die wir unter der Oberfläche nicht sehen können, haben genau dieselbe Gestalt, wenn sie an die Oberfläche kommen. Sie verlieren ihre Gestalt nicht dadurch, daß sie nach unten schwimmen. Ein weiteres Gleichnis: Unbewußte Geisteszustände sind wie Gegenstände, die in der dunklen Dachkammer des Geistes gelagert sind. Diese Gegenstände behalten ihre Gestalt bei – auch dann, wenn wir sie nicht sehen können. Es liegt nahe, diese simplen Modelle zu belächeln, doch ich denke, daß etwas von der Art dieser Bilder unserer Konzeption unbewußter Geisteszustände zugrunde liegt, und es ist wichtig, daß man versucht zu sehen, was an dieser Konzeption richtig ist und was falsch.

Wie bereits erwähnt, gab es in den vergangenen Jahrzehnten ein ziemlich systematisches Bemühen um eine Abtrennung des Bewußtseins von der Intentionalität. Die Verbindung zwischen beidem geht allmählich verloren, nicht nur in der Kognitionswissenschaft, sondern auch in der Sprachwissenschaft und der Philosophie. Die diesem Abtrennungsdrang zugrundeliegende – und vielleicht unbewußte – Motivation liegt darin, daß wir nicht wissen, wie das Bewußtsein zu erklären ist, und daß wir gerne eine Theorie des Geistes hätten, die nicht dadurch in Mißkredit gebracht wird, daß ihr eine Theorie des Bewußtseins fehlt. Die Idee ist, Intentionalität »objektiv« zu behandeln, sie so zu behandeln, als seien die subjektiven Bewußtseinsmerkmale eigentlich nicht wichtig für Intentionalität. Viele Funktionalisten zum Beispiel werden zugeben, daß der Funktionalismus mit dem Bewußtsein (das hier als das Problem der *Qualia* bezeichnet wird; vgl. 2. Kapitel) nicht »fertigwerden«, aber sie meinen, daß dieses Thema für ihre Theorien des Glaubens, Wollens usw. unwichtig ist, weil diese intentionalen Zustände kein *Quale*, keine besonderen Bewußtseinsqualitäten, haben. Sie lassen sich so behandeln, als wären sie vom Bewußtsein völlig unabhängig. Ganz entsprechend verhält es sich sowohl mit der Idee einiger Linguisten, es gebe Syntaxregeln, die zwar psychisch real, aber dem Bewußtsein total unzugänglich sind, als auch mit der Idee einiger Psychologen, bei der Wahrnehmung fänden komplizierte Folgerungen statt, die zwar echte psychische Folgerungsvorgänge, aber dem Bewußtsein unzugänglich sind; jede dieser Ideen impliziert ebenfalls eine Trennung zwischen Bewußtsein und Intentionalität. In beiden Fällen ist die Idee nicht, daß es Geistesphänomene gibt, die zufälligerweise unbewußt sind; die Idee ist vielmehr, daß diese Phänomene irgendwie – auf irgendeine Weise – *prinzipiell* bewußtseinsunzugänglich sind. Es sind keine Dinge von der Art, die bewußt sein könnten oder jemals hätten bewußt sein können.

Ich denke, daß diese neueren Entwicklungen verfehlt sind. Unser Begriff von einem unbewußten Geisteszustand ist aus sehr gewichtigen Gründen parasitär gegenüber unserem Begriff von einem Bewußtseinszustand. Gewiß, zu jedem gegebenen Augenblick mag eine Person ohne Bewußtsein sein; sie mag schlafen, im Koma liegen und so weiter; und gewiß, viele Geisteszustände gelangen niemals zum Bewußtsein. Und ohne Zweifel gibt es viele, die aus dem einen oder anderen Grund gar nicht zum Bewußtsein gelangen könnten – sie mögen beispielsweise zu schmerzhaft und mithin zu tief verdrängt sein, als daß wir an sie denken könnten. Trotzdem, nicht jeder Zustand einer Person ist ein Geisteszustand, und nicht jeder Hirnzustand, der beim *Hervorbringen* eines geistigen Phänomens eine wesentliche Rolle spielt, ist selbst ein geistiges Phänomen. Was macht also etwas, das nicht bewußt ist, zu etwas Geistigem? Damit ein Zustand ein Geisteszustand (und erst recht, damit er ein intentionaler Geisteszustand) ist, muß er gewisse Bedingungen erfüllen. Was für Bedingungen sind das?

Betrachten wir zur Untersuchung dieser Fragen zunächst einmal Fälle, in denen es ganz klar um Geistiges, wiewohl Unbewußtes, geht, und kontrastieren sie mit Fällen, in denen es sich deshalb um »Unbewußtes« handelt, weil es sich überhaupt nicht um Geistiges handelt. Man denke beispielsweise an den Unterschied, der zwischen meiner Überzeugung, daß der Eiffelturm in Paris steht, (wenn ich gerade nicht an sie denke) und der Myelinisierung der Nervenfasern in meinem Zentralnervensystem besteht. In gewissem Sinn handelt es sich in beiden Fällen um Unbewußtes. Doch besteht zwischen ihnen der große Unterschied, daß die Strukturzustände meiner Nervenfasern nicht selbst Bewußtseinszustände sein könnten, weil an ihnen überhaupt nichts Geistiges ist. Nur für die Zwecke dieser Argumentation unterstelle ich einmal, daß die Myelinisierung bei der Hervorbringung meiner Geisteszustände eine wesentliche Rolle spielt, doch selbst wenn meine myelinisierten Nervenfasern selbst die Gegenstände von Erlebnissen wären (wenn ich den Zustand der Myelinhüllen drinnen spüren könnte), dann wären die Strukturen selbst dennoch keine Geisteszustände. Nicht jedes unbewußte Merkmal meines Hirns, das (wie die Myelinisierung) eine wesentliche Rolle für mein Geistesleben spielt, ist selbst ein geistiges Merkmal. Die Überzeugung, daß der Eiffelturm in Paris steht, ist hingegen ein echter Geisteszustand, auch wenn er zufälligerweise ein Geisteszustand ist, der dem Bewußtsein meistens nicht gegenwärtig ist. Somit gibt es hier zwei Zustände in mir, meine Überzeugung und meine Nervenfasermyelinisierung; beide haben etwas mit meinem Hirn zu tun, keiner von beiden ist bewußt. Doch nur einer von beiden ist ein Geisteszustand, und wir müssen Klarheit darüber erlangen, was ihn zu etwas Geistigem macht und welche Beziehung zwischen jenem Merkmal – was auch immer es sei – und dem Bewußtsein besteht. Um diesen Unterschied nicht zu verwischen, werde ich in diesem Kapitel Phänomene, die (wie die Myelinisierung) sich überhaupt nicht im geistigen Bereich befinden, als »nichtbewußt« bezeichnen und solche Phänomene wie Geisteszustände, an die ich gerade nicht denke oder die verdrängt sind, als »unbewußt«.

Jede Theorie des Unbewußten muß wenigstens zwei Auflagen erklären können, denen unsere Konzeption von Intentionalität unterworfen ist. Erstens muß sie den Unterschied erklären können, der zwischen wirklich intentionalen Phänomenen und solchen Phänomenen besteht, die zwar in mancherlei Hinsicht den Anschein haben, als wären sie intentional, es aber in Wirklichkeit nicht sind. Diesen Unterschied zwischen *intrinsischer* und *Als-ob*-Intentionalität habe ich am Ende des 3. Kapitels erörtert.[2] Und zweitens muß sie erklären können, daß intentionale Zustände ihre Erfüllungsbedingungen nur unter gewissen Aspekten repräsentieren und daß diese Aspekte für die betreffende Person wichtig sind. Meine unbewußte Überzeugung, daß der Eiffelturm in Paris steht, erfüllt beide Bedingungen. Daß ich diese Überzeugung habe, ist eine Sache intrinsischer Intentionalität; es liegt weder daran, was jemand anders über mich sagen mag, noch daran, welches Verhalten ich an den Tag lege, noch daran, welche Einstellung jemand mir gegenüber einnehmen mag. Und die Überzeugung, daß der Eiffelturm in Paris steht, repräsentiert ihre Erfüllungsbedingungen unter ganz bestimmten Aspekten und keinen andern. Sie ist eine andere Überzeugung als beispielsweise die, daß der größte Eisenbau Frankreichs vor dem Jahre 1900 in der französischen Hauptstadt steht, und zwar sind diese Überzeugungen auch dann verschieden, wenn wir einmal annehmen, daß der Eiffelturm in der Tat der größte Eisenbau Frankreichs vor dem Jahre 1900 ist und daß Paris die französische Hauptstadt ist. Wir könnten sagen, daß jeder intentionale Zustand eine gewisse *Aspektgestalt* hat, die Teil seiner Identität ist, Teil dessen, was ihn zu dem Zustand macht, der er ist.

## II. Die Argumentation für das Verbindungsprinzip

Diese beiden Merkmale – ein unbewußter intentionaler Zustand muß dennoch intrinsisch geistig sein und eine gewisse Aspektgestalt haben – haben wichtige Konsequenzen für unsere Konzeption des Unbewußten. Sie werden die Grundlage für eine Argumentation abgeben, die zeigen soll, daß wir den Begriff von einem unbewußten Geisteszustand nur so verstehen können, daß er von einem möglichen Inhalt des Bewußtseins handelt, von einem Ding, das zwar nicht bewußt ist und vielleicht auch aus verschiedenen Gründen nicht zum Bewußtsein gebracht werden kann, das aber dennoch *die Art Ding* ist, das bewußt sein könnte oder bewußt hätte sein können. Diese Idee, daß alle unbewußten intentionalen Zustände im Prinzip bewußtseinszugänglich sind, nenne ich »das Verbindungsprinzip«, und ich möchte nun die Argumentation für dieses Prinzip detaillierter darstellen. Der Klarheit halber werde ich die Hauptschritte der Argumentation durchnumerieren, damit möchte ich aber nicht den Eindruck erwecken, bei dieser Argumentation handle es sich um eine simple Deduktion aus Axiomen.

*1. Es gibt einen Unterschied zwischen* intrinsischer *Intentionalität und* Als-ob-*Intentionalität; nur intrinsische Intentionalität ist eigentlich geistig.* Da ich diese ziemlich offenkundige Unterscheidung sowohl im vorliegenden Buch als auch in den gerade erwähnten Arbeiten ausführlich begründet habe, möchte ich meine Argumente hier nicht wiederholen. Meines Erachtens ist die Unterscheidung korrekt und wollte man sie aufgeben, dann müßte man dafür in Kauf nehmen, daß alles zu etwas Geistigem wird, denn relativ zu irgendeinem Zweck läßt sich alles und jedes so behandeln, *als ob* es etwas Geistiges wäre. Beispielsweise läßt sich bergab fließendes Wasser so beschreiben, *als ob* es Intentionalität hätte: Es *versucht*, nach unten zu gelangen, indem es clevererweise die Linie des geringsten Widerstands *sucht*, es *verarbeitet Information*, es *berechnet* die Größe von Felsen, den Neigungswinkel, die Stärke der Gravitation und so weiter. Doch wenn Wasser etwas Geistiges ist, dann ist alles etwas Geistiges.

*2. Unbewußte intentionale Zustände sind intrinsisch.* Wenn ich von jemandem, der schläft, sage, er glaube, daß George Bush der

Präsident der Vereinigten Staaten ist, oder wenn ich von jemandem, der wach ist, sage, daß er einen unbewußten, aber verdrängten Haß gegen seinen Vater hegt, dann spreche ich völlig wörtlich. An diesen Zuschreibungen ist nichts metaphorisch, es sind keine *Als-ob*-Zuschreibungen. Zuschreibungen unbewußter Geisteszustände verlieren ihre Erklärungskraft, wenn wir sie nicht wörtlich nehmen.

3. *Intrinsische intentionale Zustände – seien sie bewußt, seien sie unbewußt – haben immer eine Aspektgestalt.* Den Terminus technicus »Aspektgestalt« verwende ich, um ein universales Merkmal von Intentionalität kenntlich zu machen, das sich folgendermaßen erläutern läßt: Wenn wir etwas wahrnehmen oder an etwas denken, dann tun wir das immer unter gewissen Aspekten und keinen anderen. Diese Aspekt-Merkmale sind dem intentionalen Zustand wesentlich; sie sind Teil dessen, was ihn zu dem Geisteszustand macht, der er ist. Die Aspektgestalt ist im Falle der bewußten Wahrnehmung am offenkundigsten: man denke daran, was beispielsweise dazu gehört, ein Auto zu sehen. Wenn man ein Auto sieht, dann wird nicht einfach nur ein Gegenstand mittels des Wahrnehmungsapparats registriert; vielmehr hat man tatsächlich ein bewußtes Erlebnis dieses Gegenstands von einem gewissen Standpunkt und mit gewissen Merkmalen. Man sieht das Auto als etwas, das eine gewisse Form, eine gewisse Farbe usw. hat. Und was für bewußte Wahrnehmungen gilt, das gilt auch für intentionale Zustände im allgemeinen. Jemand mag beispielsweise glauben, daß der Stern am Himmel der Morgenstern ist, ohne zu glauben, daß es der Abendstern ist. Jemand mag beispielsweise ein Glas Wasser trinken wollen, ohne ein Glas $H_2O$ trinken zu wollen. Es gibt unbestimmt viele wahre Beschreibungen des Abendsterns und eines Glases Wasser, aber wenn etwas mit Bezug auf den Abendstern oder ein Glas Wasser geglaubt oder gewünscht wird, dann geschieht dies nur unter gewissen Aspekten und unter keinen anderen. Jede Überzeugung, jeder Wunsch und in der Tat jedes intentionale Phänomen hat eine Aspektgestalt.

Man beachte weiterhin, daß die Aspektgestalt für die betreffende Person wichtig sein muß. Beispielsweise ist es der Standpunkt der Person, von dem aus sie Wasser wollen kann, ohne $H_2O$ zu wollen. Bei den bewußten Gedanken ist die Aspektgestalt wichtig, weil sie ausmacht, auf welche Weise die Person den betreffenden Gegenstand erlebt oder an ihn denkt: Ich kann an meinen Durst auf ein Glas Wasser denken, ohne an die chemische Zusammensetzung von Wasser zu denken. Ich kann daran *als* Wasser denken, ohne daran *als* $H_2O$ zu denken.

Es ist zwar einigermaßen klar, wie das bei bewußten Gedanken und Erlebnissen funktioniert, aber wie funktioniert es bei unbewußten Geisteszuständen? Ein Weg, auf dem sich diese Frage angehen läßt, besteht darin zu fragen: Was an einem unbewußten Geisteszustand ist denn ausschlaggebend dafür, daß er die besondere Aspektgestalt hat, die er hat? Anders gesagt: Welche Tatsache macht den unbewußten Geisteszustand zu dem Geisteszustand, der er ist?

4. *Das Aspekt-Merkmal läßt sich allein mit Hilfe von Dritte-Person-Prädikaten (gleichgültig, ob verhaltenswissenschaftlicher oder neurophysiologischer Art) nicht erschöpfend oder vollständig charakterisieren; für eine erschöpfende Theorie der Aspektgestalt reichen solche Prädikate nicht aus.* Durch Verhaltensbelege für das Vorliegen von Geisteszuständen (selbst wenn man solche Belege hinzunimmt, die die Verursachung des Verhaltens der jeweiligen Person betreffen), bleibt der Aspektcharakter intentionaler Zustände unterbestimmt – gleichgültig, wie vollständig solche Belege auch immer sein mögen. Es wird immer eine Folgerungslücke klaffen zwischen den *erkenntnistheoretischen* Gründen, die wir aus dem Verhalten dafür gewinnen können, daß der Aspekt vorliegt, und der *Ontologie* des Aspekts selbst.

Zwar mag eine Person sehr wohl Wassersuch-Verhalten an den Tag legen, aber jedes Wassersuch-Verhalten wird auch $H_2O$-Such-Verhalten sein. Mithin gibt es keine Möglichkeit, wie das (ohne Bezug auf eine geistige Komponente analysierte) Verhalten den Wunsch nach Wasser, nicht aber den nach $H_2O$ konstituieren könnte. Man beachte, daß folgender Vorschlag nicht weiterhilft: wir könnten ja (so der Vorschlag) die Person dazu bringen, auf die Frage »Willst du Wasser?« bejahend und auf die Frage »Willst du $H_2O$?« verneinend zu reagieren. Dieser Vorschlag hilft deshalb nicht weiter, weil die bejahenden und verneinenden Reaktionen selbst nicht hinreichen, um die Aspektgestalt zu bestimmen, unter der die Person die Frage und die Antwort versteht. Aus dem Verhalten allein läßt sich keinesfalls bestimmen, ob die Person unter »$H_2O$« und unter »Wasser« jeweils dasselbe versteht wie ich. Auch noch so viele Verhaltenstatsachen konstituieren nicht die Tatsache, daß die Person das, was sie wünscht, unter einem ganz bestimmten und keinem anderen Aspekt repräsentiert. Hierbei geht es nicht um Erkenntnistheorie.

Es ist gleichermaßen wahr, obwohl weniger offenkundig, daß auch noch so viele neurophysiologische Tatsachen unter neurophysiologischen Beschreibungen keine Aspekt-Tatsachen bilden. Selbst wenn wir eine vollkommene Hirnwissenschaft hätten, die es uns gestattete, mit einem Hirn-o-skop durch den Schädel der Person zu blicken und zu sehen, daß sie Wasser, aber kein $H_2O$ will, dann wäre dabei immer noch eine Schlußfolgerung im Spiel – wir müßten dann immer noch irgendeine gesetzesartige Verknüpfung haben, die uns in die Lage versetzte, aus unseren Beobachtungen der neuralen Architektur und dem Feuern der Neuronen zu schließen, daß in diesem Fall der Wunsch nach Wasser, nicht aber der Wunsch nach $H_2O$ realisiert ist.

Da die neurophysiologischen Tatsachen immer für eine beliebige Menge geistiger Tatsachen kausal hinreichend sind[3], könnte jemand, der vollkommenes Kausalwissen besitzt, in der Lage sein, wenigstens in den seltenen Fällen, in denen es eine gesetzesartige Verbindung zwischen den neurophysiologisch beschriebenen und den intentionalistisch beschriebenen Tatsachen gibt, den Schluß vom Neurophysiologischen auf das Intentionale zu ziehen. Doch selbst in diesen Fällen, wenn es welche gibt, wird immer noch eine *Schlußfolgerung* gezogen, und die neurophysiologische Beschreibung des Neurophysiologischen ist noch keine Beschreibung des Intentionalen.

*5. Doch die Ontologie der unbewußten Geisteszustände (zum Zeitpunkt ihres Unbewußt-Seins) besteht einzig und allein in der Existenz rein neurophysiologischer Phänomene.* Man stelle sich jemanden vor, der fest und traumlos schläft. Nun ist es richtig, von ihm – während er in diesem Zustand ist – zu sagen, daß er eine Reihe von unbewußten Geisteszuständen hat. Beispielsweise glaubt er, daß Denver die Hauptstadt von Colorado ist, Washington die Hauptstadt der Vereinigten Staaten und so weiter. *Doch dank welcher ihn betreffenden Tatsache ist es der Fall, daß er diese unbewußten Überzeugungen hat?* Nun, die einzigen Tatsachen, die existieren können, während er völlig ohne Bewußtsein ist, sind neurophysiologische Tatsachen. Das einzige, was in seinem unbewußten Hirn vorgehen kann, sind Abfolgen neurophysiologischer Ereignisse, die in neuronalen Strukturen auftreten. Solange diese Zustände völlig unbewußt sind, gibt es einfach nichts außer neurophysiologischen Zuständen und Vorgängen.

Doch nun scheinen wir vor einem Widerspruch zu stehen: Die Ontologie der unbewußten Intentionalität besteht ganz und gar aus objektiven, neurophysiologischen Dritte-Person-Phänomenen, und dennoch haben diese Zustände eine Aspektgestalt, die nicht in solchen Tatsachen bestehen kann, weil es auf der Ebene der Neuronen und Synapsen keine Aspektgestalt gibt.

Meines Erachtens gibt es für dieses Rätsel nur eine Lösung. Der scheinbare Widerspruch löst sich auf, wenn wir folgendes berücksichtigen:

6. *Der Begriff von einem unbewußten intentionalen Zustand ist der Begriff von einem Zustand, der ein möglicher bewußter Gedanke oder ein mögliches bewußtes Erlebnis ist.* Es gibt jede Menge unbewußte Geisteszustände, doch soweit sie wirklich *intentional* sind, müssen sie in irgendeinem Sinn ihre Aspektgestalt auch dann beibehalten, wenn sie unbewußt sind. Der einzige Sinn jedoch, den wir der Vorstellung geben können, daß sie auch während ihres Unbewußt-Seins ihre Aspektgestalt bewahren, ist der, daß sie mögliche Inhalte des Bewußtseins sind.

Das ist unsere erste Hauptschlußfolgerung. Doch diese Antwort auf unsere erste Frage wirft unmittelbar eine weitere Frage auf: Was heißt »möglich« in den beiden vorigen Sätzen? Schließlich könnte ein bewußtes Auftreten dem Zustand wegen einer Hirnverletzung, einer Verdrängung oder aus anderen Gründen völlig *unmöglich* sein. In welchem Sinne genau muß er also ein möglicher Inhalt eines Gedankens oder Erlebnisses sein? Diese Frage führt zu unserer nächsten Schlußfolgerung, die eigentlich eine weitere Erklärung von Schritt 6 ist und sich aus 5 und 6 ergibt:

7. *Die Ontologie des Unbewußten besteht in objektiven Merkmalen des Hirns, die fähig sind, subjektive bewußte Gedanken zu verursachen.* Wenn wir etwas als einen unbewußten intentionalen Zustand beschreiben, dann charakterisieren wir dabei eine objektive *Ontologie* kraft ihres Kausalvermögens, Bewußtsein zu

erzeugen. Doch die Existenz dieser Kausalmerkmale ist damit verträglich, daß ihre Kausalkräfte in jedem Einzelfall durch Störfaktoren (wie psychische Verdrängung oder Hirnschädigung) blockiert sein mögen.

Die Möglichkeit der Störung durch verschiedene pathologische Formen ändert nichts an der Tatsache, daß jeder unbewußte intentionale Zustand ein Ding von der Art ist, das dem Bewußtsein im Prinzip zugänglich ist. Der intentionale Zustand mag nicht nur in dem Sinne unbewußt sein, daß er *zufälligerweise* hier und da nicht bewußt ist, sondern auch in dem Sinne, daß er aus dem einen oder anderen Grund von der betreffenden Person einfach nicht zum Bewußtsein gebracht werden *könnte*; er muß jedoch ein *Ding von der Art* sein, das zum Bewußtsein gebracht werden kann, weil seine Ontologie die einer Neurophysiologie ist, die durch ihr Vermögen zur Bewußtseinsverursachung charakterisiert ist.

Paradoxerweise führt der naive Mentalismus meiner Auffassung vom Geist zu einer Art dispositionalen Analyse unbewußter Geistesphänomene; nur handelt es sich dabei nicht um eine Disposition zu »Verhalten«, sondern um eine »Disposition« – falls das wirklich das richtige Wort ist – zu bewußten Gedanken (inklusive bewußte Gedanken, die sich im Verhalten manifestieren). Dies ist paradox – und entbehrt sogar nicht der Ironie –, weil die Idee einer dispositionalen Theorie des Geistes genau zu dem Zweck eingeführt worden ist, die Berufung auf das Bewußtsein loszuwerden; und letzten Endes versuche ich hier, diese Tradition auf den Kopf zu stellen, indem ich die Auffassung vertrete, daß unbewußte Überzeugungen in der Tat dispositionale Zustände des Hirns sind, allerdings Dispositionen zur Hervorbringung bewußter Gedanken und bewußten Verhaltens. Diese Art dispositionaler Zuschreibung von Kausalvermögen ist uns wohlvertraut; sie gehört zur Alltagspraxis des gesunden Menschenverstands. Wenn wir beispielsweise von einer Substanz sagen, sie sei ein Bleichmittel oder Gift, dann schreiben wir einer chemischen Ontologie ein dispositionales Kausalvermögen zur Hervorbringung gewisser Wirkungen zu. Entsprechend schreiben wir – wenn wir von dem Mann, der ohne Bewußtsein ist, sagen, er glaube, daß Bush der amerikanische Präsident ist – einer neurobiologischen Ontologie das dispositionale Kausalvermögen zu, gewisse Wirkungen hervorzubringen, und zwar bewußte Gedanken mit spezifischer Aspektgestalt. Der Begriff der unbewußten Intentionalität ist mithin der Begriff einer *Latenz* relativ zu ihrer *Manifestation* im Bewußtsein.

Zusammenfassend: Die Argumentation für das Verbindungsprinzip war zwar ein wenig kompliziert, aber ihre Stoßrichtung ist ganz einfach. Man frage sich nur, welche Tatsache über die Welt den eigenen Behauptungen korrespondieren soll. Wenn man eine Behauptung über unbewußte Intentionalität aufstellt, dann gibt es keine Tatsachen, die für den Fall von Belang sind, außer neurophysiologischen Tatsachen. Außer den neurophysiologischen Zuständen und Vorgängen, die neurophysiologisch beschreibbar sind, gibt es da nichts. Intentionale Zustände, ob bewußt oder unbewußt, haben eine Aspektgestalt, und auf der Ebene der Neuronen gibt es keine Aspektgestalt. Mithin ist die einzige Tatsache, die neurophysiologische Strukturen betrifft und der Zuschreibung intrinsischer Aspektgestalt korrespondiert, die Tatsache, daß das System das Kausalvermögen hat, Bewußtseinszustände und -vorgänge hervorzubringen, in denen solche spezifischen Aspektgestalten manifest sind.

Es ergibt sich folgendes Bild. In meinem Hirn spielt sich außer neurophysiologischen Vorgängen – manche bewußt, manche unbewußt – nichts ab. Von den unbewußten neurophysiologischen Vorgängen sind einige geistig, andere nicht. Der zwischen ihnen bestehende Unterschied liegt nicht im Bewußtsein, denn nach Voraussetzung ist ja keiner von ihnen bewußt. Der Unterschied besteht darin, daß die geistigen Vorgänge für Bewußtsein in Frage kommen, weil sie fähig sind, Bewußtseinszustände zu verursachen. Aber das ist alles. Mein gesamtes geistiges Leben findet im Hirn statt. Doch was in meinem Hirn ist mein »geistiges Leben«? Genau zweierlei: Bewußtseinszustände und solche neurophysiologischen Zustände und Vorgänge, die – unter geeigneten Umständen – fähig sind, Bewußtseinszustände hervorzubringen. Wir wollen solche Zustände, die im Prinzip bewußtseinszugänglich sind, als »flach unbewußt« bezeichnen, und solche, die sogar im Prinzip unzugänglich sind, als »tief unbewußt«. Man kann also bisher den Schluß ziehen, daß es keine tief unbewußten intentionalen Zustände gibt.

## III. Zwei Einwände gegen das Verbindungsprinzip

Ich möchte zwei Einwände erörtern. Den ersten habe ich mir selbst ausgedacht, allerdings haben mir auch einige andere Leute[4] Varianten desselben Einwands geboten; der zweite stammt von Ned Block.

Erster Einwand: Angenommen, wir hätten eine vollkommene Wissenschaft des Hirns. Wir könnten unser Hirn-o-skop an jemandes Schädel halten und sehen, daß er Wasser will. Nun angenommen, daß die »Ich-will-Wasser«-Konfiguration im Hirn universal ist. Leute wollen Wasser genau dann, wenn sie diese Konfiguration haben. Das ist natürlich eine Science-fiction-Phantasie, doch tun wir einmal so, als ob. Weiterhin wollen wir nun noch annehmen, wir hätten eine kleine Gruppe von Menschen entdeckt, die zwar genau diese Konfiguration haben, aber »prinzipiell« keinen Wunsch nach Wasser zu Bewußtsein bringen könnten. Sie weisen zwar Wasser-Suchverhalten auf, sind aber »prinzipiell« unfähig, sich ihres Wunsches nach Wasser bewußt zu werden. Es ist nichts Krankhaftes an ihnen, ihre Hirne sind nun einmal so gebaut. Wenn das nun möglich ist – und warum denn nicht? –, dann haben wir ein Gegenbeispiel gegen das Verbindungsprinzip gefunden, denn wir haben das Beispiel eines unbewußten Wunsches nach Wasser gefunden, der sich prinzipiell nicht zu Bewußtsein bringen läßt.

Das Beispiel gefällt mir, aber ich denke nicht, daß es ein Gegenbeispiel ist. Es ist charakteristisch für die Wissenschaften, daß wir Oberflächenphänomene durch ihre Mikro-Ursachen definieren; beispielsweise können wir Farben durch Wellenlängen von so-und-soviel Nanometern definieren. Wenn wir eine vollkommene Hirnwissenschaft der vorgestellten Art hätten, dann könnten wir Geisteszustände gewiß durch ihre Mikro-Ursachen in der Neurophysiologie des Hirns identifizieren. Jedoch taugt – und das ist das Entscheidende – diese Neudefinition nur in dem Maße als eine Identifikation eines unbewußten Geistesphänomens, in dem wir weiterhin unterstellen, daß die unbewußte Neurophysiologie immer noch (sozusagen) den richtigen bewußten Geistesphänomenen mit der jeweils richtigen Aspektgestalt auf der Spur ist. Die Schwierigkeit liegt in der Verwendung des Ausdrucks »prinzipiell«. Im erörterten Fall ist die »Ich-will-Wasser«-Neurophysiologie in der Tat fähig, das bewußte Erlebnis zu verursachen.

Nur unter dieser Voraussetzung haben wir das Beispiel überhaupt in Gang gebracht. Die Fälle, die wir uns vorgestellt haben, sind einfach Fälle, in denen irgendwelche Störfaktoren dazwischenkommen. Sie gleichen Weiskrantz' Beispielen mit dem sog. blinden Sehen, nur daß hier das Krankhafte fehlt. Aber es ist an den fraglichen Phänomenen nichts »prinzipiell« Bewußtseinsunzugängliches, und deshalb handelt es sich hier auch nicht um ein Gegenbeispiel gegen das Verbindungsprinzip.

Zweiter Einwand: Aus der Argumentation folgt, daß es einen »intentionalen Zombie« – also ein Lebewesen völlig ohne Bewußtsein, aber mit intentionalen Geisteszuständen – nicht geben könnte. Aber warum sollte es so etwas nicht geben? Falls etwas Derartiges möglich ist – und warum denn nicht? –, so folgt aus dem Verbindungsprinzip etwas Falsches, und folglich ist es selbst falsch.

Tatsächlich, es könnte einen intentionalen Zombie nicht geben, und Quines berühmte Argumentation für die Übersetzungsunbestimmtheit (Quine 1960, Kap. 2) hat uns dafür unbeabsichtigt den Beweis zur Verfügung gestellt: Im Hinblick auf einen Zombie (und das gilt für jede Kreatur ohne Bewußtsein) ist es einfach keine Tatsachenfrage, welche Aspektgestalt genau seine vermeintlichen intentionalen Zustände haben. Angenommen, wir bauten einen »wassersuchenden« Zombie. Nun, dank welcher Tatsache, die den Zombie betrifft, ist es dann der Fall, daß er jene Flüssigkeit unter dem Aspekt »Wasser« und nicht unter dem Aspekt »$H_2O$« sucht? Man beachte, daß es als Antwort auf diese Frage nicht ausreichte zu sagen, daß wir den Zombie ja so programmieren könnten, daß er sagt: »Na klar will ich Wasser, ich will aber kein $H_2O$.« Denn damit würde die Frage nur um einen Schritt zurückgedrängt: Dank welcher Tatsache, die den Zombie betrifft, ist es der Fall, daß er mit »Wasser« und mit »$H_2O$« jeweils das meint, was wir damit meinen? Und selbst wenn wir – um auf einem solchen Wege eine Antwort auf diese Frage zu geben – sein Verhalten etwas komplizierter sein ließen, es wird immer unterschiedliche Weisen geben, sein Sprachverhalten zu deuten, und diese unterschiedlichen Deutungsweisen werden zwar mit allen Sprachverhaltenstatsachen verträglich sein, aber zu miteinander unverträglichen Behauptungen darüber führen, was für intentionale Zustände der Zombie hat und was seine Worte bedeuten. Und das Problem ist, wie Quine im mühsamen Detail gezeigt hat, nicht, daß wir niemals mit Sicherheit wissen könnten, daß der Zombie beispielsweise »Hase« (im Gegensatz zu »Abschnitt in der Lebensgeschichte eines Hasen«) gemeint hat, oder »Wasser« (im Gegensatz zu »$H_2O$«). Das Problem ist vielmehr, daß es überhaupt keine Tatsachenfrage ist, was der Zombie gemeint hat. Doch wo die Frage nach der Aspektgestalt keine Tatsachenfrage ist, da gibt es keine Aspektgestalt, und wo es keine Aspektgestalt gibt, da gibt es keine Intentionalität. Quine, so könnten wir vielleicht sagen, hat eine Bedeutungstheorie, die auf Zombies mit Sprachverhalten paßt. Doch wir sind keine Zombies, und unsere Äußerungen haben (zumindest manchmal) eine bestimmte Bedeutung mit einer bestimmten Aspektgestalt, und genauso haben unsere intentionalen Zustände oft einen bestimmten intentionalen Gehalt mit einer bestimmten Aspektgestalt (Searle 1987). Doch all dies setzt Bewußtsein voraus.

## IV. Könnte es unbewußte Schmerzen geben?

Ich möchte das Verbindungsprinzip noch weiter dadurch illustrieren, daß ich einen Fall ausmale, in dem wir für den Begriff »unbewußter Schmerz« eine Verwendung hätten. Üblicherweise denken wir nicht an unbewußten Schmerz, und viele Leute würden wohl, so glaube ich, die cartesianische Vorstellung akzeptieren, daß etwas bewußt sein muß, um ein echter Schmerz zu sein. Doch ich denke, es ist leicht, gegenteilige Intuitionen zu beschwören. Betrachten wir folgendes: Es ist nichts Außergewöhnliches, daß Menschen, die unter chronischen Schmerzen (z. B. chronischen Rückenschmerzen) leiden, oft vor Schmerzen schwer einschlafen. Manchmal kommt es sogar vor, daß sie mitten in der Nacht, nachdem sie endlich eingeschlafen sind, *durch ihre Beschwerden geweckt werden*. Wie sollen wir derartige Fälle nun genau beschreiben? Wir wollen für die Zwecke unseres Beispiels einmal annehmen, daß die Betroffenen während des Schlafs vollständig ohne Bewußtsein sind; sie haben keinerlei Bewußtsein von irgendeinem wie auch immer gearteten Schmerz. Sollen wir dann sagen, daß während des Schlafs eigentlich kein Schmerz vorhanden war, daß der Schmerz vielmehr erst beim Aufwachen einsetzte und daß die Schläfer von neurophysiologischen Vorgängen geweckt wurden, die üblicherweise Schmerz verursachen würden, dies in diesem Fall aber deshalb nicht taten, weil die Betroffenen schliefen? Oder sollen wir lieber sagen, daß der Schmerz – d. h. der Schmerz selbst – von der Zeit vor dem Einschlafen, über die Zeit des Schlafs bis hin zur Zeit nach dem Aufwachen andauerte, daß die Betroffenen sich des Schmerzes während des Schlafs jedoch nicht bewußt waren? Meine Intuitionen finden das zweite ebenso natürlich wie – ja, wahrscheinlich sogar natürlicher als – das erste. Wie dem auch sei, wichtig daran ist, daß man sieht, daß es sich hier nicht um eine Streitfrage mit einem Sachgehalt handelt. Hier gibt es einfach ein unterschiedliches Vokabular zur Beschreibung derselben Tatsachen. Betrachten wir nun aber das zweite Vokabular. Wenn wir dieses Vokabular verwenden, dann sagen wir, daß der Schmerz eine Zeitlang bewußt war, dann unbewußt, und schließlich wieder bewußt. Derselbe Schmerz, verschiedene Bewußtseinszustände. Unser Drang, so zu sprechen, könnte verstärkt werden, wenn wir entdeckten, daß die betreffende Person – obwohl sie völlig ohne Bewußtsein ist – während des Schlafs Körperbewegungen macht, die zum Schutz der schmerzenden Körperpartien dienen.

Was genau ist nun die Ontologie des Schmerzes, wenn er vollständig unbewußt ist? Die Antwort scheint mir offenkundig. Was uns geneigt macht zu sagen, der Schmerz habe, wenn auch unbewußt, weiter existiert, ist dies: Es gab einen zugrundeliegenden neurophysiologischen Vorgang, der es vermochte, einen Bewußtseinszustand hervorzubringen, und der es vermochte, ein Verhalten hervorzubringen, das für jemanden angemessen wäre, der sich in diesem Bewußtseinszustand befände. Und genau das geschah in dem von mir dargelegten Beispiel.

Wenn dem nun aber so ist, dann leuchtet es nicht ohne weiteres ein, daß die alten Dispute zwischen den Freudianern und ihren Gegnern über die wirkliche Existenz unbewußter Geisteszustände irgendeinen faktischen Sachgehalt haben könnten. Aufgrund meiner bisher dargelegten Argumentation vermag ich nicht zu sehen, wie es sich dabei um etwas anderes als bloß eine rein terminologische Angelegenheit handeln könnte, die sich von dem Streitpunkt über die Existenz unbewußter Schmerzen, wie ich ihn gerade beschrieben habe, nur im Hinblick auf die Komplexität unterscheidet. Die eine Seite hat darauf insistiert, daß es *unbewußte Geistes*-Zustände wirklich gibt, die andere Seite darauf, daß Zustände, bei denen es sich wirklich um *Geistes*-Zustände handelt, dann doch wohl *bewußt* sein müssen. Doch was für Tatsachen in der Welt sollen diesen beiden verschiedenen Behauptungen entsprechen?

Die von den Freudianern ins Feld geführten Belege' hatten es mit der kausalen Geschichte, dem Verhalten und den bewußten Eingeständnissen der betreffenden Person zu tun – all dies schien nur unter der Annahme interpretierbar zu sein, daß es da einen unbewußten Geisteszustand gab, der genau wie ein bewußter war, mit der Ausnahme, daß er eben nicht bewußt war. Betrachten wir einen typischen Fall. Jemand erhält unter Hypnose den Auftrag, nach dem Erwachen auf dem Fußboden herumzukriechen. Wenn er später wieder bei Bewußtsein ist, gibt er für sein Verhalten eine scheinbar rationale Rechtfertigung, die aber gar nichts damit zu tun hat. Er sagt etwa: »Ich glaube, ich habe wohl meine Uhr irgendwo verloren« und kriecht dann weiter auf dem Fußboden herum. Wir nehmen nun an – und zwar mit gutem Grund, wie ich meine –, daß er unbewußt den Hypnoseauftrag ausführt, daß er unbewußt deshalb auf dem Fußboden herumkriechen will, weil ihm der Hypnotiseur dies gesagt hat, und daß der Grund, den er für sein Verhalten vorbringt, überhaupt nicht der wirkliche Grund ist.

Doch angenommen, seine wirklichen Motive sind ihm total unbewußt, was soll denn dann die Ontologie des Unbewußten genau in diesem Moment sein? Um unsere Frage von vorhin zu wiederholen: Was für eine *Tatsache* entspricht der Zuschreibung des unbewußten Geisteszustands zu dem Zeitpunkt, zu dem die betreffende Person etwas aus einem Grunde tut, der ihr total unbewußt ist? Wenn der Zustand wirklich vollkommen unbewußt ist, dann gibt es da nur die neurophysiologischen Zustände, die in der Lage sind, bewußte Gedanken hervorzurufen – und Verhalten hervorzurufen, das für jemanden, der solche Gedanken hat, passend ist.

Manchmal mag es mehrere Folgerungsschritte zwischen dem latenten unbewußten Geisteszustand und der manifesten bewußten Intentionalität geben. Das Motiv des pubertierenden Jungen, der gegen die Autorität der Schule revoltiert, ist – so sagt man – sein Vaterhaß. Die Schule symbolisiert den Vater. Doch wie beim Fall mit der Hypnose müssen wir auch hier wiederum fragen: Was soll denn die Ontologie des Unbewußten sein, solange es unbewußt ist? Und auch in diesem Fall muß, wie bei der Hypnose, damit, daß dem Unbewußten eine bestimmte Aspektgestalt zugeschrieben wird, impliziert sein, daß in der Neurophysiologie die Fähigkeit vorhanden ist, einen bewußten Gedanken mit exakt dieser Aspektgestalt hervorzubringen.

Wenn man erst einmal sieht, daß die Beschreibung eines Geisteszustands als »unbewußt« die Beschreibung einer neurophysiologischen Ontologie mittels ihres Kausalvermögens der Hervorbringung von bewußten Gedanken und Verhalten ist, dann kann allem Anschein nach die ontologische Frage »Existieren unbewußte Geisteszustände wirklich?« gar keinen faktischen Sachgehalt haben. Die Frage kann doch nur bedeuten: Gibt es *nichtbewußte* neurophysiologische Zustände des Hirns, die es vermögen, bewußte Gedanken und das Verhalten entstehen zu lassen, das für jemanden, der solche Gedanken hat, passend ist? Natürlich hat keine der beiden Seiten jemals den Streitpunkt in dieser Weise betrachtet, doch vielleicht entstand die Hitzigkeit des Disputs zum Teil auch daraus, daß etwas, das wie ein klarer Fall eines ontologischen Streitpunkts (»Gibt es unbewußte Zustände?«) aussah, in Wirklichkeit gar kein ontologischer Streitpunkt war.

Wenn das stimmt, dann sind die alten Argumente der Freudianer (mit all den dazugehörigen Belegen, die sich auf die Hypnose, die Neurosen usw. stützen) sehr viel weniger zwingend bzw. unzureichend als vielmehr ohne jedweden faktischen Sachgehalt. Der Streitpunkt ist deshalb nicht weniger wichtig, weil er begrifflich bzw. terminologisch ist, aber wir sollten begreifen, daß die Frage nach der Existenz von Entitäten, die zwar geistig, aber weder physiologisch noch bewußt sind, keine Tatsachenfrage ist.

## V. Freud über das Unbewußte

Ich möchte dieses Kapitel damit beschließen, daß ich meine Konzeption des Unbewußten und seiner Beziehung zum Bewußtsein mit der von Freud vergleiche. Gemäß meiner Auffassung gibt es in unseren Schädeln massenhaft Neurone, die in Gliazellen eingebettet sind, und dieses gewaltige und komplizierte System ist manchmal bei Bewußtsein. Bewußtsein wird durch das Verhalten der niedrigerstufigen Bestandteile bewirkt (vermutlich auf den Ebenen der Nervenzellen, Synapsen und Kolumnen) und ist als solches ein höherstufiges Merkmal des Gesamtsystems. Das heißt keinesfalls, daß das Bewußtsein oder die Neurophysiologie irgendwie einfach seien. Beides scheint mir immens kompliziert zu sein, und insbesondere das Bewußtsein tritt, wie wir gesehen haben, in einer Vielfalt von Modalitäten auf: Wahrnehmung, Gefühl, Denken, Schmerz und so weiter. Meiner Auffassung zufolge ist dies jedoch alles, was sich im Hirn abspielt: neurophysiologische Vorgänge und Bewußtsein. Meine Theorie besagt: Wenn über den unbewußten Geist geredet wird, dann wird einfach über das neurophysiologische Kausalvermögen der Verursachung bewußter Zustände und bewußten Verhaltens geredet.

So viel zu meiner Sicht. Wie steht's mit Freud? Während ich wahre Aussagen über unbewußtes Geistesleben als etwas betrachte, das zwar einer objektiven neurophysiologischen Ontologie entspricht, aber mittels seines Vermögens der Verursachung bewußter subjektiver Geistesphänomene beschrieben ist, betrachtet Freud[5] diese Aussagen als etwas, das Geisteszuständen entspricht, die hie und da als Geisteszustände existieren. Das heißt, Freud denkt, daß unsere unbewußten Geisteszustände zugleich sowohl unbewußt als auch intrinsisch intentionale Zustände sind, die sogar dann, wenn sie unbewußt sind, wirklich vorhanden sind. Die Ontologie dieser Zustände ist auch dann die des Geistigen, wenn sie unbewußt sind. Kann Freud dieses Bild so gestalten, daß es keinen Widerspruch enthält? Nun, er drückt sich so aus: alle Geisteszustände seien »an sich unbewußt«. Sie zum Bewußtsein zu bringen, das sei einfach so, wie einen Gegenstand wahrzunehmen (1915, insb. S. 270 des in der Bibliographie angegebenen Wiederabdrucks). Die Unterscheidung zwischen bewußten und unbewußten Geisteszuständen ist mithin keine Unterscheidung zwischen zwei Arten von Geisteszuständen (oder zwischen zwei unterschiedlichen Existenzweisen von Geisteszuständen); vielmehr sind alle Geisteszustände in Wirklichkeit an sich unbewußt, und das, was wir »Bewußtsein« nennen, ist nichts weiter als eine Weise, in der wir Zustände wahrnehmen, die in ihrer Existenzweise unbewußt sind – als wären unbewußte Geisteszustände wirklich wie Möbel in der Dachkammer des Geistes; wenn wir sie zu Bewußtsein bringen, dann steigen wir hinauf und strahlen sie mit den Taschenlampen unserer Wahrnehmung an. Die Möbel »an sich« sind ungesehen, und entsprechend sind Geisteszustände »an sich« unbewußt.

Womöglich mißverstehe ich Freud, aber ich kann eine kohärente Deutung seiner Theorie weder finden noch erfinden. Doch selbst wenn wir bewußte Wahrnehmungszustände außer acht lassen und uns auf propositionale intentionale Zustände wie Überzeugungen und Wünsche beschränken, scheint mir die Theorie zumindest in zweierlei Hinsicht inkohärent zu sein. Erstens kann ich Freuds Ontologie des Unbewußten nicht in Einklang damit bringen, was wir über das Hirn wissen. Und zweitens kann ich den Vergleich zwischen Wahrnehmung und Bewußtsein nicht so ausformulieren, daß er kohärent wird.

Zunächst zur ersten Schwierigkeit. Angenommen, ich durchlaufe eine Abfolge unbewußter Geisteszustände. Wenn mir jedwedes Bewußtsein abgeht, dann spielt sich in meinem Hirn nur eines ab: neurophysiologische Vorgänge, die jeweils in einer bestimmten neuronalen Struktur vorkommen. Was für eine Tatsache soll nun ausmachen, daß sie unbewußte Geisteszustände sind? Bedenken wir, welche Merkmale unbewußte Geisteszustände als Geisteszustände haben müssen. Erstens müssen sie eine Aspektgestalt haben; zweitens müssen sie in irgendeinem Sinn »subjektiv« sein, schließlich sind es ja *meine* Geisteszustände. Wie sich diese Bedingungen im Falle von Bewußtseinszuständen (von Zuständen also, die in einer Aspektgestalt erlebt werden) erfüllen lassen, ist offensichtlich. Es ist schwerer (aber immerhin doch noch möglich zu sehen, wie sich diese Bedingungen im Falle unbewußter Zustände erfüllen lassen, falls wir uns die Ontologie des Unbewußten so vorstellen, wie ich dies vorgeschlagen habe: als eine wirklich vorhandene Neurophysiologie, die es vermag, bewußte Zustände und Ereignisse zu verursachen. Doch wie kann die unbewußte Neurophysiologie zu den Zeitpunkten, während denen sie unbewußt ist, Aspektgestalt und Subjektivität haben? Zwar läßt die Neurophysiologie Beschreibungen auf verschiedenen Ebenen zu, doch keine dieser objektiven Ebenen neurophysiologischer Beschreibung – die von der Mikroanatomie des synaptischen Spalts bis hin zu großen Organen wie dem Hippocampus reichen – ist eine Ebene der Aspektgestalt oder der Subjektivität.

Freud meint offenbar, daß es zusätzlich zu allen neurophysiologischen Eigenschaften meines Hirns auch noch irgendeine Beschreibungsebene gibt, auf der meine unbewußten Geisteszustände trotz ihrer vollständigen Unbewußtheit ausnahmslos alle Merkmale bewußter Geisteszustände – und insbesondere auch

Intentionalität und Subjektivität – haben. Das Unbewußte hat alles, was das Bewußte hat, *nur minus Bewußtsein*. Er hat aber nicht begreiflich gemacht, was für Ereignisse sich im Hirn über die neurophysiologischen Ereignisse hinaus abspielen könnten, um unbewußte Subjektivität und Intentionalität zu bilden.

Die *empirischen Indizien*, die Freud uns für die Existenz des Unbewußten gibt, sind immer, daß der Patient ein Verhalten aufweist, das so ist, *als ob* er sich in einem gewissen Geisteszustand befände; und weil wir unabhängig davon wissen, daß der Patient keinen bewußten Geisteszustand dieser Art hat, postuliert Freud einen unbewußten Geisteszustand als die Ursache des Verhaltens. Ein Verifikationist müßte sagen, daß dieses Postulat nur eine einzige Bedeutung hat, und zwar: Der Patient benimmt sich in der-und-der Weise, und derartiges Verhalten würde üblicherweise von einem Bewußtseinszustand verursacht. Doch Freud ist kein Verifikationist. Er denkt, daß es da etwas gibt, wodurch das Verhalten verursacht ist, und daß dies weder etwas bloß Neurophysiologisches noch etwas Bewußtes ist. Ich kann dies nicht in Einklang damit bringen, was wir über das Hirn wissen, und es ist schwer, dafür eine Deutung zu finden, die keinen Dualismus impliziert, denn Freud postuliert ja nicht-neurophysiologische Geistesphänomene; und damit scheint sein früherer Entwurf einer Psychologie (1895) verworfen zu sein.

Wie steht es um die Analogie zwischen Bewußtsein und Wahrnehmung? Sobald man sich der Auffassung anschließt, daß Geisteszustände sowohl *an sich* geistig, als auch *an sich* unbewußt sind, wird es einem nicht leichtfallen zu erklären, wie Bewußtsein ins Bild paßt. Es sieht so aus, als habe die Auffassung von an sich unbewußten Geisteszuständen die Konsequenz, daß das Bewußtsein etwas vollständig Extrinsisches ist – d. h. nichts ist, was irgendeinem Bewußtseinszustand oder -ereignis wesentlich zugehört. Mir scheint, daß Freud diese Konsequenz akzeptiert und daß die Analogie zwischen Bewußtsein und Wahrnehmung ein Versuch ist, das Bewußtsein doch noch ins Bild passen zu lassen, was ja angesichts der Konsequenz schwerfallen muß, daß Bewußtsein ein extrinsisches, akzidentelles Merkmal von Bewußtseinszuständen ist. Sobald die Theorie des Unbewußten im einzelnen formuliert ist, wirkt die Analogie mit der Wahrnehmung unvermeidlich. Um für das Faktum des Bewußtseins im Einklang mit der Theorie des Unbewußten eine Erklärung zu geben, sind wir gezwungen zu postulieren, daß das Bewußtsein eine Art Wahrnehmung von Zuständen und Ereignissen ist, die ihrer intrinsischen Natur nach unbewußt sind.

Doch diese Lösung führt uns vom Regen in die Traufe. Bei unserer Erörterung der Introspektion hatten wir gesehen, daß das Modell der Wahrnehmung darauf beruht, daß es einen Unterschied zwischen wahrgenommenem Gegenstand und Wahrnehmungsakt gibt. Freud braucht diese Annahme, um erklären zu können, daß Bewußtsein extrinsisch ist – daß also beispielsweise genau dieses Vorkommnis eines bewußten Gedankens hätte existieren können, ohne bewußt zu sein. Versuchen wir einmal, die Analogie ernstzunehmen. Angenommen, ich sehe ein Fahrrad. In einer solchen Wahrnehmungssituation gibt es einen Unterschied zwischen dem wahrgenommenen Gegenstand und dem Wahrnehmungsakt. Wenn ich die Wahrnehmung wegnehme, bleibt mir das Fahrrad; wenn ich das Fahrrad wegnehme, bleibt mir eine Wahrnehmung, die keinen Gegenstand hat (eine Halluzination zum Beispiel). Doch genau diese Unterscheidungen können wir im Fall des bewußten Gedankens nicht machen. Wenn ich versuche, das bewußte Denken dieses Gedankenvorkommnisses (z. B. des Gedankens, daß Bush Präsident ist) wegzunehmen, dann bleibt mir nichts. Wenn ich versuche, vom bewußten Denken des Gedankenvorkommnisses das Gedankenvorkommnis wegzunehmen, dann gelingt es mir nicht, irgend etwas wegzunehmen. Die Unterscheidung zwischen Wahrnehmungsakt und wahrgenommenem Gegenstand hat auf bewußte Gedanken keine Anwendung.

Weiterhin scheint sich aus dieser Auffassung – der Auffassung, das Phänomen des Zu-Bewußtsein-Bringens unbewußter Zustände bestehe in der Wahrnehmung von zuvor und an sich unbewußten geistigen Phänomenen – ein unendlicher Regreß zu ergeben. Denn es stellt sich ja die Frage: Wie steht's mit dem Wahrnehmungsakt: ist er ein geistiges Phänomen? Wenn ja, dann muß er »an sich« unbewußt sein, und dann müßte ich ja wohl, um mir dieses Akts bewußt zu werden, irgendeinen höherstufigen Akt der Wahrnehmung meines Wahrnehmungsakts brauchen. Sicher bin ich zwar nicht, aber es sieht doch so aus, als drohe hier ein unendlicher Regreß.

Eine letzte Schwierigkeit mit dieser Wahrnehmungsanalogie: Wahrnehmung funktioniert, weil der wahrgenommene Gegenstand kausalen Einfluß auf mein Nervensystem ausübt, wodurch dann mein Erlebnis von diesem Gegenstand verursacht wird; wenn ich also etwas anfasse oder fühle, dann verursacht der Wahrnehmungsgegenstand ein gewisses Erlebnis. Doch wie sollte dies in dem Falle funktionieren können, in dem der wahrgenommene Gegenstand selbst ein unbewußtes Erlebnis ist?

Zusammenfassend scheint es mir gegen Freuds Theorie zwei Einwände zu geben. Zum einen haben wir keine klare Vorstellung davon, wie die Ontologie des Unbewußten zur Ontologie der Neurophysiologie passen soll. Zum zweiten haben wir keine klare Vorstellung davon, wie wir die Analogie mit der Wahrnehmung auf die Beziehung zwischen dem Bewußtsein und dem Unbewußten anwenden sollen; und es scheint so, als gerieten wir in Absurdität und einen unendlichen Regreß, wenn wir versuchen, diese Analogie ernstzunehmen.


## VI. Überreste des Unbewußten

Was bleibt vom Unbewußten? Zu Beginn dieses Kapitels habe ich gesagt, unsere naive vortheoretische Idee des Unbewußten gleiche der Idee von Fischen im Meer oder von Möbeln in der dunklen Dachkammer des Geistes. Sie behalten ihre Gestalt, auch wenn sie unbewußt sind. Doch nun können wir sehen, daß diese Bilder prinzipiell unangemessen sind, denn sie beruhen auf der Idee einer konstanten geistigen Realität, die mal erscheint und dann wieder verschwindet. Aber die ins Unbewußte hinabgetauchte Überzeugung kann – anders als der hinabgetauchte Fisch – im Unbewußten nicht die Gestalt bewahren, die er im Bewußtsein hatte; denn die einzige wirklich vorhandene Realität dieser Gestalt ist die Gestalt eines bewußten Gedankens. Das naive Bild unbewußter Zustände verwechselt das Kausalvermögen der Verursachung eines bewußten intentionalen Zustands mit einem Bewußtseinszustand, d. h. es verwechselt die Latenz mit ihrer Manifestation – als dächten wir, das Gift in der Flasche da drüben müsse die ganze Zeit über etwas vergiften, um wirklich Gift zu sein. Ich wiederhole: *Die Ontologie des Unbewußten ist genau die Ontologie einer Neurophysiologie mit der Fähigkeit, das Bewußte hervorzubringen.*

Als letzte Schlußfolgerung aus dieser Erörterung möchte ich

festhalten, daß wir keinen einheitlichen Begriff des Unbewußten haben. Es gibt wenigstens vier verschiedene Begriffe.

Erstens gibt es metaphorische *Als-ob*-Aussagen, in denen dem Hirn Intentionalität zugeschrieben wird; die dürfen nicht wörtlich genommen werden. So könnten wir beispielsweise sagen, daß die Medulla oblongata uns am Leben erhalten möchte und uns deshalb sogar im Schlaf am Atmen hält.

Zweitens gibt es Freudsche Fälle flach unbewußter Wünsche, Überzeugungen und so weiter. Am besten faßt man sie als Fälle verdrängten Bewußtseins auf, weil sie ja immer an die Oberfläche aufsteigen, wenn auch oft in verkleideter Form. Logisch gesehen unterscheidet sich der Freudsche Begriff des Unbewußten von dem kognitionswissenschaftlichen Begriff des Unbewußten in einer entscheidenden Hinsicht ganz und gar: unbewußte Geisteszustände à la Freud sind potentiell bewußt.

Drittens gibt es die (relativ) unproblematischen Fälle flach unbewußter Geistesphänomene, die einfach zufälligerweise zu keinem Zeitpunkt den Inhalt meines Bewußtseins bilden. So sind z. B. die meisten meiner Überzeugungen, Wünsche, Sorgen und Erinnerungen meinem Bewußtsein zu jedem gegebenen (wie auch dem gegenwärtigen) Zeitpunkt nicht präsent. Dennoch sind sie allesamt *potentiell* bewußt in dem von mir erläuterten Sinn. (Wenn ich Freud richtig verstehe, dann sind es diese Fälle, die er meinte, als er vom »Vorbewußten« im Gegensatz zum »Unbewußten« sprach [Freud 1949].)

Viertens gibt es angeblich eine Klasse von tief unbewußten intentionalen Geistesphänomenen, die nicht nur unbewußt, sondern dem Bewußtsein prinzipiell unzugänglich sind. Die gibt es nicht, wie ich dargelegt habe. Nicht nur gibt es keine empirischen Anhaltspunkte für ihre Existenz, sondern es verstößt auch gegen eine logische Restriktion des Intentionalitätsbegriffs, die Existenz von etwas derartigem zu postulieren.

## 8. Kapitel

# Bewußtsein, Intentionalität und der Hintergrund

## I. Einführung in den Hintergrund

Es ist das Ziel dieses Kapitels, die Beziehung zwischen Bewußtsein und Intentionalität auf der einen Seite und denjenigen Fähigkeiten und allgemeinen praktischen Kenntnissen auf der anderen Seite zu erläutern, dank denen unsere Geisteszustände funktionieren. All dies nenne ich zusammenfassend »den Hintergrund«. Ich verwende dieses Wort als Fachterminus. Da sich meine Ansichten über den Hintergrund seit der Abfassung des Buchs *Intentionalität* (1983, dt. 1987) in mancher Hinsicht entscheidend weiterentwickelt haben, möchte ich hier auch die Änderungen und deren Motivation erläutern.

In den frühen siebziger Jahren begann ich, die Phänomene zu untersuchen, die ich später als »den Hintergrund« bezeichnete, und ich entwickelte eine These, die ich »die Hypothese vom Hintergrund« nenne. Diese These bezog sich ursprünglich auf wörtliche Bedeutung (Searle 1978), doch trifft das, was auf wörtliche Bedeutung zutrifft, meines Erachtens auch auf die vom Sprecher gemeinte Bedeutung, ja sogar auf alle Formen der Intentionalität, ob sprachlich oder nichtsprachlich, zu. Die These vom Hintergrund besagt einfach folgendes: Intentionale Phänomene wie Bedeutung, Meinen, Verstehen, Deuten, Glauben, Wollen und Erleben funktionieren nur im Zusammenspiel mit einer Menge von Hintergrundfähigkeiten, die selbst nicht intentional sind. In einer anderen Formulierung besagt die These, daß alle Repräsentation – ob in der Sprache, im Denken oder im Erleben – nur gelingt, wenn eine Reihe von nichtrepräsentationalen Fähigkeiten vorhanden ist. In meinem Fachjargon ausgedrückt legen intentionale Phänomene *Erfüllungsbedingungen* nur in bezug auf eine Reihe von Fähigkeiten fest, die selbst nicht intentional sind. Derselbe intentionale Zustand kann also, wenn unterschiedliche Hintergrundfähigkeiten vorliegen, unterschiedliche Erfüllungsbedingungen festlegen, und ein intentionaler Zustand wird keine Erfüllungsbedingungen festlegen, solange er keinen passenden Hintergrund hat.

Um diese These weiter zu entwickeln, muß ich die früher gemachte Unterscheidung zwischen Hintergrund und Netzwerk wieder aufgreifen. Intentionale Zustände können im allgemeinen als isolierte Zustände keine Erfüllungsbedingungen festlegen. Um eine Überzeugung oder einen Wunsch zu haben, muß ich ein ganzes Netzwerk anderer Überzeugungen und Wünsche haben. Wenn ich jetzt beispielsweise ein gutes Essen in einem nahegelegenen Restaurant einnehmen möchte, dann muß ich viele andere Wünsche und Überzeugungen haben, wie z.B. die Überzeugung, daß es in der Umgebung Restaurants gibt; daß Restaurants Stätten sind, wo Essen serviert wird; daß ein Essen etwas ist, das in Restaurants zu gewissen Tageszeiten zu gewissen Preisen erstanden und verzehrt werden kann; und so weiter – ohne absehbares Ende. Das Problem ist jedoch dies: Selbst wenn ich die Geduld hätte, all die anderen Überzeugungen und Wünsche aufzulisten, die das Netzwerk ausmachen, das meinem Wunsch nach einem guten Essen im Restaurant Sinn gibt, so hätte ich immer noch das Problem, das mein ursprünglicher Wunsch mit sich brachte – und zwar, daß der Gehalt dieses intentionalen Zustands sich nicht, sozusagen, selbst interpretiert. Dieser Gehalt kann immer noch zu unbestimmt vielen verschiedenen Anwendungen kommen. Was den tatsächlichen intentionalen Gehalt meines Wunsches angeht, so ist es möglich, genau diesen Gehalt in unbestimmt vielen verschiedenen und miteinander unverträglichen Weisen anzuwenden. Was genau macht den Vorgang des Essens aus, was macht eine Mahlzeit aus, was macht etwas zu einem Restaurant? All diese Begriffe können unterschiedlich interpretiert werden, und der Gehalt des intentionalen Zustands für sich genommen legt die Interpretationen nicht fest. Zusätzlich zum Netzwerk müssen wir einen Hintergrund von Fähigkeiten postulieren, die selbst diesem Netzwerk nicht angehören. Oder vielmehr: das gesamte Netzwerk bedarf eines Hintergrunds, weil die Bestandteile des Netzwerks sich nicht selbst interpretieren oder selbst anwenden.

Die These vom Hintergrund (zu der ich nun die über das Netzwerk hinzunehme) stellt eine sehr starke Behauptung dar. Sie umfaßt wenigstens folgendes:

1. Intentionale Zustände funktionieren nicht autonom. Ein isolierter intentionaler Zustand legt keine Erfüllungsbedingungen fest.
2. Für das Funktionieren jedes einzelnen intentionalen Zustands ist ein Netzwerk anderer intentionaler Zustände erforderlich. Erfüllungsbedingungen sind nur in bezug auf das Netzwerk festgelegt.
3. Sogar das Netzwerk reicht nicht aus. Das Netzwerk funktioniert nur im Zusammenhang mit einer Menge von Hintergrundfähigkeiten.
4. Diese Fähigkeiten sind keine weiteren intentionalen Zustände oder Bestandteile des Gehalts irgendeines bestimmten intentionalen Zustands, und man kann sie auch nicht in dieser Weise behandeln.
5. Derselbe intentionale Gehalt kann in bezug auf verschiedene Hintergründe verschiedene Erfüllungsbedingungen (wie z. Wahrheitsbedingungen) festlegen; und in bezug auf gewisse Hintergründe legt er gar keine fest.

Um eine naive Vorstellung vom Hintergrund zu gewinnen, denke man an Wittgensteins Beispiel mit dem Bild des bergauf gehenden Mannes. Es könnte als Bild eines bergab rutschenden Mannes interpretiert werden. Nichts am oder im Bild selbst (selbst wenn es als eine bildliche Darstellung eines Mannes mit jener Körperhaltung aufgefaßt wird) zwingt uns die Interpretation auf, die wir natürlich finden. Die Idee mit dem Hintergrund ist: was für das Bild gilt, gilt für die Intentionalität im allgemeinen.

In den letzten hundert Jahren sind viele Philosophen sehr unterschiedlicher Ausrichtung auf die Phänomene aufmerksam geworden, die ich als »Hintergrund« bezeichne. Nietzsche war gewiß nicht der erste, der das Phänomen bemerkt hat, aber er ist einer von denen, die sich der Zufälligkeit dieses Phänomens am bewußtesten sind: Der Hintergrund muß nicht so sein, wie er ist. Es gibt keinen Beweis dafür, daß der Hintergrund, den wir haben, einer ist, den wir mit Notwendigkeit haben müssen. Die Philosophie des späten Wittgenstein handelt weitenteils vom Hintergrund.[1] Bei den zeitgenössischen Autoren scheint mir Bourdieus Begriff des *Habitus* (1979) eng verwandt mit meinem Begriff des Hintergrunds.

In diesem Kapitel möchte ich erstens eine Argumentation für

die These vom Hintergrund skizzieren; auf diese Weise möchte ich auch mein Postulat rechtfertigen, daß die Hintergrundphänomene als Phänomene einer separaten Kategorie untersucht werden müssen. Zweitens möchte ich die These vom Hintergrund im Lichte der im 7. Kapitel angestellten Betrachtung über die Beziehungen zwischen Bewußtsein, Intentionalität und dem Unbewußten neu formulieren. Drittens möchte ich verschiedene Implikationen der These vom Hintergrund erörtern; insbesondere möchte ich versuchen, die verschiedenen Mißverständnisse und Fehlkonzeptionen zu vermeiden, die nach meinem Eindruck dadurch entstanden sind, daß man auf den Hintergrund aufmerksam geworden ist. Viertens möchte ich eine allgemeine Theorie des Hintergrunds entwickeln.

## II. Einige Argumente für die Hypothese vom Hintergrund

In früheren Arbeiten (Searle 1978, 1980c, 1983, 1990) habe ich für alle fünf Thesen Argumente vorgestellt, und die möchte ich hier nicht alle wiederholen. Jedoch möchte ich einen gewissen Eindruck von den Thesen geben, die ich gerade vorgestellt habe, und deshalb kurz einige der Überlegungen schildern, die mich am meisten beeindrucken. Am leichtesten läßt sich einsehen, daß Repräsentation einen nichtrepräsentationalen Fähigkeitshintergrund voraussetzt, wenn man das Verstehen von Sätzen untersucht. Mit Sätzen anzufangen ist deshalb so schön, weil sie wohldefinierte syntaktische Objekte sind; was daraus zu lernen ist, läßt sich ganz allgemein auf intentionale Phänomene anwenden. Mit Punkt 5 haben wir den Einstieg in die Argumentation: Dieselbe wörtliche Bedeutung wird, bezogen auf unterschiedliche Hintergrundvoraussetzungen, unterschiedliche Erfüllungsbedingungen (z.B. unterschiedliche Wahrheitsbedingungen) festlegen; und manch eine wörtliche Bedeutung wird gar keine Wahrheitsbedingung festlegen, weil passende Hintergrundvoraussetzungen fehlen. Weiterhin (Punkt 4) sind solche Hintergrundvoraussetzungen in der wörtlichen Bedeutung nicht enthalten und könnten auch nicht darin enthalten sein. Wenn man beispielsweise die folgenden Sätze betrachtet: »Sam schnitt den Rasen«, »Sally schnitt die Tomate«, »Bill schnitt die Haare«, dann sieht man, daß das

Wort »schneiden« darin jeweils dieselbe Bedeutung hat. Das zeigt sich z. B. daran, daß bei Vorkommnissen dieses Verbs mit den gerade erwähnten direkten Objekten die Konjunktionsverkürzung anwendbar ist; denn man kann ja statt »Siemens hat ein Gerät entwickelt, das sich dazu eignet, Rasen zu schneiden, Tomaten zu schneiden und Haare zu schneiden« – unter Weglassung der letzten beiden Vorkommnisse von »schneiden« – auch einfach sagen »Siemens hat ein Gerät entwickelt, das sich dazu eignet, Rasen, Tomaten und Haare zu schneiden«. Man beachte, daß das Wort »schneiden« dabei nicht metaphorisch verwendet wird. Wenn ich sage »Sally hat gestern zwei ihrer Schulkameradinnen auf der Straße geschnitten« oder »Mit seiner Kandidatur hat Bill sich ins eigene Fleisch geschnitten«, dann wird das Wort »schneiden« jeweils metaphorisch verwendet. Das zeigt sich wiederum an der Konjunktionsverkürzung. Wenn ich sage: »Siemens hat ein Gerät entwickelt, das sich dazu eignet, Rasen, Fleisch und Haare zu schneiden«, und dann hinzufüge: »und Schulkameradinnen und sich selbst ins eigene Fleisch«, dann wird das ganze ein schlechter Scherz. In den drei ersten Beispielsätzen kommt das Wort »schneiden« also in seiner wörtlichen Bedeutung vor, es wird aber dennoch in jedem dieser Sätze, wenn sie normal verstanden werden, unterschiedlich interpretiert. Um dies einzusehen, denke man an die entsprechenden Befehlssätze. Wenn ich zu jemandem sage: »Schneide den Rasen!« und der sich dann mit einem Messer an den Grashalmen zu schaffen macht, oder wenn ich ihm sage: »Schneide die Tomaten!« und er daraufhin mit dem Rasenmäher über sie herfällt, dann hat er – in einem ganz gewöhnlichen Sinn des Wortes – nicht genau das getan, was ich ihm gesagt habe.

Aus diesen Beispielen ist folgende Lehre zu ziehen: Ein und derselbe wörtlich verwendete Ausdruck kann ein und denselben Beitrag zur wörtlichen Verwendung einer Vielzahl von Sätzen leisten, und dennoch wird er in den verschiedenen Sätzen unterschiedlich interpretiert, obwohl diese Sätze wörtlich verstanden werden (denn mit Metaphorik, Mehrdeutigkeit und indirekten Sprechakten haben diese Fälle ja gar nichts zu tun). Weshalb diese unterschiedlichen Interpretationen? Weil jeder Satz vor einem Hintergrund menschlicher Fähigkeiten interpretiert wird (eine solche Fähigkeit ist z. B. die Beherrschung gewisser Praktiken, ein Know-how, das praktische Wissen darüber, »wie man so etwas macht«), und weil solche Fähigkeiten auch dann verschiedene Interpretationen festlegen werden, wenn die wörtliche Bedeutung des Ausdrucks gleichbleibt.

Warum ist das nun ein wichtiges Ergebnis? Nun, gemäß den linguistischen und sprachphilosophischen Standardauffassungen ist die Bedeutung eines Satzes eine kompositionale Funktion der Bedeutung der Satzbestandteile und ihrer syntaktischen Anordnung im Satz. So verstehen wir den Satz »John liebt Mary« genau deshalb anders als den Satz »Mary liebt John«, weil Kompositionalität hier zur Anwendung kommt. Darüber hinaus können wir überhaupt nur deshalb Sätze verstehen, weil sie aus bedeutungsvollen Bestandteilen zusammengesetzt sind – Bestandteile, deren Bedeutung eine Sache sprachlicher Konvention ist. Das Kompositionalitätsprinzip und der Begriff der wörtlichen Bedeutung sind somit für jede kohärente Sprachtheorie absolut wesentlich. Doch obwohl sie für eine Sprachtheorie notwendig sind, sind sie – wie sich herausstellt – nicht hinreichend. Wir müssen zusätzlich noch einen nichtrepräsentationalen Hintergrund postulieren.

Man möchte meinen, diese Argumentation beruhe auf Mehrdeutigkeit, nebensächlichen Beispielen und so weiter. Doch dem ist nicht so. Selbst dann, wenn vollständige Explizitheit erreicht wurde, wenn alle strukturellen und lexikalischen Mehrdeutigkeiten beseitigt sind, taucht das Problem mit dem Hintergrund immer noch auf. Dies läßt sich einsehen, wenn man erkennt, daß auch noch so große Bemühungen um Präzision nicht ausreichen, um den Hintergrund überflüssig zu machen. Angenommen, ich gehe in ein Restaurant und bestelle ein Essen. Angenommen, ich sage: »Bringen Sie mir ein Steak mit Bratkartoffeln« und meine dies erkennbar ganz wörtlich. Obwohl meine Äußerung wörtlich gemeint und verstanden wird, gibt es strenggenommen beliebig viele mögliche Fehlinterpretationen. Ich setze als selbstverständlich voraus, daß das Steak nun nicht zu mir nach Hause oder an meinen Arbeitsplatz gebracht wird. Ich setze als selbstverständlich voraus, daß das Steak nicht in Beton verpackt oder versteinert wird. Es wird mir nicht in die Hosentasche gestopft und nicht auf den Kopf gelegt. Doch keine dieser Annahmen war in der wörtlichen Äußerung explizit gemacht worden. Es ist verlockend zu denken, ich könnte sie vollkommen explizit machen, indem ich sie als weitere Auflagen hinzunehme und dadurch meine ursprüngliche Bestellung präziser mache. Doch das wäre wiederum falsch. Erstens ist das falsch, weil ich unbegrenzt viele Zusätze zur ursprünglichen Bestellung machen müßte, um sie gegen mögliche Fehlinterpretationen zu schützen; und zweitens ist ja jeder Zusatz selbst wiederum Gegenstand unterschiedlicher Interpretationen.

Ein weiteres Argument für den Hintergrund ist dies: Es gibt im Deutschen und in anderen natürlichen Sprachen ganz gewöhnliche Sätze, die uninterpretierbar sind. Wir verstehen die Bedeutung jedes Worts, doch wir verstehen den Satz nicht. Wenn man beispielsweise einen Satz hört wie »Sally schnitt den Berg«, »Bill schnitt die Sonne«, »Joe schnitt den See« oder »Sam schnitt das Gebäude«, dann wird einem schleierhaft sein, was diese Sätze wohl bedeuten mögen. Wenn uns jemand den Befehl gäbe: »Los, schneiden Sie den Berg!«, dann wüßten wir eigentlich nicht, was wir tun sollen. Es wäre leicht, eine Hintergrundpraxis zu erfinden, die eine wörtliche Interpretation für jeden dieser Sätze festlegte, aber ohne eine derartige Praxis wissen wir nicht, wie die wörtliche Satzbedeutung anzuwenden ist.

Hintergrund-Probleme haben in der jüngeren Linguistik eine gewisse Anerkennung gefunden (man vergleiche z. B. die Artikel von Robyn Carston und François Récanati in Davis 1991), aber die Diskussionen, die mir bekannt sind, berühren das Problem nur an der Oberfläche. In einer Diskussion, die zur Zeit geführt wird, geht es um die Beziehungen zwischen der wörtlichen Bedeutung des geäußerten Satzes, dem vom Sprecher Gesagten und dem, was er damit impliziert, daß er die Äußerung macht. So nimmt beispielsweise die wörtliche Bedeutung des Satzes »Ich habe Frühstück gehabt« nicht Bezug auf den Tag der Äußerung, wir würden die Äußerung aber normalerweise so interpretieren, daß mit ihr übermittelt wird, daß der Sprecher *heute* – d. h. am Tag der Äußerung – Frühstück hatte. Somit steht »Ich habe Frühstück gehabt« in einem Kontrast zu »Ich habe Masern gehabt«, denn mit der zweiten Äußerung wird nicht mitgeteilt, daß ich heute Masern hatte. Oder betrachten wir den vieldiskutierten Satz »Sally gab John den Schlüssel, und er öffnete die Tür«. Mit einer Äußerung dieses Satzes wird normalerweise übermittelt, daß Sally *zuerst* John den Schlüssel gab, und John *dann* die Tür aufschloß – und zwar *mit* dem Schlüssel. Es wird viel darüber diskutiert, mit Hilfe welcher Mechanismen dieser zusätzliche Gehalt übermittelt wird, der ja in der wörtlichen Satzbedeutung nicht

enthalten ist. Die zweifelsohne korrekte Vermutung ist, daß Satzbedeutung wenigstens bis zu einem bestimmten Grad unterbestimmt läßt, was der Sprecher sagt, wenn er den Satz äußert. Die
Behauptung, die ich nun aufstellen möchte, lautet: Satzbedeutung läßt den Inhalt des Gesagten *radikal* unterbestimmt. Betrachten wir die gerade erwähnten Beispiele. Niemand würde
»Ich habe Frühstück gehabt« so auffassen wie »Ich habe Zwil-
linge gehabt«. Das heißt, niemand würde vor unserem gegenwärtigen Hintergrund die Äußerung so interpretieren, als bedeute sie
»Ich habe Frühstück geboren«; doch man beachte, daß im semantischen Gehalt des Satzes nichts ist, was diese Interpretation
ausschließt oder gar die Interpretation erzwingt, daß ich das
Frühstück *verspeist* habe. Es ist sehr leicht – wiewohl obszön –,
sich eine Kultur auszumalen, in der die beiden Interpretationen
von »Ich habe Frühstück gehabt« vertauscht sind. Ähnliche Probleme tauchen bei jedem Satz auf. Betrachten wir »Sally gab John
den Schlüssel, und er öffnete die Tür«. Im wörtlichen semantischen Gehalt dieses Satzes ist nichts, was die Interpretation ausschließt: »John öffnete die Tür mit dem Schlüssel, indem er sie
mit dem Schlüssel zertrümmerte; der gußeiserne Schlüssel war
sechs Meter lang und wog zwei Zentner.« Nichts schließt die Interpretation aus: »John öffnete die Tür mit dem Schlüssel, indem
er sowohl die Tür als auch den Schlüssel verschluckte und dann
mittels peristaltischer Kontraktionen seiner Gedärme den Schlüssel ins Schloß beförderte.« Natürlich wären solche Interpretationen verrückt, aber im semantischen Gehalt des Satzes, für sich
allein betrachtet, gibt es nichts, wodurch diese verrückten Interpretationen ausgeschlossen sind.

Können wir all diesen Intuitionen irgendwie gerecht werden,
ohne eine so extreme These wie die vom Hintergrund zu bemühen? Nun, versuchen wir es. Von Francois Récanati[2] stammt folgende Idee. Jede wirkliche Situation läßt unendlich viele wahre
Beschreibungen zu, also wird jede sprachliche Repräsentation
immer unvollständig sein. Wenn jemand Tomaten »schneidet«,
indem er mit einem Rasenmäher über sie hinwegfährt, dann sagt
man etwas Wahres, wenn man sagt: »Er schnitt die Tomaten.«
Wir wären jedoch überrascht, wenn uns dieses Ereignis mit jenem
Satz berichtet würde. Unsere Überraschung hat allerdings nichts
mit Semantik, Verstehen usw. zu tun. Wir haben einfach auf In-
duktion gegründete Erwartungen, und der Bericht war trotz sei-

ner Wahrheit unvollständig, denn er gab keine Darstellung davon, wie sich jenes Tomatenschneiden davon unterschied, was wir normalerweise erwarten würden.

Récanati selbst vertritt diese Auffassung nicht, wie er mir sagt; ich finde sie aber wichtig und herausfordernd genug, um sie eingehender zu betrachten. Die vorgestellte Idee ist: Wörtliche Bedeutung legt Wahrheitsbedingungen in Isolation fest; sie wird jedoch von einem Erwartungssystem begleitet, und dieses System ist sozusagen ein Arbeitskollege der wörtlichen Bedeutung. Die Beispiele weisen in Wirklichkeit auf folgendes Problem hin: Selbst wenn alle echten Mehrdeutigkeiten eines Satzes beseitigt sind, bleiben Vagheit und Unvollständigkeit immer noch übrig. Wörter sind von sich aus vage, und Beschreibungen sind immer unvollständig. Doch das Verstehen erlangt dadurch noch zusätzliche Präzision und Vollständigkeit, daß Bedeutungen durch gewohnheitsmäßige Erwartungen *ergänzt* werden. Mithin sollten wir nicht sagen:

Wörtliche Bedeutung legt Wahrheitsbedingungen nur in bezug auf einen Hintergrund fest.

Vielmehr sollten wir sagen:

(Von Indexikalität und anderen Aspekten der Kontextabhängigkeit einmal abgesehen gilt:) Wörtliche Bedeutung legt Wahrheitsbedingungen absolut und in Isolation fest. Wörtliche Bedeutung ist jedoch vage, und wörtliche Beschreibungen sind immer unvollständig. Größere Präzision und Korrektheit ergeben sich dadurch, daß wörtliche Bedeutung durch zusätzliche Annahmen und Erwartungen ergänzt wird. So ist zum Beispiel Schneiden nichts als Schneiden – gleichgültig, wie es jeweils gemacht wird; wir erwarten jedoch, daß Gras auf die eine und Tomaten auf eine andere Weise geschnitten werden. Wenn also jemand sagt: »Los, schneiden Sie den Berg!«, dann besteht die richtige Reaktion nicht darin zu sagen: »Ich verstehe nicht.« Natürlich versteht man den deutschen Satz. Die richtige Reaktion darauf ist vielmehr: »Wie möchten Sie ihn geschnitten haben?«

Ich denke, dies ist eine wirkungsvolle und ansprechende Argumentation. Zwei Antworten würde ich darauf geben. Erstens sollten wir – wenn es um Unvollständigkeit ginge – prinzipiell dazu in der Lage sein, uns der Vollständigkeit dadurch anzunähern, daß wir weitere Sätze hinzufügen. Aber das geht nicht. Jeder hinzugefügte Satz kann – darauf habe ich gerade schon hingewiesen – Anlaß zu weiteren Mißverständnissen geben, es sei denn, ein festlegender Hintergrund ist vorhanden. Zweitens sollte man – wenn man einen radikalen Bruch zwischen wörtlicher Bedeutung und zusätzlichen »Annahmen« macht – dazu in der Lage sein, wörtliche Bedeutung anzuwenden, gleichgültig, welche Annahmen noch hinzukommen. Aber das geht nicht. So verwenden wir beispielsweise das Wort »schneiden« vor dem Hintergrund der Voraussetzung, daß einige Gegenstände in der Welt fest sind und sich mittels des von Instrumenten ausgeübten physischen Drucks durchdringen lassen. Ohne diese Annahme kann ich die meisten Vorkommnisse des Wortes »schneiden« nicht interpretieren. Doch diese Annahme gehört nicht zur wörtlichen Bedeutung. Andernfalls hätte die Einführung von Laser-Schneidegeräten für dieses Wort einen Bedeutungswandel mit sich gebracht, und dies war nicht der Fall. Außerdem kann ich mir wörtliche Verwendungen des Wortes »schneiden« in einem Universum vorstellen, in dem die erwähnte Annahme falsch ist. Man kann sich Hintergrundfähigkeiten vorstellen, in deren Licht die Aufforderung »Schneiden Sie den See!« vollkommen klar ist.

Würde diese Überlegung in aller Vollständigkeit ausgeführt, dann könnte man – wie ich glaube – zeigen, daß sich aus dem Postulat eines totalen Bruchs zwischen wörtlicher Bedeutung und Hintergrund ein Skeptizismus à la Wittgenstein/Kripke (Kripke 1982) ergibt, weil man dann nämlich mit dem, was man sagt, geradezu Beliebiges meinen könnte.[3] Wird zwischen Bedeutung und Hintergrund ein radikaler Bruch herbeigeführt, dann gilt im Hinblick auf Bedeutung: *Anything goes.* Doch daraus folgt, daß normales Verstehen nur in bezug auf einen Hintergrund stattfindet. Allerdings versuche ich hier nicht, irgendwelche allgemeine Thesen über semantischen Skeptizismus zu beweisen.

Meine beiden Antworten auf diesen Einwand lauten demnach: Erstens ist Unvollständigkeit nicht das Problem, denn Bemühungen um die Vervollständigung der Beschreibungen helfen nicht weiter – ja, in gewissem Sinn bekommen sie nicht einmal Boden unter die Füße, weil durch jeden zusätzlichen Satz nur weitere Formen der Unvollständigkeit hinzukommen. Und zweitens kann man – unter dem Postulat einer Situation, in der es überhaupt keine Hintergrundvoraussetzungen gibt – gar keine bestimmte Interpretation festlegen.

Eine zweite Frage, die ebenfalls von Récanati aufgeworfen wurde, lautet: Welches Argument gibt es dafür, von der wörtlichen Bedeutung auf alle Intentionalitätsformen allgemeine Schlüsse zu ziehen? Das einzige »Argument«, das ich anbieten würde, ist, daß es nützlich ist, eine Taxonomie zu haben, die unserer Intuition gerecht wird, daß es zwischen Gedanke und Bedeutung eine Übereinstimmung gibt. Beispielsweise möchte ich an unserer gewöhnlichen Intuition festhalten, nach der jemand, der glaubt, daß Sally die Tomate geschnitten hat, eine Überzeugung mit genau dem propositionalen Gehalt hat, den auch die wörtliche Behauptung »Sally hat die Tomate geschnitten« hat. Da wir hier die Fachausdrücke »Hintergrund« und »Intentionalität« verwenden, kann der gewöhnliche Sprachgebrauch keine Entscheidung herbeiführen. Wenn jedoch der Begriff des intentionalen Gehalts so verwendet wird, daß wörtliche Bedeutung ein Ausdruck intentionalen Gehalts ist, dann folgt daraus, daß Hintergrundsrestriktionen auf beides gleichermaßen Anwendung finden. Ich kann mir andere Taxonomien vorstellen, doch diese scheint am besten zu funktionieren.

Besonders aufmerksam auf den Hintergrund wird man in solchen Fällen, in denen er zusammenbricht; ein Beispiel wird dies verdeutlichen. Ein Professor war in Berkeley zu Besuch und nahm an einigen Seminaren über den Hintergrund teil. Die Argumente überzeugten ihn nicht. Eines Tages gab es ein kleines Erdbeben. Das überzeugte ihn dann, wie er mir später sagte, weil er vorher zwar »ganz selbstverständlich davon ausgegangen« war, daß die Erde nicht beben werde, er aber keine Überzeugung oder Hypothese dieses Inhalts hatte. Der springende Punkt ist: »ganz selbstverständlich von etwas ausgehen« muß nicht die Bezeichnung eines intentionalen Zustands von vergleichbarer Art sein wie eine Überzeugung oder eine Hypothese.

Ein entscheidender Schritt beim Verstehen des Hintergrunds ist zu erkennen, daß man auf die Wahrheit einer Proposition festgelegt sein kann, ohne sich in irgendeinem intentionalen Zustand zu befinden, dessen Gehalt diese Proposition ist.[4] Beispielsweise kann ich auf die Proposition festgelegt sein, daß Gegenstände fest sind, ohne in irgendeiner Weise – sei es explizit, sei's implizit – eine entsprechende Überzeugung zu haben. Nun denn, in welchem Sinne ist hier von einem Festgelegtsein die Rede? Zumindest in diesem Sinn: Ich kann diese Proposition nicht bestreiten, ohne in Widerspruch zu meinem Verhalten zu geraten. Ich kann nicht, während ich auf diesem Stuhl sitze, meine Arme auf diesen Schreibtisch aufstütze und meine Füße auf dem Boden stehen habe, widerspruchsfrei bestreiten, daß Gegenstände fest sind, denn mein Verhalten setzt die Festigkeit dieser Gegenstände voraus. Das ist der Sinn, in dem ich durch mein intentionales Verhalten (eine Manifestation meiner Hintergrundfähigkeiten) auf die Proposition festgelegt bin, daß Gegenstände fest sind, obwohl ich niemals eine Überzeugung über die Festigkeit von Gegenständen gebildet haben mag.

Darüber hinaus ist es wichtig zu erkennen, daß der Hintergrund nicht nur relativ raffinierte Probleme wie die Interpretation von Sätzen betrifft, sondern auch so grundlegende Merkmale wie die, aus denen sich die formale Basis der Sprache zusammensetzt. Beispielsweise gehen wir ganz selbstverständlich davon aus, daß unser gegenwärtiger Sprachgebrauch dank der phonetischen und graphischen Gestalt Phonem- und Graphemvorkommnisse desselben syntaktischen Typs identifiziert, doch es ist wichtig einzusehen, daß dies eine Hintergrundpraxis ist, die auf zufälligen Hintergrundfähigkeiten beruht. Statt einer Sprache, in der die Folge »Frankreich«, »Frankreich«, »Frankreich« drei verschiedene Vorkommnisse derselben syntaktischen Einheit umfaßt, könnten wir uns ohne weiteres eine Sprache vorstellen, in der eine Bedeutung nicht einem phonetisch oder graphisch identifizierten Typ zukommt, sondern der Stelle, die ein Vorkommnis in einer solchen Folge typgleicher Vorkommnisse einnimmt. So könnte sich beispielsweise ein schriftliches Vorkommnis von »Frankreich« bei seinem ersten Auftritt innerhalb eines Diskurses auf Frankreich beziehen, beim zweiten Mal auf England, beim dritten Mal auf Deutschland, und so weiter. Die syntaktische Einheit wäre in diesem Fall nicht ein Wort im traditionellen Sinn, sondern eine Folge von schriftlichen Vorkommnissen. Entsprechend verhält es sich bei den Gegensatzsystemen, die den Strukturalisten so am Herzen lagen: Heiß im Gegensatz zu kalt, Nord/Süd, männlich/weiblich, Leben/Tod, Ost/West, oben/

unten usw. – dieser gesamte Apparat beruht auf Hintergrund. An diesen Gegensätzen ist nichts, was ihre Anerkennung erzwänge. Man könnte sich ohne weiteres Lebewesen vorstellen, für die Ost der natürliche Gegensatz zu Süd wäre und denen es unverständlich wäre, Ost in einen Gegensatz zu West zu setzen.

## III. Das Netzwerk ist Teil des Hintergrunds

Ich möchte nun versuchen, genau zu sagen, wie sich aus meiner gegenwärtigen Auffassung über die Beziehung zwischen Bewußtsein, Unbewußtem und Intentionalität, wie ich sie im vorigen Kapitel dargelegt habe, eine Abänderung – und, wie ich hoffe, eine Verbesserung – meiner früheren Konzeption des Hintergrunds ergibt. Gemäß meiner früheren Auffassung stellte ich mir den Geist so vor, als enthielte er ein Inventar an Geisteszuständen. Zu jedem einzelnen Zeitpunkt sind einige dieser Zustände bewußt und andere unbewußt. Beispielsweise könnte ich bewußt denken, daß Bush Präsident ist, ich könnte diese Überzeugung – ein einzelnes Vorkommnis genau dieser Überzeugung – aber auch unbewußt haben, sogar dann, wenn ich fest schlafe. Bewußtsein war jedoch für das geistige Phänomen nicht wesentlich – nicht einmal für Wahrnehmungserlebnisse, wie die Experimente von Weiskrantz zu zeigen scheinen.

Gemäß dieser Auffassung lassen sich einige Phänomene als Überzeugungen beschreiben, bei denen diese Beschreibung unnatürlich wirkt. Zwar bin ich tatsächlich auch dann der unbewußten Überzeugung, daß George Bush Präsident ist, wenn ich gar nicht daran denke, aber allem Anschein nach habe ich doch keine unbewußte Überzeugung solcher Art z. B. über die Festigkeit von Gegenständen. Ich verhalte mich einfach so, daß ich dabei von der Festigkeit der Gegenstände ganz selbstverständlich ausgehe. Die Festigkeit der Gegenstände gehört zu meinen Hintergrundvoraussetzungen; und das ist überhaupt kein intentionales Phänomen, solange es nicht, zum Beispiel im Rahmen einer theoretischen Untersuchung, zu einem solchen Phänomen wird.

Doch diese Betrachtungsweise der Dinge wirft einige Schwierigkeiten für mich auf. Welche Grundlage gibt es für die Unterscheidung zwischen Hintergrund und Netzwerk? Nun, ich kann voraussetzen, was zu zeigen ist, und sagen: der Hintergrund besteht aus Phänomenen, die keine intentionalen Zustände sind, während das Netzwerk ein Netzwerk der Intentionalität ist. Doch wie soll dieser Unterschied genau gefaßt werden, wenn uns z. B. gesagt wird, daß meine unbewußte Überzeugung, daß Bush Präsident ist, zum Netzwerk gehört und meine Voraussetzung, daß Gegenstände fest sind, zum Hintergrund? Wie steht es mit der Überzeugung, daß George Bush Unterwäsche trägt, oder der, daß er zwei Ohren hat? Gehören die ebenfalls zu meinem unbewußten Netzwerk? Wir begehen einen Fehler, wenn wir die Frage so stellen. Und das sollte uns klar sein. Gemäß der Auffassung, daß der Geist ein Inventar an Geisteszuständen umfaßt, muß der Versuch einer Grenzziehung zwischen Netzwerk und Hintergrund ein Kategorienfehler sein, denn der Hintergrund besteht aus Fähigkeiten, während das Netzwerk überhaupt keine Sache von Fähigkeiten, sondern eine von intentionalen Zuständen ist.

Inzwischen denke ich, daß der eigentliche Fehler in der Annahme bestand, es gebe ein Inventar an teils bewußten, teils unbewußten Geisteszuständen. Sprache und Kultur scheinen uns dieses Bild aufzuzwingen. Wir denken uns das Gedächtnis als ein Lagerhaus für Propositionen und Bilder, wie eine riesige Bibliothek oder einen Aktenschrank für Repräsentationen. Doch wir sollten uns das Gedächtnis eher als einen *Mechanismus* denken, mit dessen Hilfe gegenwärtige Leistungen (darunter bewußte Gedanken und Handlungen) auf der Grundlage vergangener Erfahrung erbracht werden. Die These vom Hintergrund muß so umgeschrieben werden, daß die Voraussetzung verschwindet, der Geist sei eine Ansammlung, ein Inventar, geistiger Phänomene; denn die einzig wirklich vorhandene Realität des Geistigen als Geistigem ist Bewußtsein.

Der Glaube an eine wirklich vorhandene Realität, die aus unbewußten Geisteszuständen besteht und von Hintergrundfähigkeiten unterschieden ist, ist eine Täuschung, die weitgehend auf der Grammatik unserer Sprache beruht. Selbst wenn Jones schläft, sagen wir von ihm, er glaube, daß Bush Präsident ist, und daß er die Regeln der französischen Grammatik kenne. So denken wir uns seine Überzeugung, daß Bush Präsident ist, und seine Kenntnis des Französischen als etwas, das da in seinem Hirn liegt und ebenfalls schläft. In Wirklichkeit jedoch enthält sein Hirn nichts weiter als neuronale Strukturen, deren Funktionsweisen gegenwärtig weitgehend unbekannt sind; sie versetzen ihn in die

Lage zu denken und zu handeln, wenn es so weit ist. Neben vielem anderen versetzen sie ihn in die Lage, Französisch zu sprechen und zu denken, daß Bush Präsident ist.

Am besten denkt man sich all das so: In meinem Hirn gibt es eine enorme und komplizierte Masse von Neuronen, die in Gliazellen eingebettet sind. Manchmal verursacht das Verhalten der Bestandteile dieser komplizierten Masse Bewußtseinszustände – darunter auch solche Bewußtseinszustände, die zu menschlichen Handlungen gehören. Die Bewußtseinszustände haben all die Farbe und Vielfalt, die unser Wachleben ausmachen. Auf der Ebene des Geistigen gibt es nun jedoch keine weiteren Tatsachen. Was sich außer Bewußtsein im Hirn abspielt, hat eine wirklich vorhandene Realität, die der Neurophysiologie und nicht der Psychologie zuzurechnen ist. Wenn wir von unbewußten Zuständen sprechen, dann sprechen wir von den Fähigkeiten des Hirns, Bewußtsein zu erzeugen. Weiterhin gibt es einige Fähigkeiten des Hirns; die kein Bewußtsein erzeugen, deren Funktion vielmehr darin besteht, die Anwendung der Bewußtseinszustände festzulegen. Sie versetzen mich in die Lage zu gehen, zu rennen, zu schreiben, zu sprechen und so weiter.

Wie können wir im Rahmen dieses Bildes all denjenigen Intuitionen Rechnung tragen, die uns zu der ursprünglichen These vom Hintergrund und zur Unterscheidung zwischen Hintergrund und Netzwerk geführt hatten? Gemäß dem von mir im vorigen Kapitel vorgestellten Theorie-Ansatz beschreiben wir – wenn wir von jemandem sagen, er habe eine unbewußte Überzeugung – eine wirklich vorhandene Neurophysiologie mittels ihres dispositionalen Vermögens, bewußte Gedanken und Verhalten zu verursachen. Doch wenn das richtig ist, dann scheint sich daraus zu ergeben, daß das Netzwerk unbewußter Intentionalität ein Teil des Hintergrunds ist. Die Ontologie der unbewußten Netzwerkbestandteile ist die eines neurophysiologischen Vermögens, der Hintergrund besteht jedoch aus nichts anderem als aus solchen Fähigkeiten.

So weit, so gut. Die Frage, wie die Unterscheidung zwischen Netzwerk und Hintergrund zu treffen ist, verschwindet, weil das Netzwerk derjenige Teil des Hintergrunds ist, den wir mittels seines Vermögens der Verursachung bewußter Intentionalität beschreiben. Doch sind wir aus dem Sumpf noch nicht heraus, denn es stellt sich ja immer noch folgende Frage: Was soll aus der Behauptung werden, daß die Funktionsweisen von Intentionalität nichtintentionale Fähigkeiten voraussetzen? Warum ist das Vermögen, die Überzeugung hervorzurufen, daß Bush Präsident ist, anders zu behandeln als z. B. das Vermögen, die Überzeugung hervorzurufen, daß Gegenstände fest sind? Und sollen wir zwischen dem Funktionieren unbewußter Intentionalität und nichtintentionalen Fähigkeiten einen Unterschied machen? Es hat den Anschein, als hätten wir das Problem der Unterscheidung zwischen Netzwerk und Hintergrund eingetauscht gegen das Problem, innerhalb der Hintergrundfähigkeiten einen Unterschied zwischen dem Intentionalen und dem Nichtintentionalen zu machen.

Wir müssen also noch ein paar weitere Unterscheidungen treffen:

1. Wir müssen unterscheiden zwischen dem, was sich im Zentrum unserer bewußten Aufmerksamkeit befindet, und dem, was zur Peripherie, zu den Randbedingungen und zur Situiertheit unserer bewußten Erlebnisse gehört, wie im 6. Kapitel beschrieben. In gewissem Sinn ist dies eine Vordergrund/Hintergrund-Unterscheidung, es ist aber nicht diejenige, die uns hier interessiert.

2. Wir müssen innerhalb der geistigen Phänomene das Repräsentationale vom Nichtrepräsentationalen unterscheiden. Intentionalität ist ja durch Repräsentation definiert, es stellt sich also die Frage: Welche Rolle – falls überhaupt eine – spielt das Nichtrepräsentationale beim Funktionieren der Intentionalität?

3. Wir müssen zwischen einer Fähigkeit und ihrer Manifestation unterscheiden. Eine unserer Fragen ist: Welche Fähigkeiten des Hirns sollten als Hintergrundvermögen betrachtet werden?

4. Wir müssen unterscheiden zwischen dem, womit wir tatsächlich beschäftigt sind, und dem, wovon wir ganz selbstverständlich ausgehen.

Diese Unterscheidungen durchdringen einander wechselseitig. Nach der Preisgabe der Inventar-Konzeption des Geistes sollten wir im Lichte dieser Unterscheidungen die Hypothese vom Hintergrund meines Erachtens folgendermaßen neu formulieren:

Alle bewußte Intentionalität – alles Denken, Wahrnehmen, Verstehen usw. – legt Wahrheitsbedingungen nur in bezug auf gewisse Fähigkeiten fest, die dem betreffenden Bewußtseinszustand weder angehören noch angehören könnten. Der tatsächliche intentionale Gehalt für sich genommen reicht nicht aus, um die Erfüllungsbedingungen festzulegen.

Von der ursprünglichen Einsicht, daß intentionale Zustände einen nichtintentionalen Hintergrund erfordern, bleibt so viel übrig: Selbst wenn man alle Inhalte des Geistes als bewußte Regeln, Gedanken, Überzeugungen usw. explizit angibt, bedarf es zu ihrer Interpretation immer noch einer Menge von Hintergrundvermögen. Und so viel ging verloren: Einem unbewußten Netzwerk der Intentionalität – einem Netzwerk, dessen Bestandteile sich in ganzheitlicher Weise wechselseitig unterstützen, das aber weiterer Unterstützung durch einen Hintergrund bedarf –, einem derartigen Netzwerk kommt keine wirklich vorhandene Realität zu. Man sollte nicht sagen: »Um eine Überzeugung zu haben, muß man viele andere Überzeugungen haben«, statt dessen sollte man sagen: »Um eine bewußte Überzeugung zu haben, muß man die Fähigkeit haben, viele andere bewußte Gedanken zu erzeugen. Und diese bewußten Gedanken erfordern allesamt für ihre Anwendung weitere Fähigkeiten.«

Unter diesen Fähigkeiten wird es nun einige geben, die man als bewußt erlernte Regeln, Tatsachen usw. erworben hat. Beispielsweise hat man mich die Baseball-Regeln gelehrt, die Regel, daß wir in den Vereinigten Staaten auf der Straße rechts fahren, und die Tatsache, daß George Washington der erste Präsident war. Regeln fürs Gehen hat man mich nicht gelehrt – und auch nicht, daß Gegenstände fest sind. Daher rührt die ursprüngliche Intuition von der Existenz einer Unterscheidung zwischen Netzwerk und Hintergrund. Einige der Fähigkeiten, die man besitzt, versetzen einen in die Lage, beim Vollzug bewußter Leistungen Regeln, Prinzipien, Überzeugungen usw. anzuwenden und auch zu formulieren. Doch diese Regeln bedürfen zu ihrer Anwendung immer noch Hintergrundfähigkeiten.

Wenn man sich daran macht, über die Festigkeit von Gegenständen nachzudenken, dann mag es sein, daß man die bewußte Überzeugung gewinnt, daß Gegenstände fest sind. Der Glaube an die Festigkeit der Gegenstände wird dann zu einer Überzeugung wie jede andere auch – nur viel allgemeiner.

Als überarbeitete Fassung der fünf Ausgangsthesen ergibt sich folgendes:

1. Intentionale Zustände funktionieren nicht autonom. Ein isolierter intentionaler Zustand legt keine Erfüllungsbedingungen fest.

2. Für das Funktionieren jedes einzelnen intentionalen Zustands sind Hintergrundfähigkeiten erforderlich. Erfüllungsbedingungen sind nur in bezug auf diese Fähigkeiten festgelegt.

3. Unter diesen Fähigkeiten werden manche sein, die weitere Bewußtseinszustände erzeugen können. Auf diese weiteren Zustände treffen die Bedingungen 1 und 2 wiederum zu.

4. Derselbe *Typ* intentionalen Gehalts kann, wenn er in verschiedenen bewußten Vorkommnissen manifest ist, in bezug auf unterschiedliche Hintergrundfähigkeiten verschiedene Erfüllungsbedingungen festlegen; und in bezug auf gewisse Hintergründe legt er gar keine fest.

## IV. Verbreitete Mißverständnisse über den Hintergrund

Die Bedeutung der Hypothese vom Hintergrund wird in mehrfacher Hinsicht mißverstanden; diese Mißverständnisse möchte ich nun ausräumen. Als erstes: Viele Philosophen sind zutiefst beunruhigt, wenn sie erst einmal auf den Hintergrund aufmerksam geworden sind. Ihnen kommt es dann mit einem Male so vor, als seien Bedeutung, Intentionalität, Rationalität usw. irgendwie bedroht, wenn ihre Anwendung davon abhängt, welche kontingenten biologischen und kulturellen Tatsachen auf Menschen zutreffen. Es gibt einen Typus philosophischer Empfindsamkeit, den ein Gefühl von Panik überkommt, wenn er erkennt, daß das Projekt der Fundierung von Intentionalität und Rationalität auf irgendeiner reinen Grundlage (auf irgendwelchen notwendigen und unbezweifelbaren Wahrheiten) im Prinzip verfehlt ist. Einigen erscheint es sogar unmöglich, eine Theorie über den Hintergrund zu haben, weil der Hintergrund die Vorbedingung aller Theorie ist, und im Extremfall erscheint sogar jedwede Theorie unmöglich, weil die Theorie von etwas abhängt, was sich ausnimmt wie der Treibsand nicht zu rechtfertigender Voraussetzungen.

Gegen diese Ansicht möchte ich sagen, daß die Entdeckung des Hintergrunds nur zeigt, daß eine gewisse philosophische Konzeption verfehlt war. Unser tägliches Leben ist dadurch in keiner Hinsicht bedroht, auch unser tägliches theoretisches Leben nicht. Das heißt, die Entdeckung des Hintergrunds zeigt nicht, daß Bedeutung und Intentionalität instabil oder unbestimmt sind, daß wir uns niemals verständlich machen können, daß Verständigung unmöglich oder bedroht ist; sie zeigt bloß, daß alle diese Dinge nur vor einem nicht notwendig existierenden Hintergrund von Fähigkeiten und Praktiken funktionieren. Außerdem zeigt die These vom Hintergrund nicht, daß Theoretisieren unmöglich ist – im Gegenteil, der Hintergrund selbst scheint mir ein hervorragendes Gebiet fürs Theoretisieren abzugeben, wie dieses Kapitel hoffentlich deutlich macht.

Es ist auch wichtig, darauf hinzuweisen, daß der Hintergrund keine metaphysischen Implikationen hat, weil er ja ein Merkmal unserer *Repräsentationen* der Wirklichkeit ist und kein Merkmal der repräsentierten *Realität*. Manch einer ist versucht zu denken, daß gemäß der Hypothese vom Hintergrund die Wirklichkeit selbst auf die eine oder andere Weise Hintergrund-relativ werde und daß sich folglich irgendeine Art von Relativismus oder Idealismus daraus ergeben müsse. Doch das ist ein Fehler. Die wirkliche Welt schert sich einen feuchten Kehricht darum, wie wir sie repräsentieren, und obwohl unser Repräsentationssystem nichtrepräsentationaler Fähigkeiten bedarf, um zu funktionieren, hängt doch die Wirklichkeit selbst, zu deren Repräsentation das System verwendet wird, nicht von diesen Fähigkeiten ab – und übrigens auch von nichts anderem. Kurz, der Hintergrund bedroht nicht unseren festen Glauben an den Außenweltsrealismus, die Korrespondenzkonzeption von Wahrheit, die Möglichkeit klarer Verständigung oder die Möglichkeit von Logik. Jedoch wirft er auf all diese Phänomene ein anderes Licht, denn sie taugen unmöglich zu transzendentalen Rechtfertigungen unseres Redens. Vielmehr ist es eine Hintergrundvoraussetzung unseres Redens, daß wir diese Phänomene anerkennen.

Ein Mißverständnis über den Hintergrund, das speziell in Theorien der Textinterpretation von Bedeutung ist, besteht in der irrigen Annahme, alles Verstehen müsse einen Interpretationsakt umfassen. Wann immer jemand etwas versteht, versteht er es auf eine bestimmte Weise und nicht anders – das ist richtig; es sind immer alternative Interpretationen möglich – auch das ist richtig; doch daraus folgt nicht, daß man in jederlei Diskurs unablässig mit »Interpretationsakten« befaßt ist. Das unmittelbare, normale, sofortige Verstehen einer Äußerung ist immer nur in bezug auf einen Hintergrund möglich; doch daraus folgt nicht, daß es irgendeinen logischen Schritt, irgendeinen *Akt* der Interpretation gibt, der beim normalen Verstehen im Spiel wäre. Ein ähnlicher Fehler wird in solchen Theorien der Kognition begangen, in denen behauptet wird, wir müßten einen Schluß gezogen haben, wenn wir einen Baum von vorne anschauen und daraufhin wissen, daß er eine Rückseite hat. Im Gegenteil, was wir machen, ist einfach dies: Wir sehen einen Baum als einen wirklichen Baum. Natürlich könnte man – vor einem anderen Hintergrund – die eigene Wahrnehmung anders interpretieren (z. B. als eine zweidimensionale Bühnenrequisite), aber daraus, daß uns immer alternative Interpretationen offenstehen, folgt weder, daß bei gewöhnlichen Wahrnehmungen immer ein Akt des Interpretierens im Spiel ist, noch daß irgendein Folgerungsschritt gemacht wird, in dem man von Wahrgenommenem zu Nicht-Wahrgenommenem übergeht.

Mit allem Nachdruck: der Hintergrund ist kein Regelsystem. Das war, wie mir scheint, die Schwäche von Foucaults Begriff der Diskursbildung (1981) und von Bourdieus früherer Erörterung der Praxis in *Entwurf einer Theorie der Praxis* (1979). Beide waren der Meinung, Regeln seien für Phänomene der Art, wie ich sie diskutiere, wesentlich. Doch es ist wichtig zu erkennen, daß Regeln nur in bezug auf die Hintergrundfähigkeiten Anwendung haben. Die Regeln interpretieren sich nicht selbst, folglich bedürfen sie, um zu funktionieren, eines Hintergrunds; weder erklären sie für sich selbst genommen den Hintergrund, noch konstituieren sie ihn.

Im Lichte dieser Erwägungen hat es manchmal den Anschein, als könnte der Hintergrund nicht repräsentiert oder völlig explizit gemacht werden. Doch schon diese Formulierung enthält einen Fehler. Wenn wir so reden, haben wir schon ein bestimmtes Modell von Repräsentation und Explizitheit. Die Schwierigkeit liegt darin, daß dieses Modell auf den Hintergrund einfach nicht anwendbar ist. *Natürlich* kann der Hintergrund repräsentiert werden. Achtung, jetzt passiert's: »der Hintergrund«. Dieser Ausdruck repräsentiert den Hintergrund, und natürlich läßt der Hintergrund sich durch die Verwendung desselben Ausdrucks auch »völlig explizit« machen – oder dadurch, daß man ein Buch über den Hintergrund schreibt.

Worauf es hier ankommt, ist folgendes: Im Hinblick auf die Repräsentation von Geisteszuständen haben wir ein Modell der Explizitheit, das darin besteht, Sätze bereitzustellen, die denselben intentionalen Gehalt haben wie die repräsentierten Zustände. Zum Beispiel kann ich die Überzeugung, daß Wasser naß ist, dadurch völlig explizit machen, daß ich sage, es sei die Überzeugung, daß Wasser naß ist. Weil jedoch der Hintergrund in dieser Weise keinerlei intentionalen Gehalt hat, können wir ihn nicht so repräsentieren, als ob er aus intentionalen Zuständen bestünde. Das heißt nicht, daß wir den Hintergrund nicht beschreiben können oder daß seine Funktionsweise sich nicht analysieren läßt; es heißt nichts dergleichen. Genau dies ist der Ansatzpunkt einer Analyse des Hintergrunds, wie ich sie zu geben versuche.

## V. Weitere Merkmale des Hintergrunds

Können wir den Hintergrund geographisch beschreiben? Können wir für seine Bestandteile eine Taxonomie erstellen? Nun, zu jeder Taxonomie sind Einteilungsprinzipien vonnöten. Solange wir keinen klaren Begriff von der Funktionsweise des Hintergrunds haben, wird es uns nicht möglich sein, eine adäquate Taxonomie zu entwickeln. Allerdings können wir erste Schritte unternehmen, bei denen wir einfach unseren Intuitionen folgen. In *Intentionalität* (Searle 1983, dt. 1987) habe ich dargelegt, daß wir wenigstens folgende Unterscheidung brauchen: die Unterscheidung zwischen solchen Merkmalen des Hintergrunds, die allen Menschen gemeinsam sind, und solchen Merkmalen, die es mit regionalen, kulturellen Praktiken zu tun haben. Diese beiden stelle ich unter der Bezeichnung »tiefer Hintergrund« den »lokalen Praktiken« gegenüber. Unterschiede hinsichtlich des lokalen Hintergrunds erschweren die Übersetzung von einer Sprache in die andere; durch den gemeinsamen Besitz des tiefen Hintergrunds ist Übersetzung überhaupt nur möglich. Liest man bei Proust die Beschreibung eines Diners im Hause der Guermantes, dann findet man vermutlich einiges daran verwirrend. Das betrifft den Unterschied der lokalen Kulturpraktiken. Doch gibt es auch da gewisse Dinge, von denen man als selbstverständlich ausgehen kann. Beispielsweise aßen diese Menschen nicht, indem sie die Nahrung in ihre Ohren stopften. Das betrifft den tiefen Hintergrund. Weiterhin machte ich damals eine Unterscheidung zwischen zweierlei Wissen: einerseits Wissen, wie man etwas macht, und andererseits Wissen, wie Dinge sind. Damit wollte ich, grob gesagt, unsere traditionelle Unterscheidung zwischen dem Praktischen und dem Theoretischen einfangen. Natürlich hängen sowohl die praktische als auch die theoretische Vernunft vom Hintergrund ab, folglich ist der Hintergrund selbst weder praktisch noch theoretisch. Dennoch müssen wir diese Unterscheidung machen. Ein Beispiel dafür, wie man Dinge macht, ist, wie man geht. Ein Beispiel dafür, wie Dinge sind, hätte mit der Beständigkeit und Stabilität der Gegenstände zu tun, die wir um uns herum vorfinden. Es ist jedoch offenkundig, daß beides in engem Zusammenhang steht, denn ohne als selbstverständlich vorauszusetzen, wie Dinge sind, kann man nicht wissen, wie man etwas macht. Ich könnte beispielsweise nicht »wissen, wie« man Holz hackt, ohne als selbstverständlich vorauszusetzen, daß es mit Äxten aus Butter nicht geht und daß Äxte aus Wasser gar keine Äxte wären.

Für die Funktionsweise des Hintergrunds gelten gewisse Gesetze; einige davon lauten:

1. Im allgemeinen *gibt es keine Handlung ohne Wahrnehmung, keine Wahrnehmung ohne Handlung.*

2. *Intentionalität tritt innerhalb eines abgestimmten Flusses von Handlung und Wahrnehmung auf und der Hintergrund ist die Bedingung der Möglichkeit der Formen, die dieser Handlungs/Wahrnehmungsfluß annimmt.* Man denke an einen beliebigen normalen Ausschnitt des eigenen Wachlebens: Man ißt, geht im Park spazieren, schreibt einen Brief, schläft mit jemandem oder fährt zur Arbeit. In jedem dieser Fälle ist die Bedingung der Möglichkeit dessen, was man da tut, eine zugrundeliegende Hintergrundkompetenz. Der Hintergrund gibt nicht nur der Anwendung des intentionalen Gehalts Gestalt (was z. B. als »zur Arbeit fahren« zählt); vielmehr sind die Hintergrundfähigkeiten vonnöten, damit es den intentionalen Gehalt überhaupt erst einmal gibt – ohne einen irrsinnigen Apparat kann man ja nicht einmal die

Intentionalität, die z. B. beim »zur-Arbeit-Fahren« im Spiel ist, haben.

3. *Intentionalität erreicht gerne die Ebene der Hintergrundfähigkeit.* Der Skianfänger z. B. muß vielleicht die Absicht haben, das Gewicht auf den Talski zu legen; ein Fortgeschrittener besitzt die Geschicklichkeit, die es ihm erlaubt, die Absicht zu haben, nach links zu fahren; ein wirklicher Könner hat vielleicht einfach nur die Absicht, den Hang hinabzufahren. Bei einem Skirennen z. B. wird der Trainer eine Ebene der Intentionalität zu erzeugen versuchen, die für den Wettkampfsieg wesentlich ist, die aber eine enorme Untermauerung durch Hintergrundfähigkeiten voraussetzt. So mag der Trainer dem Skifahrer sagen: »Fahr' am Steilhang dicht an den Toren; nimm das rote Tor vor der abschüssigen Stelle auf der Innenseite« und so weiter. Entsprechend habe ich, wenn ich Englisch spreche, nicht die Absicht, Substantive im Singular mit Verben im Singular und Substantive im Plural mit Verben im Plural zu koordinieren – ich rede einfach.

4. Obwohl Intentionalität die Ebene der Hintergrundfähigkeit erreicht, *reicht sie ganz hinunter bis zum Grund der Fähigkeit.* Anders gesagt, alle willentlichen Teilhandlungen, die im Rahmen einer höherstufigen absichtlichen Handlung vollzogen werden, sind trotzdem intentional. Obwohl ich beispielsweise keine gesonderte Absicht brauche, um beim Skifahren meine Arme und Beine zu bewegen oder beim Reden die Lippen zu bewegen, geschehen all diese Bewegungen dennoch absichtlich.

Entsprechend verhält es sich bei der Wahrnehmung. Mein Sehen befindet sich normalerweise nicht auf der Ebene der farbigen Flecken; ich sehe einen Chevrolet-Kombi mit einem rostigen Kotflügel, oder ich sehe ein Bild von Vermeer mit einer Frau, die an einem Fenster steht und einen Brief liest, während durchs Fenster Licht auf ihre Kleidung, den Brief und den Tisch fällt. Man beachte aber, daß in diesen Fällen zwar die Intentionalität meiner Wahrnehmung die Ebene meiner Hintergrundfähigkeit erreicht (meine Fähigkeit, Chevrolet-Kombis, Vermeers usw. zu erkennen), daß aber die niedrigerstufigen Bestandteile ebenfalls dem intentionalen Gehalt angehören; ich sehe ja tatsächlich das Blau des Kombis und das Braun des Tischs.

5. *Der Hintergrund manifestiert sich nur, wenn intentionaler Gehalt vorliegt.* Obwohl der Hintergrund nicht selbst intentional ist, muß jede seiner Manifestationen – sei's in Handlung, Wahr-

nehmung oder anderem – immer dann ins Spiel kommen, wenn irgendeine Intentionalität vorliegt, ob nun bewußte oder unbewußte. »Der Hintergrund« bezeichnet keine Abfolge von Ereignissen, die einfach stattfinden können; vielmehr besteht der Hintergrund aus geistigen Fähigkeiten, Dispositionen, Haltungen, Verhaltensweisen, Knowhow, Savoir faire usw. – und all das kann sich nur manifestieren, wenn irgendwelche intentionalen Phänomene vorliegen, wie etwa eine absichtliche Handlung, eine Wahrnehmung, ein Gedanke und so weiter.

## 9. Kapitel

# Die Kritik der kognitiven Vernunft

## I. Einführung:
## Die wackligen Grundlagen der Kognitionswissenschaft

Über mehr als ein Jahrzehnt hinweg, eigentlich seit den Anfängen dieser Disziplin, war ich ein praktizierender »Kognitionswissenschaftler«. Während dieser Zeit habe ich viele Fortschritte und wertvolle Arbeit auf diesem Gebiet gesehen. Als Disziplin jedoch leidet die Kognitionswissenschaft daran, daß einige ihrer höchstgeschätzten Grundannahmen falsch sind. Gute Arbeit ist zwar auch auf der Basis falscher Annahmen möglich, sie wird dadurch allerdings schwieriger als nötig. In diesem Kapitel möchte ich einige dieser falschen Annahmen freilegen und widerlegen. Sie leiten sich von dem Fehler-Muster her, das ich in den beiden ersten Kapiteln beschrieben habe.

Unter den Kognitionswissenschaftlern besteht zwar keine völlige Einigkeit über die Grundprinzipien, aber es gibt gewisse allgemeine Merkmale der Standard-Kognitionswissenschaft, die man ruhig einmal gesondert formulieren sollte. Wäre ich ein Standard-Kognitionswissenschaftler, dann würde ich folgendes sagen:

Für die Kognitionswissenschaft ist weder die Untersuchung des Hirns noch die Untersuchung des Bewußtseins von großem Interesse oder Wert. Die kognitiven Mechanismen, die wir untersuchen, sind zwar tatsächlich im Hirn implementiert, und einige von ihnen finden zwar im Bewußtsein einen oberflächlichen Ausdruck, doch wir sind an der Zwischenebene interessiert, wo sich tatsächliche kognitive Prozesse abspielen, die dem Bewußtsein unzugänglich sind. Die Mechanismen sind zwar de facto im Hirn implementiert, sie hätten aber auch in unbestimmt vielen anderen Hardware-Systemen implementiert sein können. Hirne gibt es, aber sie sind unwesentlich. Die Prozesse, die Kognition erklären, sind nicht nur faktisch unbewußt, sondern prinzipiell. So sind beispielsweise Chomskys

Regeln der Universalgrammatik (1986), Marrs Regeln der visuellen Wahrnehmung (1982) oder Fodors Sprache des Geistes (1975) nicht die Art von Phänomenen, die bewußt werden könnten. Weiterhin sind diese Prozesse allesamt computational. Hinter der Kognitionswissenschaft steckt die Grundannahme, daß das Hirn ein Computer ist und daß geistige Prozesse computational sind. Aus diesem Grund halten viele von uns die Künstliche Intelligenz (KI) für das Herz der Kognitionswissenschaft. Es gibt unter uns Streit darüber, ob das Hirn ein digitaler Computer des altmodischen von-Neumann-Typs oder ob es eine konnektionistische Maschine ist. Einige von uns schaffen es sogar, beides zugleich zu akzeptieren: die seriellen Prozesse im Hirn sind durch ein paralleles konnektionistisches System implementiert (z. B. Hobbs 1990). In einem Punkt jedoch sind wir uns fast alle einig: Kognitive Prozesse sind unbewußt; meistens sind sie prinzipiell unbewußt; und sie sind computational.

Ich stimme mit fast keiner wichtigen Behauptung überein, die im vorausgehenden Absatz aufgestellt wird, und ich habe einige dieser Behauptungen bereits in früheren Kapiteln kritisiert – insbesondere die These, es gebe Geisteszustände, die tief unbewußt sind. Das Hauptziel dieses Kapitels ist es, gewisse Aspekte der Computationsthese zu kritisieren.

Um zu erklären, weshalb dieses Forschungsprogramm in meinen Augen so unplausibel ist, möchte ich die Frage sofort an einem konkreten Beispiel festmachen. In der KI wurden im Hinblick auf SOAR-Programme starke Behauptungen aufgestellt.[1] Streng genommen ist SOAR kein Programm, sondern ein bestimmter Typ von Computerarchitektur, aber auf SOAR implementierte Programme werden als verheißungsvolle Beispiele von KI betrachtet. Eines dieser Programme ist in einem Roboter eingebaut, der auf Befehl Blöcke verschieben kann. Der Roboter wird z. B. auf den Befehl »Heb einen würfelförmigen Block auf und verschiebe ihn nach links in die dritte Lücke« angemessen reagieren. Er hat sowohl optische Sensoren als auch Roboterarme, und das System funktioniert, weil es eine Menge formaler Symbolmanipulationen ausführt, die mit Transduktoren zusammenhängen. Diese Transduktoren empfangen Inputs von den optischen Sensoren und senden Outputs an die Bewegungsmechanismen. Was hat all das mit dem tatsächlichen Verhalten von Menschen zu tun? Beispielsweise kennen wir ja viele Details darüber, wie ein Mensch so etwas im wirklichen Leben macht. Erstens, er muß bei *Bewußtsein* sein. Weiterhin muß er den Befehl *hören und verstehen*. Er muß die Blöcke *bewußt sehen*, er muß *den Entschluß fassen*, den Befehl auszuführen, und schließlich muß er die *bewußte, willentliche, intentionale Handlung* des Block-Verschiebens ausführen. Man beachte, daß mit all diesen Behauptungen kontrafaktische Annahmen gestützt werden: z. B. würde das Bewußtsein fehlen, würde auch der Block nicht verschoben. Außerdem wissen wir, daß all dieses geistige Zeug neurophysiologisch verursacht und realisiert ist. Bevor wir also überhaupt damit anfangen, Computermodelle zu entwickeln, wissen wir schon, daß es zweierlei Ebenen gibt: geistige Ebenen (darunter viele, die bewußt sind) und neurophysiologische Ebenen.

An welcher Stelle dieses Bilds sollen nun die formalen Symbolmanipulationen eingefügt werden? Dies ist eine fundamentale Grundlagenfrage der Kognitionswissenschaft, und es ist schon sehr erstaunlich, wie wenig Aufmerksamkeit ihr geschenkt wird. Die absolut entscheidende Frage bei jedem Computermodell lautet: »In welcher Beziehung *genau* steht das Modell zur modellierten Wirklichkeit?« Doch außer bei einem skeptischen Kritiker wie dem Autor dieses Buchs findet man nur sehr wenig zu diesem Thema. Es gibt eine allgemeine Antwort, mit der die Forderung nach detaillierteren, spezifischen Antworten umgangen werden soll; sie besagt, daß es zwischen der Intentionalitätsebene beim Menschen – Newell (1982) spricht von der »Wissensebene« – und den verschiedenen neurophysiologischen Ebenen eine Zwischenebene der formalen Symbolmanipulation gibt. Unsere Frage ist nun: Was könnte dies, empirisch gesehen, überhaupt heißen?

Wenn man Bücher über das Hirn liest (etwa Shepherd 1983 oder Bloom/Lazerson 1988), dann gewinnt man ein gewisses Bild davon, was sich im Hirn abspielt. Wenn man sich dann Bücher über Berechenbarkeit anschaut (etwa Boolos/Jeffrey 1989), dann gewinnt man ein Bild von der logischen Struktur der Computationstheorie. Und wenn man sich dann Büchern über Kognitionswissenschaft zuwendet (etwa Pylyshyn 1984), dann wird uns dort gesagt, daß in den Hirn-Büchern in Wirklichkeit dasselbe beschrieben wird wie in den Büchern über Berechenbarkeit. Meine Nase sagt mir als Philosophen, daß das nicht stimmt, und ich habe gelernt, zumindest am Anfang einer Untersuchung meinem Geruchssinn zu folgen.

## II. Starke KI, schwache KI und Kognitivismus

Die Grundidee des Computer-Modells des Geistes ist: Der Geist ist das Programm und das Hirn ist die Hardware eines computationalen Systems. Ein Slogan, dem man oft begegnet, lautet: »Der Geist verhält sich zum Hirn wie das Programm zur Hardware.«[2]

Fangen wir unsere Untersuchung dieser Behauptung damit an, daß wir drei Fragen unterscheiden:

1. Ist das Hirn ein digitaler Computer?
2. Ist der Geist ein Computerprogramm?
3. Lassen sich die Hirntätigkeiten auf einem digitalen Computer simulieren?

In diesem Kapitel wird es mir um Frage 1 gehen, nicht um Frage 2 oder 3. In früheren Schriften (Searle 1980a, 1980b und 1984) habe ich Frage 2 verneinend beantwortet. Ein Programm ist rein syntaktisch oder formal definiert; ein Geist hat intrinsischen geistigen Inhalt; daraus folgt unmittelbar, daß das Programm selbst den Geist nicht ausmachen kann. Die formale Syntax des Programms garantiert aus eigener Kraft nicht das Vorhandensein geistiger Inhalte. Meine Argumentation mit dem Chinesisch-Zimmer hatte dies schon vor über zehn Jahren gezeigt (Searle 1980a). Ein Computer, ich zum Beispiel, könnte die Schritte eines Programms für irgendeine geistige Fähigkeit, wie etwa Chinesisch zu verstehen, durchlaufen, ohne ein Wort Chinesisch zu verstehen. Die Argumentation beruht auf der simplen logischen Wahrheit, daß Syntax weder dasselbe ist wie Semantik noch für sich selbst genommen für Semantik hinreicht. Mithin ist die Antwort auf die zweite Frage, wie bewiesen werden kann, »Nein«.

Gleichermaßen beweisbar scheint mir, daß die Antwort auf Frage 3, zumindest wenn sie in naheliegender Weise verstanden wird, »Ja« lautet. Versteht man die Frage nämlich in naheliegender Weise, so besagt sie: Läßt sich das Hirn so beschreiben, daß man unter dieser Beschreibung eine Computersimulation der Hirntätigkeiten machen könnte? Doch angesichts von Churchs

These – wonach ja alles auf einem digitalen Computer simuliert werden kann, was man hinreichend präzise als eine Abfolge von Schritten charakterisieren kann – ist es eine triviale Folgerung, daß die Frage eine bejahende Antwort hat. Die Hirntätigkeiten lassen sich im selben Sinn auf einem digitalen Computer simulieren, in dem dies auch mit Wetterlagen, der New Yorker Aktienbörse oder dem Flugverkehr über Lateinamerika geht. Unsere Frage ist also nicht: »Ist der Geist ein Programm?«; die Antwort darauf lautet »Nein«. Unsere Frage ist auch nicht: »Läßt sich das Hirn simulieren?«; die Antwort darauf lautet »Ja«. Die Frage ist: »Ist das Hirn ein digitaler Computer?« Und im Rahmen der folgenden Erörterung verstehe ich die Frage als gleichbedeutend mit der Frage: »Sind Hirnvorgänge computational?«.

Man denkt vielleicht, daß diese Frage im Fall einer verneinenden Antwort auf Frage 2 viel uninteressanter wäre. Anders gesagt, man unterstellt vielleicht, daß die Frage, ob das Hirn ein Computer sei, nur dann von Interesse ist, wenn der Geist ein Programm ist. Das ist jedoch nicht der Fall. Es bleibt immer noch eine wichtige Frage, die selbst an diejenigen gerichtet werden muß, die mir darin zustimmen, daß Programme für sich genommen für geistige Phänomene nicht konstitutiv sind. Denn wenn am Geist zugestandenermaßen mehr dran ist als die syntaktischen Operationen des Digitalcomputers, so könnte es dennoch sein, daß Geisteszustände *zumindest einmal* computationale Zustände sind (und geistige Vorgänge entsprechend computationale Vorgänge, deren Ablauf sich nach der formalen Struktur dieser Geisteszustände richtet). Das scheint mir in der Tat die Position zu sein, die von ziemlich vielen Leuten eingenommen wird.

Ich will nicht behaupten, daß diese Auffassung völlig klar ist, doch die Idee ist etwa folgende: Auf irgendeiner Beschreibungsebene sind Hirnvorgänge syntaktisch; sie sind sozusagen »Sätze im Kopf«. Das brauchen keine Sätze des Deutschen oder des Chinesischen zu sein, vielleicht sind es Sätze der »Sprache des Geistes« (Fodor 1975). Nun haben sie, wie alle Sätze, eine syntaktische Struktur und eine Semantik oder Bedeutung, und das Problem der Syntax läßt sich vom Problem der Semantik abtrennen. Das Problem der Semantik ist: Woher bekommen diese Sätze im Kopf ihre Bedeutung? Doch diese Frage läßt sich ganz unabhängig von der Frage erörtern: Wie funktioniert das Hirn beim Verarbeiten dieser Sätze? Eine typische Antwort auf diese letztere

Frage lautet: Das Hirn funktioniert wie ein digitaler Computer, der computationale Operationen über der syntaktischen Struktur von Sätzen im Kopf ausführt.

Damit bei der Terminologie alles im Lot bleibt, unterscheide ich in diesem Zusammenhang zwischen drei Positionen. Als starke KI bezeichne ich folgende Auffassung: Einen Geist haben heißt ein Programm haben, und mehr ist am Geist nicht dran. Als schwache KI bezeichne ich die Auffassung, daß Hirnvorgänge (und geistige Vorgänge) mittels eines Computers simuliert werden können. Als Kognitivismus bezeichne ich die Auffassung, das Hirn sei ein digitaler Computer. In diesem Kapitel geht es um Kognitivismus.

## III. Die Urgeschichte

Weiter oben habe ich einleitend diejenigen Annahmen formuliert, die für den Mainstream der Kognitionswissenschaft kennzeichnend sind; und nun möchte ich mit dem Versuch fortfahren, so überzeugend wie möglich darzustellen, warum der Kognitivismus so intuitiv anziehend zu sein schien. Es gibt eine Geschichte über die Beziehung von menschlicher Intelligenz zur Computation, die wenigstens bis zu Turings klassischer Arbeit (1950) zurückreicht; meines Erachtens ist sie die Grundlage der kognitivistischen Auffassung. Ich möchte sie die Urgeschichte nennen:

> Wir fangen mit zwei Resultaten der mathematischen Logik an: mit der Church-Turing-These und Turings Theorem. Für unsere Zwecke besagt die Church-Turing-These, daß es für jeden Algorithmus eine Turingmaschine gibt, die diesen Algorithmus implementiert. Turings These besagt, daß es eine universale Turingmaschine gibt, die jede Turingmaschine simulieren kann. Wenn wir dies beides zusammennehmen, erhalten wir das Resultat, daß eine universale Turingmaschine jedweden Algorithmus implementieren kann.

Doch warum war dieses Resultat so aufregend? Nun, was einer ganzen Generation von jungen KI-Forschern Schauer über den Rücken jagte, das war der folgende Gedanke: Angenommen, das Hirn ist eine universale Turingmaschine.

Gibt es irgendeinen guten Grund anzunehmen, daß das Hirn eine universale Turingmaschine sein könnte? Machen wir weiter mit der Urgeschichte:

> Es ist klar, daß zumindest einige geistige Fähigkeiten des Menschen algorithmisch sind. Beispielsweise kann ich große Zahlen dividieren, indem ich bewußt die Schritte eines Divisionsalgorithmus durchlaufe. Weiterhin ist es eine Konsequenz aus der Church-Turing-These und Turings Theorem, daß alles, was ein Mensch algorithmisch tun kann, auch auf einer universalen Turingmaschine getan werden kann. Ich kann beispielsweise genau denselben Algorithmus, den ich beim Dividieren großer Zahlen verwende, auf einem Digitalcomputer implementieren. In einem solchen Fall implementieren, wie bei Turing (1950) beschrieben, ich, der menschliche Rechner, und der Computer, der mechanische Rechner, denselben Algorithmus. Ich tue das bewußt, der mechanische Computer tut es unbewußt. Nun scheint es vernünftig anzunehmen, daß es eine ganze Menge weiterer geistiger Vorgänge gibt, die in meinem Hirn unbewußt ablaufen und die ebenfalls computational sind. Wir haben eine Computersimulation der Vorgänge beim Dividieren großer Zahlen, genauso könnten wir auch dahin kommen, eine Computersimulation der Vorgänge beim Sprachverstehen, bei der visuellen Wahrnehmung, der Kategorisierung usw. zu entwickeln.

»Doch wie steht es mit der Semantik? Schließlich sind Programme doch rein syntaktisch.« An dieser Stelle der Urgeschichte kommen andere logisch-mathematische Resultate ins Spiel:

> Die Entwicklung der Beweistheorie hat gezeigt, daß innerhalb eines gewissen wohlbekannten Rahmens die semantischen Beziehungen, die zwischen Propositionen bestehen, sich vollständig widerspiegeln lassen durch die syntaktischen Relationen, die zwischen den Sätzen bestehen, die jene Propositionen ausdrücken. Nun angenommen, die geistigen Inhalte im Kopf sind im Kopf syntaktisch ausgedrückt; dann brauchten wir zu einer Erklärung geistiger Vorgänge nichts weiter als computationale Vorgänge zwischen den syntaktischen Elementen im Kopf. Wenn wir die Beweistheorie richtig hinbekommen, wird die

Semantik für sich selbst sorgen; und genau das tut ja ein Computer: er implementiert die Beweistheorie.[3]

Damit haben wir ein wohldefiniertes Forschungsprogramm. Wir versuchen, die im Hirn implementierten Programme zu entdekken, indem wir Computer so programmieren, daß sie dieselben Programme implementieren. Das wiederum tun wir, indem wir den mechanischen Computer dazu bringen, daß seine Leistungen denen des menschlichen Computers (oder Rechners) entsprechen (d. h. wir bringen ihn dazu, den Turing-Test zu bestehen); und dann lassen wir die Psychologen nach Hinweisen dafür suchen, daß die inneren Vorgänge in den beiden Typen von Computer identisch sind.

Der Leser möge im folgenden diese Urgeschichte im Sinn behalten. Man beachte insbesondere Turings Gegenüberstellung von bewußter Programmimplementierung durch den menschlichen Rechner und unbewußter Programmimplementierung durch das Hirn bzw. durch den mechanischen Rechner. Weiterhin beachte man die Idee, wir könnten Programme, die in der Natur ablaufen, *entdecken* – genau dieselben Programme, die wir in unsere mechanischen Computer hineingesteckt haben.

Wenn man sich die Bücher und Artikel anschaut, in denen der Kognitivismus unterstützt wird, dann findet man gewisse gemeinsame Annahmen, die zwar oft unformuliert bleiben, aber nichtsdestoweniger überall gegeben sind.

*Erstens* wird häufig unterstellt, irgendein Dualismus sei die einzige Alternative zur Auffassung, daß das Hirn ein digitaler Computer ist. Die Gründe für diesen Drang habe ich im zweiten Kapitel erörtert. Rhetorisch gesehen geht es dabei darum, den Leser so unter Druck zu setzen, daß er am Ende glaubt: »Wenn ich die Idee ablehne, daß das Hirn irgendeine Art von Computer ist, dann bin ich auf irgendwelche abwegigen antiwissenschaftlichen Auffassungen festgelegt.«

*Zweitens* wird auch unterstellt, die Frage, ob Hirnvorgänge computational sind, sei einfach eine empirische Frage. Sie sei genau so durch Tatsachenuntersuchungen zu entscheiden wie die Frage, ob das Herz eine Pumpe ist oder ob in grünen Blättern Photosynthese stattfindet. Für logische Zerlegung oder Begriffsanalyse sei hier kein Platz, weil es um harte wissenschaftliche Tatsachen gehe. Ja, ich glaube sogar, daß viele Leute, die auf diesem Gebiet arbeiten, bezweifeln würden, daß die von mir hier betrachtete Frage überhaupt eine philosophische Frage ist. »Ist das Hirn tatsächlich ein digitaler Computer« ist ihres Erachtens genausowenig eine philosophische Frage wie »Ist der Neurotransmitter, der an neuromuskulären Endplatten ausgeschieden wird, tatsächlich Acetylcholin?«

Selbst Leute, die für den Kognitivismus nichts übrig haben, wie Penrose (1989) und Dreyfus (1972), behandeln die Frage anscheinend wie eine einfache Tatsachenfrage. Es scheint sie gar nicht zu kümmern, was für eine Art von Behauptung sie da in Zweifel ziehen. Mir hingegen ist dies ein Rätsel: Was für eine Tatsache, die das Hirn betrifft, könnte ausmachen, daß es ein Computer ist?

*Drittens* ist die Hast und gelegentlich sogar die Nachlässigkeit, mit der die Grundlagenfragen einfach vom Tisch gewischt werden, ein weiteres stilistisches Merkmal dieser Fachliteratur. Was genau sind denn die anatomischen und physiologischen Merkmale des Hirns, um die es in dieser Diskussion geht? Was genau ist denn ein digitaler Computer? Und welcher Zusammenhang soll zwischen den Antworten auf diese beiden Fragen bestehen? Die übliche Vorgehensweise in diesen Büchern und Artikeln besteht darin, ein paar Bemerkungen über Nullen und Einsen zu machen, die Church-Turing-These populärwissenschaftlich zusammenzufassen und sich dann faszinierenderen Dingen (wie den Erfolgen und Fehlschlägen mit Computern) zuzuwenden. Zu meiner Überraschung habe ich beim Studium dieser Literatur entdeckt, daß es da offenbar eine eigentümliche philosophische Kluft gibt. Auf der einen Seite haben wir sehr elegante mathematische Resultate, von Turings Theorem, über Churchs These bis hin zur Theorie der rekursiven Funktionen. Auf der anderen Seite haben wir beeindruckende elektronische Geräte, die wir täglich benutzen. Weil wir eine derart hochentwickelte Mathematik und eine derart gute Elektrotechnik haben, unterstellen wir, daß irgendwie irgendwer die grundlegende philosophische Arbeit getan haben muß, die Mathematik mit der Elektrotechnik zu verknüpfen. Doch soweit ich sehen kann, ist dies nicht der Fall. Im Gegenteil, wir befinden uns in einer eigentümlichen Lage, wo unter denjenigen, die auf dem Gebiet der Kognitionswissenschaft tätig sind, wenig theoretische Übereinstimmung bei absolut grundlegenden Fragen wie den folgenden besteht: Was genau ist ein digitaler Computer? Was genau ist ein Symbol? Was genau ist ein Algorithmus? Was genau ist ein computationaler Vorgang? Unter welchen physikalischen Umständen genau implementieren zwei Systeme dasselbe Programm?

## IV. Die Definition der Computation

Da es keine allgemeine Übereinstimmung bei den fundamentalen Fragen gibt, ist es, so denke ich, am besten, zu den Quellen zurückzugehen – und zwar zu den ursprünglichen Definitionen von Alan Turing.

Nach Turing kann eine Turingmaschine gewisse elementare Operationen ausführen: Sie kann eine o auf ihrem Band durch eine 1 ersetzen; sie kann eine 1 auf ihrem Band durch eine o ersetzen; sie kann das Band um ein Feld nach links und um ein Feld nach rechts verschieben. Sie wird durch ein Programm von Anweisungen gesteuert; jede Anweisung spezifiziert eine Bedingung und eine Handlung, die in dem Fall auszuführen ist, in dem die Bedingung erfüllt ist.

Das ist die Standarddefinition der Computation, aber sie ist – wenn man sie wörtlich nimmt – zumindest ein wenig irreführend. Wer seinen Personalcomputer öffnet, wird höchst wahrscheinlich keine Nullen und Einsen finden, ja nicht einmal ein Band. Doch das spielt bei der Definition in Wirklichkeit keine Rolle. Um herauszubekommen, ob ein Gegenstand tatsächlich ein digitaler Computer ist, müssen wir – wie sich schließlich herausstellt – nicht nach Nullen und Einsen usw. Ausschau halten; vielmehr müssen wir einfach nach etwas Ausschau halten, was wir als Nullen und Einsen *behandeln* oder *gelten lassen* könnten, etwas, das *dazu benutzt werden* könnte, die Rolle einer Null bzw. einer Eins zu spielen. Weiterhin – und das macht die Sache noch verwirrender – stellt sich schließlich heraus, daß diese Turingmaschine aus fast allem Beliebigen bestehen könnte. Wie Johnson-Laird schreibt: »Sie könnte wie eine altmodische mechanische Rechenmaschine aus Zahnrädern und Hebeln bestehen; sie könnte aus einem hydraulischen System bestehen, durch das Wasser fließt; sie könnte aus Transistoren bestehen, die in einen Siliziumchip eingeätzt sind, durch den elektrischer Strom fließt; sie könnte sogar von einem Hirn realisiert werden. Jede dieser Maschinen verwendet ein anderes Medium zur Repräsentation binärer Symbole: die Stellung der Zahnräder, das Vorhandensein bzw. Fehlen von Wasser, die elektrische Spannung und vielleicht Nervenimpulse« (Johnson-Laird 1988, S. 39).

Ähnliche Bemerkungen finden sich bei den meisten, die über dieses Thema schreiben. Ned Block (1990) zum Beispiel zeigt, daß man bei gewissen elektrischen Sperren den Einsen die Spannung von 4 Volt und den Nullen die Spannung von 7 Volt zuordnen kann. Das bringt uns dann vielleicht auf den Gedanken, wir sollten nach der Höhe der Spannung Ausschau halten. Doch Block teilt uns mit, daß die Eins nur »durch Konvention« einer gewissen Spannung zugeordnet wurde. Das alles wird noch verwirrender, wenn er uns wissen läßt, daß es auch ganz ohne Elektrizität geht, wir könnten statt dessen ein ausgefuchstes System von Katzen, Mäusen und Käse verwenden, wo die Sperren dann so gemacht sind, daß die Katze an der Leine zerrt und dadurch eine Sperre öffnet, die wir ebenfalls so behandeln können, als ob es eine Null bzw. eine Eins wäre. Der Witz ist (wie Block eifrig betont), »daß die Hardware-Realisierung für die computationale Beschreibung unerheblich ist. Das Öffnen und Schließen dieser Sperren funktioniert unterschiedlich, dennoch sind sie computational äquivalent« (S. 260). In derselben Art sagt Pylyshyn, daß eine computationale Abfolge von einer Schar Tauben realisiert sein könnte, »die man dazu abgerichtet hat, mit ihrem Gepicke einer Turingmaschine zu entsprechen« (1984, S. 57).

Wenn wir nun jedoch die Idee ernstzunehmen versuchen, das Hirn sei eine Turingmaschine, dann gelangen wir zu dem unbequemen Resultat, wir könnten aus so gut wie allem ein System bauen, das genau das tut, was das Hirn tut. Gemäß dieser Auffassung kann man, computational gesehen, aus Katzen, Mäusen und Käse (oder aus Hebeln, oder aus Wasserrohren, oder aus Tauben, oder woraus auch immer man Lust hat) ein »Hirn« machen, das genau so funktioniert wie das des Lesers oder meines – vorausgesetzt, die Systeme sind im von Block gemeinten Sinne »computational äquivalent«. Man würde nur schrecklich viele Katzen oder Tauben oder Wasserrohre oder was auch immer sonst brauchen. Die Vertreter des Kognitivismus berichten uns von diesem Resultat mit reiner und unverhüllter Freude. Ich denke jedoch, daß ihnen dieses Resultat Sorgen machen sollte;

und ich werde nun versuchen zu zeigen, daß dies nur die Spitze eines ganzen Eisbergs von Problemen ist.

## V. Erste Schwierigkeit:
## Die Syntax ist an sich nichts Physisches

Warum sind die Verteidiger des Kognitivismus durch die Implikation mit der Vielfach-Realisierbarkeit nicht beunruhigt? Die Antwort ist: Sie halten es für ein Charakteristikum funktionaler Theorien, daß dieselbe Funktion vielfache Realisierungen zuläßt. In dieser Hinsicht sind Computer einfach wie Vergaser und Thermostate. Vergaser kann man aus Kupfer und aus Stahl herstellen, genauso kann man Computer aus unbestimmt vielen verschiedenen Hardware-Materialien herstellen.

Da gibt es jedoch einen Unterschied. Die Menge der Vergaser und die Menge der Thermostate sind durch die Hervorbringung gewisser *physischer* Effekte definiert. Aus diesem Grund sagt beispielsweise niemand, man könne aus Tauben einen Vergaser machen. Hingegen ist die Menge der Computer syntaktisch definiert, durch die *Zuordnung* von Nullen und Einsen. Die Vielfach-Realisierung ergibt sich nicht daraus, daß derselbe physische Effekt in unterschiedlichen physischen Substanzen erreicht werden kann, sondern daraus, daß die relevanten Eigenschaften rein syntaktisch sind. Die physische Beschaffenheit ist irrelevant – außer insoweit, als sie die Zuordnung von Nullen und Einsen und von Zustandsübergängen zwischen ihnen zuläßt.

Doch das hat zwei Konsequenzen, die verheerend sein könnten:

1. Aus demselben Prinzip, aus dem Vielfach-Realisierbarkeit folgt, würde anscheinend auch Universal-Realisierbarkeit folgen. Wenn Computation durch die Zuordnung von Syntax definiert ist, dann wäre einfach alles ein Computer, weil ja jedem Gegenstand Syntax zugeschrieben werden könnte. Man könnte alles mit Nullen und Einsen beschreiben.

2. Schlimmer noch, Syntax ist an sich nichts Physisches (oder anders formuliert: sie ist nichts intrinsisch Physisches). Die Zuschreibung syntaktischer Eigenschaften ist immer relativ zu einer Person oder einem Beobachter, der gewisse physische Phänomene als syntaktisch behandelt.

Aus welchem Grund genau sollten diese Konsequenzen verheerend sein?

Nun, wir hatten wissen wollen, wie das Hirn funktioniert, insbesondere wollten wir wissen, wie es geistige Phänomene hervorbringt. Und auf diese Frage wäre es keine Antwort, wenn man uns sagte, das Hirn sei ein digitaler Computer in dem Sinne, in dem der Magen, die Leber, das Herz, das Sonnensystem und der amerikanische Bundesstaat Kansas allesamt digitale Computer sind. Uns schwebte etwas anderes vor: nämlich daß wir eine Tatsache über die Funktionsweise des Hirns entdecken könnten, die uns zeigt, daß es ein Computer ist. Wir wollten wissen, ob das Hirn nicht in irgendeinem Sinn an sich, *intrinsischermaßen*, ein digitaler Computer ist – so, wie ein grünes Blatt intrinsischermaßen die Photosynthese vollzieht und ein Herz intrinsischermaßen Blut pumpt. Und das liegt ja nicht daran, daß wir aus Willkür oder »durch Konvention« das Wort »pumpen« auf Herzen und das Wort »Photosynthese« auf Blätter anwenden. Hier geht es um eine wirkliche Tatsachenfrage. Und was wir hatten wissen wollen, war dies: »Ist es in dieser Weise eine Tatsachenfrage, ob das Hirn ein digitaler Computer ist?« Diese Frage wird nicht dadurch beantwortet, daß man uns sagt: Jawohl, ein Hirn ist ein digitaler Computer, weil alles ein digitaler Computer ist.

Legt man die Standard-Lehrbuchdefinition von Computation zugrunde, so fällt es schwer, zu sehen, wie sich die folgenden Resultate vermeiden lassen:

1. Für jeden Gegenstand gibt es irgendeine Beschreibung der Art, daß der Gegenstand unter dieser Beschreibung ein digitaler Computer ist.

2. Für jedes Programm und jeden hinreichend komplexen Gegenstand gibt es irgendeine Beschreibung, unter welcher der Gegenstand das Programm implementiert. So implementiert jetzt in diesem Moment zum Beispiel die Wand hinter meinem Rücken das »Wordstar«-Programm, weil es innerhalb der besagten Wand irgendein Muster von Molekülbewegungen gibt, das mit der formalen Struktur des »Wordstar«-Programms isomorph ist. Wenn aber die Wand dieses Programm implementiert, dann implementiert sie – vorausgesetzt, sie ist nicht zu klein – jedes beliebige Programm (auch jedes im Hirn implementierte Programm).

Den Anhängern des Kognitivismus entgeht, daß Vielfach- und Universal-Realisierbarkeit ein Problem ist, und zwar entgeht ihnen das meines Erachtens vornehmlich aus folgendem Grund: Sie bemerken nicht, daß dies die Konsequenz aus etwas ist, das viel tiefer reicht, und zwar daß »Syntax« keine Bezeichnung einer physischen Eigenschaft (wie Masse oder Schwerkraft) ist. Im Gegenteil, sie reden von »syntaktischen Maschinen«, ja sogar von »semantischen Maschinen«, als würden sie von etwas Ähnlichem wie Benzinmotoren oder Dieselmotoren reden – ganz so, als wäre es einfach eine klare Tatsachenfrage, ob das Hirn oder irgend etwas anderes eine syntaktische Maschine ist.

Ich halte das Problem mit der Universal-Realisierbarkeit nicht für schwierig. Man könnte, so denke ich, diese Konsequenz dadurch verhindern, daß man die Definition der Computation verschärft. Gewiß sollten wir dem Umstand Rechnung tragen, daß Programmierer und Ingenieure diese Konsequenz für eine Schrulle der ursprünglichen Definitionen Turings halten und nicht für ein wirkliches Merkmal der Computation. Unveröffentlichte Arbeiten von Brian Smith, Vinod Goel und John Batali weisen darauf hin, daß eine realistischere Definition von Computation Merkmale wie die folgenden berücksichtigen wird: die Kausalbeziehungen zwischen Programmzuständen, die Programmierbarkeit und Steuerbarkeit des Mechanismus, die Situiertheit in der wirklichen Welt. Aus alledem wird sich als Resultat ergeben, daß das Muster allein nicht ausreicht. Es bedarf einer Kausalstruktur, mit der sich kontrafaktische Aussagen stützen lassen.

Doch diese Verschärfungen der Definition von Computation bringen im Hinblick auf die gegenwärtigen Überlegungen gar nichts, *weil das wirklich tiefe Problem darin liegt, daß Syntax ein wesentlich beobachter-relativer Begriff ist. Die Vielfach-Realisierbarkeit computational äquivalenter Vorgänge in unterschiedlichen physischen Medien ist nicht bloß ein Zeichen dafür, daß diese Vorgänge abstrakt sind, sondern auch dafür, daß sie gar nicht dem System an sich angehören: sie sind dem System nicht intrinsisch; sie hängen von einer Interpretation ab, die von außen an sie herangetragen wird.* Wir hatten Ausschau nach irgendwelchen Tatsachen gehalten, durch die Hirnvorgänge computational würden; doch so, wie wir Computation definiert haben, könnte es derartige Tatsachen nie und nimmer geben. Wir können nicht einerseits sagen, daß alles ein digitaler Computer ist, wenn wir ihm nur eine Syntax zuordnen können, und dann andererseits annehmen, die Frage, ob es sich bei einem natürlichen System wie dem Hirn um einen digitalen Computer handelt, sei eine Tatsachenfrage, die nur das physische Geschehen innerhalb des natürlichen Systems betrifft.

Und wenn das Wort »Syntax« hier rätselhaft wirkt, dann läßt sich darauf auch verzichten. Es könnte ja behauptet werden, die Begriffe »Syntax« und »Symbol« seien hier einfach eine Redeweise, und woran wir in Wirklichkeit interessiert seien, das sei die Existenz von Systemen mit diskreten physischen Phänomenen und Zustandsübergängen zwischen diesen Phänomenen. Gemäß dieser Auffassung brauchen wir in Wirklichkeit keine Nullen und Einsen; sie sind nur eine bequeme Abkürzung. Doch dieser Zug hilft m. E. nicht weiter. Ein physischer Zustand eines Systems ist ein computationaler Zustand nur relativ dazu, daß diesem Zustand irgendeine computationale Rolle, Funktion oder Interpretation zugeordnet wird. Dasselbe Problem taucht auch ohne Nullen und Einsen auf, weil *Begriffe wie Computation, Algorithmus und Programm keine intrinsisch physischen Systemmerkmale benennen.* Computationale Zustände werden nicht *in* der physischen Beschaffenheit entdeckt, sie werden ihr *zugeordnet.*

Das ist eine andere Argumentation als die mit dem Chinesisch-Zimmer, und ich hätte das schon vor zehn Jahren sehen sollen, ich habe es aber nicht. Die Argumentation mit dem Chinesisch-Zimmer hat gezeigt, daß die Semantik der Syntax nicht intrinsisch ist. Hier weise ich nun darauf hin – und das ist etwas anderes und Separates –, daß die Syntax der Physik nicht intrinsisch ist. Zum Zwecke der ursprünglichen Argumentation hatte ich einfach angenommen, die syntaktische Charakterisierung des Computers sei unproblematisch. Doch das ist ein Fehler. Es gibt keine Möglichkeit zu entdecken, daß ein System intrinsischermaßen ein digitaler Computer ist, weil die Charakterisierung des Systems als einem digitalen Computer immer relativ zu einem Beobachter ist, der den rein physischen Merkmalen des Systems eine syntaktische Interpretation zuordnet. Wendet man dies auf die Hypothese von der Sprache des Geistes an, dann hat es zur Konsequenz, daß diese Hypothese inkohärent ist. Es gibt keine Möglichkeit zu entdecken, daß unbekannte Sätze intrinsischermaßen im Kopf sind, weil etwa ein Satz nur relativ dazu ist, daß irgendeine Person oder irgendein Benutzer existiert, die oder der es als

Satz verwendet. Wendet man dies auf das computationale Modell im allgemeinen an, so ergibt sich: Wird ein Vorgang als computational charakterisiert, so handelt es sich dabei um die Charakterisierung eines physischen Systems von außerhalb; und die Identifikation des Vorgangs als computational identifiziert kein intrinsisches Merkmal der physischen Beschaffenheit; es handelt sich dabei um eine Charakterisierung, die wesentlich beobachterrelativ ist.

Dieser Punkt muß genau verstanden werden. Ich sage nicht, daß es für die Muster, die wir in der Natur entdecken können, apriorische Grenzen gibt. Zweifellos könnten wir in meinem Hirn ein Ereignismuster entdecken, das zu der Implementierung des Vi-Editor-Programms auf meinem Computer isomorph ist. Doch wer sagt, daß etwas als computationaler Vorgang *fungiert*, der sagt nicht bloß, daß ein Muster physischer Ereignisse vorliegt, der macht vielmehr eine stärkere Behauptung. Irgend jemand muß dem Ereignismuster eine computationale Interpretation zuordnen. Entsprechend könnten wir Gegenstände in der Natur entdecken, die dieselbe Gestalt wie Stühle hätten und auch als Stühle verwendbar wären; wir könnten aber keine Gegenstände in der Natur entdecken, die als Stühle fungieren – es sei denn, relativ zu irgend jemandem, der sie als Stühle betrachtet oder verwendet.

Um diese Argumentation ganz zu verstehen, ist es wesentlich, die Unterscheidung zwischen solchen Merkmalen der Welt zu verstehen, die *intrinsisch* sind, und solchen, die *beobachter-relativ* sind. Die Ausdrücke »Masse«, »Schwerkraft« und »Molekül« bezeichnen Merkmale der Welt, die intrinsisch sind. Wenn keine Beobachter und Benutzer mehr existieren, enthält die Welt immer noch Masse, Schwerkraft und Moleküle. Doch Ausdrücke wie z. B. »hübscher Tag für ein Picknick«, »Badewanne« und »Stuhl« bezeichnen keine intrinsischen Merkmale der Wirklichkeit. Vielmehr bezeichnen sie Gegenstände dadurch, daß sie irgendein Merkmal spezifizieren, das ihnen zugeordnet worden und mithin relativ zu Beobachtern und Benutzern ist. Hätte es niemals irgendwelche Benutzer und Beobachter gegeben, dann gäbe es immer noch Berge, Moleküle, Massen und Schwerkraft; es gäbe dann aber keine Eigenschaften wie die, ein hübscher Tag für ein Picknick zu sein oder ein Stuhl zu sein oder eine Badewanne zu sein. Die Zuordnung von beobachter-relativen Merkmalen zu intrinsischen Merkmalen der Welt ist nicht willkürlich. Zwar erleichtern es einige intrinsische Merkmale der Welt, Gegenstände z. B. als Stühle oder Badewannen zu verwenden. Doch die Eigenschaft, ein Stuhl (oder eine Badewanne oder ein hübscher Tag für ein Picknick) zu sein, ist ein Merkmal, das nur relativ zu Benutzern und Beobachtern existiert. Worauf es mir hier ankommt – und das ist der Kern meiner Argumentation hier – ist dies: Gemäß den Standarddefinitionen von Computation sind computationale Merkmale beobachter-relativ. Sie sind nicht intrinsisch. Die Argumentation bis hierhin läßt sich folgendermaßen zusammenfassen:

*Das Ziel der Naturwissenschaften ist es, Merkmale zu entdekken und zu charakterisieren, die der natürlichen Welt intrinsisch sind. Ihren eigenen Definitionen von Computation und Kognition zufolge ist es ausgeschlossen, daß eine computationale Kognitionswissenschaft jemals eine Naturwissenschaft sein könnte, weil Computation kein intrinsisches Merkmal der Welt ist. Es ist ein Merkmal, das relativ zu Beobachtern zugeschrieben wird.*[4]

## VI. Zweite Schwierigkeit:
## Der Homunculus-Fehlschluß ist
## im Kognitivismus endemisch

Wir sind hier, so scheint es, an einem Problem angelangt. Syntax ist kein Teil der Physik. Das hat zur Folge, daß nichts intrinsischermaßen, einzig und allein dank seiner physischen Eigenschaften, ein digitaler Computer ist, falls Computation syntaktisch definiert wird. Gibt es aus dieser Schwierigkeit einen Ausweg? Ja, den gibt es, und er wird in der Kognitionswissenschaft normalerweise eingeschlagen – doch er führt vom Regen in die Traufe. In den meisten Arbeiten aus dem Bereich der computationalen Theorie des Geistes wird der Homunculus-Fehlschluß in irgendeiner Variante begangen. Die Idee ist immer, das Hirn so zu behandeln, als wäre da jemand drin, der es zum Rechnen benutzt. Ein typischer Fall ist David Marr (1982), der die Aufgabe der visuellen Wahrnehmung beschreibt als das Fortschreiten von einer zweidimensionalen visuellen Anordnung auf der Retina zu einer dreidimensionalen Beschreibung der Außenwelt, die dann der Output des visuellen Systems ist. Die Schwierigkeit ist: Wer liest die Beschreibung? Tatsächlich sieht es in Marrs Buch und in anderen Standardlehrbüchern zum Thema so aus, als müßten wir einen Homunculus im System beschwören, damit wir die Tätigkeiten des Systems als wirklich computational betrachten können.

Viele Autoren haben den Eindruck, der Homunculus-Fehlschluß sei eigentlich kein Problem, weil sie – wie Dennett (1978) – glauben, der Homunculus könne »entlassen« werden. Die Idee dabei ist folgende: Weil die computationalen Tätigkeiten des Computers in immer kleinere Einheiten analysiert werden können, bis zu dem Punkt, wo wir schließlich zu simplen Flipflop-, »Ja-Nein«-, »Eins-Null«-Mustern gelangen, entsteht der Eindruck, daß die höherstufigen Homunculi entlassen und durch zunehmend dümmere Homunculi ersetzt werden können, bis wir am Ende die unterste Ebene eines simplen Flipflops erreichen, wo gar kein wirklicher Homunculus mehr im Spiel ist. Die Idee ist, kurz gesagt: Die Homunculi werden durch rekursive Dekomposition eliminiert.

Ich habe lange gebraucht, um dahinterzukommen, worauf diese Leute hinauswollten, deshalb möchte ich für den Fall, daß es dem Leser ähnlich geht, ein Beispiel im Detail schildern. Angenommen, wir haben einen Computer, der 6 mit 8 multipliziert und 48 herausbringt. Wir fragen nun: »Wie macht er das?« Nun, die Antwort könnte sein, daß er 6 siebenmal zu sich selbst addiert.[5] Wenn man nun aber fragt: »Wie addiert er 6 siebenmal zu sich selbst?«, dann könnte die Antwort sein, daß er erstens alle Zahlausdrücke in die Binärschreibweise überträgt und zweitens einen simplen Algorithmus, der auf der Binärschreibweise operiert, anwendet, bis wir schließlich die unterste Ebene erreichen, auf der alle Anweisungen die Form haben: »Schreib eine Null, lösch eine Eins!« So sagt z. B. unser intelligenter Homunculus auf der obersten Ebene: »Ich weiß, wie man 6 mit 8 multipliziert, so daß 48 herauskommt.« Aber auf der nächsten Ebene darunter wird er durch einen dümmeren Homunculus ersetzt, der sagt: »Ich weiß zwar nicht, wie man multipliziert, aber ich kann addieren.« Unter ihm sind ein paar, die noch dümmer sind und sagen: »Wir wissen zwar nicht, wie man multipliziert oder addiert, aber wir können Dezimalschreibweise in Binärschreibweise übertragen.« Unter ihnen sind welche, die noch dümmer sind und sagen: »Wir verstehen von diesem ganzen Kram gar nichts, aber wir wissen, wie man mit Binärsymbolen umgeht.« Und auf der untersten Ebene sind jede Menge Homunculi, die immerzu nur sagen: »Null Eins, Null Eins.« Alle höheren Ebenen lassen sich auf diese unterste Ebene zurückführen. Nur die unterste Ebene gibt es wirklich; die höheren Ebenen sind allesamt nur *als-ob*.

Verschiedene Autoren (z. B. Haugeland 1981, Block 1990) meinen dieses Merkmal, wenn sie sagen, das System sei eine syntaktische Maschine, die eine semantische Maschine betreibt. Doch wir stehen immer noch vor der Frage, die wir schon zuvor hatten: Welche dem System intrinsischen Tatsachen machen es zu einem syntaktischen System? Welche Tatsachen, die die unterste Ebene oder irgendeine andere Ebene betreffen, machen aus diesen Tätigkeiten Nullen und Einsen? *Ohne einen Homunculus, der außerhalb der rekursiven Dekomposition steht, haben wir nicht einmal eine Syntax, auf der Operationen ausgeführt werden können.* Der Versuch, den Homunculus-Fehlschluß durch rekursive Dekomposition zu beseitigen, schlägt fehl, weil es nur einen Weg gibt, auf dem man die Syntax zu etwas intrinsisch Physikalischem macht: man muß einen Homunculus in die Physik des Systems stecken.

Etwas an all dem ist wirklich faszinierend. Die Kognitivisten räumen vergnügt ein, daß die höheren computationalen Ebenen (»Multipliziere 6 mit 8« zum Beispiel) beobachter-relativ sind; in Wirklichkeit existiere nichts, das direkt der Multiplikation entspricht; das liege alles im Auge des Homunculus/Betrachters. Doch auf den unteren Ebenen möchten sie dieses Zugeständnis nicht machen. Der Stromkreis – das geben sie zu – multipliziert eigentlich nicht 6 mit 8, er manipuliert aber wirklich Nullen und Einsen, und diese Manipulationen laufen (sozusagen) auf Multiplikation hinaus. Doch schon mit dem Zugeständnis, daß die höheren Computationsebenen nicht intrinsisch physisch sind, wird bereits zugestanden, daß die niederen Stufen es auch nicht sind. Der Homunculus-Fehlschluß bleibt uns also erhalten.

Bei richtigen Computern, die serienmäßig hergestellt werden, gibt es kein Homunculus-Problem, weil der Benutzer jeweils der Homunculus ist. Doch wenn wir das Hirn für einen Computer halten sollen, dann stehen wir immer noch vor der Frage: »Und wer ist der Benutzer?« Typische Homunculus-Fragen in der Kognitionswissenschaft lauten: »Wie berechnet das visuelle System die Gestalt aufgrund der Schattierung; wie berechnet es die Ent-

fernung des Gegenstands aufgrund der Größe des Retinabilds?«
Eine entsprechende Frage wäre: »Wie berechnet der Nagel aufgrund der Wucht des Hammerschlags und der Härte des Holzes,
wie tief er ins Brett hinein gehört?« Und die Antwort ist beide
Male dieselbe: Wenn es darum geht, wie das System intrinsisch
funktioniert, dann wird weder von Nägeln noch von visuellen Systemen etwas berechnet. Wir als Homunculi und Homines von
außerhalb können Nägel und visuelle Systeme computational beschreiben – und das ist oft lohnend. Doch man versteht nichts
vom Hämmern, wenn man Nägel für Sachen hält, die irgendwie
intrinsischermaßen Hämmer-Algorithmen implementieren; und
man versteht visuelle Wahrnehmung nicht dadurch, daß man annimmt, das System implementiere (zum Beispiel) den Schattie-
rung/Gestalt-Algorithmus.

## VII. Dritte Schwierigkeit:
## Syntax hat keine Kausalkräfte

In gewissen naturwissenschaftlichen Erklärungen werden Mechanismen angegeben, die bei der Hervorbringung der zu erklä-
renden Phänomene eine kausale Rolle spielen. Solche Erklärungen sind in den biologischen Wissenschaften besonders üblich.
Man denke an die Theorie der Krankheitskeime, die Erklärung
der Photosynthese, die DNA-Theorie der Erbfaktoren und sogar
an Darwins Theorie der natürlichen Auslese. Da wird jeweils ein
Kausalmechanismus angegeben, und mit dieser Spezifikation
wird der Output des jeweiligen Mechanismus erklärt. Ein Blick
zurück auf die Urgeschichte zeigt recht klar, daß der Kognitivismus eine Erklärung dieses Schlags verheißt. Angeblich sind die
Mechanismen, mit denen Hirnprozesse Kognition hervorbringen,
computational, und angeblich werden wir die Ursachen von Kognition angegeben haben, sobald wir die Programme angegeben
haben. Ein Reiz dieses Forschungsprogramms liegt – wie oft bemerkt wurde – darin, daß wir, um Kognition zu erklären, nicht
die Einzelheiten der Funktionsweisen des Hirns kennen müssen.
Hirnvorgänge liefern nur die Hardware-Implementierung der
Kognitionsprogramme; doch die eigentlichen kognitiven Erklärungen werden auf der Programmebene gegeben. Gemäß der
Standardauffassung – wie sie beispielsweise bei Newell (1982)

formuliert wird – gibt es drei Erklärungsebenen: Hardware, Programm und Intentionalität (diese letzte Ebene heißt bei Newell »die Wissensebene«), und der besondere Beitrag der Kognitionswissenschaft geschehe auf der Programmebene.

Doch wenn ich das bis hierher zutreffend dargestellt habe, dann ist an diesem ganzen Projekt etwas faul. Früher glaubte ich, die kognitivistische Theorie sei als Kausalerklärung zumindest falsch, nun fällt es mir jedoch schwer, auch nur eine kohärente Version dieser Theorie zu formulieren, die überhaupt als eine empirische These durchgehen könnte. Die These ist, daß es jede Menge Symbole gibt, die im Hirn manipuliert werden, und daß Nullen und Einsen (der Wahrnehmung des bloßen Auges, aber auch der des stärksten Elektronenmikroskops entzogen) mit Lichtgeschwindigkeit durchs Hirn sausen und Kognition bewirken. Die Schwierigkeit ist jedoch, daß die Nullen und Einsen als solche keine Kausalkräfte haben, weil es sie nicht einmal gibt – außer im Auge des Betrachters. Das implementierte Programm hat keine Kausalkräfte außer denen des implementierenden Mediums, denn das Programm hat über die Existenz und Ontologie des implementierenden Mediums hinaus keine wirkliche Existenz, keine Ontologie. Physikalisch gesehen gibt es so etwas wie eine separate »Programmebene« nicht.

Dies läßt sich einsehen, wenn man zur Urgeschichte zurückgeht und sich an den Unterschied zwischen dem mechanischen Rechner (dem Computer) und Turings menschlichem Rechner erinnert. In Turings menschlichem Rechner gibt es wirklich eine dem System intrinsische Programmebene, und es gibt auf dieser Ebene kausale Beiträge zur Überführung von Input in Output. Denn der Mensch folgt den Regeln zur Ausführung einer bestimmten Rechnung bewußt, und damit wird seine Leistung kausal erklärt. Wenn wir hingegen den mechanischen Rechner so programmieren, daß er dieselbe Rechnung ausführen kann, dann ist die Zuordnung einer computationalen Interpretation nun relativ zu uns, den Homunculi von außerhalb. Es gibt keine dem System intrinsische intentionale Verursachung. Der menschliche Rechner folgt bewußt Regeln, und dies erklärt sein Verhalten; der mechanische Rechner hingegen befolgt, wörtlich genommen, keinerlei Regel. Er ist mit Absicht so gebaut, daß er sich genau so benimmt, als befolge er Regeln; und deshalb macht es in praktischer, kommerzieller Hinsicht nichts, daß er in Wirklichkeit keinerlei Regeln folgt. Er könnte nicht Regeln folgen, weil es keinen seinem System intrinsischen intentionalen Gehalt gibt, der eine kausale Rolle bei der Hervorbringung des Verhaltens spielt. Der Kognitivismus sagt uns nun, daß das Hirn wie der Computer aus der Fabrik funktioniert und daß diese Funktionsweise Kognition bewirkt. Doch ohne einen Homunculus gibt es sowohl beim Computer aus der Fabrik als auch beim Hirn nur gewisse Muster, und diese Muster haben keine Kausalkräfte, die über die Kausalkräfte der implementierenden Medien hinausgingen. Mithin scheint es keine Möglichkeit zu geben, wie der Kognitivismus eine Kausalerklärung der Kognition geben *könnte*.

Meiner Auffassung nach stellt sich jedoch ein Problem. Wer auch nur nebenher einmal mit Computern arbeitet, weiß, daß wir häufig tatsächlich Kausalerklärungen geben, die sich auf das Programm berufen. Beispielsweise können wir sagen, daß mein Niederdrücken der-und-der Taste die-und-die Resultate zeitigte, weil die Maschine zu diesem Zeitpunkt gerade das Programm so-und-so (und kein anderes Programm) implementierte; und das sieht wie eine gewöhnliche Kausalerklärung aus. Das Problem ist also: Wie vereinbaren wir die Tatsache, daß die Syntax als solche keine Kausalkräfte hat, damit, daß wir Kausalerklärungen geben, die sich auf Programme berufen? Und noch schärfer zugespitzt: Geben derlei Erklärungen vielleicht ein für den Kognitivismus passendes Modell her? Retten sie gar den Kognitivismus? Könnten wir die Analogie mit dem Thermostaten zum Beispiel durch folgenden Hinweis retten: Wie der Begriff »Thermostat« unabhängig von jedweder Bezugnahme auf die Physik seiner Implementierung in Kausalerklärungen vorkommt, so könnte auch der Begriff »Programm« erklärende Kraft haben, obgleich er genauso unabhängig von der Physik ist?

Zur genaueren Erforschung dieses Problems wollen wir einmal die Urgeschichte erweitern, um zu sehen, was sich zugunsten des Kognitivismus sagen läßt, wenn man berücksichtigt, wie die kognitivistischen Untersuchungsverfahren in der wirklichen Forschungspraxis funktionieren. Typischerweise wird ein gewöhnlicher Computer so programmiert, daß er irgendeine kognitive Fähigkeit, wie z. B. visuelle Wahrnehmung oder Sprache, simuliert. Wenn wir dann zu einer guten Simulation gelangt sind (die uns wenigstens Turing-Äquivalenz liefert), stellen wir die Hypothese auf, daß der Hirn-Computer dasselbe Programm hat wie der von uns programmierte Computer. Um diese Hypothese zu überprüfen, halten wir Ausschau nach indirekten psychischen Anhaltspunkten, wie z. B. Reaktionszeiten. So scheint es, daß wir durch Angabe des Programms das Verhalten des Hirn-Computers in genau dem Sinne kausal erklären können, in dem wir ja auch das Verhalten des gewöhnlichen Computers so erklären können. Was ist daran falsch? Klingt das nicht nach einem vollkommen legitimen wissenschaftlichen Forschungsprogramm? Wir wissen, daß die Überführung von Input in Output, wie sie beim gewöhnlichen Computer stattfindet, durch ein Programm erklärt wird, und im Hirn entdecken wir dasselbe Programm, folglich haben wir eine Kausalerklärung.

Zweierlei sollte uns an diesem Projekt unmittelbar zu denken geben. Erstens würden wir diese Erklärungsweise niemals akzeptieren, wenn wir tatsächlich verstünden, wie die betreffende Hirnfunktion auf der neurobiologischen Ebene funktioniert. Zweitens würden wir diese Erklärungsweise auch nicht in Anwendung auf andere Systeme akzeptieren, die wir computational simulieren können. Zur Veranschaulichung des ersten Punkts wollen wir als Beispiel die berühmte Theorie von Lettvin u. a. (1959) über die visuelle Wahrnehmung des Froschs betrachten. Die Theorie nimmt auf nichts anderes Bezug als auf die Anatomie und Physiologie des Nervensystems von Fröschen. Eine typische Textstelle, die ich willkürlich gewählt habe, lautet folgendermaßen:

*Konstante Kontrastdetektoren*
Ein nicht-myelinisiertes Axon dieser Gruppe antwortet nicht, wenn die Hintergrundbeleuchtung eingeschaltet oder ausgeschaltet wird. Bewegt sich die scharfe Kante eines Objekts, das entweder heller oder dunkler als der Hintergrund ist, in dessen rezeptives Feld, dann feuert es sofort und anhaltend, wobei es keine Rolle spielt, welche Gestalt die Kante hat und ob das Objekt kleiner oder größer ist als das rezeptive Feld. (S. 239)

Niemals habe ich jemanden sagen hören, all dies sei einfach bloß die Hardware-Implementierung und man hätte besser herausbekommen sollen, welches Programm der Frosch implementiere. Ich habe keinen Zweifel daran, daß man die »Käfer-Detektoren« des Froschs auf einem Computer simulieren könnte. Vielleicht hat jemand das schon gemacht. Doch wir alle wissen, daß die »computationale Ebene« schlicht irrelevant ist, sobald wir verstanden haben, wie das visuelle System des Froschs *tatsächlich funktioniert*.

Zur Veranschaulichung des zweiten Bedenkens wollen wir Simulationen von Systemen anderer Art betrachten. Zum Beispiel tippe ich jetzt diese Worte auf einer Maschine, die das Verhalten einer altmodischen Schreibmaschine simuliert.[6] Was die Simulationen betrifft, so wird eine Schreibmaschine vom Textverarbeitungsprogramm besser simuliert als das Hirn von irgendeinem mir bekannten KI-Programm. Doch niemand, der bei Trost ist, denkt: »Endlich verstehen wir, wie Schreibmaschinen funktionieren: sie sind Implementationen von Textverarbeitungsprogrammen.« Es ist im allgemeinen einfach nicht der Fall, daß man mit einer computationalen Simulation auch schon eine Kausalerklärung der simulierten Phänomene hat.

Was ist also los? Es ist nicht allgemein so, daß wir annehmen, computationale Simulationen von Hirnvorgängen gäben uns irgendwelche Erklärungen, die an die Stelle neurobiologischer Theorien der tatsächlichen Funktionsweise des Hirns treten oder sie ergänzen könnten. Und es ist nicht allgemein so, daß wir »X ist eine computationale Simulation von Y« für die Bezeichnung einer symmetrischen Beziehung halten. Das heißt, wir nehmen nicht an, daß die Schreibmaschine einen Computer simuliert, wenn nur der Computer eine Schreibmaschine simuliert. Wir nehmen aufgrund dessen, daß ein Wetter-Programm einen Hurrikan simuliert, nicht an, daß wir mit diesem Programm auch schon die Kausalerklärung des Hurrikanverlaufs haben. Warum sollten wir also eine Ausnahme machen, wenn es um unbekannte Hirnvorgänge geht? Gibt es dafür irgendwelche guten Gründe? Und was für eine Art von Kausalerklärung ist eine Erklärung, die ein formales Programm angibt?

Die Lösung unseres Rätsels erfolgt meines Erachtens so: Sobald dem System der Homunculus weggenommen wird, bleibt nur ein Ereignismuster übrig, dem jemand, der draußen steht, eine computationale Interpretation beilegen könnte. Mit der Angabe des Musters allein hat man eine Kausalerklärung nur in folgendem Sinn: man weiß, daß in einem System ein gewisses Muster existiert, man weiß, daß irgendeine Ursache für dieses Muster verantwortlich ist. So kann man beispielsweise aufgrund früherer Stadien spätere vorhersagen. Weiterhin kann man – wenn man schon weiß, daß das System von einem außerhalb befindlichen Homunculus programmiert worden ist – Erklärungen geben, die auf die Intentionalität des Homunculus Bezug nehmen. Man kann dann beispielsweise sagen, daß die Maschine sich so-und-so verhält, weil sie das-und-das Programm abarbeitet. Es ist so, als würde man als Erklärung dafür, warum dieses Buch damit beginnt, daß etwas über glückliche Familien erzählt wird und warum es keine langen Passagen über ein paar Brüder enthält, folgendes angeben: es ist so, weil es sich bei dem Buch um Tolstois *Anna Karenina* und nicht um Dostojewskis *Die Brüder Karamasow* handelt. Ein physisches System wie eine Schreibmaschine oder ein Hirn kann man jedoch nicht dadurch erklären, daß man ein Muster identifiziert, das es mit seiner computationalen Simulation gemein hat, denn die Existenz des Musters erklärt nicht, wie das System tatsächlich als *ein physisches System* funktioniert. Im Falle der Kognition befindet sich das Muster auf einer viel zu hohen Abstraktionsebene, um derart konkrete geistige (und folglich physische) Ereignisse wie das Vorkommnis einer visuellen Wahrnehmung oder das Verständnis eines Satzes erklären zu können.

Ich denke, es ist offenkundig, daß wir nicht dadurch erklären können, wie Schreibmaschinen oder Hurrikane funktionieren, daß wir auf formale Muster hinweisen, die sie mit computationalen Simulationen gemein haben. Warum ist dies im Falle des Hirns nicht offenkundig?

Damit kommen wir zum zweiten Teil unserer Lösung des Rätsels. Wenn wir überlegen, was für den Kognitivismus spricht, dann unterstellen wir stillschweigend, das Hirn könnte ja in genau demselben Sinn Kognitionsalgorithmen implementieren, in dem Turings menschlicher Rechner und sein mechanischer Computer Algorithmen implementieren. Doch wie wir inzwischen eingesehen haben, ist genau diese Annahme verfehlt. Man frage sich: Was geschieht, wenn ein System einen Algorithmus implementiert? Der menschliche Rechner durchläuft bewußt die Schritte des Algorithmus; der Vorgang ist mithin sowohl kausal als auch logisch – logisch, weil der Algorithmus Regeln zur Ableitung der Output-Symbole aus den Input-Symbolen bereitstellt; und kausal, weil die Person sich bewußt darum bemüht, diese Schritte zu durchlaufen. Im Falle des mechanischen Computers gehört zu dem Gesamtsystem, das hier am Werk ist, ein außen befindlicher Homunculus, und mitsamt dem Homunculus ist das System dann ebenfalls sowohl kausal als auch logisch: logisch, weil der Homunculus den Maschinenvorgängen eine Interpretation gibt, und kausal, weil die Hardware der Maschine bewirkt, daß sie diese Vorgänge durchläuft. Aber diesen Bedingungen können die dumpfen, blinden, unbewußten neurophysiologischen Tätigkeiten des Hirns nicht genügen. Im Hirn-Computer gibt es keine bewußte intentionale Implementierung des Algorithmus, wie dies beim menschlichen Rechner der Fall ist; es kann da aber auch keine unbewußte Implementierung wie im mechanischen Computer geben, denn dazu wäre ein außerhalb befindlicher Homunculus erforderlich, der die physischen Ereignisse computational interpretierte. Bestenfalls könnten wir im Hirn ein Ereignismuster finden, das dem im mechanischen Computer implementierten Programm formal ähnlich ist – doch dieses Muster als solches hat keine Kausalkräfte, die es sein eigen nennen könnte, und mithin erklärt es nichts.

Fassen wir zusammen. Mit der Zuschreibung von Syntax werden keine weiteren Kausalkräfte identifiziert, und damit ist das Schicksal der Behauptung besiegelt, Programme lieferten Kausalerklärungen der Kognition. Um uns die Konsequenzen daraus vor Augen zu führen, wollen wir uns daran erinnern, wie kognitivistische Erklärungen tatsächlich aussehen. Chomskys Theorie der Syntax natürlicher Sprachen oder Marrs Theorie der visuellen Wahrnehmung liefern Erklärungen nach folgendem Muster: Es werden Regeln angegeben, gemäß welchen ein symbolischer Input in einen symbolischen Output überführt wird. Bei Chomsky z. B. wird ein einziges Input-Symbol $S$ mittels der wiederholten Anwendung gewisser syntaktischer Regeln jeweils in einen von potentiell unendlich vielen Sätzen überführt. Bei Marr werden Repräsentationen einer zweidimensionalen Konfiguration gemäß gewissen Algorithmen in dreidimensionale »Beschreibungen« der Welt überführt. Marrs dreiteilige Unterscheidung zwischen computationaler Aufgabe, algorithmischer Lösung und Hardware-Implementierung des Algorithmus ist (genau wie Newells kurz zuvor erwähnte Unterscheidung) als eine Formulierung des allgemeinen Erklärungsmusters berühmt geworden.

Nimmt man, wie ich, diese Erklärungen ganz naiv beim Wort, dann stellt man sich das, was sie besagen, am besten mit Hilfe des folgenden Vergleichs vor: Jemand, der allein in einem Zimmer ist, durchläuft Schritte, mit denen Regeln zum Beispiel zur Erzeugung deutscher Sätze oder zur Erzeugung dreidimensionaler Beschreibungen befolgt werden. Doch fragen wir uns nun, welche Tatsachen in der wirklichen Welt diesen Erklärungen entsprechen sollen, wenn sie auf das Hirn angewandt werden. Bei Chomsky zum Beispiel wird nicht von uns erwartet, daß wir denken, die betreffende Person wende bewußt und wiederholt die Regeln an; es wird auch nicht von uns erwartet, daß wir denken, sie wende diese Regeln in ihrem unbewußten Denken an. Die Regeln sind vielmehr »computational«, und das Hirn geht bei ihrer Anwendung vor wie ein Computer. Doch was ist damit gesagt? Nun, wir sollen denken, das Hirn sei genau wie ein serienmäßiger Computer. Wenn einem serienmäßigen Computer dieselben Regeln zugeschrieben werden wie dem Hirn, dann muß es sich ja wohl – so wird unterstellt – um Dinge der gleichen Art handeln. Doch wir haben gesehen, daß die Zuschreibung im Falle des Computers aus dem Laden immer beobachter-relativ ist – es ist eine Zuschreibung, die relativ zu einem Homunculus gemacht wird, der den Hardware-Zuständen computationale Interpretationen zuweist. Ohne den Homunculus gibt es keine Computation – es gibt nur einen Stromkreis. Wie kriegen wir also ohne einen Homunculus Computation ins Hirn? Soweit ich weiß, haben weder Chomsky noch Marr etwas dazu gesagt bzw. nicht einmal daran gedacht, daß es diese Frage gibt. Doch ohne einen Homunculus wird nichts dadurch erklärt, daß man Programmzustände postuliert. Da gibt es bloß einen physischen Mechanismus, das Hirn, mitsamt seinen verschiedenen wirklichen physischen und physisch/geistigen Kausalbeschreibungsebenen.

### Zusammenfassung der Argumentation in diesem Abschnitt

Der Überlegungsgang in diesem Abschnitt ist umständlicher ausgefallen, als mir lieb ist. Doch ich denke, er läßt sich in aller Kürze zusammenfassen:

*Einwand:* Es ist schlicht und einfach eine Tatsache, daß computationale Erklärungen Kausalerklärungen sind. Flugzeuge fliegen zum Beispiel mit Hilfe von Computern, und die Erklärung dafür, wie sie das machen, nimmt auf das Programm Bezug. Was könnte kausaler sein?

*Erwiderung:* Das Programm gibt in folgendem Sinn eine Kausalerklärung: Es gibt eine Äquivalenzklasse physischer Systeme, deren innere Muster es uns gestatten, in die intrinsischen physischen Merkmale eines solchen Systems (z. B. die Spannung) Information einzukodieren. Und diese Muster (zu denen auch die Transduktoren am Input- und am Output-Ende des Systems gehören) versetzen uns in die Lage, jedes beliebige Element dieser Äquivalenz-Masse dazu zu verwenden, das Flugzeug zu fliegen. Die Übereinstimmungen der Muster erleichtern zwar die Zuordnung computationaler Interpretationen (und das ist wenig überraschend, wo doch diese Muster werkseitig dazu entwickelt wurden), aber die Interpretationen sind dem System dennoch nicht intrinsisch. Soweit die Erklärung auf ein Programm Bezug nimmt, braucht sie auch einen Homunculus.

*Einwand:* Ja, aber nehmen wir einmal an, wir könnten solche Muster im Hirn entdecken. Die computationale Kognitionswissenschaft braucht nichts weiter als das Vorhandensein solcher intrinsischer Muster.

*Erwiderung:* Natürlich kann man solche Muster entdecken. Im Hirn gibt es mehr Muster, als man je braucht. Doch selbst wenn wir den Bereich der Muster durch bestimmte Auflagen (z. B. passende Kausalverbindungen und entsprechende kontrafaktische Zusammenhänge) einschränkten, dann wäre durch die Entdeckung der Muster immer noch nicht das erklärt, was wir erklären wollen. Wir wollen ja nicht herausfinden, wie ein Homunculus von draußen den Hirnvorgängen eine computationale Interpretation zuordnen könnte. Vielmehr wollen wir erklären, auf welche Weise es zu gewissen konkreten biologischen Phänomenen (wie dem bewußten Verstehen eines Satzes oder dem bewußten visuellen Erleben einer Szene) kommt. Diese Erklärung verlangt ein Verständnis der nackten physischen Vorgänge, die diese Phänomene hervorbringen.

## VIII. Vierte Schwierigkeit:
## Das Hirn macht keine Informationsverarbeitung

In diesem Abschnitt möchte ich mich endlich dem zuwenden, was ich in diesem Zusammenhang für das zentrale Thema halte: dem Thema der Informationsverarbeitung. Viele Leute in dem »kognitionswissenschaftlichen« Wissenschaftsparadigma werden den Eindruck haben, daß vieles von dem, was ich in der bisherigen Erörterung gesagt habe, einfach irrelevant ist, und sie werden dagegen folgendermaßen argumentieren:

> Zwischen dem Hirn und allen anderen von dir genannten Systemen gibt es einen Unterschied, der erklärt, warum eine Computersimulation im Falle der anderen Systeme eine bloße Simulation ist, während eine Computersimulation im Falle des Hirns nicht nur die funktionalen Eigenschaften des Hirns modelliert, sondern sie tatsächlich dupliziert. Der Grund liegt darin, daß das Hirn – im Gegensatz zu den anderen Systemen – ein *informationsverarbeitendes* System ist. Und diese Tatsache ist, wie du das nennst, »intrinsisch«. Es ist einfach eine biologische Tatsache, daß das Hirn zur Informationsverarbeitung dient. Und da wir dieselbe Information computational verarbeiten können, haben Computermodelle von Hirnvorgängen eine völlig andere Rolle als zum Beispiel Computermodelle des Wetters.
> Somit gibt es hier eine wohldefinierte Forschungsfrage: Sind die computationalen Verfahren, mit denen das Hirn Information verarbeitet, dieselben wie die, mit denen Computer dieselbe Information verarbeiten?

Was ich hier meinem hypothetischen Gegner in den Mund gelegt habe, das ist einer der schlimmsten Fehler in der Kognitionswissenschaft. Der Fehler besteht darin anzunehmen, daß ein Hirn in dem Sinne Information verarbeitet, in dem das beim Computer der Fall ist, den wir zur Informationsverarbeitung verwenden. Um einzusehen, daß dies ein Fehler ist, wollen wir das, was sich im Computer abspielt, dem gegenüberstellen, was sich im Hirn abspielt. Im Falle des Computers gibt jemand, der sich außerhalb befindet, irgendwelche Informationen so ein, daß sie durch die Computerschaltkreise verarbeitet werden können. Das heißt:

diese Person stellt eine syntaktische Realisierung der Informationen bereit, die der Computer dann z. B. in unterschiedlichen Spannungen implementieren kann. Der Computer durchläuft dann eine Abfolge elektrischer Zustände, die von außerhalb sowohl syntaktisch als auch semantisch interpretierbar sind, obgleich die Hardware natürlich keine intrinsische Syntax oder Semantik besitzt: All das ist im Auge des Betrachters. Und auf die physische Beschaffenheit kommt es nicht an, solange man nur mit ihr den Algorithmus implementieren kann. Schließlich wird ein Output in Form physischer Phänomene erzeugt (z. B. ein Ausdruck), die ein Beobachter als Symbole mit einer Syntax und Semantik interpretieren kann.

Doch nun vergleiche man dies mit dem Hirn. Im Falle des Hirns ist keiner der relevanten neurobiologischen Vorgänge beobachter-relativ (obwohl sich diese Vorgänge natürlich – wie alles in der Welt – von einem beobachter-relativen Standpunkt beschreiben lassen), und die Besonderheit der Neurophysiologie ist von entscheidender Bedeutung. Diesen Unterschied wollen wir an einem Beispiel verdeutlichen. Angenommen, ich sehe ein Auto auf mich zukommen. Ein computationales Standard-Modell der visuellen Wahrnehmung wird Informationen über Konfigurationen auf meiner Retina als Input nehmen und schließlich den Satz ausdrucken: »Ein Auto kommt auf mich zu.« Doch das ist nicht das, was in der tatsächlichen Biologie geschieht. Biologisch gesehen geschieht da folgendes: durch den Aufprall der Photonen auf die Photorezeptorzellen meiner Retina wird eine konkrete und spezifische Abfolge elektrochemischer Reaktionen ausgelöst, und dieser gesamte Prozeß führt schließlich zu einem konkreten visuellen Erlebnis. Die biologische Wirklichkeit besteht nicht darin, daß vom visuellen System ein paar Wörter erzeugt werden; vielmehr besteht sie in einem konkreten, spezifischen, bewußten visuellen Ereignis – in diesem visuellen Erlebnis. Dieses konkrete visuelle Ereignis ist so spezifisch und so konkret wie ein Hurrikan oder die Verdauung einer Mahlzeit. Wir können mit dem Computer ein Informationsverarbeitungsmodell vom Wetter, vom Verdauungsvorgang und von jedem beliebigen anderen Phänomen machen, doch die Phänomene selbst sind deshalb noch keine Informationsverarbeitungssysteme.

Kurz, in der Kognitionswissenschaft geht es um Informationsverarbeitung in einem Sinn, der sich auf einer viel zu hohen Abstraktionsebene befindet, um die konkrete biologische Wirklichkeit intrinsischer Intentionalität zu erfassen. Die »Information« im Hirn gehört immer einer spezifischen Modalität an: dem Denken, der visuellen Wahrnehmung, dem Hören, dem Fühlen oder irgendeiner weiteren Modalität. In den computationalen Modellen der Kognition, wie sie in der Kognitionswissenschaft entwickelt werden, wird Informationsverarbeitung hingegen auf einer Ebene beschrieben, wo es einfach darum geht, gewisse Symbole als Output zu bekommen, wenn man gewisse Symbole als Input hat.

Dieser Unterschied entgeht uns deshalb so leicht, weil der Satz ›Ich sehe ein Auto auf mich zukommen« sowohl dazu benutzt werden kann, über die visuelle Intentionalität zu berichten, als auch dazu, den Output des computationalen Modells der visuellen Wahrnehmung anzugeben. Doch dies sollte nicht die Tatsache verdecken, daß das visuelle Erlebnis ein konkretes bewußtes Ereignis ist, das im Hirn durch spezifische elektrochemische Vorgänge erzeugt wird. Diese Ereignisse und Vorgänge mit formaler Symbolmanipulation zu verwechseln, das heißt: die Wirklichkeit mit dem Modell zu verwechseln. Das Ergebnis dieses Teils der Erörterung ist: Es ist einfach falsch zu sagen, das Hirn verarbeite Information, wenn das Wort »Information« dabei den Sinn hat, in dem es in der Kognitionswissenschaft verwendet wird.

## IX. Zusammenfassung der Argumentation

1. Gemäß der Standard-Lehrbuchdefinition ist Computation syntaktisch, durch Symbolmanipulation, definiert.
2. Syntax und Symbole sind jedoch nicht durch ihre physische Beschaffenheit definiert. Obwohl Symbolvorkommnisse immer physische Vorkommnisse sind, sind die Ausdrücke »Symbol« und »selbes Symbol« nicht durch physische Merkmale definiert. Syntax ist, kurz gesagt, nichts intrinsisch Physisches.
3. Daraus ergibt sich, daß Computation nicht in der physischen Beschaffenheit entdeckt, sondern ihr zugeordnet wird. Gewisse physische Phänomene werden syntaktisch verwendet oder programmiert oder interpretiert. Syntax und Symbole sind beobachter-relativ.
4. Es folgt, daß man nicht *entdecken* kann, daß das Hirn oder

sonst irgend etwas an sich, intrinsischermaßen, ein Digitalcomputer ist, obgleich man ihm (wie allem anderen auch) eine computationale Interpretation zuordnen kann. Der Witz ist hier nicht, daß die Behauptung »Das Hirn ist ein digitaler Computer« einfach falsch ist; vielmehr erreicht diese Behauptung nicht einmal das Niveau des Falschseins. Sie hat keinen klaren Sinn. Die Frage »Ist das Hirn ein digitaler Computer?« ist schlecht definiert. Wenn damit gefragt sein soll »Können wir dem Hirn eine computationale Interpretation zuordnen?«, dann ist die Antwort trivialerweise: Ja, denn wir können allem und jedem eine computationale Interpretation zuordnen. Wenn damit gefragt sein soll »Sind Hirnvorgänge an sich computational?«, dann ist die Antwort trivialerweise: Nein, denn nichts ist an sich computational – ausgenommen natürlich der Fall, wo eine Person mit Bewußtsein und Absicht Rechenschritte durchläuft.

5. Einige physische Systeme eignen sich viel besser als andere dazu, computational verwendet zu werden. Deshalb bauen, programmieren und verwenden wir sie. In diesem Fall sind wir der Homunculus im System, der die physischen Zustände und Abläufe syntaktisch und semantisch interpretiert.

6. Doch die Kausalerklärungen, die wir dann geben, erwähnen keine anderen Kausaleigenschaften als die, die zur physischen Beschaffenheit der Implementierung und zur Intentionalität des Homunculus gehören.

7. Der übliche (und stillschweigend beschrittene) Ausweg aus alledem besteht darin, den Homunculus-Fehlschluß zu begehen. Dieser Fehlschluß ist in den computationalen Modellen der Kognition endemisch und läßt sich mit Hilfe der üblichen Argumente mit rekursiver Dekomposition nicht beseitigen. Diese Argumente beziehen sich auf eine andere Frage.

8. Die genannten Resultate lassen sich nicht durch die Annahme umgehen, das Hirn »verarbeite Information«. Das Hirn verarbeitet – soweit es um seine intrinsischen Tätigkeiten geht – keine Information. Es ist ein spezifisches biologisches Organ, dessen spezifische neurobiologische Vorgänge spezifische Formen von Intentionalität verursachen. Im Hirn an sich gibt es neurobiologische Vorgänge und manche darunter verursachen Bewußtsein. Doch das ist das Ende der Geschichte. Alle anderen geistigen Zuschreibungen sind entweder dispositio-

nal (wie z. B. dann, wenn wir der betreffenden Person unbewußte Geisteszustände zuschreiben) oder beobachter-relativ
(wie z. B. dann, wenn wir den Hirnvorgängen eine computationale Interpretation zuordnen).

## 10. Kapitel

# Wie man die Untersuchung des Geistes
# richtig angeht

## I. Einführung: Geist und Natur

Jeder Autor eines Buches zur Philosophie des Geistes hat – sei's explizit, sei's implizit – ein Gesamtbild vom Geist und seiner Beziehung zur übrigen natürlichen Welt. Dem Leser, der meinem Argumentationsgang bis hierher gefolgt ist, wird es nicht schwerfallen, mein Gesamtbild zu erkennen. Ich sehe das menschliche Hirn als ein Organ wie jedes andere, als ein biologisches System. Was an ihm im Hinblick auf den Geist so besonders ist – das Merkmal, durch das es sich von anderen Organen bemerkenswert unterscheidet –, das ist seine Fähigkeit, die gesamte ungeheure Vielfalt unseres Bewußtseinslebens zu erzeugen und zu unterhalten.[1] Mit Bewußtsein meine ich nicht die passive Subjektivität der cartesianischen Tradition, sondern alle Formen unseres bewußten Lebens: von dem, was (im angelsächsischen Sprachraum) als die »vier F« berühmt ist: *fighting, fleeing, feeding, fornicating*\*, bis hin zum Autofahren, Bücherschreiben und dem Kratzen, wo es juckt. Alle Vorgänge, die wir für besonders geistig halten – Wahrnehmung, Lernen, Folgern, Entscheidungsfindung, Problemlösen, die Gefühle usw. –, hängen auf die eine oder andere Art entscheidend mit dem Bewußtsein zusammen. Weiterhin sind auch all die großen Sachen, die nach Auffassung der Philosophen speziell dem Geist zu eigen sind, in ähnlicher Weise bewußtseinsabhängig: Subjektivität, Intentionalität, Rationalität, Willensfreiheit (falls es sie gibt) und geistige Verursachung. Die Vernachlässigung des Bewußtseins ist mehr als alles andere schuld an der Dürre und Sterilität in der Psychologie, in der Philosophie des Geistes und in der Kognitionswissenschaft.

Die Erforschung des Geistes ist die Erforschung des Bewußtseins, und zwar in ziemlich demselben Sinn, in dem die Biologie die Erforschung des Lebens ist. Natürlich müssen Biologen nicht andauernd über das Leben nachdenken, und in der Tat braucht der Begriff des Lebens in den meisten Schriften zur Biologie gar nicht verwendet zu werden. Kein normaler Mensch bestreitet jedoch, daß die Phänomene, die in der Biologie erforscht werden, Formen des Lebens sind. Die Erforschung des Geistes entspricht der Erforschung des Bewußtseins, obwohl vom Bewußtsein nicht explizit die Rede sein muß, wenn es in einer Untersuchung um das Folgern, die Wahrnehmung, die Entscheidungsfindung, das Problemlösen, das Gedächtnis, die Sprechakte usw. geht.

Die Zukunft der Forschung in der Philosophie, der Wissenschaft oder anderen Disziplinen läßt sich weder vorhersagen noch vorschreiben, und niemand sollte auch nur versuchen, dies zu tun. Neue Erkenntnisse werden uns Überraschungen bescheren, und eine der Überraschungen, auf die wir gefaßt sein sollten, ist, daß Erkenntnisfortschritte uns nicht nur neue Erklärungen, sondern auch neue *Formen* der Erklärung bringen werden. So ging – um ein Beispiel aus der Vergangenheit zu geben – aus der Darwinschen Revolution ein neuer Erklärungstypus hervor, und ich glaube, daß wir dessen Wichtigkeit für unsere gegenwärtige Lage noch nicht ganz verstanden haben.

In diesem Schlußkapitel möchte ich einige Folgerungen untersuchen, die sich für die Erforschung des Geistes aus der allgemeinen philosophischen Position ergeben, die ich hier vertreten habe. Zunächst werde ich das Verbindungsprinzip und seine Implikationen erörtern.

## II. Die Umkehrung der Erklärung

Aus dem Verbindungsprinzip ergeben sich, wie ich glaube, einige bemerkenswerte Folgerungen. Ich werde die Ansicht vertreten, daß viele unserer kognitionswissenschaftlichen Erklärungen gar nicht die Erklärungskraft besitzen, die wir ihnen beimaßen. Um das an ihnen zu retten, was sich retten läßt, werden wir eine Umkehrung ihrer logischen Struktur vornehmen müssen – und zwar eine Umkehrung von der Art, wie sie beim Übergang von der vordarwinschen Biologie zu biologischen Erklärungsmodellen à la Darwin stattfand.

In unseren Schädeln ist bloß das Hirn mit all seiner Verwicklung und das Bewußtsein mit all seiner Farbe und Vielfalt. Das Hirn bringt Bewußtseinszustände hervor, zum Beispiel die, die jetzt gerade bei mir und meinem Leser auftreten; und das Hirn kann viele andere hervorbringen, die in diesem Moment nicht auftreten. Doch das ist alles. Was den Geist angeht, ist dies schon die ganze Geschichte. Es gibt die nackten, blinden neurophysiologischen Vorgänge, und es gibt das Bewußtsein – sonst gibt es jedoch nichts. Wenn wir nach Phänomenen Ausschau halten, die zwar an sich intentional, aber prinzipiell bewußtseinsunzugänglich sind, dann ist da nichts: kein Regelfolgen, keine geistige Informationsverarbeitung, keine unbewußten Folgerungen, keine geistigen Modelle, keine Urskizzen *(primal sketches)*\*\*, keine zweieinhalbdimensionalen Bilder, keine dreidimensionalen Beschreibungen, keine Sprache des Geistes und keine universale Grammatik. Im folgenden werde ich die Ansicht vertreten, daß die gesamte Geschichte, die uns der Kognitivismus anbietet und in der all diese unzugänglichen geistigen Phänomene postuliert werden, auf einer vordarwinschen Konzeption der Hirnfunktion beruht.

Denken wir zum Beispiel an die Pflanzen und ihr Verhalten: Welche Neuerungen haben sich da aus der Darwinschen Revolution für unseren jetzigen Erklärungsapparat ergeben? Vor Darwin war es üblich, das Verhalten der Pflanze anthropomorphistisch zu erklären. Damals sagte man z. B.: die Pflanze dreht sich zur Sonne, um zu überleben. Die Pflanze »will« überleben und gedeihen, und »um dies zu erreichen«, dreht sie sich zur Sonne. In dieser vordarwinschen Konzeption wurde unterstellt, daß es im Verhalten der Pflanze eine Intentionalitätsebene gebe. Diese vermeintliche Intentionalitätsebene wurde nun durch zwei andere Erklärungsebenen ersetzt: eine »Hardware«-Ebene und eine »funktionale« Ebene. Auf der Hardware-Ebene haben wir die Entdeckung gemacht, daß die tatsächlichen Bewegungen der Pflanzenblätter, wenn sie der Sonne folgen, durch die Absonderung eines bestimmten Hormons (Auxin) verursacht werden. Variierende Auxin-Absonderungen erklären das Verhalten der Pflanze ohne irgendeine zusätzliche Hypothese über Zweck, Teleologie oder Intentionalität. Man beachte außerdem, daß dieses Verhalten für das Überleben der Pflanze eine entscheidende Rolle spielt, mithin können wir auf der funktionalen Ebene z. B. sagen, daß das Lichtsuch-Verhalten der Pflanze dazu dient, der Pflanze beim Überleben und bei der Reproduktion zu helfen.

Die ursprüngliche intentionalistische Erklärung des Verhaltens der Pflanze hat sich als falsch herausgestellt, sie war aber nicht bloß falsch. Wenn wir die Intentionalität loswerden und die Erklärungsreihenfolge umkehren, dann erweist sich, daß die intentionalistische Behauptung der Versuch ist, etwas zu sagen, das richtig ist. Damit dies alles völlig klar wird, möchte ich zeigen, in welcher Weise tatsächlich eine Umkehrung der Erklärungsstruktur der ursprünglichen intentionalistischen Erklärung vorgenommen wird, wenn wir sie durch eine Kombination aus mechanischer Hardware-Erklärung und funktionaler Erklärung ersetzen.

a. Die ursprüngliche intentionalistische Erklärung:
*Weil sie überleben will*, dreht die Pflanze die Blätter zur Sonne hin. Oder: *Um zu überleben*, dreht die Pflanze ihre Blätter zur Sonne hin.
b. Die mechanische Hardware-Erklärung:
Variierende Auxin-Absonderungen bewirken, daß Pflanzen ihre Blätter zur Sonne hindrehen.
c. Die funktionale Erklärung:
Pflanzen, die ihre Blätter zur Sonne hindrehen, *überleben mit größerer Wahrscheinlichkeit als Pflanzen, die das nicht tun.*

In (a) ist die Erklärungsform teleologisch. Die *Repräsentation* des Ziels (nämlich zu überleben) fungiert als *Ursache* des Verhaltens (sich zur Sonne hinzudrehen). In (c) ist die Teleologie jedoch eliminiert, und das Verhalten, für das nun durch (b) eine mechanische Erklärung gegeben wurde, verursacht die nackte Tatsache des Überlebens, welchselbes nicht länger ein Ziel, sondern bloß eine Wirkung ist, die sich einfach einstellt.

Schon jetzt läßt sich eine vorläufige Moral aus dieser gesamten Erörterung ziehen: *Im Hinblick auf nichtbewußte Vorgänge anthropomorphisieren wir das Hirn immer noch in genau der Weise, in der wir Pflanzen vor der Darwinschen Revolution anthropomorphisiert haben.* Warum wir den Fehler begehen, das Hirn zu anthropomorphisieren, ist nicht schwer zu erkennen – schließlich ist das Hirn ja das Heim des Anthropos. Und dennoch ist es ein Fehler, einem System, das die Zuschreibungsbedingungen nicht erfüllt, Unmengen von intentionalen Phänomenen zuzuschreiben. Die Pflanze hat keine intentionalen Zustände, weil sie die Bedingungen nicht erfüllt, die gegeben sein müssen, damit etwas intentionale Zustände hat; und ganz entsprechend haben auch diejenigen Hirnvorgänge, die prinzipiell bewußtseinsunzu-

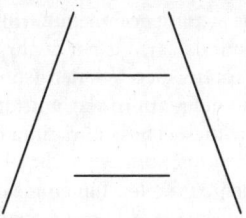

*Ponzo-Täuschung*

gänglich sind, keine Intentionalität, weil sie die Bedingungen nicht erfüllen, die gegeben sein müssen, damit etwas intentionale Zustände hat. Wenn wir derartigen Hirnvorgängen Intentionalität zuschreiben, dann ist das, was wir sagen, entweder metaphorisch (wie z. B. dann, wenn wir Pflanzen Geisteszustände zuschreiben) oder falsch. Wenn wir Pflanzen Intentionalität zuschreiben und dies wörtlich meinten, dann wären unsere Zuschreibungen falsch. Doch – wohlgemerkt: Solche Zuschreibungen sind nicht *bloß* falsch. Und um zu dem zu gelangen, was an ihnen richtig ist, müssen wir viele kognitionswissenschaftliche Erklärungen umkehren, wie wir das ja auch in der Biologie der Pflanzen getan haben.

Um diese These im Detail auszuarbeiten, müssen wir einige spezifische Fälle betrachten. Ich werde mit Theorien der Wahrnehmung beginnen und mich dann Sprachtheorien zuwenden, um zu zeigen, wie eine Kognitionswissenschaft aussehen könnte, die die Tatsachen des Hirns und die Tatsachen des Bewußtseins respektiert.

Irvin Rock beschließt sein ausgezeichnetes Buch über Wahrnehmung (Rock 1984) mit den folgenden Betrachtungen: »Obwohl Wahrnehmung im Hinblick auf höhere geistige Vermögen, wie sie sich im bewußten Denken und in der Verwendung bewußten Wissens manifestieren, autonom ist, würde ich dennoch dafürhalten, daß sie intelligent ist. Wenn ich Wahrnehmung ›intelligent‹ nenne, dann meine ich damit, daß sie auf denkartigen Geistesvorgängen wie dem Beschreiben, dem Folgern und dem Problemlösen beruht, auch wenn diese Vorgänge blitzschnell, unbewußt und unsprachlich sind... ›Folgern‹ impliziert, daß gewisse Wahrnehmungseigenschaften aus gegebener Sinnesinformation nach unbewußt gewußten Regeln errechnet werden. Beispielsweise wird die wahrgenommene Größe aus dem Gesichtswinkel des Gegenstands und seiner wahrgenommenen Entfernung gefolgert mittels des Gesetzes der geometrischen Optik, das Gesichtswinkel zu Objektentfernung in Beziehung setzt.« (S. 234)

Doch wenden wir diese These nun einmal auf die Ponzo-Täuschung an.

Obwohl die beiden parallelen Linien gleich lang sind, sieht die obere von ihnen länger aus. Warum? Gemäß der Standarderklärung befolgt das Subjekt unbewußt zwei Regeln und zieht unbewußt zwei Folgerungen. Die erste Regel besagt, daß Linien, die im visuellen Feld von unten nach oben aufeinander zulaufen, in der Konvergenzrichtung größere Entfernung implizieren; die zweite Regel besagt, daß die wahrgenommene Größe von Gegenständen, die gleiche Anteile des Retinabildes einnehmen, sich danach bemißt, wie groß ihre wahrgenommene Entfernung zum Subjekt ist (Emmerts Gesetz). Diesem Ansatz zufolge folgert das Subjekt unbewußt, daß die obere Linie – wegen ihrer Position im Verhältnis zu den aufeinander zulaufenden Linien – weiter entfernt ist, und dann zieht es die zweite Folgerung, daß die obere Linie größer ist, weil sie ja weiter weg ist. Somit gibt es da zwei Regeln und zwei unbewußte Folgerungen, und die beiden unbewußten Operationen sind nicht einmal im Prinzip bewußtseinszugänglich. Ich möchte darauf hinweisen, daß diese Erklärung umstritten ist und daß es viele Einwände gegen sie gibt (vgl. Rock 1984, S. 156 ff.). Doch der springende Punkt dabei ist, daß niemand die *Form* der Erklärung angreift, und genau das werde ich jetzt tun. Ich bin an diesem Erklärungstyp interessiert, nicht bloß an Einzelheiten des Beispiels.

Dieser Erklärungstyp läßt sich mit dem Verbindungsprinzip auf keine Weise vereinbaren. Um dies einzusehen, frage man sich: »Welche Tatsachen im Hirn sollen der Zuschreibung all dieser unbewußten geistigen Vorgänge entsprechen?« Wir wissen, daß es bewußte visuelle Erlebnisse gibt, und wir wissen, daß sie durch Hirnvorgänge verursacht werden. Aber wo soll sich im vorliegenden Fall die zusätzliche geistige Ebene befinden? Tatsächlich ist es sehr schwierig, dieses Beispiel ohne einen Homunculus überhaupt wörtlich zu nehmen: Da werden logische Operationen postuliert, die an Retinabildern ausgeführt werden, aber wer soll denn diese Operationen eigentlich ausführen? Bei genauerer Betrachtung erweist sich, daß diese Erklärung durch ihre Form selbst die nichtbewußten Hirnvorgänge anthropomorphisiert – genauso, wie in den vordarwinschen Erklärungen des Pflanzenverhaltens die nichtbewußten Operationen der Pflanze anthropomorphisiert worden waren.

Das Problem liegt nicht, wie manchmal behauptet wird, darin, daß wir nicht genug empirische Anhaltspunkte haben, um geistige Vorgänge zu postulieren, die im Prinzip bewußtseinsunzugänglich sind. Vielmehr liegt das Problem darin, daß überhaupt nicht klar ist, was dieses Postulat bedeuten soll. Wir können dieses Postulat nicht damit in Übereinstimmung bringen, was wir über die Natur von Geisteszuständen und die Funktionsweise des Hirns wissen. In unserer bedauerlichen Unkenntnis über die Funktionsweise des Hirns denken wir gerne, daß eine weiterentwickelte Wissenschaft des Hirns eines Tages für uns herausfinden wird, wo genau all diese unbewußten intelligenten Vorgänge sich abspielen. Doch muß man sich die Einzelheiten einer vollkommenen Wissenschaft des Hirns ausmalen, um einzusehen, daß es selbst in einer solchen Wissenschaft keinen Platz für das Postulat solcher Vorgänge geben könnte. Eine vollkommene Wissenschaft des Hirns wäre in neurophysiologischer (d. h. »Hardware«-)Terminologie formuliert. Es gäbe darin verschiedene Ebenen der Hardware-Beschreibung, und außerdem gäbe es auch – wie im Fall der Pflanzen – Ebenen der funktionalen Beschreibung. Auf diesen funktionalen Beschreibungsebenen würden diejenigen Merkmale der Hardware identifiziert, die wir interessant finden – entsprechend identifizieren ja unsere funktionalen Beschreibungen der Pflanze diejenigen Hardware-Operationen, an denen wir interessiert sind. Doch gerade so, wie die Pflanze nichts vom Überleben weiß, so wissen auch die nichtbewußten Tätigkeiten des Hirns nichts von Folgerung, Regelfolgen und auch nichts von Urteilen über Größe und Entfernung. In Abhängigkeit von unseren Interessen schreiben wir der Hardware diese Funktionen zu, es gibt aber keine zusätzlichen geistigen Tatsachen, die in diesen funktionalen Zuschreibungen eine Rolle spielen.

Der entscheidende Unterschied zwischen dem Hirn einerseits und der Pflanze andererseits ist folgender: Das Hirn hat eine an sich geistige Beschreibungsebene, weil es tatsächliche Bewußtseinsereignisse verursacht und dazu in der Lage ist, dies auch weiterhin zu tun. Weil es im Hirn sowohl bewußte als auch unbewußte Geisteszustände gibt, sind wir geneigt zu unterstellen, daß es in ihm auch Geisteszustände gibt, die an sich bewußtseinsunzugänglich sind. Doch diese These verträgt sich nicht mit dem Verbindungsprinzip, und wir müssen dieselbe Umkehrung der Erklärung vornehmen wie bei den Erklärungen pflanzlichen Verhaltens. Wir sollten nicht sagen: »Wir sehen die obere Linie deshalb als größer, weil wir unbewußt zwei Regeln folgen und zwei Folgerungen ziehen«, sondern: »Wir sehen die obere Linie bewußt als größer und weiter entfernt.« Punkt. Ende der intentionalistischen Geschichte.

Wie bei der Pflanze gibt es auch hier eine funktionale Geschichte und eine (weitgehend unbekannte) mechanische Hardware-Geschichte zu erzählen. Das Hirn funktioniert so, daß Linien, die nach oben aufeinander zulaufen, sich von uns in Richtung des Konvergenzpunkts zu entfernen scheinen; und Gegenstände, die im Retinabild gleich viel Platz einnehmen, erscheinen uns als unterschiedlich groß, falls sie als unterschiedlich weit von uns entfernt wahrgenommen werden. *Doch es gibt auf dieser funktionalen Ebene keinerlei geistigen Gehalt.* In solchen Fällen dient das System dazu, gewisse Arten bewußter Intentionalität zu verursachen, doch die Verursachung selbst ist nicht intentional. Und um dies zu wiederholen: Es geht hier nicht darum, daß die Zuschreibung tief unbewußter Intentionalität nur unzureichend durch empirische Belege gestützt ist, sondern darum, daß sie nicht damit in Einklang gebracht werden kann, was wir ohnehin schon wissen.

»Nun gut«, könnte erwidert werden, »an dieser Unterscheidung hängt für die Kognitionswissenschaft letztlich nicht viel. Wie wir reden und was wir tun, da bleibt alles beim alten, außer daß wir in diesen Fällen das Wort »geistig« durch »funktional« ersetzen. Diese Ersetzung haben viele von uns ohnehin schon unbewußt vorgenommen, denn für viele von uns sind diese Wörter austauschbar.«

Meines Erachtens hat die hier von mir vertretene These tatsächlich wichtige Implikationen für die kognitionswissenschaftliche Forschung, denn durch die Umkehrung der Erklärungsordnung gelangen wir zu einer anderen Theorie der Ursache/Wirkungsbeziehungen, und damit verändern wir die Struktur der psychologischen Erklärung ganz einschneidend. Im folgenden habe ich zwei Ziele: Ich möchte meine Ausgangsthese (über die Notwendigkeit einer Erklärungsumkehrung in der Kognitions wissenschaft, die der in der Evolutionsbiologie vergleichbar ist) weiterentwickeln, und ich möchte einige Konsequenzen aufzeigen, die sich aus dieser Umkehrung für den Gang unserer Forschung ergäben.

Der Fehler wird, denke ich, deshalb so hartnäckig gemacht, weil wir im Falle des Hirns keine Hardware-Erklärungen vom Typ der Erklärung mit dem Auxin haben. Ich möchte nun die Umkehrung an einem Beispiel erläutern, wo es tatsächlich so etwas wie eine Hardware-Erklärung gibt. Wer je einen Amateurfilm gesehen hat, der aus einem fahrenden Auto gedreht wurde, dem wird aufgefallen sein, wieviel mehr die Welt im Film herumhüpft als im wirklichen Leben. Warum? Man stelle sich vor, daß man auf einer sehr holprigen Straße fährt. Die Augen sind beständig auf die Straße und den Verkehr gerichtet, obwohl das Auto und das, was in ihm ist (u. a. man selbst), ziemlich herumschaukelt. Man bemüht sich bewußt, die Augen auf die Straße zu richten, aber es geschieht außerdem etwas anderes ganz unbewußt: Beständig bewegen sich die Augäpfel in den Augenhöhlen – und zwar in einer Weise, die dazu beiträgt, daß der Blick auf die Straße gerichtet bleiben kann. Der Leser kann das Experiment auf der Stelle ausprobieren, indem er einfach seinen Blick auf diese Buchseite richtet und den Kopf heftig in der Horizontalen und der Vertikalen hin und her bewegt.

In dem Beispiel mit dem Auto ist man versucht zu denken, wir folgten einer unbewußten Regel, die so lauten könnte: Bewege die Augäpfel in den Augenhöhlen relativ zum übrigen Kopf so, daß der Blick auf den gewünschten Gegenstand gerichtet bleibt. Man beachte, daß sich mit dieser Regel Vorhersagen ergeben, die nicht trivial sind. Eine andere Methode, das zu bewerkstelligen, hätte darin bestanden, nicht die Augäpfel in den Augenhöhlen, sondern den Kopf zu bewegen, und in der Tat halten einige Vögel in dieser Weise das Retinabild stabil. (Würde eine Eule Auto fahren, dann müßte sie das auf diese Weise machen, denn ihre Augäpfel liegen fest in der Augenhöhle.) Mithin haben wir zwei Intentionalitätsebenen:

Eine bewußte Absicht: Die visuelle Aufmerksamkeit soll auf die Straße gerichtet bleiben.
Eine unbewußte Regel: Mache Augapfelbewegungen relativ

zur Augenhöhle, die die Kopfbewegungen so ausgleichen, daß das Retinabild stabil bleibt.

In diesem Fall ist das Resultat bewußt, obwohl die zur Erreichung des Resultats eingespannten Mittel unbewußt sind. Nun hat aber der unbewußte Aspekt alle Kennzeichen intelligenten Verhaltens. Er ist komplex, flexibel, zielgerichtet, er umfaßt Informationsverarbeitung und hat ein potentiell unendliches generatives Vermögen. Anders gesagt, das System empfängt Informationen über Körperbewegungen und liefert als Output Anweisungen für Augapfelbewegungen, wobei die Anzahl möglicher Kombinationen von Augapfelbewegungen, die das System hervorbringen kann, unbegrenzt ist. Weiterhin kann das System lernen, da die Regel systematisch abgeändert werden kann, wenn man dem Wahrnehmungssubjekt Vergrößerungs- oder Verkleinerungsbrillen aufsetzt. Und es wäre nicht sonderlich schwierig, nun über das unbewußte Verhalten irgendeine kognitionswissenschaftliche Standardgeschichte zu erzählen: eine Geschichte über Informationsverarbeitung, über die Sprache des Geistes und Computerprogramme (um nur ein paar naheliegende Beispiele zu nennen). Der Leser mag, sozusagen als kleine Fingerübung, diejenige Geschichte ausarbeiten, die seinem kognitionswissenschaftlichen Lieblingsparadigma entspricht.

Das Problem ist nur, daß alle diese Geschichten falsch sind. Was in Wirklichkeit geschieht, ist folgendes: Durch Flüssigkeitsbewegungen in den halbkreisförmigen Kanälen des Innenohrs wird eine Abfolge von neuronalen Aktivitäten ausgelöst, die über den achten Hirnnerv ins Hirn gelangen. Diese Signale folgen zwei parallelen Pfaden; einer dieser Pfade kann »lernen«, der andere nicht. Diese Pfade verlaufen im Hirnstamm und Kleinhirn und transformieren die anfänglichen Input-Signale so, daß sich schließlich motorische Output-»Befehle« ergeben, die durch motorische Nervenzellen, die mit den Augenmuskeln verknüpft sind, übermittelt werden und Augapfelbewegungen auslösen. Das gesamte System enthält Rückkopplungsmechanismen zur Fehlerkorrektur. Es wird als vestibulo-okularer Reflex (kurz: VOR) bezeichnet.[2] Der tatsächliche Hardware-Mechanismus des VOR hat genausowenig Intentionalität oder Intelligenz wie die durch Auxin-Absonderung hervorgerufene Bewegung von Pflanzenblättern. Der Anschein, es gebe hier unbewußtes Regelfolgen und dergleichen, ist eine optische Täuschung. All diese intentionalen Zuschreibungen sind *als ob*. Nun zur Umkehrung der Erklärung. Anstelle der intentionalistischen Erklärung

> um mein Retinabild stabil zu halten und meine visuelle Wahrnehmung bei Bewegungen des Kopfes zu verbessern, folge ich der tief unbewußten Augapfelbewegungsregel,

sollten wir folgendes sagen:

> Hardware: Wenn ich einen Gegenstand anschaue, während mein Kopf sich bewegt, bewegt der VOR-Mechanismus meine Augäpfel.
> Funktional: Die VOR-Bewegung hält das Retinabild stabil, und dadurch wird meine visuelle Wahrnehmung verbessert.

Warum ist dieser Wechsel so wichtig? Es ist für wissenschaftliche Erklärungen charakteristisch, daß wir in ihnen genau zu sagen versuchen, was die Ursache wovon ist. In den Paradigmen der traditionellen Kognitionswissenschaft wird unterstellt, es gebe eine tief unbewußte geistige Ursache, die eine erwünschte Wirkung (wie z.B. Wahrnehmungsurteile oder grammatisch korrekte Sätze) hervorruft. Die Umkehrung jedoch eliminiert diese geistige Ursache samt und sonders. Es gibt da nichts außer einem nackten physischen Mechanismus, der eine nackte physische Wirkung hervorruft. Diese Mechanismen und Wirkungen lassen sich auf verschiedenen Ebenen beschreiben, von denen aber bislang keine eine geistige Ebene ist. Der Mechanismus des VOR dient zur Verbesserung visueller Effizienz, aber die einzige Intentionalität bei alledem ist die bewußte Wahrnehmung des Gegenstands. Die gesamte restliche Arbeit wird vom nackten physischen VOR-Mechanismus geleistet. Die Umkehrung bringt mithin eine einschneidende Veränderung der Ontologie kognitionswissenschaftlicher Erklärung, indem *sie eine ganze Ebene tief unbewußter psychischer Ursachen beseitigt*. Das normative Element, das wegen seines physischen Gehalts *im System* vermutet worden war, kommt wieder ins Spiel, sobald *eine außerhalb des Mechanismus befindliche Person mit Bewußtsein Urteile über dessen Funktionsweise fällt*. Um diesen letzten Punkt zu klären, werde ich mehr über funktionale Erklärungen sagen müssen.

# III. Die Logik funktionaler Erklärungen

Es mag scheinen, als wolle ich darauf hinaus, daß es (ganz ohne Probleme) drei verschiedene Erklärungsebenen gibt – Hardware-Ebene, funktionale und intentionale Ebene – und daß wir bei den tief unbewußten Prozessen einfach die intentionalen Erklärungen durch funktionale und durch Hardware-Erklärungen ersetzen sollten. Doch in Wirklichkeit liegen die Dinge ein wenig komplizierter. Wenn es um funktionale Erklärungen geht, dann ist die Metapher mit den Ebenen ein wenig irreführend, weil durch sie nahegelegt wird, es gebe eine separate funktionale Ebene, die mit keiner Kausalebene identisch ist. Das ist nicht der Fall. Die sogenannte funktionale Ebene ist überhaupt keine separate Ebene, sondern einfach eine Kausalebene, die *im Lichte unserer Interessen beschrieben* ist. Bei Artefakten und biologischen Individuen sind unsere Interessen derart offenkundig, daß sie vielleicht unausweichlich wirken, und die funktionale Ebene mag als etwas erscheinen, das dem System intrinsisch ist. Wer könnte schon bestreiten, daß das Herz *dazu dient*, Blut zu pumpen? Doch dabei darf man folgendes nicht übersehen: Wenn behauptet wird, das Herz diene dazu, Blut zu pumpen, dann gibt es nur eine einzige Tatsache, die in diesem Zusammenhang von Belang ist: und zwar, daß das Herz in der Tat Blut pumpt. Diese Tatsache ist für uns von Wichtigkeit und steht in kausaler Verbindung zu vielen anderen Tatsachen, die ebenfalls für uns von Wichtigkeit sind, z. B. zu der Tatsache, daß das Pumpen des Bluts für das Überleben notwendig ist. Wenn uns am Herzen einzig und allein interessierte, daß es ein hämmerndes Geräusch macht oder daß es eine Anziehungskraft auf den Mond ausübt, dann hätten wir eine vollständig andere Konzeption seiner »Funktion«, also davon, wozu es dient, und dementsprechend auch davon, was eine Herzerkrankung ist. Ganz unverblümt gesagt: Das Herz hat keinerlei Funktion, die zu seinen Kausalbeziehungen hinzukäme. Wenn wir von seinen Funktionen sprechen, dann sprechen wir von denjenigen seiner Kausalbeziehungen, denen wir irgendeine *normative* Wichtigkeit beimessen. Die Beseitigung der Ebene des tief Unbewußten bringt also zwei wichtige Veränderungen mit sich: Eine ganze Ebene physischer Verursachung löst sich in nichts auf, und die normative Komponente wird aus dem Mechanismus heraus in das Auge des Betrachters des Mechanismus verschoben.

Man achte darauf, wie beispielsweise Lisberger normatives Vokabular verwendet, um die Funktion des VOR zu beschreiben: »Der VOR hat die Funktion, Retinabilder dadurch zu stabilisieren, daß er glatte Augenbewegungen hervorbringt, die jede Kopfbewegung ausgleichen.« Und außerdem: »Ein akkurater VOR ist wichtig, weil wir für gute visuelle Wahrnehmung stabile Retinabilder brauchen« (Lisberger 1988, S. 728 f.).

Die Intentionalitätsebene hingegen ist mit keiner nichtintentionalen funktionalen Ebene identisch. Zwar handelt es sich in beiden Fällen um Kausalebenen, aber die Kausaleigenschaften intrinsischer Intentionalität verbinden das Kausale mit dem Normativen. Intentionale Phänomene wie das Regelfolgen und das überzeugungs- und wunschgeleitete Handeln sind echte Kausalphänomene; als intentionale Phänomene stehen sie aber in wesentlicher Beziehung zu normativen Phänomenen wie Wahrheit und Falschheit, Erfolg und Mißlingen, Widerspruchsfreiheit und Widerspruch, Rationalität, Täuschung und Erfüllungsbedingungen im allgemeinen.[3] Kurz, die wirklichen Tatsachen der Intentionalität enthalten normative Bestandteile; bei funktionalen Erklärungen gibt es hingegen keine *Tatsachen* außer den nackten physischen Fakten; und Normen gibt es nur in uns und nur von unserem Standpunkt aus.

Die Preisgabe des Glaubens an eine Vielzahl prinzipiell bewußtseinsunzugänglicher geistiger Phänomene liefe folglich darauf hinaus, das Hirn als ein Organ wie jedes andere zu behandeln. Wie jedes andere Organ hat das Hirn eine funktionelle Beschreibungsebene – ja, sogar viele solcher Ebenen –, und wie jedes andere Organ *läßt es sich so beschreiben, als ob* es »Information verarbeitet« und beliebig viele Computerprogramme implementiert. Das wahrhaft besondere Merkmal des Hirns jedoch – das Merkmal, wodurch es das Organ des Geistes ist – ist sein Vermögen, bewußte Gedanken, Erlebnisse, Handlungen, Erinnerungen usw. zu verursachen und zu erhalten.

Die Vorstellung von einem unbewußten geistigen *Vorgang* und die entsprechende Vorstellung von Prinzipien unbewußter geistiger Vorgänge, das sind ebenfalls Quellen der Verwirrung. Wenn wir nach einem Beispiel für einen Bewußtseinsvorgang suchen, der »rein« geistig ist, dann fällt uns vielleicht so etwas ein wie: sich lautlos eine Melodie im Geiste vorsummen. Hier gibt es ganz klar einen Vorgang und einen geistigen Gehalt. Doch es gibt auch einen anderen Sinn von »geistiger Vorgang«, in dem diese Wendung nicht bedeutet: »Vorgang mit geistigem Gehalt«, sondern: »Vorgang, durch den geistige Phänomene zueinander in Beziehung stehen«. Vorgänge im zweiten Sinn können einen geistigen Gehalt haben, sie müssen aber nicht. Der alten Assoziationspsychologie zufolge sollte es einen Vorgang geben, durch den mich die Wahrnehmung von *A* an *B* erinnert, und dieser Vorgang funktioniert gemäß dem Prinzip der Ähnlichkeit. Wenn ich *A* sehe, und wenn *A* dem *B* gleicht, dann werde ich sehr leicht eine Vorstellung von *B* haben. Der Vorgang, durch den ich in diesem Fall von der Wahrnehmung *As* zu einer Vorstellung von *B* gelangte, enthält nicht unbedingt irgendwelchen zusätzlichen geistigen Gehalt. Es wird unterstellt, daß es da ein Prinzip gibt, gemäß welchem der Vorgang abläuft (nämlich das der Ähnlichkeit), aber damit ein Vorgang diesem Prinzip gemäß abläuft, muß außer der Wahrnehmung von *A* und dem Gedanken an *B* (bzw. dem Gedanken an *B* als jemandem, der *A* gleicht) nicht noch irgendein weiterer geistiger Gehalt vorhanden sein. Insbesondere ist damit nicht gesagt, daß man in einem solchen Fall einer Regel folge, die beinhaltet, daß ich – falls *A B* gleicht – an *B* denken soll, wenn ich *A* sehe. Kurz, *ein Vorgang, durch den geistige Gehalte miteinander verbunden werden, braucht keinerlei geistigen Gehalt über den der verbundenen Gehalte hinaus zu haben*; obwohl – wenn wir über dieses Prinzip sprechen – unser theoretisches Reden (und das entsprechende Denken) natürlich einen Gehalt hat, der sich auf das Prinzip bezieht. Diese Unterscheidung wird sich als wichtig erweisen, denn in vielen kognitionswissenschaftlichen Diskussionen geht man von der Behauptung, daß es Vorgänge gibt, die in dem Sinne »geistig« sind, daß sie Bewußtseinsphänomene verursachen (wie z. B. die Hirnvorgänge, die visuelle Erlebnisse erzeugen), über zu der Behauptung, solche Vorgänge seien auch in dem Sinne geistig, daß sie geistigen Gehalt, Information, Folgerung usw. enthalten. Die nichtbewußten Vorgänge im Hirn, die visuelle Erlebnisse verursachen, sind gewiß in ersterem Sinn geistig, doch fehlt ihnen jedweder geistige Gehalt, und mithin sind sie, so betrachtet, keine geistigen Vorgänge.

Um diese Unterscheidung zu klären, wollen wir zwischen solchen Vorgängen (wie z. B. dem Regelfolgen) unterscheiden, die einen geistigen Gehalt haben, der bei der Hervorbringung des

Verhaltens eine kausale Rolle spielt, und solchen Vorgängen, die keinen geistigen Gehalt haben, die aber geistige Gehalte mit Reizinput, Verhaltensoutput und mit anderen geistigen Gehalten assoziieren. Vorgänge des zweiten Typs möchte ich »Assoziationsmuster« nennen. Falls ich beispielsweise immer dann, wenn ich zuviel Pizza esse, Bauchschmerzen bekomme, dann gibt es da gewiß ein Assoziationsmuster, aber keine Regelfolge. Ich folge keiner Regel, die besagt: »Wenn du zuviel Pizza ißt, bekommst du Magenschmerzen«; es läuft einfach so ab.

## IV. Einige Konsequenzen: Universalgrammatik, Assoziationsmuster und Konnektionismus

Für intentionalistische Erklärungen menschlichen und tierischen Verhaltens ist charakteristisch, daß *Verhalten*smuster folgendermaßen erklärt werden: Das betreffende Subjekt hat eine Repräsentation genau dieses Musters (oder eine Repräsentation, die hinsichtlich ihres intentionalen Apparats mit genau diesem Muster logisch verwandt ist), und diese Repräsentation spielt bei der Hervorbringung des Verhaltensmusters eine kausale Rolle. So sagen wir, daß die Leute in Großbritannien deshalb links fahren, weil sie der Regel folgen: »Fahr links«, und daß sie nicht rechts fahren, weil sie genau dieser Regel folgen. Der intentionale Gehalt spielt bei der Hervorbringung des von ihm repräsentierten Verhaltens eine kausale Rolle. Dazu sofort zwei Einschränkungen: erstens ruft der intentionale Gehalt der Regel das Verhalten nicht ganz allein hervor. So unternimmt zum Beispiel niemand allein deshalb eine Autofahrt, weil er dieser Regel folgen will, und niemand spricht aus dem alleinigen Grund, weil er den Regeln des Deutschen folgen möchte. Zweitens können die Regeln, Prinzipien usw. unbewußt sein, und sie sind oft praktisch bewußtseinsunzugänglich, obwohl sie – wie wir gesehen haben – zumindest prinzipiell bewußtseinszugänglich sein müssen, wenn es sie wirklich gibt.

Eine typische Strategie in der Kognitionswissenschaft bestand darin zu versuchen, komplexe Muster zu entdecken (wie z. B. die, die in Wahrnehmung oder Sprache anzutreffen sind), um daraufhin Kombinationen mentaler Repräsentationen zu postulieren, mit denen das jeweilige Muster in der angemessenen Weise erklärbar ist. Wo es keine bewußte oder flach unbewußte Repräsentation gibt, postulieren wir tief unbewußte geistige Repräsentation. Erkenntnistheoretisch wird die Existenz der Muster als Anhaltspunkt für die Existenz der Repräsentationen genommen. Hinsichtlich der Kausalverhältnisse wird unterstellt, die Existenz der Repräsentationen erkläre die Existenz der Muster. Doch sowohl die erkenntnistheoretischen als auch die Kausal-Thesen setzen voraus, daß es mit der vorhandenen Ontologie tief unbewußter Regeln zum besten bestellt ist. Ich habe versucht, die Ontologie tief unbewußter Regeln zu attackieren, und falls mein Angriff erfolgreich ist, dann bedeutet dies auch den gemeinsamen Zusammenbruch der erkenntnistheoretischen und der Kausal-Thesen. Erkenntnistheoretisch gesehen weisen sowohl die Pflanze als auch der VOR systematische Muster auf, doch damit haben wir keinerlei Anhaltspunkte für die Existenz tief unbewußter Regeln – im Fall der Pflanze ist dies offenkundig, im Fall der visuellen Wahrnehmung nicht ganz so offenkundig, aber immer noch wahr. In kausaler Hinsicht betrachtet spielt das Muster zwar eine funktionale Rolle im Gesamtverhalten des Systems, aber durch die Repräsentation des Musters in unserer Theorie wird keine tief unbewußte Repräsentation identifiziert, die bei der Hervorbringung des Verhaltensmusters eine kausale Rolle spielt – denn es gibt gar keine tief unbewußte Repräsentation dieser Art. Auch dies wiederum ist im Fall der Pflanze offenkundig, im Fall der visuellen Wahrnehmung zwar nicht offenkundig, aber immer noch wahr.

Nach diesen Präliminarien wollen wir uns nun daran machen, den Status der angeblichen universalgrammatischen Regeln zu erörtern. Ich konzentriere meine Aufmerksamkeit auf die Universalgrammatik, weil die Grammatiken von Einzelsprachen wie dem Französischen oder dem Deutschen offenkundig jedenfalls auch sehr viele Regeln enthalten, die dem Bewußtsein zugänglich sind. Die traditionelle Argumentation für die Existenz einer Universalgrammatik läßt sich sehr einfach wiedergeben: Alle normalen Kinder können die Sprache der Gemeinschaft, in der sie aufwachsen, ohne besondere Unterweisung mit Leichtigkeit erlernen – und zwar auf der Grundlage sehr unvollkommener und fehlerhafter Reize; weiterhin können Kinder zwar gewisse Sprachtypen erlernen (wie z. B. die natürlichen Sprachen, die es auf der Welt gibt), sie können aber alle möglichen anderen logisch denkbaren Sprachsysteme nicht erlernen; und diese Tatsachen sind ein überwältigender Hinweis darauf, daß jedes Kind auf irgendeine unbekannte Weise in seinem Hirn eine spezielle Spracherwerbsvorrichtung (kurz: eine SEV) hat und *diese Spracherwerbsvorrichtung besteht wenigstens zum Teil aus tief unbewußten Regeln*.

Mit Ausnahme des letzten hervorgehobenen Teilsatzes stimme ich mit dieser Argumentation für eine »Spracherwerbsvorrichtung« überein. Nur mit dem Postulat tief unbewußter Regeln gibt es ein Problem. Dieses Postulat verträgt sich nicht mit dem Verbindungsprinzip. Es überrascht nicht, daß man viel darüber diskutiert hat, was für Arten von Anhaltspunkten man für die Existenz dieser Regeln haben könnte. Diese Diskussionen endeten immer ohne ein schlüssiges Ergebnis, weil die Hypothese inhaltsleer ist.

Vor Jahren habe ich erkenntnistheoretische Zweifel an Chomskys festem Glauben an die Zuschreibung tief unbewußter Regeln vorgebracht. Damals sagte ich, daß jede derartige Zuschreibung Hinweise darauf verlangen würde, daß der bestimmte Gehalt – die bestimmte Aspektgestalt – der Regel bei der Hervorbringung des fraglichen Verhaltens eine kausale Rolle spielt (Searle 1976). Ich stellte die Behauptung auf, daß simples Vorhersagen der richtigen Muster nicht ausreiche, um die These zu rechtfertigen, wir befolgten tief unbewußte Regeln; darüber hinaus bedürfe es der Anhaltspunkte dafür, daß die Regel bei der Hervorbringung des Musters »kausal wirksam« ist. Von gewissen Einschränkungen abgesehen akzeptiert Chomsky diese Anforderungen. Da zwischen ihm und mir in dieser Hinsicht Einigkeit besteht, lohnt es vielleicht, sie einmal explizit anzugeben:

1. Der Gebrauch des Wortes »Regel« ist nicht wichtig. Das fragliche Phänomen könnte ein Prinzip, ein Parameter, eine Restriktion usw. sein. Worauf es jedoch ankommt, ist dies: Es findet auf einer Ebene intrinsischer Intentionalität statt. Für Chomsky und mich geht es dabei nicht bloß darum, daß das System sich verhält, *als ob* es eine Regel befolge. Zwischen der Rolle von Regeln im Sprachvermögen und der Rolle von »Regeln« im Verhalten von Pflanzen und Planeten muß es einen Unterschied geben.

2. Es geht auch nicht um »Verhalten«. Satzverstehen, Intuitionen über Grammatikalität und Manifestationen sprachlicher Kompetenz im allgemeinen sind das, worauf wir mit dem abkür-

zenden Terminus »Verhalten« Bezug nehmen. Der Verwendung dieses Ausdrucks wohnt kein impliziter Behaviorismus inne und auch keine Verwechslung von Kompetenz und Performanz.

3. Wir beide unterstellen nicht, daß alles Verhalten (im einschlägigen Sinn) durch die Regeln (im einschlägigen Sinn) verursacht wird. Worauf es jedoch ankommt, ist dies: Bei der besten Kausalerklärung der Phänomene »gelangen« (wie Chomsky dies formuliert) die Regeln in die Theorie, die die Erklärung gibt.

Was hat nun Chomsky – angesichts dieser Restriktionen – auf den Einwand zu erwidern?

Angenommen unsere erfolgreichste Erklärungs- und Beschreibungsweise schreibt Jones einen Ausgangs- und einen erreichten Zustand zu, zu dem jeweils gewisse Regeln gehören (Prinzipien mit fixierten Parametern oder Regeln anderer Art), und sie erklärt damit Jones' Verhalten; das heißt: die Regeln bilden einen zentralen Bestandteil der besten Erklärung seiner Verwendung und seines Verstehens von Sprache, und die beste Theorie, die wir entwickeln können, beruft sich bei solchen Erklärungen direkt und entscheidend auf diese Regeln... Wenn man Regeln kausale Wirksamkeit zuschreibt, dann heißt dies – soweit ich sehen kann – nicht mehr, als daß diese Regeln Konstituentenbestandteile derjenigen Zustände sind, die in einer explanatorischen Theorie des Verhaltens postuliert werden, und daß sie in unsere beste Erklärung dieses Verhaltens gelangen. (Chomsky 1986, S. 252 f.)

Im selben Zusammenhang zitiert Chomsky auch Demopoulos und Matthews (1983).

Wie Demopoulos und Matthews (1983) bemerken, »gibt es gewiß keinen besseren Grund, grammatikalisch charakterisierten inneren Zuständen eine kausale Rolle bei der Hervorbringung von Verhalten zuzuschreiben als die offenbare theoretische Unverzichtbarkeit der Bezugnahme auf solche Zustände [und – wie wir hinzufügen könnten – auf ihre einschlägigen Konstituentenbestandteile] bei der Erklärung von Sprachverhalten.« (Chomsky 1986, S. 257)

Die Idee ist also folgende: Die Behauptung, daß die Regeln kausal wirksam sind, wird dadurch gerechtfertigt, daß die Regeln Konstituentenbestandteile derjenigen Zustände sind, die von der besten Kausaltheorie des Verhaltens postuliert werden. Inzwischen ist wohl klar, welchen Einwand ich gegen diese Auffassung machen möchte: Alle drei Autoren sprechen davon, daß die »beste Theorie« das Postulat tief unbewußter universalgrammatischer Regeln erfordere, und sie setzen damit voraus, daß das Postulat solcher Regeln ohnehin vollkommen legitim sei. Doch sobald wir die Legitimität dieser Annahme in Zweifel ziehen, sieht es so aus, als könnte die »beste Theorie« die Anhaltspunkte genausogut als Assoziationsmuster behandeln, die nicht von mentalen Repräsentationen erzeugt werden, die auf irgendeine Weise jene Muster widerspiegeln, sondern von neurophysiologischen Strukturen erzeugt werden, die mit den Mustern keinerlei Ähnlichkeit zu haben brauchen. Die Hardware erzeugt zwar Assoziationsmuster im oben definierten Sinn, aber diese Assoziationsmuster spielen keine kausale Rolle bei der Hervorbringung der Verhaltensmuster – sie sind einfach jene Verhaltensmuster.

Im besonderen lassen sich die Anhaltspunkte für die Universalgrammatik viel einfacher durch folgende Hypothese erklären. Es gibt tatsächlich eine Spracherwerbsvorrichtung, die dem menschlichen Hirn angeboren ist, und diese SEV bringt Einschränkungen im Hinblick darauf mit sich, welche Sprachtypen für den Menschen erlernbar sind. Mithin gibt es eine Hardware-Erklärungsebene, auf der in den Erklärungen die Struktur dieser Vorrichtung thematisiert wird; und es gibt eine funktionale Erklärungsebene, auf der beschrieben wird, welche Sprachtypen das Kleinkind erlernen kann, wenn es diesen Mechanismus anwendet. Wenn nun gesagt wird, es gebe außerdem noch eine Ebene tief unbewußter universalgrammatischer Regeln, dann wird dadurch weder der Vorhersage- noch der Erklärungswert irgendwie gesteigert – ja, ich habe sogar zu zeigen versucht, daß dieses Postulat ohnehin inkohärent ist. Nehmen wir beispielsweise einmal an, Kinder könnten nur Sprachen erlernen, die eine bestimmte formale Eigenschaft $F$ enthalten. Das spricht dann dafür, daß die SEV es ermöglicht, $F$-Sprachen zu erlernen, und es nicht ermöglicht, Nicht-$F$-Sprachen zu erlernen. Doch das ist alles. Nichts spricht darüber hinaus auch noch dafür, daß das Kind die tief unbewußte Regel befolgt: »Lerne $F$-Sprachen, aber keine Nicht-$F$-

Sprachen.« Ohnehin fehlt dieser Annahme bisher jeder Sinn.

Folgendes liefert eine genaue Entsprechung. Menschen können Farben nur innerhalb eines gewissen Spektralbereichs wahrnehmen. Sie bedürfen keiner besonderen Unterweisung, um beispielsweise Rot und Blau zu sehen. Infrarot und Ultraviolett hingegen können sie nicht sehen. Dies ist ein überwältigender Hinweis darauf, daß sie ein »Vermögen visueller Wahrnehmung« haben, durch das der Bereich der für sie sichtbaren Farben eingeschränkt ist. Doch fragen wir uns nun: Liegt das daran, daß sie tief unbewußte Regeln befolgen, Regeln wie »Wenn es infrarot ist, sieh es nicht«, oder »Wenn es blau ist, darfst du es ruhig sehen«? Soweit ich weiß, wurde niemals ein Argument dafür vorgestellt, daß die Regeln der »universalen Sprachgrammatik« irgendeinen anderen Status haben als die Regeln der »universalen Grammatik der visuellen Wahrnehmung«. Und nun frage man sich einmal, warum man letztlich nicht sagen möchte, es gebe derlei Regeln der universalen Grammatik der visuellen Wahrnehmung. Schließlich sind doch die Hinweise auf etwas derartiges genauso stark wie das, was für die Regeln einer universalen Sprachgrammatik spricht – ja, beiderlei Anhaltspunkte sind sogar formal gleich.

Die Antwort darauf ist, wie ich glaube, daß es nach allem, was wir wissen, offenkundig keine solche Ebene des Geistes gibt. Es gibt einfach nur einen Hardware-Mechanismus, der so-und-so funktioniert, aber nicht anders. Worauf es hier ankommt, ist dies: Es gibt keinen Unterschied zwischen dem Status einer tief unbewußten Grammatik der visuellen Wahrnehmung und dem einer tief unbewußten Universalsprachengrammatik – beide sind nichtexistent.

Man beachte, daß es zur Rettung des kognitionswissenschaftlichen Paradigmas nicht ausreicht zu sagen, wir könnten uns ja einfach dazu entschließen, die Zuschreibung von Regeln und Prinzipien als Als-ob-Intentionalität zu behandeln. Denn als-ob-intentionalen Zuständen fehlt aufgrund ihrer Unwirklichkeit jedwede kausale Kraft. Sie erklären nichts. Das Problem mit der *Als-ob*-Intentionalität liegt nicht nur darin, daß sie überall anzutreffen ist, sondern darin, daß mit ihrer Zuschreibung keine Kausalerklärung gegeben, sondern einfach nur das Problem neu formuliert wird, das durch die Zuschreibung wirklicher Intentionalität gelöst würde. Betrachten wir, wie dies auf den vorliegenden Fall

Anwendung findet. Wir hatten versucht, den Spracherwerb mit Hilfe des Postulats von universalgrammatischen Regeln zu erklären. Wenn dies im Einklang mit den Tatsachen wäre, dann hätten wir somit eine echte Kausalerklärung des Spracherwerbs. Doch angenommen, wir verzichten auf diese Form der Erklärung und sagen einfach, das Kind verhalte sich so, *als ob* es Regeln befolge, tue dies aber natürlich in Wirklichkeit nicht. Wenn wir das sagen, dann haben wir keine Erklärung mehr. Es ist nun offen, was die Ursache ist. Wir haben eine psychologische Erklärung in spekulative Neurophysiologie verwandelt.

Wenn ich recht habe, dann haben wir einige erstaunliche Fehler gemacht. Warum? Meines Erachtens liegt das zum Teil daran, daß wir unterstellt haben, alle Vorgänge in einem System, die sich zwischen einem bedeutungsvollen Input und einem bedeutungsvollen Output abspielen, müßten ebenfalls bedeutungsvoll sein. Gewiß, es gibt viele bedeutungsvolle kognitive Vorgänge. Doch wo wir keine bedeutungsvollen Bewußtseinsvorgänge finden, da postulieren wir bedeutungsvolle unbewußte – ja, sogar tief unbewußte – Vorgänge. Und wenn dafür eine Rechtfertigung verlangt wird, dann greifen wir auf das allerstärkste philosophische Argument zurück: »Was denn sonst könnte es sein?« – »Wie könnte es denn sonst funktionieren?« Tief unbewußte Regeln befriedigen unseren Bedeutungstrieb, und außerdem: welche andere Theorie gibt es denn? Jede beliebige Theorie ist besser als gar keine. Wir müssen nur diese Fehler machen, und schon sind unsere Theorien vom tief Unbewußten in Gang gesetzt und laufen. Doch es ist einfach falsch anzunehmen, aus der Bedeutungshaftigkeit von Input und Output folge, daß die dazwischenliegenden Vorgänge ebenfalls Bedeutung haben; und das Postulat prinzipiell bewußtseinsunzugänglicher Vorgänge ist ein Verstoß gegen das Verbindungsprinzip.

Eine der unerwarteten Konsequenzen dieser gesamten Untersuchung ist, daß ich ganz unbeabsichtigt zu einer Verteidigung – falls dies das passende Wort ist – des Konnektionismus gelangt bin. Zumindest einige konnektionistische Modelle zeigen (und das ist nicht ihr einziger Vorzug), wie ein System einen bedeutungsvollen Input in einen bedeutungsvollen Output umwandeln kann, ohne daß dazwischen irgendwelche Regeln, Prinzipien, Folgerungen oder sonstige bedeutungsvollen Phänomene eingreifen. Das heißt nicht, daß derzeit vorhandene konnektionistische

Modelle korrekt sind – vielleicht sind sie allesamt falsch. Es heißt aber, daß sie nicht in der Weise offenkundig falsch bzw. inkohärent sind, wie dies bei den traditionellen kognitivistischen Modellen der Fall ist, die gegen das Verbindungsprinzip verstoßen.

## V. Schluß

Wir bilden uns heutzutage viel darauf ein, was wir alles wissen, aber trotz der Sicherheit und Universalität unserer Wissenschaft sind wir, wenn es um den Geist geht, bezeichnenderweise verwirrt und uneinig.

Wie die sprichwörtlichen blinden Männer vor dem Elefanten greifen wir nach irgendeinem vermeintlichen Merkmal und verkünden, es sei das Wesen des Geistigen. »Da drinnen gibt es unsichtbare Sätze!« (die Sprache des Geistes) – »Da drinnen gibt es ein Computerprogramm!« (Kognitivismus) – »Da drinnen gibt es nur Kausalbeziehungen!« (Funktionalismus) – »Da drinnen gibt es gar nichts!« (Eliminativismus). Und so – auf diese deprimierende Weise – weiter.

Nicht weniger schlimm ist, daß wir uns von unseren Forschungsmethoden den Gegenstand diktieren lassen, anstatt es umgekehrt zu tun. Darin gleichen wir dem Betrunkenen, der seine Autoschlüssel im dunklen Gebüsch verloren hat, nach ihnen aber deshalb bei der Straßenlaterne sucht, »weil das Licht hier besser ist«; genauso versuchen wir herauszufinden, inwiefern Menschen womöglich unseren Computermodellen ähnlich sind, statt herauszufinden zu versuchen, wie der bewußte menschliche Geist tatsächlich funktioniert. Ich werde oft gefragt: »Aber wie könnte man denn den Geist *wissenschaftlich* untersuchen? Wie könnte es eine *Theorie* darüber geben?«

Ich glaube nicht, daß es irgendeinen einfachen oder einzigen Pfad gibt, der zur Wiederentdeckung des Geistes führt. Einige ungefähre Richtlinien seien jedoch genannt:

Erstens sollten wir damit aufhören, Dinge zu sagen, die offenkundig falsch sind. Würde diese Maxime gewissenhaft beherzigt, so könnte dies die Untersuchung des Geistes revolutionieren.

Zweitens sollten wir uns beständig daran erinnern, was wir mit Sicherheit wissen. Beispielsweise wissen wir mit Sicherheit, daß in unserem Schädel ein Hirn ist, daß es manchmal bei Bewußtsein ist und daß Hirnvorgänge das Bewußtsein in all seinen Formen verursachen.

Drittens sollten wir uns beständig fragen, was für wirkliche Tatsachen in der Welt denn eigentlich den Behauptungen entsprechen sollen, die wir über den Geist aufstellen. Es spielt dabei keine Rolle, ob »wahr« dieselbe Bedeutung hat wie »den Tatsachen entsprechend«, es reicht, daß »den Tatsachen entsprechend« bedeutet: den Tatsachen entsprechend; und jede Disziplin, die versucht zu beschreiben, wie die Welt ist, strebt nach dieser Entsprechung. Wenn man sich beständig diese Frage stellt und dabei nicht außer acht läßt, daß – wie wir ja wissen – außer dem Hirn nichts dort drinnen ist und daß das Hirn Bewußtsein verursacht, dann wird man, so glaube ich, zu den Ergebnissen gelangen, zu denen ich in diesem Kapitel gelangt bin, und auch noch zu vielen weiteren Ergebnissen, zu denen ich in diesem Buch insgesamt gelangt bin.

Doch dies ist nur ein erster Schritt auf der Straße, die zum Geist zurückführt. Eine vierte und letzte Richtlinie: Wir müssen den sozialen Charakter des Geistes wiederentdecken.

# Anhang

# Dank

Über mehrere Jahre hinweg hatte ich gewinnbringende Diskussionen mit Freunden, Studenten und Kollegen über die in diesem Buch erörterten Themen. Allen kann ich wohl nicht danken, aber ich möchte doch den folgenden besonderen Dank ausdrücken: M. E. Aubert, John Batali, Catharine Carlin, Anthony Dardis, Hubert Dreyfus, Hana Filip, Jerry Fodor, Vinod Goel, Stevan Harnad, Jennifer Hudin, Paul Kube, Ernest Lepore, Elisabeth Lloyd, Kirk Ludwig, Thomas Nagel, Randal Parker, Joëlle Proust, Irving Rock, Charles Siewart, Melissa Vaughn und Kayley Vernallis.

Das sind allerdings nur einige von den vielen, die mir so sehr geholfen haben. Die nachfolgende Idee habe ich in Vorlesungen vorgestellt, die ich nicht nur in Berkeley, sondern auch als Gastprofeeor in Frankfurt a. M., Venedig, Florenz, Berlin und Rutgers gehalten habe. Meine Studenten gehörten zu den besten und strengsten Kritikern, und ich bin ihnen für ihren unnachgiebigen Skeptizismus dankbar. Was meine institutionellen Wohltäter angeht, so möchte ich dem Committee on Research of the Academic Senate und dem Office of the Chancellor der Universität in Berkeley und insbesondere dem Rockefeller Foundation Center in Bellagio (Italien) danken.

Einige Ausführungen dieses Buches habe ich in einer vorläufigen Form an anderer Stelle vorgestellt. So sind Teile der Kapitel 7 und 10 aus meinem Artikel »Consciousness, Explanatory Inversion, and Cognitice Science« (*Behavioral and Brain Sciences* 1990) hervorgegangen, und Kapitel 9 basiert auf meiner Presidential Address an die American Philosophical Association aus dem Jahre 1990.

Besonders dankbar bin ich Ned Block, der einen Entwurf des gesamten Manuskripts gelesen und viele hilfreiche Kommentare gemacht hat. Am meisten habe ich meiner Frau, Dagmar Searle, für ihre ständige Hilfe und ihren Rat zu danken. Wie immer gab es für mich keinen größeren intellektuellen Einfluß und keine stärkere Quelle der Unterstützung und Inspiration als sie. Ihr ist dieses Buch gewidmet.

# Anmerkungen

## *Einführung*

\* Die englischen Termini »computation« und »computational« werden hier und im folgenden mit »Computation« bzw. »computational« wiedergegeben. Dieser häßliche Neologismus sei kurz gerechtfertigt. Er ist deshalb so schwer vermeidbar, weil dieser angelsächsische Fachterminus in den Diskussionen der Philosophen, Psychologen, Linguisten usw. sehr schillernd verwandt wird. Ursprünglich heißt »computation« natürlich nichts anderes als »Rechnung« oder »Berechnung«; schon dazu gibt es übrigens im Deutschen kein gebräuchliches Adjektiv. Nun ist es aber ein sehr besonderer Sinn von Rechnen, um den es da geht, wenn von »computational« die Rede ist, denn um das Addieren, Subtrahieren, Multiplizieren und dergleichen geht es dabei nicht. Vielmehr geht es ganz allgemein um das Operieren mit Symbolen in der Manier eines Computers. Dafür ist aber im Deutschen kein Wort verfügbar.

Darüber hinaus haben sich im angelsächsischen Fachjargon auch noch viele Zusammensetzungen mit dem Adjektiv »computational« eingebürgert, für die es im Deutschen keine sprachlich einheitliche Übersetzung gibt; manchmal würde »symbolmanipulativ« ganz gut passen, manchmal »algorithmisch«, manchmal »computerwissenschaftlich«, manchmal »computerartig« und manchmal noch anderes. Tauchte in der deutschen Übersetzung jedes Mal ein anderes Wort auf, wo im amerikanischen Text immer dasselbe Wort steht, dann wäre so mancher Argumentationsschritt, der sich im Original sehr glatt und suggestiv ausnimmt, in der Übersetzung holprig und dubios. Deshalb also der neologistische Notbehelf »Computation«/»computational«. – H. P. G.

## *1. Kapitel*

1 Oder zumindest mit der Untersuchung der Präliminarien solcher Fragen. Es ist überraschend, wie wenig sich die zeitgenössische Neurowissenschaft der Untersuchung beispielsweise der Neurophysiologie des Bewußtseins widmet.

2 Der bekannteste Vertreter dieser Auffassung ist Thomas Nagel (1986), siehe aber auch Colin McGinn (1991).

\* Searle verwendet häufig Formulierungen, aus denen hervorgeht, daß es sich bei den Personen, über die er allgemein mit Wörtern wie »Phi-

losoph«, »Autor«, »Forscher« usw. spricht, sowohl um Männer als
auch um Frauen handelt. In der Übersetzung habe ich dem nur dort
Rechnung getragen, wo sich für den deutschen Text keine allzu um-
ständlichen Formulierungen ergaben. – H. P. G.

** Searle verwendet hier den in der angelsächsischen Diskussion ge-
bräuchlichen Ausdruck »folk psychology«. In diesem Ausdruck
schwingt mehr Abwertung mit, als dies im Wort »Alltagspsychologie« zum Ausdruck kommt. Was im englischen Terminus mitklingt,
das ist das Schlichte, das Hausbackene, das Handgemachte, das
dumpf Tradierte – im Gegensatz zu allem, was für eine moderne, kri-
tische, wissenschaftliche Psychologie kennzeichnend sein sollte. (Das
Wort »folk« ist – in dieser Verwendung – übrigens eine Übersetzung
des deutschen Worts »Volk«, wie es in »Volkslied« oder »Volks-
tanz« vorkommt.) Man darf hier ruhig auch an die »Vulgärpsycholo-
gie« oder die »Laienpsychologie« denken. – H. P. G.

3 Vgl. z. B. P. S. Churchland (1987).

4 Ich möchte meine Erörterung auf analytische Philosophen beschränken, doch anscheinend ist die sogenannte kontinentale Philosophie in
derselben Weise vom Mangel an Plausibilität behaftet. Dreyfus
(1991) zufolge bezweifeln Heidegger und seine Anhänger ebenfalls
die Wichtigkeit von Bewußtsein und Intentionalität.

5 Der bekannteste Vertreter dieser Auffassung ist Daniel Dennett
(1987).

6 Zu einer expliziten Formulierung vgl. Georges Rey (1983).

7 Auf unterschiedliche Weise tun dies meines Erachtens Armstrong
(1968, 1980) und Dennett (1991).

8 Eine weitere unglaubliche Behauptung, die allerdings eine andere
philosophische Motivation hat, besagt, daß jeder von uns bei seiner
Geburt über all die Begriffe verfügt, die sich mit irgendwelchen Worten einer beliebigen menschenmöglichen Sprache ausdrücken lassen.
Demnach verfügten zum Beispiel Cro-Magnon-Menschen über die
Begriffe, die von dem Wort »Vergaser« oder »Kathodenstrahloszillo-
graph« ausgedrückt werden. Fodor (1975) ist der berühmteste Vertreter dieser Auffassung.

9 Howard Gardner hat in seinem umfassenden Überblick über die
Kognitionswissenschaft (Gardner 1985) nicht ein einziges Kapitel
über Bewußtsein aufgenommen – ja, es gibt nicht einmal einen einzigen Hinweis darauf im Register. Keine Frage: die neue Wissenschaft
vom Geist kommt ohne Bewußtsein aus.

10 Meiner Auffassung nach »bedarf« ein innerer Vorgang, wie z. B. eine
Schmerzempfindung, überhaupt nichts. Wozu auch?

*** Diese Fachtermini werden in den Abschnitten III und IV des nächsten
Kapitels erläutert werden; siehe dazu insbesondere auch die erste Anmerkung des Übersetzers in Kapitel 2. – H. P. G.

11  Seltsamerweise wurden meine Auffassungen von einigen Kommentatoren ganz selbstverständlich als »materialistisch« charakterisiert
und von anderen, nicht weniger selbstverständlich, als »dualistisch«.
So schreibt beispielsweise U. T. Place: »Searle bietet die materialistische Position an« (1988, S. 208), wohingegen Stephen P. Stich
schreibt: »Searle ist ein Eigenschaftsdualist« (1987, S. 133).

****  »Qualia« ist der Plural von »Quale« (seinem lateinischen Ursprung
zufolge eigentlich: *das, was irgendeine Beschaffenheit hat*). Damit
werden geistige Phänomene bezeichnet, die – wie auch gerne gesagt
wird – einen »qualitativen Charakter« haben. Für diese Fachtermini
gibt es keine allgemein akzeptierte Definition, und der Gebrauch ist
in der Literatur nicht ganz einheitlich. Zumeist scheint damit eine unbestimmte Erweiterung des Begriffs der Empfindung gemeint zu sein.
Ein Quale ist jedenfalls etwas, das man nicht haben kann, ohne etwas
zu empfinden; bei einem Quale »ist es auf eine gewisse Weise«, es zu
haben. Schmerzen, Geschmacks- und Farbwahrnehmungen sind die
beliebtesten Beispiele. Überzeugungen und andere intentionale Zustände sind typischerweise keine Qualia, man kann sie haben, ohne
daß damit irgend etwas von der Art eines bestimmten Gefühls verbunden wäre.

12  Ein ähnliches Argument findet sich bei Noam Chomsky (1975).


## 2. Kapitel

1  Ein gutes Beispiel bietet Richard Rorty (1979); er fordert uns auf,
uns einen Stamm vorzustellen, der nicht sagt »Ich habe Schmerzen«,
sondern »Meine C-Fasern sind gereizt«. Stellen wir uns einen solchen
Stamm vor, der sich weigert, unser mentalistisches Vokabular zu verwenden. Was folgt daraus? Entweder sie haben Schmerzen so wie
wir, oder sie haben keine. Falls sie welche haben, so ist der Umstand,
daß sie sich weigern, darauf die Bezeichnung »Schmerz« anzuwenden, von keinerlei Interesse. Die Tatsachen bleiben dieselben, gleichgültig welche Art der Beschreibung wir bzw. sie wählen. Falls sie
andererseits tatsächlich keine Schmerzen haben, dann sind sie ganz
anders als wir, und ihre Lage ist für die Wirklichkeit unserer geistigen
Phänomene von keinerlei Relevanz.

2  Interessanterweise wird in drei neueren Buchpublikationen, die das
Wort »consciousness« im Titel führen – Paul Churchlands *Matter
and Consciousness* (1984), Ray Jackendoffs *Consciousness and the
Computational Mind* (1987) und William Lycans *Consciousness*
(1987) – so gut wie gar kein Versuch unternommen, eine Darstellung
oder eine Theorie des Bewußtseins vorzustellen. Bewußtsein ist kein
Gegenstand, der als ein um seiner selbst willen interessantes Thema
betrachtet wird, Bewußtsein ist einfach nur ein lästiges Problem für

die materialistische Philosophie des Geistes.

3  In seiner Besprechung von Minskys Buch *Mentopolis (Society of Mind)* schreibt Bernard Williams (1987): »Worum es in dieser Forschung [der KI-Forschung] zum Teil geht, ist genau die Frage, ob intelligente Systeme aus intelligenzloser Materie zusammengesetzt sein können.«

4  Den Ursprung dieser Redeweise kenne ich nicht, aber vermutlich leitet sie sich von Ogden und Richards her, die Watson als jemanden beschrieben, der »allgemeine Betäubung vortäuscht« (1926, zit. nach der Ausgabe von 1949, S. 23).

5  Es ist mir ein wenig unangenehm, dieses »C-Fasern«-Gerede zu erwähnen, weil die ganze Diskussion auf falschen Informationen beruht. Ganz unabhängig von den Verdiensten oder Schwächen des Materialismus kommt es aus rein neurophysiologischen Gründen nicht in Frage, Schmerzen mit C-Faser-Reizungen zu identifizieren. Eine C-Faser ist ein Axon, das gewisse Schmerzsignale von peripheren Nervenendigungen zum Zentralnervensystem überträgt. Andere Schmerzsignale werden von A-Delta-Fasern übertragen. Die C-Fasern fungieren als Pfade, auf denen die Reizungen zum Hirn gelangen, wo die eigentliche Sache stattfindet. Soweit wir wissen, treten diejenigen neurophysiologischen Ereignisse, die für Schmerzempfindungen verantwortlich sind, im Thalamus, im limbischen System, im somato-sensorischen Rindenfeld und womöglich in noch anderen Regionen auf. (Siehe dazu jedes Standard-Lehrbuch.)

6  In diesem Kapitel geht es mir nicht darum, meine Lösung des Körper/Geist-Problems zu verteidigen, aber es sollte erwähnt werden, daß meine Lösung nicht dem Kripkeschen Einwand ausgesetzt ist. Kripke und seine Gegner akzeptieren das dualistische Vokabular mit seinem Gegensatz von »geistig« und »physisch«; ich hingegen tue das nicht. Sobald man diesen Gegensatz zurückweist, kann man z. B. – und das ist ja meine Auffassung – meinen gegenwärtigen Schmerzzustand als eine höherstufige Eigenschaft meines Hirns auffassen. Er ist folglich notwendigerweise identisch mit einer gewissen Eigenschaft meines Hirns (und zwar mit sich selbst). Mit gleicher Notwendigkeit gilt, daß er nicht mit irgendwelchen anderen Eigenschaften meines Hirns identisch ist, obwohl er von gewissen niedrigerstufigen Ereignissen in meinem Hirn verursacht ist. Es ist möglich, daß solche Eigenschaften durch andere Arten von Ereignissen verursacht sind und daß sie Eigenschaften von Systemen anderer Art sind. Somit gibt es also keine notwendige Verknüpfung zwischen Schmerzen und Hirnen. Jedes Ding ist, was es ist, und kein ander Ding.

*  Die in der angelsächsischen Philosophie geläufige Unterscheidung zwischen »*type*« und »*token*« gebe ich zumeist wieder als: »Typ« und »Vorkommnis«. Ursprünglich kommt diese Unterscheidung aus

dem Bereich der Sprachphilosophie und wurde dort benutzt, um zwischen Zeichen als abstrakten Entitäten und Zeichen als konkreten Vorkommnissen (die aus Druckerschwärze, Schallwellen und dergleichen bestehen) zu unterscheiden. Der Satz »Es regnet und es schneit« enthält als das hier gedruckte Satz-Vorkommnis fünf verschiedene Wort-Vorkommnisse, als Satz-Typ aber nur vier verschiedene Wort-Typen. – Inzwischen ist es üblich geworden, diese Unterscheidung auch auf Geisteszustände anzuwenden. Ein Beispiel: Wenn zwei Personen glauben, daß es regnet, dann haben sie – wie oft formuliert wird – zwar verschiedene Überzeugungsvorkommnisse (»belief tokens«), aber denselben Überzeugungstyp (»belief type«). – H. P. G.

7 So z. B. McGinn (1977). McGinn verteidigt Davidsons Argumentation für den »anomalen Monismus«, den beide für eine Variante der Token-Identitätstheorie halten.

8 Nach dem britischen Philosophen E. P. Ramsey (1903–1930).

9 In diesem Zusammenhang von »Chauvinismus« und »Liberalität« zu reden, das geht auf Ned Block (12. 78) zurück.

** Vgl. die zweite Anmerkung des Übersetzers zu Kapitel 1. – H. P. G.

10 Die Argumentation findet sich bei verschiedenen Philosophen, z. B. bei Stephen Schiffer (1987) und Paul Churchland. Churchland formuliert die Prämisse sehr bündig: »Wenn man die Hoffnung auf Zurückführung aufgibt, dann ist Elimination die einzige kohärente Alternative« (1988).

11 Dazu werde ich mich in Kapitel 7 ausführlicher äußern.

*** Diese Zwischenüberschrift spielt auf Francis Bacons (1561-1626) Unterscheidung zwischen vier Typen von Fehlern hin, zu denen Menschen disponiert sind. Solche Fehler, die der menschlichen Natur und jedem Stamm innewohnen, nennt Bacon *Götzen des Stammes* (»idols of the tribe«); die individuellen Fehler einzelner Menschen sind die »Götzen des Käfigs«; die Fehler, die aus dem gewöhnlichen Umgang der Menschen mit ihresgleichen entstehen, nennt er »Götzen des Marktplatzes«; und die Fehler schließlich, die wir den philosophischen Systemen verdanken, heißen »Götzen des Theaters«. – Es ist aufschlußreich, daß Searle den in diesem Abschnitt diskutierten Irrtum dem ersten Fehlertypus zuordnet. – H. P. G.

## 3. Kapitel

1 In der Art von Thomas Nagels Artikel »What Is It Like to Be a Bat?« [Wie ist es, eine Fledermaus zu sein?]; siehe Bibliographie.

2 Ein Beispiel: »Wie zu erwarten fanden sich bei verschiedenartigen Tieren (darunter der Affe, das Backenhörnchen und einige Fische) Zellen mit Rezeptoren, die eine besondere Farbkodierung haben.

*Diese Tiere besitzen, im Gegensatz zur Katze, eine exzellente Farb-
wahrnehmung* und einen komplizierten neuralen Mechanismus zur
Farbverarbeitung« (Kuffler/Nicholls 1976, S. 25, Hervorhebung von
John R. Searle).

\* Diese häßliche Adverbialbildung zum Wort »intrinsisch« wird im
weiteren Verlauf der Übersetzung häufig durch Verwendung von »an
sich« vermieden. Der letzte Satz im Text würde dann zum Beispiel
lauten: »So hat der Mond an sich eine Masse, er ist aber nicht an sich
ein Satellit.« – H. P. G.

3 Ein Beispiel für dieses Mißverständnis liefern P. M. und P. S. Churchland 1983.

4 Dan Rudermann hat mich dankenswerterweise auf diesen Artikel
aufmerksam gemacht.

## 4. Kapitel

\* Vgl. zu diesen beiden Bedeutungen von »self-consciousness« Kapitel 6, Abschnitt II.1. – H. P. G.

1 Hier ist eine Einschränkung zu machen. Der Sinn der körperlichen
Lokalisierung hat Intentionalität, denn er bezieht sich auf einen Teil
des Körpers. Dieser Aspekt des Schmerzes ist intentional, weil er Erfüllungsbedingungen hat. Im Falle eines Phantomschmerzes zum Beispiel kann man sich irren, und die Möglichkeit des Irrtums ist zumindest ein gutes Indiz für die Intentionalität des Phänomens.

2 Die »links/rechts«-Metapher rührt natürlich von der zufälligen Konvention europäischer Sprachen, von links nach rechts zu schreiben.

3 Der Terminus »funktional« ist ein wenig irreführend, weil die funktionale Ebene ja ebenfalls kausal ist, doch es ist in der Biologie üblich, diese beiden Typen von Kausalerklärung als »funktionale« und
»kausale« Erklärung zu bezeichnen. Wie auch immer wir diese Unterscheidung sprachlich fassen, sie ist wichtig, und ich werde im 10.
Kapitel weiteren Gebrauch von ihr machen.

4 Gelegentlich werden meine Auffassungen aufgrund einer verfehlten
Konzeption des Zusammenhangs zwischen Verursachung und Iden-
tität nicht akzeptiert. So schreibt beispielsweise U. T. Place (1988):
»Searle zufolge sind Geisteszustände sowohl identisch mit, als auch
kausal abhängig von den entsprechenden Hirnzuständen. Ich sage:
Man kann nicht beides haben. Entweder sind Geisteszustände
mit Hirnzuständen identisch oder es besteht zwischen ihnen eine kausale
Abhängigkeit; aber nicht beides zugleich« (S. 209).

Place denkt hier an Fälle wie den folgenden: »Diese Fußspuren
können von den Schuhen des Einbrechers kausal abhängen; aber sie
können nicht auch noch mit diesen Schuhen identisch sein.« Aber
wie steht es hiermit: »Der flüssige Zustand, in dem sich das Wasser

dort drüben befindet, kann von dem Verhalten der Moleküle kausal abhängig sein; und er kann auch eine Eigenschaft des Systems sein, das aus diesen Molekülen besteht«? Es scheint mir einfach auf der Hand zu liegen, daß mein gegenwärtiger Bewußtseinszustand vom Verhalten der Neuronen in meinem Hirn verursacht ist und daß dieser Zustand selbst einfach eine höherstufige Eigenschaft meines Hirns ist. Man kann eben doch beides haben.

5 Damit argumentiere ich nicht für »privilegierten Zugang«, denn es gibt hier weder ein Privileg, noch einen Zugang. Zu diesem Thema werde ich im späteren Verlauf dieses Kapitels mich noch äußern.

6 McGinn schreibt auf S. 60: »Logisch gesehen ist ›Bewußtsein‹ ein Stoff-Ausdruck, wie ›Materie‹ auch; und ich sehe nichts, was metaphysisch gesehen falsch daran ist anzuerkennen, daß Bewußtsein eine Art Stoff *ist*.«

7 Die Alternativerklärung ist, daß wir andere allgemeinere biologische Bedürfnisse haben, die durch diese Aktivitäten befriedigt werden. Siehe dazu Elliot Sobers (1984, Kap. 4) Unterscheidung zwischen dem, was *selektiert* wird, und dem, *wofür selektiert* wird.


## 5. Kapitel

1 Zu einer weiteren Erörterung dieses Punktes siehe 2. Kapitel.


## 6. Kapitel

1 Wenn man sich langweilt, »vergeht die Zeit langsamer«; selbst etwas derart Offenkundiges bedarf meines Erachtens einer Erklärung. Warum sollte die Zeit eigentlich langsamer vergehen, wenn man sich langweilt?

2 Der Ausdruck »the remembered present« stammt von Edelman (1989).

3 Hume war übrigens der Meinung, ein derartiges Gefühl könne es nicht geben, weil es ja sonst viel erkenntnistheoretische und metaphysische Arbeit leisten müsse, die kein bloßes Gefühl leisten kann. Ich denke, daß wir alle in der Tat einen spezifischen Sinn für unser eigenes Personsein haben, daß dieser Sinn jedoch erkenntnistheoretisch und metaphysisch von geringem Interesse ist. Es garantiert keine »personale Identität«, »keine Einheit des Selbst« oder irgend etwas dergleichen. Es ist einfach nur, wie es für einen selbst ist, er selbst zu sein.

* »Selbst-Bewußtsein« mit Bindestrich soll der philosophische Fachterminus sein, um den es Searle im folgenden Abschnitt geht, zur Abhebung gegen »Selbstbewußtsein« (ohne Bindestrich) im gewöhnlichen Sinn des Worts. – H. P. G.

4 Zum Beispiel von David Woodruff Smith (1986).
** Der gewöhnliche Sinn von »self-conscious« bezeichnet eine bängliche Aufmerksamkeit darauf, was für eine Figur man in den Augen anderer abgibt; eine freie, aber passende Übersetzung wäre: »befangen« oder »gehemmt«. Englisches »self-consciousness« ist also etwas anderes als deutsches Selbstbewußtsein. – H. P. G.

## 7. Kapitel

1 Lashley (1956). Ich glaube nicht, daß Lashley dies im wörtlichen Sinne meint. Meines Erachtens will er sagen, daß die Vorgänge, durch welche die verschiedenartigen Merkmale bewußter Zustände bewirkt werden, niemals bewußt sind. Doch selbst das ist eine zu starke Behauptung, und der Umstand, daß er zu einer derartigen Übertreibung Zuflucht nimmt, wirft ein bezeichnendes Licht auf das Leitmotiv, das ich hier herauszuarbeiten versuche.
2 Siehe auch Searle 1980b, 1984b und insbesondere 1984a.
3 Für den hier gegebenen Zusammenhang stelle ich das »Neurophysiologische« dem »Geistigen« gegenüber, aber gemäß der in diesem Buch von mir vertretenen Auffassung über die Beziehungen zwischen Körper und Geist ist natürlich das Geistige nicht anderes als das Neurophysiologische auf einer höheren Stufe. Ich stelle das Geistige dem Neurophysiologischen so gegenüber, wie man Menschen Tieren gegenüberstellen kann, nämlich ohne damit zu implizieren, daß die erstgenannte Masse nicht in der zweitgenannten enthalten ist. In meiner Gegenüberstellung steckt kein impliziter Dualismus.
4 Genauer gesagt: David Armstrong, Alison Gopnik und Pat Hayes.
5 Im folgenden werde ich Freuds Unterscheidung zwischen dem Vorbewußten und dem Unbewußten außer acht lassen. Ich nenne hier beides »unbewußt«.

## 8. Kapitel

1 Insbesondere Über Gewißheit (1969), eines der m. E. besten Bücher zum Thema.
2 In einer mündlichen Diskussion.
3 Die richtige Antwort auf diese Art von Skeptizismus besteht m. E. darin, die Rolle des Hintergrunds beim Meinen und Verstehen zu erklären (siehe dazu Searle, unveröffentlicht).
4 In diesem Punkt habe ich meine Auffassung gegenüber meiner Publikation aus dem Jahre 1991 geändert. William Hirstein hat mich davon überzeugt.

# 9. Kapitel

1 SOAR ist ein System, das von Alan Newell und seinen Kollegen an der Carnegie-Mellon-Universität entwickelt wurde. Der Name ist ein Akronym für »State, Operator, And Result« (Zustand, Operator und Resultat). Eine Darstellung findet sich bei Waldrop 1988.

2 Diese Auffassung wird in vielen Büchern und Artikeln verkündet und verteidigt, von denen viele mehr oder weniger titelgleich sind; z. B. *Computers and Thought* (Feigenbaum/Feldman 1963), *Computers and Thought* (Sharples u. a. 1988), *The Computer and the Mind* (Johnson-Laird 1988), *Computer und Cognition* (Pylyshyn 1984), »The Computer Model of the Mind« (Block 1990) und natürlich »Computing Machinery and Intelligence« (Turing 1950).

3 Von Gabriel Segal (1991) stammt folgende gelungene Zusammenfassung dieses Forschungsprogramms: »Die Kognitionswissenschaft faßt kognitive Prozesse als Rechenvorgänge [»computations«] im Hirn auf. Ein Rechenvorgang besteht darin, daß syntaktische Einheiten manipuliert werden. Der Inhalt der syntaktischen Gegenstände – falls sie überhaupt einen haben – ist irrelevant dafür, wie sie verarbeitet werden. Mithin kann Inhalt, wie es scheint, in kognitionswissenschaftlichen Erklärungen nur in dem Maße eine Rolle spielen, in dem Inhaltsunterschiede in der Syntax des Hirns widergespiegelt werden« (S. 463).

4 Pylyshyn kommt einer Anerkennung dieses Punkts sehr nahe, wenn er schreibt: »Die Antwort auf die Frage, welche Computation da ausgeführt wird, erfordert, daß über semantisch interpretierte computationale Zustände diskutiert wird« (1984, S. 58). In der Tat. Und wer interpretiert da?

5 Einige sagen, daß er 6 *acht*mal zu sich selbst addieren müsse. Doch das ist schlechtes Rechnen. Wird 6 achtmal zu sich selbst addiert, dann kommt 54 heraus, denn 6 nullmal zu sich selbst addiert ist immer noch 6. Es ist erstaunlich, wie oft dieser Fehler gemacht wird.

6 John Batali verdanke ich dieses Beispiel.

# 10. Kapitel

1 Das Hirn hat natürlich auch noch viele andere Merkmale, die nichts mit dem Bewußtsein zu tun haben. So reguliert die Medulla beispielsweise die Atmung, auch wenn das System ganz und gar ohne Bewußtsein ist.

\* Wörtlich: kämpfen, fliehen, fressen, kopulieren. – H. P. G.

\*\* »Urskizze«, »zweieinhalbdimensionales Bild« und »dreidimensionale Beschreibung« sind Begriffe aus David Marrs (1982) Theorie der visuellen Wahrnehmung, mit denen (in der Theorie hypothetisch angenommene) Zwischenstationen auf dem Informationsverarbeitungsweg vom Netzhautbild zum Wahrnehmungserlebnis bezeichnet werden. Searle spielt in dieser Aufzählung auf weitere berühmte kognitionswissenschaftliche Theorien an: »geistiges Modell« zielt auf Johnson-Laird (1983), »Sprache des Geistes« auf Fodor (1975) und »universale Grammatik« auf das Werk Noam Chomskys. – H. P. G.

2  Lisberger 1988, Lisberger & Pavelko 1988.

3  Zu einer ausführlicheren Erörterung vgl. Searle 1983, insbesondere Kap. 5.

# Bibliographie

Armstrong, D. M. (1968) *A Materialist Theory of Mind*, London: Routledge and Kegan Paul.

Armstrong, D. M. (1980) *The Nature of Mind*, Sydney: University of Queensland Press.

Block, N. (1978) »Troubles with Functionalism«, in: *Minnesota Studies in the Philosophy of Science* IX: 261-325. Minneapolis: University of Minnesota Press.

Block, N., Hrsg. (1980) *Readings in Philosophy of Psychology*. Vol. 1. Cambridge, MA: Harvard University Press.

Block, N. (1990) »The Computer a Model of the Mind«, in: D. Osherson und E. E. Smith (Hrsg.), *An Invitation to Cognitive Science 3*: 247-289. Cambridge, MA: MIT Press.

Block, N. (unveröffentlicht), »Two Concepts of Consciousness«.

Block, N. und Fodor, J. (1972) »What Psychological States are Not«, *Philosophical Review* 81: 159-181.

Bloom, F. E. und Lazarson, A. (1988) *Brain, Mind, and Behavior*, ²New York: W. H. Freeman.

Boolos, G. S. und Jeffrey, R. C. (1989) *Computationality and Logic*. Cambridge: Cambridge University Press.

Bourdieu, P. (1979) Esquisse d' une théorie de la pratique, précédée de trois études d'ethnologie kabyle, Genf 1972: Droz S. A. [dt.: *Entwurf einer Theorie der Praxis*, Frankfurt a. M. 1979: Suhrkamp]

Bourdieu, P. (1980) *Le sens pratique*, Paris: Editions de Minuit, [dt.: *Sozialer Sinn*, Frankfurt a. M. 1987: Suhrkamp]

Changeux, J. P. (1984) *L'homme neuronal*, Paris: Hachette.

Chisholm, R. M. (1957) *Perceiving: A Philosophical Study*. Ithaca: Cornell University Press.

Chomsky, N. (1975) *Reflections on Language*. New York: Pantheon Books. [dt.: *Reflexionen über die Sprache*, Frankfurt a. M. 1986: Suhrkamp]

Chomsky, N. (1986) *Knowledge of Language: Its Nature, Origin and Use*. New York/Philadelphia: Praeger Special Studies.

Churchland, P. M. (1981) »Eliminative Materialism and the Propositional Attitudes«, *Journal of Philosophy* 78: 67-90.

Churchland, P. M. (1984) *Matter and Consciousness: A Contemporary Introduction to the Philosophy of Mind*. Cambridge, MA: MIT Press.

Churchland, P. M. (1988) »The Ontological Status of Intentional States: Nailing Folk Psychology to Its Perch«, *Behavioral and Brain Sciences* 11, 3: 507-508.

Churchland, P. M. und Churchland, P. S. (1983) »Stalking the Wild Epistemic Engine«, *Nous* 17: 5-18. Wiederabdruck in W. G. Lycan, Hrsg. (1990).

Churchland, P. S. (1987), »Reply to McGinn«, in: *Times Literary Supplement*, Letters to the Editor, March 13.

Davis, S., Hrsg. (1991) *Pragmatics: A Reader*. New York and Oxford: Oxford University Press.

Demopoulos, W. und Matthews, R. J. (1983) »On the Hypothesis that Grammars are Mentally Represented«, *Behavioral and Brain Sciences* 6, 3: 405-406.

Dennett, D. C. (1978) *Brainstorms: Philosophical Essays on Mind and Psychology*. Cambridge, MA: MIT Press.

Dennett, D. C. (1987) *The Intentional Stance*. Cambridge, MA: MIT Press.

Dennett, D. C. (1991) *Consciousness Explained*. Boston: Little, Brown and Company. [dt.: *Descartes, Potemkin und die Büchse der Pandora: Eine neue Philosophie des menschlichen Bewußtseins*, Hamburg 1992: Hoffmann & Campe]

Dreyfus, H. L. (1972) *What Computers Can't Do*. New York: Harper and Row. [dt.: *Die Grenzen Künstlicher Intelligenz. Was Computer nicht können*, Königstein 1985, 2. Aufl. Frankfurt a. M. 1989: Athenäum]

Dreyfus, H. L. (1991) *Being-in-the-World: A Commentary On Heidegger's Being and Time*, Division I. Cambridge, MA: MIT Press.

Edelman, G. M. (1989) *The Remembered Present: A Biological Theory of Consciousness*. New York: Basic Books.

Feigenbaum, E. A. und Feldman, J., Hrsg. (1963) *Computers and Thought*. New York: McGraw-Hill Company.

Feigl, H. (1958) »The ›Mental‹ and the ›Physical‹ «, in: *Minnesota Studies in the Philosophy of Science: vol. II: Concepts, Theories, and the Mind-Body Problem*. Minneapolis: University of Minnesota Press.

Feyerabend, P. (1963) »Mental Events and the Brain«, *Journal of Philosophy* 60: 295-296.

Fodor, J. (1975) *The Language of Thought*. New York: Thomas Y. Crowell.

Fodor, J. (1986) »Banish DisContent«, in: Butterfield, J. (Hrsg.), *Language, Mind, and Logic*. Cambridge: Cambridge University Press, 1986

Fodor, J. (1987) *Psychosemantics: The Problem of Meaning in the Philosophy of Mind*. Cambridge, MA: MIT Press.

Foucault, M. (1981) *Archäologie des Wissens*, Frankfurt a. M. 1981: Suhrkamp.

Freud, S. (1895) »Entwurf einer Psychologie«, in: *Aus den Anfängen der Psychoanalyse*, Frankfurt a. M. ²1975: Fischer.

Freud, S. (1915) »Das Unbewußte«, Wiederabdruck in: *Gesammelte*

*Werke*, Band 10, S. 264-303, Frankfurt a. M. ⁴1967: Fischer.

Freud, S. (1953) *Abriß der Psychoanalyse*, Frankfurt a. M.: Fischer.

Gardner, H. (1985) *The Mind's New Science: A History of the Cognitive Revolution*. New York: Basic Books. [dt.: *Dem Denken auf der Spur: Der Weg der Kognitionswissenschaft*, Stuttgart 1989: Klett-Cotta SVK]

Gazzaniga, M. S. (1970) *The Bisected Brain*, New York: Appleton Century Crofts.

Geach, P. (1957) *Mental Acts*, London: Routledge and Kegan Paul.

Grice, P. (1975) »Method in Philosophical Psychology (From the Banal to the Bizarre)«, *Proceedings and Addresses of the American Philosophical Association*, vol. 48, November 1975, 23-53.

Griffin, D. R. (1981) *The Question of Animal Awareness: Evolutionary Continuity of Mental Experience*. New York: Rockefeller University Press. [dt.: *Wie Tiere denken: Ein Vorstoß ins Bewußtsein der Tiere*, München 1985: BLV]

Hampshire, S. (1950) »Critical Notice of Ryle, *The Concept of Mind*«, *Mind* 59, 237-255.

Hare, R. M. (1952) *The Language of Morals*, Oxford: Oxford University Press. [dt.: *Die Sprache der Moral*, Frankfurt a. M. 1982: Suhrkamp]

Haugeland, J., Hrsg. (1981) *Mind Design*, Cambridge MA: MIT Press.

Haugeland, J. (1982) »Weak Supervenience«, *American Philosophical Quarterly* 19, 93-104.

Hempel, C. G. (1949) »The Logical Analysis of Psychology«, in: H. Feigl und W. Sellars (Hrsg.), *Readings in Philosophical Analysis*. New York: Appleton Century Crofts.

Hobbs, J. R. (1990) »Matter, Levels, and Consciousness«, *Behavioral and Brain Sciences* 13, 610-611.

Horgan, T. und Woodward, J. (1985) »Folk Psychology is Here to Stay«, *Philosophical Review* 94, 197-220.

Jackendoff, R. (1987) *Consciousness and the Computational Mind*, Cambridge MA: MIT Press.

Jackson, F. (1982) »Ephiphenomenal Qualia«, *Philosophical Quarterly* 32.

Johnson-Laird, RN. (1983) *Mental Models*, Cambridge, MA: Harvard University Press.

Johnson-Laird, P. N. (1988) *The Computer and the Mind*, Cambridge, MA: Harvard University Press.

Kim, J. (1979) »Causality, Identity, and Supervenience in the Mind-Body Problem«, *Midwest Studies in Philosophy* 4, 31-49.

Kim, J. (1982) »Psychophysical Supervenience«, *Philosophical Studies* 41, 51-70.

Kripke, S. A. (1971) »Naming and Necessity«, in: D. Davidson und G. Harman (Hrsg.) *Semantics of Natural Language*. Dordrecht: Reidel,

253-355 und 763-769. [dt.: *Name und Notwendigkeit*, Frankfurt a. M. 1981: Suhrkamp]

Kripke, S. A. (1982) *Wittgenstein on Rules and Private Language*. Oxford: Basil Blackwell. [dt.: *Wittgenstein über Regeln und Privatsprache*, Frankfurt a. M. 1987: Suhrkamp]

Kuffler, S. W. und Nicholls, J. G. (1976) *From Neuron to Brain*, Sunderland, MA: Sinauer Associates.

Lashley, K. (1956) »Cerebral Organization and Behavior«, in: *The Brain and Human Behavior*, H. Solomon, S. Cobb, und W. Penfield, Hrsg. Baltimore: Williams and Wilkins Press.

Lepore, E. und van Gulick, R., Hrsg. (1991) *John Searle and His Critics*, Oxford: Basil Blackwell.

Lettvin, J. Y., Maturana, H.R., McCulloch, W.S. und Pitts, W. H. (1959) »What the Frog's Eye Tells the Frog's Brain«, *Proceedings of the Institute of Radio Engineers* 47, 1940-51. Wiederabdruck in W. S. McCulloch (1965).

Lewis, D. (1966) »An Argument for the Identity Theory«, *Journal of Philosophy 63, 17-25.* [dt. in Lewis (1983), 7-20]

Lewis, D. (1972) »Psychological and Theoretical Identification«, *Australasian Journal of Philosophy* 50, 249-258 [dt. in Lewis (1983), 21-38]

Lewis, D. (1983) *Die Identität von Körper und Geist*, Frankfurt a. M.: Klostermann.

Lisberger, S, G. (1988) »The Neural Basis for Learning of Simple Motor Skills«, *Science* 4, 242: 728-735.

Lisberger, S. G. und Pavelko, T.A. (1988) »Brain Stem Neurons in Modified Pathways for Motor Learning in the Primate Vestibulo-Ocular Reflex«, *Science* 4, 242: 771-773.

Lycan, W. G. (1971) »Kripke and Materialism«, *Journal of Philosophy* 71, 677-689.

Lycan, W. G. (1987a) *Consciousness*, Cambridge, MA: MIT Press.

Lycan, W. G. (1987b) »What is the ›Subjectivity‹ of the Mental?«, *Philosophical Perspectives* 4: 109-130.

Lycan, W. G., Hrsg. (1990) *Mind and Cognition: A Reader*, Cambridge, MA: Basil Blackwell.

Marr, D. (1982) *Vision*, San Francisco: W. H. Freeman and Company.

McCulloch, W. S. (1965) *The Embodiment of Mind*, Cambridge, MA: Harvard University Press.

McGinn, C. (1977) »Anomalous Monism and Kripke's Cartesian Intuitions«, *Analysis* 37,78-80.

McGinn, C. (1987) »Review of P. S. Churchland, *Neurophilosophy*«, *Times Literary Supplement*, 6. Februar, 131-132.

McGinn, C. (1991) *The Problem of Consciousness*. Oxford: Basil Blackwell.

Millikan, R. (1984) *Language, Thought and Other Biological Catego-*

*ries: New Foundations for Realism.* Cambridge, MA: MIT Press.

Minsky, M. L. (1986) *Society of Mind.* New York: Simon and Schuster. [dt.: *Mentopolis,* Stuttgart *1990:* Klett-Cotta/SVK]

Moore, G. E. (1922) *Philosophical Studies.* London: Routledge and Kegan Paul.

Nagel, T. (1974) »What Is It Like to Be a Bat?«, *Philosophical Review* 78, 435-450. [dt. in P. Bieri (Hrsg.), *Analytische Philosophie des Geistes,* Königstein 1981: Hain]

Nagel, T. (1986) *The View from Nowhere.* Oxford: Oxford University Press. [dt.: *Der Blick von nirgendwo.* Frankfurt a. M. 1992: Suhrkamp]

Newell, A. (1982) »The Knowledge Level«, *Artificial Intelligence* 18, 87-127.

Ogden, C. K. und Richards, I. A. (1926) *The Meaning of Meaning,* London: Harcourt, Brace & Company. [dt.: *Die Bedeutung der Bedeutung,* Frankfurt a. M. 1974: Suhrkamp]

Penfield, W. (1975) *The Mystery of Mind: A Critical Study of Consciousness and the Human Brain.* Princeton University Press.

Penrose, R. (1989) *The Emperor's New Mind.* Oxford: Oxford University Press. [dt.: *Computerdenken: Des Kaisers neue Kleider oder die Debatte der künstlichen Intelligenz, Bewußtsein und die Gesetze der Physik,* Heidelberg 1991: Spektrum der Wissenschaft]

Place, U. T. (1956) »Is Consciousness Still a Brain Process?«, *British Journal of Psychology* 47, 44-50.

Place, U. T. (1988) »Thirty Years On-Is Consciousness Still a Brain Process?«, *Australasian Journal of Philosophy* 66, 208-219.

Postman, L. , Bruner, J. und Walk, R. (1951) »The Perception of Error«, *British Journal of Psychology* 42, 1-10.

Putnam, H. (1960) »Minds and Machines«, in: S. Hook (Hrsg.), *Dimensions of Mind,* New York: Collier Books.

Putnam, H. (1963) »Brains and Behavior«, in: R. Butler (Hrsg.), *Analytical Philosophy,* Oxford: Basil Blackwell.

Putnam, H. (1967) »The Mental Life of Some Machines«, in: H. Castaneda (Hrsg.), *Intentionality, Minds, and Perception,* Detroit, MI: Wayne State University Press.

Putnam, H. (1975 a) »Philosophy and Our Mental Life«, in: *Mind, Language and Reality: Philosophical Papers,* Bd. 2. Cambridge: Cambridge University Press.

Putnam, H. (1975 b) »The Meaning of ›Meaning‹«, in K. Gunderson (Hrsg.), *Language, Mind and Knowledge: Minnesota Studies in the Philosophy of Science VII,* Minneapolis: University of Minnesota Press. [dt.: *Die Bedeutung von »Bedeutung«,* Frankfurt a. M. 1979: Klostermann]

Pylyshyn, Z. W. (1984) *Computation and Cognition: Toward a Founda-*

*tion for Cognitive Science*, Cambridge, MA: MIT Press.

Quine, W. V. O. (1960) *Word and Object*, Cambridge, MA: MIT Press. [dt.: *Wort und Gegenstand*, Stuttgart 1980: Reclam]

Rey, G. (1983) »A Reason for Doubting the Existence of Consciousness«, in: R. Davidson, G. Schwartz, D. Shapiro (Hrsg.), *Consciousness and Self Regulation*, 3, 1-39. New York: Plenum.

Rey, G. (1988) »A Question about Consciousness«, in H. Otto, J. Tuedio (Hrsg.), *Perspectives on Mind*. Dordrecht: Reidel.

Rock, I. (1984) *Perception*, New York: Scientific American Library, W. H. Freeman. [dt.: *Wahrnehmung. Vom visuellen Reiz zum Sehen und Erkennen*, Heidelberg 1985: Spektrum der Wissenschaft]

Rorty, R. (1965) »Mind-Body Identity, Privacy and Categories«, *Review of Metaphysics* 29, 24-54.

Rorty, R. (1970) »Incorrigibility as the Mark of the Mental«, *Journal of Philosophy* 67, 399-424.

Rorty, R. (1979) *Philosophy and the Mirror of Nature*, Princeton: Princeton University Press. [dt.: *Der Spiegel der Natur*, Frankfurt a. M. 1987: Suhrkamp]

Rosenthal, D., Hrsg. (1971) *Materialism and the Mind-Body Problem*, Englewood Cliffs, N. J.: Prentice Hall.

Rosenthal, D., Hrsg. (1991) *The Nature of Mind*, New York: Oxford University Press.

Ryle, G. (1949) *The Concept of Mind*, New York: Barnes and Noble. [dt.: *Der Begriff des Geistes*, Stuttgart 1969: Reclam]

Sacks, O. (1985) *The Man Who Mistook His Wife For a Hat: And Other Clinical Tales*. New York: Simon and Schuster. [dt. *Der Mann, der seine Frau mit einem Hut verwechselte*, Reinbek 1987: Rowohlt]

Sarna, S. K. und Otterson, M. F. (1988) »Gastrointestinal Motility: Some Basic Concepts«, in *Pharmacology: Supplement* 36, 7-14.

Schiffer, S. R. (1987) *Remnants of Meaning*, Cambridge, MA: MIT Press.

Searle, J. R. (1976) »The Rules of the Language Game«, *The Times Literary Supplement*, 10. September.

Searle, J. R. (1978) »Literal Meaning«, *Erkenntnis*, 1, 207-224. Wiederabdruck in Searle (1979).

Searle, J. R. (1979) *Expression and Meaning*, Cambridge: Cambridge University Press. [dt.: *Ausdruck und Bedeutung*, Frankfurt a. M. 1982: Suhrkamp]

Searle, J. R. (1980a) »Minds, Brains, and Programs«, *Behavioral and Brain Sciences* 3, 417-424.

Searle, J. R. (1980b) »Intrinsic Intentionality. Reply to Criticisms of Minds, Brains, and Programs«, *Behavioral and Brain Sciences* 3, 450-456.

Searle, J. R. (1980c) »The Background of Meaning«, in: J. R. Searle / F. Kiefer / M. Bierwisch (Hrsg.), *Speech Act Theory and Pragmatics*,

Dordrecht, Holland: Reidel.

Searle, J. R. (1982) »The Chinese Room Revisited: Response to Further Commentaries on ›Minds, Brains, and Programs‹«, *Behavioral and Brain Sciences* 5, 345-348.

Searle, J. R. (1983) *Intentionality: An Essay in the Philosophy of Mind*, Cambridge: Cambridge University Press. [dt.: *Intentionalität*, Frankfurt a. M. 1987: Suhrkamp]

Searle, J. R. (1984a) »Intentionality and Its Place in Nature«, *Synthese* 61, 3-16.

Searle, J. R. (1984b) *Minds, Brains, and Science: The 1984 Reith Lectures*, Cambridge, MA: Harvard University Press. [dt.: *Geist, Hirn und Wissenschaft*, Frankfurt a. M. 1986: Suhrkamp]

Searle, J. R. (1987) »Indeterminacy, Empiricism, and the First Person«, *Journal of Philosophy* 84, 123-146.

Searle, J. R. (1990) »Collective Intentionality and Action«, in: *Intentions in Communications*, hrsg. von P. Cohen, J. Morgan, und M. E. Pollack, Cambridge, MA: MIT Press.

Searle, J. R. (1991) »Response: The Background of Intentionality and Action«, in: E. Lepore und R. van Gulick (Hrsg.), 289-299.

Searle, J. R. (unveröffentlicht) »Skepticism about Rules and Intentionality.«

Segal, G. (1991) »Review of J. Garfield, *Belief in Psychology*«, *Philosophical Review* 100, 463-466.

Shaffer, J. (1961) »Could Mental States be Brain Processes?«, *Journal of Philosophy* 58, 813-822.

Sharples, M. , Hogg, D., Hutchinson, C. Torrence, S. und Young, D. (1988) *Computers and Thought: A Practical Introduction to Artificial Intelligence*. Cambridge, MA: MIT Press.

Shepherd, G. M. (1983) *Neurobiology*. Oxford/New York: Oxford University Press.

Sher, G. (1977) »Kripke, Cartesian Intuitions, and Materialism«, *Canadian Journal of Philosophy* 7.

Smart, J. J. C. (1959), »Sensations and Brain Processes«, *Philosophical Review* 68, 141-156.

Smith, D. W. (1986) »The Structure of (Self-)Consciousness«, *Topoi* 5, 149-156.

Sober, E. (1984) *The Nature of Selection: Evolutionary Theory in Philosophical Focus*. Cambridge, MA: MIT Press.

Stevenson, J. T. (1960) »Sensations and Brain Processes: A Reply to J. J. C. Smart«, *Philosophical Review* 69, 505-510.

Stich, S. P. *(1983) From Folk Psychology to Cognitive Science; The Case Against Belief*, Cambridge, MA: MIT Press.

Stich, S. P. (1987) »Review of J. Searle, *Minds, Brains and Science*«, *Philosophical Review* 96, 129-133.

Turing, A. (1950) »Computing Machinery and Intelligence«, *Mind* 59, 433-460.

Waldrop, M. M. (1988) »Toward a Unified Theory of Cognition« and »SOAR: A Unified Theory of Cognition«, *Science* 241, 27-29 und 296-298.

Watson, J. B. (1925) *Behaviorism*, New York: Norton Press. [dt.: *Der Behaviorismus*, Stuttgart 1930: Deutsche Verlagsanstalt]

Weiskrantz, L., u. a. (1974) »Visual Capacity in the Hemianopic Field Following a Restricted Occipital Ablation«, *Brain* 97, 709-728.

Williams, B. (1987) »Leviathan's Program: Review of Marvin Minsky, *The Society of Mind*«, *New York Review of Books*, 11. Juni.

Wittgenstein, L. (1953) *Philosophische Untersuchungen*, Frankfurt a. M. 1977: Suhrkamp.

Wittgenstein, L. (1969) *Über Gewißheit*, Frankfurt a. M. 1971: Suhrkamp.

# Namenregister

# Sachregister